JN245875

アメリカ歴代大統領大全

［第1シリーズ］

建国期のアメリカ大統領 4

ジェームズ・マディソン伝記事典
James Madison

西川秀和

大学教育出版

父母と恩師へ

「歴史という光は無情である。それは、不思議で崇高なところがあって、光でありながら、そして、まさしく光であるがゆえに、しばしば、人が光輝を見るところに陰を投影する。それは同じ人間から、2つの違った幻影を作り出す」

——ヴィクトル・ユゴー『レ・ミゼラブル』

はじめに

　日本には、歴代アメリカ大統領に関する概説書はあっても研究上、もしくは一般の深い関心に耐え得るような詳説書はまだ存在しない。もちろん本場のアメリカでは『The Complete Book of U.S. Presidents』『The Book of Presidents』『Guide to Presidency』『Presidents Fact Book』『Facts about the Presidents』『Encyclopedia of the American Presidency』など歴代アメリカ大統領を解説した本が少なくない。

　ところで中国史を学ぶ際に有名な書として『十八史略』が知られている。もちろん『十八史略』の内容の是非についてはさまざまな論があるものの、十八史を通読することは非常に骨が折れるので、それを容易に一覧できる形式にまとめた曾先之の功績に後世の我々は益するところが大きい。歴代アメリカ大統領についても同じことが言える。歴代アメリカ大統領に関する伝記研究は、大統領による差はあるものの、まさに汗牛充棟して余りある。また歴代大統領関連の一次史料の総量たるや天文学的な量と言っても過言ではない。それらを通読することは非常に多大な労力を要するし、筆者の経験からすれば莫大な費用がかかることは間違いない。本書の意義は、大統領について何かを調べたり研究したりしたいと考える読者がそうした労力を節減できるように、多くの手掛かりを与えることにある。そのためより深い関心にも耐えられるように、本文に加えて巻末史料を付している。

　本書を執筆するにあたって上述の書籍の他にも非常に多くの先行研究を参考にしてはいるが、それだけにとどまらず、一次史料に基づいて独自の調査や綿密な裏付けを取るように心がけた。中でも『The Complete Book of U.S. Presidents』は、立項の際に非常に参考となった。しかし、内容の質と量ともに、アメリカで発行された書籍も含めて、これまでにない水準に達するように鋭意努めた。本書は大統領の政権のみならず、その経歴や政治哲学、血縁者など仔細にわたって論じている。もちろん従来の研究を参考にしているが、それで足りない場合は筆者独自の研究による記述も含まれている。研究者にとってさまざまな研究の足がかりとなるように努めただけではなく、一般にも分かりやすい記述をするように配慮した。それゆえ、しばしば歴史の記述で陥りがちな固有名詞の羅列を避けるために、固有名詞の使用は説明内容に関連性が高いものに限り、できるだけ一般的な説明を採用するように努めた。

　本巻は建国期の大統領、すなわち第4代ジェームズ・マディソンを取り上げてい

るが、建国初期の大統領は現代の大統領に匹敵するほど重要な意味を持っている。リチャード・V・ピラードとロバート・D・リンダーは『アメリカの市民宗教と大統領』の中で以下のように述べている。

「建国以来、大統領制はアメリカ国民にとって極めて重要な存在だった。共和国の初期の頃は、ジョージ・ワシントン、ジョン・アダムズ、トマス・ジェファソン、アンドリュー・ジャクソン、ジェイムズ・ポーク、そしてエイブラハム・リンカーンのような著名な人々がこの制度に対して彼ら自身の威信をつけ加えた」（堀内一史・犬飼孝夫・日影尚之訳）

このように現代大統領制を考察するにあたって18世紀から19世紀の大統領について検討を加えなければならない。すなわちそれは大統領制発展の歴史だからである。

2016年6月

西川秀和

本書について
（凡例をかねて）

A　構成

　この事典は、第4代大統領ジェームズ・マディソンの生涯と業績を論じ、さらに関連諸資料を加えて、大統領という人間をさらに深く知る目的で編まれた。論述の主眼は、各人が大統領となり、大統領職を遂行する過程に、生まれから成長するまでに獲得した経験が、いかに反映し影響しているかを読み取ろうとするところにある。

B　内容

　本論は次の項目内容からなる。

0.　扉：歴代、所属党、在任期間などの基本事項に、顔写真、代表的な発言（英和）、および略年譜（年齢付き）を配し、大統領の全体像を一目で把握できるようにした。

1.　概要：生涯、業績を簡略に解説し導入部とする。

2.　出身州／生い立ち：生まれ育った土地柄および家系について説明する。

3.　家庭環境：親、兄弟姉妹について述べ、主に幼少期を明らかにする。

4.　学生時代：学業、学内外での諸活動など、青少年期の人間形成について述べる。

5.　職業経験：アメリカ人としての実社会での経験、政治に関わるようになり、大統領選挙に立つまでのことを論じる。

6.　大統領選挙戦：選挙運動、大衆・マスコミの反応、選挙戦術、対立候補、そして選挙結果について述べる。

7.　政権の特色と課題：内政・外交全般にわたり、いくつかの主要なテーマに分類し、大統領が主導した諸政策とその経過・結果を、社会・時代背景を交えながら詳述する。

8.　副大統領／閣僚／最高裁長官：政権を支えた副大統領と閣僚、そして最高裁長官について略述する。

9.　引退後の活動／後世の評価：大統領職を辞してからの活動、時代が経過してからの業績に対する評価について述べる。

10.　ファースト・レディ／子ども：大統領夫人・ファースト・レディについては、大統領との個人的関係にとどまらず社会的活動に広く関わる場合が多いので、特別に立項した。ちなみに「ファースト・レディ」という呼称が大統領夫人を示す語として初めて使用された例は1877年3月5日の『インディ

ペンデント紙 Independent』である。

11. 趣味／エピソード／宗教：前項とあわせ、大統領の私的な側面を浮き彫りにする情報をまとめた。

12. 演説：大統領が自らの政治理念・思想を表明している代表的演説を収録した。英語原文に日本語訳を添え、冒頭に解説を付した。出典は、『A Compilation of the Messages and Papers of the Presidents』と『Presidential Messages and State Papers』である。

13. 日本との関係：大統領が日本に与えた影響や日本人がどのように大統領を評価したのかについて述べる。なお引用した文献中の旧字体は読みやすいように筆者が新字体に改めた。

14. 参考文献：大統領自身による著作を最初に掲げ、続いて史料集成、最後に主要な基礎文献を並べた（さらに詳細な内容を知りたい読者のために特に重要なものか、もしくは入手が容易な近年発行のものに限った）。英語文献は ABC 順（筆者名）で並べ、邦語文献は五十音順（筆者名）で末尾に並べた。邦訳がある場合は、原語が英語の場合でも邦語文献に含めた。なお復刻版の発行年次をそのまま表記している場合もある。なお「参考文献」はあくまで読者に参考となる文献を列挙しているのみであり、筆者が参考にした書籍は「参考文献」として挙げた書籍以外も多く含まれることを明記しておく。

C　巻末史料

　巻末史料として本文では紹介しきれない一次史料を掲載した。本文中に（巻末史料1⁻⁴）というように表記し、対応させるように配慮した。文中の ［　］ は筆者による訳注であり、（　）は史料の書き手による原注である。

D　総合年表

① 各大統領を中心としてアメリカ史の主な出来事をまとめた。

② ジェームズ・マディソンの生誕からその死去までを採録した。

③ 月のみ判明する事項は該当月の項目の末尾に配列した。また、年のみ判明するものはその年の最後に一括した。

E　表記について

① 本文内容を要約する小見出しを適宜付した。

② 地名、人名、団体、組織名、法規類、頻出キーワードなどに英語を並記した。英

語は文中の相当箇所に挿入した。なお、人名については判明するかぎり生没年月日を付記した。事項に含まれる年月日については史料の差異によって若干異なる場合があるが、信頼できる史料に基づき比較考量したうえで記載している。

③　1776 年 7 月 2 日以前は「植民地」、それから 1788 年 7 月 2 日までの間は「邦」、それ以後は「州」と表記する。また 1781 年 3 月 1 日以前は「大陸会議」、それから 1788 年 7 月 2 日までの間は「連合会議」、それ以後は「（連邦／アメリカ）議会」と表記する。

④　政党の名称については、ジェファソン政権以前は民主共和派、連邦派の呼称を使用し、ジェファソン政権以降は民主共和党、連邦党の呼称を用いる。また本来、「民主 Democratic」という呼称は、衆愚政治の意味を含んでいたので蔑称であり、単に共和派／党と呼ぶ方が正確であるが、後の共和党と混同を避けるために民主共和派／党という呼称を採用した。

⑤　「大使 ambassador」という呼称は君主制を想起させるため、アメリカではそれに代わって「公使 minister」という表現が使われていた。したがって本書でも「公使」という表記を採用している。またその他の官職名についてはできるだけ意訳に努めた。例えばカーネル（Colonel）という名誉称号についても、カーネルという表現が馴染みがないために、判明する限り、「民兵（名誉）大佐」などと訳出している。

⑥　「ホワイト・ハウス」や「ファースト・レディ」といった呼称は初期には使われていなかったが、本書では便宜上、それらの呼称を用いている場合がある。

⑦　随所で引用されるアメリカ合衆国憲法の訳文はすべて『アメリカの歴史』（西川正身監訳）に基づく。

⑧　ヤード・ポンド法は次のようにメートル・グラム法に換算する。

　　1 パイント＝約 0.47 リットル、1 ガロン＝約 3.8 リットル、1 ブッシェル＝約 35.2 リットル、1 ホッグズヘッド＝約 238.5 リットル、1 オンス＝約 28 グラム、1 ポンド＝約 454 グラム、1 インチ＝約 2.5 センチメートル、1 フィート＝約 30.5 センチメートル、1 ヤード＝約 0.91 メートル、1 マイル＝約 1.6 キロメートル、1 エーカー＝約 0.4 ヘクタール。

F　その他
①　本書全体の表記を含めた統一および調整は、筆者と編集部が行った。
②　史料については、収集から構成全般にわたり、筆者が主となって作成した。それゆえ、すべての責任は筆者に帰する。

■ジェームズ・マディソンの時代

年	年齢	月日	できごと
1751		3.16	ヴァージニア植民地ポート・コンウェイで誕生。
1755	4	4.19	フレンチ・アンド・インディアン戦争勃発。
1769	18	9	カレッジ・オブ・ニュー・ジャージーに入学。
1771	20	9.25	カレッジ・オブ・ニュー・ジャージーを卒業。
1775	24	4.19	レキシントン=コンコードの戦い、独立戦争始まる。
1776	25	5. 6	ヴァージニア革命協議会に参加。
		7. 4	独立宣言公布。
		10. 7	ヴァージニア邦議会議員として初登院。
1777	26	11.15	行政評議会の1人に選出される。
1779	28	12.14	大陸会議のヴァージニア代表に選出される。
1787	36	5.25	憲法制定会議に出席、主導的な役割を果たす。
1788	37	6. 2	ヴァージニア邦合衆国憲法批准会議に参加。
		6.21	合衆国憲法発効。
1789	37	2. 2	連邦下院議員に当選。
		7.14	フランス革命勃発。
1794	43	9.15	ドロシア・ペイン・トッドと結婚。
1798	47		ヴァージニア決議を起草。
1801	49	2.27	父と死別。
		3. 5	国務長官に指名される。
1806	55		「イギリス外交政策の検証」を執筆。
1809	57	3. 4	大統領就任。
1812	61	6. 1	戦争教書を議会に送付。
		6.19	1812年戦争勃発
		12. 2	大統領再選。
1814	63	8.24	英軍のワシントン焼き討ちを避けてヴァージニアに逃れる。
		12.24	ガン条約締結、1812年戦争終結。
1817	65	3. 4	大統領退任。
1821	70		「憲法制定会議に関する覚書」の執筆を始める。
1824	73		ラファイエットの表敬訪問を受ける。
1826	75		ヴァージニア大学理事職をジェファソンから引き継ぐ。
1829	77	2.11	母と死別。
			ヴァージニア州憲法修正会議に参加。
1836	85	6.28	死去。

アメリカ歴代大統領大全
第1シリーズ　建国期のアメリカ大統領　第4巻

ジェームズ・マディソン伝記事典

目　次

第4代　アメリカ大統領

民主共和党　Democratic-Republican

第1期　1809.3.4−1813.3.4
第2期　1813.3.4−1817.3.4

ジェームズ・マディソン
James Madison

The public good, the real welfare of the great body of the people is the supreme object to be pursued; and that no form of government whatever, has any other value, than as it may be fitted for the attainment of this object.

公共の善、すなわち、人民全体の真の福利が追求されるべき真の目的であり、どのような形態の政府であれ、この目的の達成に適うもの以外は、なんら価値をもたない。

（斎藤眞・中野勝郎訳）

— James Madison. *The Federalists,* no 45. 1788 年 1 月 26 日

1. 概　要

棒石鹸の半分

マディソンは 1751 年 3 月 16 日（ユリウス暦では 1750 ／ 51 年 3 月 5 日：新年開始日が複数あったので複年数で表記する。イギリス植民地でグレゴリオ暦が導入されたのは 1752 年である）、ヴァージニア植民地キング・ジョージ郡ポート・コンウェイ Port Conway, King George County で生まれた。父ジェームズ James Madison（1723. 3. 27?-1801. 2. 27）と母エレノア Eleanor Conway Madison（1731. 1. 9-1829. 2. 11）の間の 12 人中（早逝・死産を含む）最初の子どもであった。父ジェームズは同植民地オレンジ郡 Orange County に約 2,850 エーカー（約 1,200 ヘクタール）の農園と奴隷を所有し、タバコ、小麦、トウモロコシなどを栽培していた。 モンペリエ Montpelier という農園の名は 1780 年頃から現れている。

マディソンは身長 5 フィート 4 インチ（約 163 センチメートル）、体重 100 ポンド（約 45 キログラム）と歴代大統領の中で最も小柄で、「棒石鹸の半分より大きくない」と友人達から評された。また「小さなジミー Little Jimmy」とも呼ばれていた。

〈憲法の父〉

独立戦争時、マディソンは大陸会議と連合会議にヴァージニア代表として参加した。マディソンの最大の功績は、1787 年に行われた憲法制定会議で各邦の意見を調整して憲法案を妥結させたことである。それゆえ、「憲法の父 Father of the Constitution」と呼ばれる。

1808 年の大統領選挙で民主共和党候補として当選してトマス・ジェファソン Thomas Jefferson（1743. 4. 13-1826. 7. 4）の後継者となった。大統領としてマディソンは 1812 年戦争でイギリスと戦火を交え、戦況はしばしば不利であったが在任中に何とか講和にこぎつけた。

2．出身州／生い立ち

ヴァージニア王朝

　ヴァージニア植民地の概要については、『ジョージ・ワシントン伝記事典』、2．出身州／生い立ち、ヴァージニア王朝を参照されたい。

　マディソンが育ったオレンジ郡はジェファソンの郷里であるアルブマール郡 Albemarle County と同じく山麓地帯 Virginia Piedmont に属する。モンペリエとモンティチェロは約20マイル（約32キロメートル）しか離れておらず、それは1日分の行程である。山麓地帯は、ジョージ・ワシントン George Washington（1732. 2. 22-1799. 12. 14）とジェームズ・モンロー James Monroe（1758. 4. 28-1831. 7. 4）の郷里であるウェストモーランド郡 Westmoreland County が属する海岸地帯 Tidewater と比べて、北西にブルーリッジ山脈 Blue Ridge Mountains を望む未開で自然が豊富に残されている地域であった。

　地域的な差はあるが、マディソンはジェファソン、モンロー、ワシントンのいずれとも非常に密接な関係を持っていた。それを示す代表的な例は、マディソンがジェファソンに宛てた1776年8月12日付の手紙である。それはジェファソンに土地投機を提案する手紙であった。マディソンは、モンローとともにモホーク川 Mohawk 沿いの土地を買い付け、ワシントンともその件について話し合ったという。さらにモンローとマディソンがジェファソンの信用でお金を借りて土地を購入することを提案している。この他の機会にもマディソンはしばしばワシントンのもとを訪れている。マディソンとジェファソンが連れ立ってマウント・ヴァーノンを訪ねたこともあった。マディソンとジェファソンもしばしば互いに訪問し合っている。

　また滞欧中、ジェファソンはマディソンのためにトランク2本分の書籍を買い集めて送っている。当時、書籍は高価であり、立て替えた金額は少なくとも1,000リーヴル以上（数百万円相当）にのぼる。中でも47巻セットの百科事典は348リーヴルであった。その他にもマディソンは、1791年5月から6月にかけてジェファソンとともにニュー・ヨーク州北部を回る旅行に出かけたり、ジェファソンの下、ヴァージニア邦行政評議会に務めたりと公私にわたってジェファソンと親密な関係を持っていた。

農園主の家系

　アメリカにマディソン家が移住する前の祖先についてはよく分かっていない。マ
ディソンの傍系子孫からカール大帝 Charlemagne（742. 4. 2-814. 1. 28）やラ
ミード Runnymede の男爵家に血縁をたどることができる程度である。マディソン
自身は単に、「父系母系ともに［私の先祖は］農園主で社会的地位があったが、最富
裕層というわけではなかった」と友人に語っている。

　アメリカに最初に移住した先祖はジョン・マディソン John Maddison（?-1683?）
である。ジョンはイギリスの船大工でマディソンの高祖父にあたる。1653 年に人頭
権制 headright system によってヴァージニア植民地のラパハノック川
Rappahannock River とマタポニ川 Mattaponi River 沿いに 600 エーカー（約
240 ヘクタール）の地権を得た。人頭権制度は、イギリスによる土地付与の 1 つの方
法で、1 人の移民に対して 50 エーカー（約 20 ヘクタール）を与える制度である。そ
の当時、商人や船主が移民をアメリカに送り込んで人頭権を取得することがよく行わ
れ、大土地所有の基礎となった。ジョンは亡くなるまでにさらに 1,300 エーカー（約
530 ヘクタール）の地権を各地で取得した。

　曽祖父ジョン John Maddison は、キング・アンド・クイーン郡 King and
Queen County の保安官と治安判事を務めた。それはジョンがある程度の社会的地
位を保っていたことを示している。1728 年、祖父アンブローズ Ambrose Madison
（?-1732）は、5,000 エーカー（約 2,000 ヘクタール）に及ぶ地所を所有していた。
アンブローズはジェームズ・テイラー 2 世 James Taylor II（1674-1729）の娘と
結婚した。テイラーは 1722 年にヴァージニア植民地オレンジ郡で 1 万 3,500 エー
カー（約 5,500 ヘクタール）の地権を得た大農園主であった。このテイラーの曾孫は
後の第 12 代大統領ザカリー・テイラー Zachary Taylor（1784. 11. 24-1850. 7. 9）
である。つまり、マディソンとテイラーは又従兄弟の関係である。こうしてマディソ
ン家は「最も富裕な階層とは言えないが尊重すべき」家系となり、マディソンはオレ
ンジ郡内の農園主の大部分と何らかの関係を持っていた。それはマディソンにとって
大きな政治上の資産となった。

　1729 年頃、祖父アンブローズは山麓地帯のオレンジ郡に新居を築いたが、1732 年
に亡くなった。父ジェームズが 9 歳の時である。農園の経営は、父ジェームズが 18
歳に達するまで祖母フランシス Frances Taylor Madison（1700-1761. 11. 25）に

委ねられた。マディソン家が経営した農園は約 100 人の奴隷と 5,000 エーカー（約 2,000 ヘクタール）の土地からなっており、主にタバコや小麦が栽培された。

3．家庭環境

オレンジ郡

マディソンが生まれたポート・コンウェイの家は、母方の祖父母の家である。父と同名であったためマディソンは、父が亡くなる 1801 年まで「ジェームズ・マディソン・ジュニア James Madison, Jr.」と署名していた。生後まもなくして、マディソンは母とともに父の農園があるオレンジ郡に移った。マディソンは幼少時、非常に病弱であった。

マディソンが過ごした農園では多くの黒人奴隷が働いていた。1782 年までには少なくとも 118 人に達している。そのためマディソンにとって、黒人奴隷がいる風景は当たり前のものであった。

毎週、マディソン一家は、農園から 6 マイル（約 10 キロメートル）離れた教会に通っていた。その当時、教会は社交の要であった。さらに父ジェームズは教区委員を務めていた。教区委員は、教会の維持管理に携わり、その費用を徴収する役割を担う地域共同体にとって重要な役職であった。

マディソン自らの手による最初の文書は、「1759 年 12 月 24 日」の日付が入った 1 冊の「抜粋ノート Commonplace Book」である。このノートは 24 頁からなり、1758 年 7 月号の『アメリカン・マガジン誌 The American Magazine』から詩が写し取られている。この他にマディソンが農園でどのような幼少時代を過ごしたかはほとんど何も記録に残っていない。マディソンの回想によれば、古い家から新しい家に引っ越す際に軽い家具を運ぶ手伝いをしたことが記憶に残っているという。それは 1760 年頃のことである。

1761 年から 1762 年にかけてオレンジ郡で天然痘が流行したが、マディソンと兄弟達は誰も命を落とさずに済んだ。この当時、天然痘は非常に恐れられた疫病であった。兄弟達の年齢差が上と下で 20 歳以上もあったので、後にマディソンが兄弟姉妹達に読み書きの初歩を手解きすることもあった。

父母

ジェームズ・マディソン

父ジェームズ James Madison（1723. 3. 27?-1801. 2. 27）は、ヴァージニア植民地オレンジ郡で生まれた。9歳で父と死別した。1749年9月15日、エレノア・コンウェイと結婚した。ジェームズは次々に地所を獲得してオレンジ郡の中でも有数の土地所有者になった。父ジェームズは息子ジェームズを経済的に支援し続けた。30年以上にわたって父ジェームズは息子と手紙を交わし、良き助言者の役割を果たした。

たびたび、治安判事や教区委員など地域の要職にも就いている。1774年には治安委員の長に指名されている。1801年2月27日、モンペリエで亡くなった。息子ジェームズが国務長官に就任する直前であった（see → **200頁、巻末史料3[-1]**）。

エレノア・マディソン

母エレノア Eleanor "Nelly" Rose Conway（1731. 1. 9-1829. 2. 11）は、ヴァージニア植民地キング・ジョージ郡ポート・コンウェイで農園主の子として生まれた。慢性マラリアに苦しみながらも98歳という長命に恵まれた。晩年になっても皺が少なく、五感は非常に確かで眼鏡なしで新聞が読めたという。1829年2月11日、モンペリエで亡くなった。

兄弟姉妹

フランシス・マディソン

長弟フランシス Francis Madison（1753. 1. 18-1800. 4）はモンペリエ近傍の農園主で1772年に結婚し、1800年に亡くなった。家族間の手紙の中でほとんど言及がないうえに、マディソンと交わした手紙が現存しておらず、詳しいことはあまり分かっていない。

アンブローズ・マディソン

次弟 Ambrose Madison（1755. 1. 27-1793. 10. 3）は、ヴァージニア第3連隊の大尉であり農園主であった。モンペリエの経営を手伝い、しばしば地元でマディソンを政治的に支援した。1780年に結婚し、1793年に亡くなった。

カトレット・マディソン

3弟 Catlett Madison（1758. 2. 10-1758. 3. 18）は夭折した。

ネリー・マディソン

長妹 Nelly Conway Madison（1760. 2. 14-1802）は 1783 年に結婚し、1802 年に亡くなった。

ウィリアム・マディソン

4 弟 William Madison（1762. 5. 5-1843. 7. 20）は独立戦争で砲兵中尉として活躍した。プリンストン予備学校 Princeton preparatory school で学んだ後、ハムデン＝シドニー・アカデミー Hampden-Sydney Academy とウィリアム・アンド・メアリ大学 William and Mary College に進んだ。暫くジェファソンの下で法律を学んだ後、弁護士になった。1783 年に結婚し、モンペリエ近郊に居住した。1791 年から 1794 年にかけて、そして 1804 年から 1811 年にかけてウィリアムはヴァージニア州議会議員を務めた。

サラ・マディソン

次妹 Sarah Catlett Madison（1764. 8. 17-1843）は 1790 年に結婚し、1843 年に亡くなった。

──・マディソン

5 弟 unnamed Madison（1766-1766）は夭折した。

エリザベス・マディソン

3 妹 Elizabeth Madison（1768. 2. 19-1775. 5. 17）は赤痢で早世した。

──・マディソン

1770 年に死産が 1 人いた。

リューベン・マディソン

末弟 Reuben Madison（1771. 9. 19-1775. 6. 5）も赤痢で早世した。

フランシス・ファニー・マディソン

末妹 Francis "Fanny" Taylor Madison（1774. 10. 4-1823）は 1800 年に結婚し 1823 年に亡くなった。

4．学生時代

寄宿学校

　幼少期、マディソンは家庭で教育を受けた。近隣の牧師からも時々、指導を受けたらしい。1762 年、11 歳のマディソンは 70 マイル（約 110 キロメートル）離れたキング・アンド・クイーン郡 King and Queen County にあるドナルド・ロバートソン Donald Robertson の寄宿学校に入った。大学への進学準備をするためである。後年、マディソンはロバートソンを「キング・アンド・クイーン郡で顕著な教師であり、優れた学識を持った人物」であったと述べている。また「私の人生のすべての事柄は、この人物に多くを負っている」とも述べている。ロバートソンの下で、マディソンは、国語、ラテン語、ギリシア語、フランス語、スペイン語、算数、代数、地理を学んだ。ロバートソンの寄宿学校で学んだ人物の中にはマディソンの他に、ヴァージニア政界で重きをなし、後に連邦上院議員になったジョン・テイラー John Taylor（1753. 12. 19-1824. 8. 21）やジョン・タイラー John Tyler（1790. 3. 29-1862. 1. 18）大統領の父ジョン・タイラー John Tyler（1747 .2. 28-1813. 1. 6）などがいる。

　マディソンは最初、国語コースに入り、翌年からラテン語を学び始めた。ロバートソンによれば、マディソンが最初の年に読んだ著作は、ローマの伝記作家コルネリウス・ネポス Cornelius Nepos（B.C. 100 ?-B.C. 24）の作品であったという。他にもローマの詩人ホラティウス Quintus Horatius Flaccus（B.C. 65 -B.C. 8）やローマ皇帝ユスティニアヌス Flavius Petrus Sabbatius Justinianus（483-565）の著作、代数、幾何学、フランス語、イタリア語なども学んでいる。寄宿学校で 5 年間学んだ後、さらに近傍のブリック教会 Brick Church に新たに赴任してきたトマス・マーティン Thomas Martin 牧師から家庭で個人指導を受けた。

カレッジ・オブ・ニュー・ジャージー

入学

　進学先としてウィリアム・アンド・メアリ大学も選択肢の 1 つであった。しかし、マディソンは沿岸部の気候が夏から秋にかけては健康に良くないと考えていたためにウィリアム・アンド・メアリ大学を選択肢から外した。さらにその頃、ウィリアム・

アンド・メアリ大学は評判があまり良くなかったことも選択肢から外した理由の1つである。その結果、カレッジ・オブ・ニュー・ジャージー College of New Jersey（現プリンストン大学）が進学先となった。

　1769年夏、マディソンはマーティン牧師や召使とともに郷里を離れてプリンストンに向かった。途中、タウンゼンド諸法 Townshend Acts に関するニュースで沸くフィラデルフィアに立ち寄った。タウンゼンド諸法は、イギリス議会が制定した法律に従わなかったニュー・ヨーク植民地議会を解散させる法律、日常必需品に輸入税を課す法律、そして新たに税関委員会を設置する法律からなる。チャールストン Charleston、ウィリアムズバーグ Williamsburg、ボストンといった各地の町はそうした一連の法律に対する抗議の声を上げていた。

　プリンストンにマディソンが到着した時、すでに夏学期の半ばが過ぎていた。そこでマディソンは秋学期に2年生のクラスに入るために勉強を開始した（see → 200頁、巻末史料4^{-1}）。そして、マディソンはカレッジ・オブ・ニュー・ジャージーの入学試験に合格した。

大学生活

　カレッジで学んだ内容は、ギリシア文学、ラテン文学、自然哲学（科学）、道徳哲学、修辞学、論理学、数学に及んだ。ヘブライ語も学び、一時は聖職者の道に進もうと考えた。カレッジでは、古代言語の時間は比較的少なく、現代言語や自然哲学に多くの時間が割かれた。また知識の涵養とともに自己規律の精神の育成が重視された。マディソンの学習態度は勤勉で、睡眠時間は数週間にわたって4、5時間になることも稀ではなかったという。特に熱心に学んだのは歴史と政治である。ディベート・クラブのアメリカン・ホイッグ協会 American Whig Society の創立者の1人にもなっている。なお、この頃のカレッジは不買運動をめぐる学生の活動が盛んで、マディソンはその様子を1770年7月23日付の実家に宛てた手紙で記している。

　　「不買という精神的な決意を破るニュー・ヨークの商人達の下劣な行為の他、ニュースは聞いていません。このニュースが到着する前にはっきりとした説明が『ヴァージニア・ガゼット紙』にあったかもしれません。ニュー・ヨークの商人達がフィラデルフィアの商人達に宛てた、［不買を取り止める］同意を求める手紙は、先だってここの学生達によってカレッジの庭で焼かれました。彼らはすべて黒のガウンを着て現れ、鐘が繰り返し打ち鳴らされました。最近、学生の数はますます増えています。カレッジには115人いて、上級生の22人は今

秋の卒業式ですべてアメリカ製の衣服を着て出席することになるでしょう」

マディソン自身もプリンストンズ・アメリカン・ホイッグ協会 Princeton's American Whig Society に風刺文を投稿し、不買運動に協力しない商人を槍玉にあげた。また同じく学内で活動するクリオソフィアン協会 Cliosophian Society と激しい論戦を交わした。その中には、クリオソフィアン協会が「金切り声をあげるミミズク、猿、そして、山猿」で「各々の悪臭で兄弟を殺すだろう」という悪罵もあった。

同窓生には、後にフィラデルフィアで『ナショナル・ガゼット紙 National Gazette』を創刊するフィリップ・フレノー Philip Freneau（1752. 1. 2-1832. 12. 18）や最初の著名なアメリカ人小説家として知られるヒュー・ブラッケンリッジ Hugh Henry Brackenridge（1748-1816. 6. 25）、ジェファソン政権で副大統領を務めたアーロン・バー Aaron Burr（1756. 2. 6-1836. 9. 14）などがいる。中でもワシントン政権で司法長官を務めたウィリアム・ブラッドフォード William Bradford（1755. 9. 14-1795. 8. 23）とは親友であった。

卒業後

1771年9月25日、マディソンはカレッジ・オブ・ニュー・ジャージーを卒業した。生来、声が小さかったために卒業式での式辞には参加していない。マディソンは、本来なら3年かかる課程を2年で修了している。

しかし、過度の勉学で体調を崩したために、マディソンは春までカレッジに残留する許可を父に求めた。そして卒業後、約半年間にわたって、後に独立宣言の署名者の1人になった学長のジョン・ウィザースプーン John Witherspoon（1723. 2. 5-1794. 11. 15）の指導の下、マディソンはヘブライ語、哲学、法律、政治などの勉強を続けた。ウィザースプーンは「私の指導の下にあった間、彼が不適切なことをしたり、言ったりしたのを見たことがない」とマディソンを評している。マディソンもウィザースプーンを「老博士 old doctor」と呼んで敬愛した。ウィザースプーンの知的独立心や道徳、そして、階層的な教会制度への反感はマディソンに大きな影響を与えた。

特にウィザースプーンは、アリストテレス Aristotélēs（B.C. 384-322. 3. 7）に基づいて、単独、もしくは少数による支配はその行いが公正であれば善良である一方で、多数による支配はその行いが公正でなければ悪であると説いた。扇動政治家の影響を受けた多数による民主政は、アリストテレスの観念によれば衆愚政であった。ウィザースプーンの下でマディソンが何を学んだのかを伝える史料としては、マディ

ソン自身のノートは残っていないが、同じく指導を受けた者によるノートが残されている。

　こうした勉学を通じてマディソンはアリストテレスの他、ジョン・ロック John Locke（1632. 8. 29-1704. 10. 28）、ニュートン Isaac Newton（1643. 1. 4-1727. 3. 31）、ジョナサン・スウィフト Jonathan Swift（1667. 11. 30-1745. 10. 19）、デイヴィッド・ヒューム David Hume（1711. 5. 7-1776. 8. 25）、ヴォルテール Voltaire（1694. 11. 21-1778. 5. 30）など啓蒙思想に親しんだ。人民の同意による政府の設立というロック的な思想とともに政治には美徳が不可欠であるという考えをマディソンは身に付けた。こうした考え方は、ジェレミー・ベンサム Jeremy Bentham（1748. 2. 15-1832. 6. 6）の功利主義や単純多数による民主主義とは異なっている。

　マディソンは神学か法学を生業にしようと考えたこともあったが、結局、どちらの道にも進まなかった。特に神学では声が小さかったために説教には向いていないと思われた。しかし、カレッジ・オブ・ニュー・ジャージーで熱心に学んだお蔭でマディソンは、生涯にわたって政治や哲学の専門家と目されるようになった。政敵でさえも議会の中で最もそうした分野に詳しいのはマディソンであると認めるほどであった。特にラテン語に関しては造詣が深く、フーゴー・グロティウス Hugo Grotius（1583. 4. 10-1645. 8. 28）の著作の英語訳を修正するほどであった。

5．職業経験

修養期間

政治学と法律学

　1772 年 4 月、カレッジを後にしてマディソンは実家に帰った。不安定な健康状態であったため、特に何をするでもなく、自宅で政治学と法律学に親しんだ。マディソンは「生まれつき癲癇に似た突然の発作を患っていて、知的機能が制限される」ことがあった。そのため、どのような進路を選ぶべきか容易に決めることができなかった（see → **200 頁、巻末史料 5**$^{-1}$）。また「私の生まれつきの特異な疾病に渡海はよくないと思う理由があるので」ヨーロッパに行くことはできないと 1785 年にジェファソンに語っているように、マディソンは生涯にわたって海外に渡航することはなかった。

マディソンが最も楽しんだのはロマンス劇の批評や詩であり、法律学を時に「粗野で無味乾燥な学問」と呼んでいる。しかし、法律学も「酸っぱい果実ではあるが、きっと実を結ぶ」と考えてマディソンは勉学を続けたのである。また「勤勉な男が庭に花以外には何も植えなかったり、ケーキや砂糖菓子以外に何も食べないと決めたりすることは非常に不適切である。同じく、学生や仕事をしている人が、道楽の本ばかりを蔵書にして、そうした甘美なものだけで精神を涵養しようとすることは馬鹿げている」と言って自分を戒めている。マディソンの政治や法律への関心は高まる一方であった（see → **200 頁、巻末史料 5^{-2}**）。

1774 年 5 月から 6 月にかけて、マディソンは大学時代の旧友に再会し、四弟ウィリアムを進学させるためにペンシルヴェニア植民地とニュー・ヨーク植民地を訪問している。まさにその頃は、ボストン茶会事件以後、イギリスの抑圧に対抗しようという機運が各植民地でさらに高まった時期であった（see → **201 頁、巻末史料 5^{-3}**）。マディソンが滞在した頃、フィラデルフィアは、イギリスがボストン茶会事件 Boston Tea Party に対する報復としてボストン封鎖を断行した報せで沸いていた。プリンストンにある学校に弟を送り届けた後、マディソンはニュー・ヨークとオールバニー Albany に立ち寄って帰郷した。さまざまな街がボストン封鎖に対してどのような姿勢を示したかをマディソンは目の当たりにした（see → **201 頁、巻末史料 5^{-4}**）。

監督派教会に対する不信感

マディソンは監督派教会を信仰する敬虔な家庭に生まれたが、徐々に監督派教会に対する不信感を強めた。特にそうした考えを強めたのは、隣郡のカルペパー郡 Culpeper County で無資格の説教者が収監された事件である。マディソンはヴァージニア植民地議会が、バプティスト派や長老派からの請願を聞き入れて「宗教問題においてより大きな自由」を認めるように願っていた。マディソンがこの事件でどのような役割を果たしたのかはあまりよく分かっていない。しかし、後年、マディソンは「最初から市民的、宗教的自由を支持する強い感情を持っていたが、［説教者を］牢獄から救うのに何の骨折りもしなかった」と後悔の念を示している。

この頃のマディソンの手紙には監督派教会に対する不信感が如実に表れている。1774 年 1 月 24 日付の手紙では、「もし監督派教会が、ヴァージニア植民において存続しているように存続し、北米植民地すべての国教となり、妨害されることなく定着してしまえば、我々の間に隷属と支配が徐々に入り込むことは明らかなことのように思えます」と述べている。さらに「悪魔の地獄という考え方が、ある人々に強迫的な熱

狂と不品行に対する永遠の迫害を生み、聖職者は彼らの仕事をするために小鬼を割り当てることができる」と聖職者に対する不信感も示している。そして、「我々の間に信仰の自由が復活するように祈っている」と述べている。

　また1774年4月1日付の手紙でも「聖職者達は数が多く強力な組織で、司教権と王権との繋がりのために植民地内で大きな影響力を持っていて、当然の如く、あらゆる手段と影響力を行使して、勃興して来る反対者を弱めようとします」と記している。

郡治安委員

　1774年12月22日、マディソンはオレンジ郡の治安委員会Committee of Safetyの1人と父とともに選ばれた。ちなみに父ジェームズは委員長に選ばれている。治安委員会は、同年10月、第1回大陸会議でイギリス製品不買を執行するために設けられた組織である。1774年から1775年にかけて植民地の大部分で結成された治安委員会は、実質的な行政機関であった。これがマディソンの初めての公職となった。

　1775年4月末、数百人の民兵がフレデリックスバーグに集結して、ヴァージニア植民地総督が植民地の弾薬庫からイギリスの戦艦に移した弾薬を取り戻そうとウィリアムズバーグに向かう動きを見せた。そうした動きにあわせてアルブマール郡とオレンジ郡の民兵も集結した。フィリップ・マッツェイ Philip Mazzei（1730. 12. 25-1816. 3. 19）によるとマディソンもその中に加わっていたという。

　さらに1775年10月2日、マディソンはオレンジ郡の民兵隊の大佐の辞令を得た。郡の民兵隊の指揮官となった父を助けて、軍需物資の調達や供給にあたった。民兵隊の教練に参加したが、健康状態が芳しくなかったので実戦に赴くことはなかった（see → 201・202頁、巻末史料 5^{-5}・5^{-6}）。

ヴァージニア革命協議会

　1776年4月25日、オレンジ郡はマディソンをヴァージニア革命協議会 Virginia Convention の代表として選んだ。ヴァージニア革命評議会は5月6日、ウィリアムズバーグで開会した。次いで5月15日、大陸会議に独立宣言を提案する決議が票決にかけられ、マディソンは賛成票を投じている。またマディソンはヴァージニア邦憲法を起草する委員の一員に選ばれた。邦憲法は革命協議会によって6月29日に採択された。

ヴァージニア革命協議会におけるマディソンの最も目立った活動は、ヴァージニア権利章典 Virginia Declaration of Rights の起草に関与したことである。ヴァージニア権利章典は主にジョージ・メイソン George Mason（1725. 12. 11–1792. 10. 7）によって起草された文書である。マディソンの修正草案がパトリック・ヘンリー Patrick Henry（1736. 5. 29–1799. 6. 6）によって提議されたが、革命協議会はそれを採用しなかった（see → **202 頁**、巻末史料5[7]）。修正草案に含まれる条項は、ヴァージニアにおける監督派教会の解体を意味したので抵抗が強かった。さらにマディソンは第2の修正草案を起草した。最終的に修正草案は、6月12日、若干の修正を経て採択されたが、マディソンが望んでいた政教分離の原則は含まれていない。

後年、マディソンは、「『寛容』という言葉で表現される考えを、良心に従ってすべての者が宗教を信仰する絶対的で平等な権利に置き換えるという観点で」修正案を提案したと回想している。マディソンの修正案に含まれるような信教の自由はそれまで類を見ないものであり、19世紀を代表する歴史家であるジョージ・バンクロフト George Bancroft（1800. 10. 3–1891. 1. 17）は、『アメリカ合衆国の歴史 The History of the United State of America』の中で「ヴァージニアで最も賢明な市民による第1の業績」と評している。

7月5日、ヴァージニア革命評議会は閉会した。新たな邦憲法の下でマディソンはヴァージニア邦議会議員になった。10月から12月に開かれたヴァージニア邦議会第1会期でジェファソンに出会った。ジェファソンとの親交はこれ以後、生涯続いた。新たな議会の下でマディソンは常設の権利選挙委員会 Committee of Privileges and Elections やダンモア戦争 Dunmore's War に伴う問題を解決する委員会、大陸会議のヴァージニア代表に宛てた公文書を準備する委員会、法案を審議する委員会などに加わった。マディソンは議場で雄弁を振るうことはあまりなかったが、公文書を扱う卓越した能力や深い見識は同僚議員に感銘を与えた。

行政評議会

1777年4月24日、マディソンはヴァージニア邦議会選挙で落選した。後にマディソンは、当時の習慣として有権者に酒食を十分に振舞わなかったことが落選の主な原因だったと回想している。共和主義の理念にそぐわないと判断してマディソンはそうした慣習に従わなかったのである。マディソンの支持者達は選挙の無効を訴えたが、最終的に議会はその請願を却下した。また治安判事の職も失った。

　その一方でヴァージニア邦議会は、11 月 15 日、マディソンを行政評議会 Council of State の 1 人に選んだ。行政評議会は 8 人からなり、邦知事の諮問機関であった。マディソンはモンペリエを離れて 2 年間、ウィリアムズバーグに住んだ。

　1778 年 1 月 14 日、マディソンは行政評議会に着任し、パトリック・ヘンリー Patrick Henry（1736. 5. 29-1799. 6. 6）知事の助言役を務めた。行政評議会の重要な仕事の 1 つは、各方面からの要請に応じて軍需品を調達することであった。通貨価値の暴落や大陸会議との折衝など調達には困難が伴った。週 6 日、10 時から開始される行政評議会にマディソンは 1 月から 7 月にかけてほとんど欠席することなく出席している。実は 4 月に邦議会議員にマディソンは当選していたが、行政評議会と議員を兼ねることができないために当選無効になり、そのまま引き続き行政評議会の職務にあたった。

　10 月、ヴァージニア邦の戦費を借りるためにフィリップ・マッツェイとともにイタリアのジェノヴァに渡るようにマディソンは勧められた。その勧めを断ったものの、マディソンはマッツェイが任務を達成できるように支援するうえで主導的な役割を果たした。マディソンは、ヘンリーに代わってジェファソンが知事になってからも行政評議会にとどまり、邦の行政に携わった。

大陸会議

小論「貨幣」をまとめる

　1779 年 6 月、理由は不明であるが、マディソンは大陸会議の代表候補に入ることを拒否した。それにもかかわらず、1779 年 12 月 14 日、大陸会議の代表に選ばれたために、結局、マディソンは任命を受け入れた。その頃、大陸紙幣の価値は額面の 100 分の 1 程度にまで暴落していた。大陸会議で最も緊急を要する問題は財政問題であると考えたマディソンは、1779 年 9 月から翌年 3 月の間に、モンペリエで「貨幣 Money」と題する紙幣と財政に関する小論をまとめた。この小論は 1791 年 12 月 19 日と 22 日の『ナショナル・ガゼット紙』に掲載されている。

　まずマディソンは、貨幣の流通量がその価値、インフレ率、物価を決定するという一般的な通念を否定した。デイヴィッド・ヒュームの『政治論集 Political Discourses』とモンテスキュー Charles-Louis de Montesquieu（1689. 1. 18-1755. 2. 10）の『法の精神 Spirit of Laws』を取り上げ、彼らが引用しているイギリスと古代の物価変動を検証したうえでマディソンは、彼らの過ちは、ある国の通貨の総量はその富の総

和であり、したがって、もし富の総和が同じであれば、通貨の流通量を増やせば自動的にその価値は減ずると想定している点にあると主張している。マディソンの考えでは、通貨の流通速度と正貨による裏付けが通貨の価値を決定する。政府発行の通貨の価値は、「その流通量によるのではない。それは発行状況の信用によるのであり、兌換の機会による。そして、兌換が延期されたり困難になったりする流通量にならなければ、流通量に影響されることはまったくない」という。

　こうした考えを大陸紙幣の現状に適用すれば、大陸会議は後日に兌換を約束することで紙幣の価値を保持することが唯一の打開策である。大陸紙幣は正貨よりも価値がないことは確かだが、それは流通量によるのではなく、ある特定の時期に兌換されることを人民が信頼していないからである。荷馬車いっぱいの小麦と引き換えに農夫が紙幣を受け取る時に、それがいつどれくらいの正貨に兌換できるか疑念を抱くようになればインフレが始まる。独立戦争初期の不利な戦況が兌換履行の信用を失わせ、さらに流通量の増大が不信に追い討ちをかけた。したがって、インフレは流通量自体によるのではなく、「国家の財政破綻の前兆」によって引き起こされている。

　最後にマディソンは、1779 年 9 月に大陸会議が導入した施策、すなわち紙幣の大量発行を止める代わりに借入証書を発行する施策を批判している。借入証書は負債を増大させるだけではなく、さらに公的信用を損なう結果をもたらすと警告した。「小手先の技」だけでは公的信用を回復させることはできず、外国からの借款、大陸会議による課税、独立戦争に勝利するという希望、そして、合衆国が債務を履行するという信用が財政健全化に必要であった（see → 202 頁、巻末史料 5⁻⁸）。

最年少の代表

　1780 年 3 月 18 日、マディソンはフィラデルフィアに到着した。約 6 年ぶりの再訪である。29 歳のマディソンは代表の中で最年少であった。フィラデルフィアでのマディソンの下宿はメアリ・ハウス夫人宅 Mrs. Mary House であった。この下宿は他の大陸会議の代表もよく利用していた。

　マディソンがフィラデルフィアに到着した日、大陸会議は 2 億ドルに達する紙幣を 500 万ドルに圧縮し、新紙幣の発行を諸邦に委ねる法案を可決した。こうした法案は「多くの民間の取引で大きな当惑と不満を生み出す」とマディソンは述べている。また紙幣の発行を完全に諸邦に委ねてしまうことにより、大陸会議が必要な措置を実質的に取れなくなるとマディソンは危惧していた。初登院の前にまとめた小論にもあるように財政再建には抜本的な解決策が必要であるというのがマディソンの基本

的な姿勢であった（see→ **203**頁、巻末史料 **5**$^{-9}$・**5**$^{-10}$）。

　3月22日、海事委員会 Board of Admiralty の一員に任命され、6月6日まで在任した。海事委員会は3人からなり、実質的ほとんど存在しない海軍に指示を与えたり、補給を手配したりする任務を負っていた。

　さらにマディソンは兵站部の再編成に助力し、それに伴って南部に異動となったナサニエル・グリーン Nathanael Greene（1742. 8. 7-1786. 6. 19）将軍の連絡委員に任命された。こうした場でマディソンが学んだことは、個人的な嫉妬や各邦の利害のために大陸会議がしばしば有効に機能しないという経験であった。大陸会議がより大きな権限と活力を持たなければ、いずれは混沌に陥り崩壊してしまうというマディソンの確信は強まる一方であった。

西部の領有権

　1780年10月17日、マディソンはミシシッピの航行権をめぐってスペインと交渉中のジョン・ジェイ John Jay（1745. 12. 12-1829. 5. 17）に送達する指令を起草した。これはマディソンの外交に関する初めての公文書である。マディソンはミシシッピの航行権を確保することはアメリカの独立存続にとって重要だと認識していた。

　まずマディソンは、1763年2月10日のパリ条約 Treaty of Paris の下、ジョージ3世 George III（1738. 6. 4-1820. 1. 29）は西部の領有権を保持していたが、それは独立によってアメリカに移譲されたと主張する。その主張をもとにマディソンはさらにアメリカの主張を支持する見解を以下のように挙げている。

　第1に、ミシシッピは自然の境界線であり、また明白な境界線であるから論争の余地はない。第2に、すでにアメリカ市民が西部に移住しているので、スペインがその地域を領有すれば問題が生じるだろう。第3に、ミシシッピ渓谷の領域に対して諸邦が領有権を主張しているので、もし大陸会議が領有権を放棄すれば諸邦の反目を買って、独立戦争の継続が困難になる。第4に、西部に在住するアメリカ市民に外国政府の主権を及ぼそうとすることは、明らかにアメリカ政府の原理と自然権に違反している。第5に、戦争において、アメリカはスペインよりも有効にミシシッピ渓谷の資源を活用できる。

　ミシシッピ川の自由航行権の差し止めを求めるスペインの主張についてマディソンは、その領域に対してアメリカは明白な領有権を持っていると反論している。将来、西部が豊かな農地に変わった時に、ミシシッピ川が閉ざされていれば、西部の産物は南ではなくイギリス領がある北に向かうことになる。そうすればスペインとフランス

は交易の利を失うことになる。このようにマディソンは自然権の原理を国際関係に適用している（see → **204** 頁、巻末史料5^{-11}）。

対仏関係

マディソンが大陸会議に着任する1年ほど前からフランスに派遣されていたアメリカ使節団の間で対立が起きていた。そうした対立はアメリカ本国も巻き込んだ。フランスの支援を全面的に信用するベンジャミン・フランクリン Benjamin Franklin（1706. 1. 17–1790. 4. 17）とサイラス・ディーン Silas Deane（1737. 12. 24–1789. 9. 23）を中心とする一派にアーサー・リー Arthur Lee（1740. 12. 20–1792. 12. 12）やサミュエル・アダムズ Samuel Adams（1722. 9. 16–1803. 10. 2）を中心とする一派が反仏的な姿勢を示した。先に帰国したリーは、フランクリンとフランスに対する非難を開始した。

マディソンは、リーのフランスでの行動を審査する委員会の長に選ばれた。委員会は10月30日に報告書を提出し、リーの召還を問責なしで認め、ヨーロッパに派遣されている使節団の間における見解の相違を解決するべきだと勧告した。

一方でリーは、フランクリンを召還して新しい使節を送るように議会に求めた。議会は、フランクリンとは別に新たな使節をフランスに派遣することを決定した。フランクリンを支持していたマディソンは、決定を再考するように動議を行ったが受け入れられなかった。

北西部問題

北西部をめぐって各邦は領有権を主張し互いに争っていた。こうした問題を解決するためにマディソンはジョージ・メイソンやジョゼフ・ジョーンズ Joseph Jones（1727–1805.10.28）と協力して、北西部に対する領有権主張をヴァージニア邦に譲歩させた。

1780年9月6日、ジョーンズとマディソンが大陸議会に提出した決議が採択された。それはヴァージニア、ノース・カロライナ、ジョージアが領有権を譲歩し、北西部に新しい邦を設置することを謳った決議であった。その一方で、ヴァージニア邦に対しては、探索費用の弁済、報奨として兵士達に授与すると約束した土地の確保、合衆国の共同の利益のために土地を使用すること、そして、ネイティヴ・アメリカンからの土地購入を無効にするという条件が提示された。ネイティヴ・アメリカンからの土地購入の無効にすることが条件として盛り込まれていたのは、土地投機をめぐる確執があったためである。

　1781 年 1 月 2 日、ヴァージニア邦はこうした条件の下で領有権の譲歩を認めた。しかし、マディソンは大陸会議に補足決議を認めさせることができなかった。結局、最終的に連合会議が修正案を受け入れるまでに約 3 年を要した。この問題においてマディソンはもともと従属的な役割を果たしたに過ぎなかったが、ジョーンズが連合会議を去った後は主導的な役割を担った。

連合会議

青年時代のマディソン（1783 年）

改革の始まり

　1781 年 3 月 1 日に連合規約が成立に伴い、大陸会議は連合会議となった。3 月 12 日、マディソンは、指示に従わない邦に対して連合会議が強制力を持つように連合規約を修正する案を報告した（see → 204 頁、巻末史料 5^{-12}・5^{-13}）。そうした権限がなければ連合会議は諸邦によって侮られ、どれだけ有益な施策も水泡に帰するからである。例えば、その他のすべての邦が禁輸に同意しても、わずか 1 つの邦が禁輸を破れば全体の目的が損なわれる可能性があった。こうした提案は受け入れられなかったが、マディソンが早くから連合規約の欠陥に気付いていたことを示している。

　連合会議が発足して約 3 カ月間にマディソンは、イギリスとの交易を禁止する権限と物資を徴発する権限を連合会議に与えることに成功した。しかし、連邦裁判所の権限拡大や諸邦に大陸紙幣を兌換させる案は失敗に終わった。直接的に連邦の権限を強化することが難しかったので、間接的な手段でマディソンは連邦の権限を強化しようと図ったのである。さらにマディソン他の代表とともに議会の多数決方式を出席者の有効投票の単純過半数に修正しようとしたが否決された。連合規約の規定では、何らかの重要な議題を決める場合に 13 邦のうち 9 邦の賛成が必要であった。それはしばしば議事の停滞を招いた。

この頃のマディソンの様子についてさまざまな人々が書き残している。例えばデラウェア代表のトマス・ロドニー Thomas Rodney（1744. 6. 4-1811. 1. 2）は、マディソンは「若者や経験が無い者に共通するような過信をすべて持っているが、［中略］時にそのような者が持っているような非礼を受け入れて何とか喧嘩腰にならずに済ませるような気安さや優雅さを伴っていない」と記している。

またヴァージニア代表セオドリック・ブランド Theodoric Bland（1741. 3. 21-1790. 6. 1）の妻は、マディソンが「憂鬱な堅物で、議会の中では賢明だが、議会から出るとまったく社交的ではなく、その礼儀作法は見るに耐えないもので、現存する人の中では最も非社交的」な人物であると述べている。ロドニーもブランド夫人もマディソンとはあまり親しくなかったので、公的な場でのマディソンの姿しか知らなかった。ごく内輪な場では、マディソンは温かくユーモアに富み、親しみやすい人物であったという。

1781 年 9 月初旬、マディソンはワシントンやロシャンボー Jean-Baptiste Donatien de Vimeur, Comte de Rochambeau（1725. 7. 1-1807. 5. 10）将軍、そして、米仏同盟軍がヨークタウンに向かうのを他の連合会議の代表達とともに見送った。その時の様子をマディソンは「［フランス軍の］兵士達の姿やその正確な軍規をじっと見ていると、軍隊を送ることでわが同盟国が示した模範に優るものはないと思える」と記している。10 月 24 日、フィラデルフィアにヨークタウン降伏の報せが届いた。「厳しい不運の連続がイギリスの誇りをなだめ、逆上を抑える」ことをマディソンは望んでいた。

1782 年春、ヨークタウン降伏の後、フランスとの同盟がもはやアメリカにとって有害なものにすぎないという風評が流布した。そうした中で、マディソンはフランス公使館の書記官フランソワ・バルベ＝マルボア François Barbé-Marbois（1745. 1. 31-1837. 2. 12）とともに米仏同盟を擁護する公開書簡を発表した。書簡は匿名のアメリカの公職者からの手紙という形式で新聞に発表された。同書でマディソンは、フランスを信頼できる盟友として受け入れることこそイギリスの欺瞞と傲慢を挫く方法であり、もし同盟が危うくなればアメリカはイギリスに再び従属せざるを得なくなると訴えた（see → **205 頁、巻末史料5**[-14]）。またマディソンは、11 月 4 日から連合会議の詳細な議事録をつけ始めている。

議会図書館創設

連合会議はマディソンに議会にとって有用な書籍の一覧を作成するように求めた。そうした求めに応じて、1783 年 1 月 23 日、マディソンは連合会議に書籍の一覧を報

告した。これが連邦議会図書館の萌芽となった。

　マディソンの一覧は 307 種類の著作から構成され、国際法、条約、政治理論、地理学、戦争、そして、「アメリカの古代や合衆国に関連する事柄」が含まれている。それは、マディソンによれば「こうした種の情報が連合会議のいくつかの重要な法律で欠けていることが明らか」であったからである。さらにアメリカに関する事柄は、スペインの新世界での領有権主張を斥けるために必要であるとマディソンは述べている。

　具体的な書名としては、ドゥニ・ディドロ Denis Diderot（1713. 10. 5-1784. 7. 31）の『百科全書 L'Encyclopédie』をはじめ、ヴォルテール、ヒューム、アダム・スミス Adam Smith（1723-1790. 7. 17）、ジョゼフ・プリーストリー Joseph Priestley（1733. 3. 13-1804. 2. 6）などの啓蒙主義者の著作、さらにプラトン Platon（B.C. 4 27-B.C. 347）、アリストテレス、ロック、ベーコン Francis Bacon（1561. 1. 22-1626. 4. 9）、モンテスキュー、グロティウスなどの古典が挙げられている。

講和条約への関与

　マディソンは講和や北西部問題などにも携わった。特に北西部の土地問題は各邦それぞれの主張に加えてヴァーモントの連邦加入の是非も絡み合って紛糾していた。マディソンは連合会議の指示に従うように繰り返しヴァージニア邦に働きかけた。その結果、1783 年 9 月に、ヴァージニア邦が課した条件の大半を受け入れる形で、同邦の領有権譲歩が成立した。

　講和条約についてマディソンは、領土問題に関する譲歩を認めるべきではないと確信していた。スペイン、フランス、そしてイギリスとの関係の中で均衡を取りながら、合衆国はフロリダとニュー・オーリンズを除くミシシッピ川以東の領域を確保しなければならないというのがマディソンの考えであった（see **→ 205 頁、巻末史料 5**[-15]）。当時、フランスに滞在していたジョン・アダムズ John Adams（1735. 10. 19-1826. 7. 4）からフランスの姿勢に関する疑念を表した手紙が届いた。アダムズの手紙には「虚栄心、フランス宮廷に対する偏見、そしてフランクリン博士に対する悪意を除けば特に顕著なことは何もない」とマディソンはジェファソンに語っている。

　結局、マディソンは、フランスがアメリカの主張を認めるだろうと考え、駐米フランス公使の求めに応じて、フランスと協調して講和条約を取りまとめるようにアメリカ使節団に示唆した。マディソンは一時期、公職から退いていたジェファソンをフランスに派遣するように連合会議に提案している。連合会議はその提案を認め、ジェファソンがフランスに派遣されることになった。しかし、1783 年 3 月、講和予備条約

締結の報せが届いたためにジェファソンの派遣は取り止めになった。

　講和予備条約はマディソンにとって満足できる内容であった。しかし、アメリカ使節団がフランスに断り無く予備条約を取りまとめたことは、本国からの指示を逸脱する行為であった。さらに、イギリスがスペインに西フロリダを割譲することを前提に、従来の境界よりも 100 マイル（約 160 キロメートル）南に国境線を定めることをアメリカに認めた秘密協定について、マディソンはそれを「フランスの信頼とその他の世界の尊敬、そして、予備条約で有利な条件を保持する」ためにフランスに伝えるべきだと考えていた。そうした秘密協定は「最も不快なものであり、イギリスが領土を割譲したことで生じた結果として見なされず、合衆国とフランスの繋がりを絶つものとして見なされる」恐れがあった。

1783 年 4 月の改革

　財政問題についてマディソンは、ロバート・モリス Robert Morris（1734. 1. 20-1806. 5. 8）が推進していた財政部門の改革を支持していた。そして、1782 年から翌年にかけて、マディソンの指導の下、ようやく連合会議は自ら歳入を確保する手段を模索し始めた。権力が腐敗から免れ得ないと信じる者達は、連合会議により強い権限を与えることに対して強い反感を抱いていたので、マディソンは粘り強く説得を続けなければならなかった。

　連合会議は邦に歳入を頼るのではなく、独自の財源を持たなければならないというのがマディソンの信念であった。さもなければ連合会議は諸邦が敵対的な派閥を形成しようとするのを掣肘できず、その結果、「まず弱者の側が外国の支援を呼び込み、それから強者の側もそうすれば、最終的に両者ともにヨーロッパの戦争や政治に従属する」ことになると予想された（see → 206 頁、巻末史料 5⁻¹⁶）。1783 年 3 月 6 日、マディソンによって起草された財政改革案が議会に提出された。

　こうしたマディソンの努力が功を奏して、1783 年 4 月 18 日、連合会議は、公的信用を回復させる計画を各邦に提示して承認を求めた。マディソンは「諸邦への挨拶 Address to the States」を起草して諸邦に支持を訴えた（see → 206 頁、巻末史料 5⁻¹⁷）。その計画は、戦時公債の元本と利子を返済するために、特別輸入税と 25 年間にわたって 5 パーセントの一般関税を徴収する権利を連合会議に与えることを骨子とする。同時に連合会議は、各邦が拠出する分担金の割り当て方式の修正を提案している。つまり、従来の土地価格総額に基づく割り当て方式に代わって、人口に基づく割り当て方式を連合会議は導入しようとしたのである。

　しかし、この問題をめぐって連合会議は膠着状態に陥った。そこでマディソンは、奴隷人口を5分の3に数える折衷案を提案した。これは後に合衆国憲法で5分の3妥協 three-fifths compromise のもとになった。こうした試みは、連合規約によって規定されていた全邦からの承認を得ることができず失敗に終わった。

　マディソンは1783年4月の改革によって、連合会議が低落した権威を取り戻し、その責務を果たせるようになることを望んでいた。また連合会議が、イギリスの通商規制に対して報復措置を取れるように提案している。マディソンにとって連合会議の欠陥は、歳入と条約の執行を諸邦に完全に依存している点にあった。独立でようやく獲得した自由が連邦の解体によって失われることをマディソンは恐れていた。緊密で強力な連邦政府こそいまだに脆弱な共和制を諸外国の介入から守る手段であり、諸邦が分裂して互いに争って人民が重税、専制政治、戦争、過大な軍隊などに悩まされないようにするための手段であった。

　講和条約が成立した後、処遇に不満を抱いた将兵の間で不穏な空気が高まった。1783年6月、そうした兵士達がフィラデルフィアにある邦議会議事堂の前に集まった。マディソンと他の代表達はその様子を観察して、彼らが平和的に解散するまでは何も約束するべきではないと考えた。兵士達は邦議会議事堂から立ち去ったが、ペンシルヴェニア邦が秩序の回復を保障できない旨を通達してきたので、連合会議はプリンストンに遷座した。そのためマディソンは任期の最後の数カ月を「書き物をする家具がまったくない10フィート［約3メートル］四方もないような部屋に下宿」して過ごさなければならなかった。

ジェファソンとの連携

　1783年1月、3月、11月と3回にわたってジェファソンはフィラデルフィアに滞在し、マディソンと親しく交わっている。ジェファソンは甥に向かって「マディソン氏の判断は非常に信頼でき、彼の心は善良であるので、彼が親切にも与えてくれる助言を、私からの助言のようにあなたが尊重するように願います」と述べている。そうした親交の中で、両者は西部の画定やフランスとの通商関係の強化などの実行案を話し合った。それは後に1784年3月1日にジェファソンによって提出された「西部領地のための政府案に関する報告 Report of a Plan of Government for the Western Territory」に繋がった。

　また両者はヴァージニア邦の法改訂の促進や邦憲法の修正についても話し合っている。連合会議を辞した後、マディソンはヴァージニア邦議員として、滞欧中で不在の

ジェファソンに代わり、改訂諸法案成立に尽力することになる。しかし、ヴァージニア邦憲法の修正についてはジェファソンの存命中は実現しなかった。

産業育成の方針

　連合会議の代表を務めている頃からすでにマディソンは農本主義と言える考え方を持っていた。1783年5月の手紙の中で「アメリカの一般的政策は現在のところ、農業の促進と消費物資の輸入に向けられている」と述べている。自由貿易を推進すれば貿易業者の競争が生じ、農産物を「利益があがる値段」で売ることができるだけではなく、輸入品を安価に購入できるとマディソンは論じている。しかし、総人口の増加に伴い製造業や海運業に従事する人口が増えれば、「恩恵」を与えることによって産業を振興する政策が必要になるだろうとも指摘している。このように考えるに至ったのは、植民地時代におけるイギリスによる貿易独占が「癒え難い傷を［アメリカに］残した」とマディソンが感じていたからである。

　また1785年3月20日付のラファイエット Marie-Joseph-Paul-Yves-Roch-Gilbert du Motier, Marquis de Lafayette（1757. 9. 6-1834. 5. 20）宛の手紙の中では、ヨーロッパにとってアメリカとの貿易は大きな利益を生むと力説している。つまり、アメリカは非工業製品を輸出する一方で、ヨーロッパの工業製品を輸入する有望な市場となり得る。それに加えて、ミシシッピ川の航行権を得られない場合の不利益についてマディソンは論じている。もしヨーロッパ市場におけるタバコやインディゴの需要が高まってもそれに対応できなければ、価格が上昇し、ヨーロッパの消費者が不利益を被る。さらに農業の促進のために必要な土地が確保できないので余剰労働力が製造業に転向し、工業製品の輸入を必要としなくなる。それは当然、ヨーロッパが工業製品を輸出する市場を失うことを意味する。このようにマディソンは多くの南部人と同じくミシシッピの自由航行権の獲得を強く望んでいた。

婚約と破棄

　フィラデルフィアに滞在している間、マディソンはハウス夫人宅に下宿していた。ハウス夫人宅にはマディソンの他にもニュー・ヨーク代表のウィリアム・フロイドWilliam Floyd（1734. 12. 17-1821. 8. 4）が滞在していた。フロイドは妻と3人の子ども達を伴っていた。1780年にマディソンが末娘キャサリン Catherine Floyd（1767. 4. 24-1832）に最初に会った時、彼女は13歳でマディソンは31歳であった。その時はまだマディソンはキャサリンに興味を抱いていなかった。しかし、1782年11月から翌年4月にかけて2人はしばしば顔を合わせるようになり、マディソンは

キャサリンに次第に魅かれるようになったようである。キャサリンはよく応接間でハプシコードを演奏していたという。

1783年2月14日、ジェファソンは「あなたの幸せを最も心温かく願う」とマディソンに伝えている。1月26日までフィラデルフィアに滞在していたジェファソンはハウス夫人邸に寄宿していたので2人の仲の進展を見ていたようである。2月下旬に再びハウス夫人宅に寄宿したジェファソンはそうした確信を深めた。4月上旬にジェファソンはフィラデルフィアを去ったが、マディソンに「あなたが願っているようにうまくいくような感情を彼女はすべて持っていると確信できました」と書き送っている。

ジェファソンの手紙に対してマディソンは、「その［結婚という］問題に関するあなたの推測は根拠のないものではありません。あなたが［フィラデルフィアを］発って以来、事態は進展しています。［婚約］準備の手筈の大部分は整っていますが、連合会議の年度末［1783年11月］まで延期されるでしょう」と答えている。

4月24日にキャサリンの誕生日を祝った後、マディソンはフロイド一家とともにニュー・ジャージー邦ニュー・ブランズウィック New Brunswick に向かった。この旅行で大陸会議に初登院して以来、マディソンは初めてフィラデルフィアを離れた。フロイド一家のもとで1、2日過ごした後、マディソンはフィラデルフィアに帰り、結婚の計画を練り始めた。

マディソンは婚約の件は伏せたままで、大陸会議の代表として再選を受ける意思がないことを支持者に伝えている。その一方で、理由は定かではないが、突然、キャサリンは婚約を破棄した。7月にキャサリンからマディソンに宛てた手紙には、「心変わり」を意味するライ麦が同封されていたという。

8月11日、マディソンはキャサリンとの仲が終わったことをジェファソンに告げている。ジェファソンは「世界には幸せの源になる同様のその他の多くのことがありますし、その多くをあなたはあなた自身の中に持っています。堅固な精神と不断の責務は、あなたに長い間、苦しみを与えるようなことはないでしょう」とマディソンを慰めている。

キャサリン・フロイドに関しては、1948年にアーヴィング・ブラント Irving Brant が発表するまでほとんど詳細が知られていなかった。破談になって以降、マディソン自身がキャサリンについてほとんど語ることがなかったからである。さらに晩年にマディソンはキャサリンに関する手紙の暗号化された部分をインクで塗り潰している。経年変化によってインクが薄まったお蔭で、ブラントが初めて暗号を解読す

ることに成功した。

帰省

1783 年 10 月 25 日に連合会議で最後の務めを終えたマディソンはフィラデルフィアで読書に親しむ予定を立てていた。連合規約は、6 年のうち 3 年以上、代表を務めてはならないと規定されていたからである。しかし、「体が弱った親への心遣い」から、予定を変更して郷里に戻ることにした。

フィラデルフィアに暫く滞在した後、マディソンは連合会議に出席するためにアナポリスへ向かうジェファソンに同行した。アナポリスに短期間滞在した後、1783 年 12 月 5 日、マディソンはモンペリエに帰った。

ヴァージニア邦議員

束の間の隠棲

モンペリエに帰ったマディソンは、法律、歴史、科学の学習に専念しようと計画していた。特に法律を学ぶことで、「奴隷の労働にほとんど依存せずに済む」職に就こうと考えていた。1784 年から 1786 年にかけてマディソンは断続的に法律を学んだが、それを「職業にする決心には程遠い」と述べている。また声が小さいので自分は弁舌には向いていないとマディソンは思っていた。それにもかかわらず、マディソンは、その当時の法曹にとって不可欠であった『エドワード・クックの英法提要 Lord Coke, Institutes of the Law of England; or Commentary upon Littleton』を読んでいる。こうした知識はイギリスの法制度を理解するために非常に有用であった。

マディソンは、フィラデルフィアに滞在していたジェファソンに「珍しく貴重な書籍」、特に「過去に存在したいくつかの連邦の人民の権利や憲法について光を当てたものなら何でも」購入して送るように求めている。フランスの博物学者ジョルジョ＝ルイ・ビュフォン Georges-Louis Leclerc de Buffon（1707. 9. 7-1788. 4. 16）の書籍を入手し、アメリカの自然史を調べてモグラやイタチなどの調査結果をジェファソンに送っている。他にもジェファソンに「化学をかじれるようなもの」を求めている。

邦議員として活躍

1784 年 4 月 22 日、再びヴァージニア邦議会議員に選出されたために、マディソンの隠棲は中断された。マディソンは通商委員会の長として不利な通商条件の改善、紙幣の暴落から邦の信用を守ること、そして法体系の近代化などに貢献した。

5 月 14 日、リッチモンドの宿屋でマディソン、パトリック・ヘンリー、ジョゼフ・

ジョーンズの 3 人は、より強力な権限を連合会議に与える案をヴァージニア邦議会に提出することで合意した。この合意に基づいてヘンリーは邦議会に、ヴァージニア邦が連邦の分担金支払いを遵守すること、そして、分担金支払いに応じない邦に対して強制徴収を行う際にヴァージニア邦代表が連合会議を支持する決議を提出した。

　マディソンは事の成り行きを見守っていたが、さらに邦憲法修正を求める請願がオーガスタ郡 Augusta County から出されるに至って、自ら邦憲法修正を擁護した。マディソンは以下のような点を指摘している。邦憲法が人民による批准を経ていないこと、議会の権力独占が均衡と抑制によって防止されていないこと、邦議員の給与と特権が規定されていないこと、有権者の権利が平等ではないこと、選挙権が十分に保障されていないこと、そして、他の邦の例を見ても分かるように邦憲法の修正が急務であることなどである。しかし、こうした動きにヘンリーは強く反対し、邦憲法修正の提議は邦議会で否決された。

　9 月から 10 月にかけてマディソンは、ラファイエットとともに、連合会議の使節とイロクォイ連合の交渉を見守るためにモホーク渓谷 Mohawk Valley のスタンウィックス砦 Fort Stanwix（現ローム Rome 付近）に赴いた。イギリスがいまだにネイティヴ・アメリカンを扇動し、毛皮交易を独占しようと目論んでいると感じ取ったマディソンは、フランスの後援でそれに対抗すべきだと考えた。アメリカの使節団の一部は、ラファイエットを交渉から排除しようとしたが、マディソンはラファイエットに対して影響力を行使するように助言した。

　マディソンは一貫して西部、特にケンタッキーの利害に対して好意的であった。ヴァージニア邦の利害を損なわないのであれば、ケンタッキーの連邦加入はマディソンにとって歓迎すべきことであった。もしケンタッキーが分離して新しい邦になった場合にどのような原則に基づいて邦憲法を作成すればよいかという大学時代の友人の問い合わせにマディソンは懇切丁寧に回答している。中でも行政府が立法府に依存しないようにするべきだという考え方は、後年の合衆国憲法における大統領制の萌芽と言える（see → **207 頁、巻末史料 5**$^{-18}$）。このように助言しただけではなくマディソンは、ケンタッキーへの交通を改善するために数多くの測量を企画している。

　マディソンの考えでは、ミシシッピ川の自由航行は西部にとって「自然権」であり、当然の権利であった。1785 年に外務長官ジョン・ジェイが連合会議に提出したスペインとの協定案についてマディソンは否定的な見解を示している。ジェイの協定案は、アメリカがミシシッピ川の自由航行権を断念する代わりに、スペインが貿易特

権をアメリカに与えるという内容であった。マディソンにとってミシシッピ川の自由
航行権は合衆国の独立を保障するうえで無視できない要素であり、連合会議が勝手に
ミシシッピ川の航行権を譲渡することは「裏切り」に他ならなかった。マディソンは
そうした権利が東部の思惑によって侵害されることを恐れていた（see → **207・208**
頁、巻末史料 5^{-19}・5^{-20}）。

　この他にもマディソンは、通商委員会の長として通商を明確に規定するために
ヴァージニア邦の外国貿易を 2 つの港に制限し大幅に改修を行うべきだと考えてい
た。それは北部に外国貿易を独占させないためでもあった。また通商の規定について
マディソンは、邦単位ではなく諸邦に共通した通商の規定が必要ではないかと思うよ
うになった。さらにヴァージニア邦が 1786 年、諸邦にならって紙幣を発行しようと
した時、マディソンはそうした措置に反対を唱えた。その結果、ヴァージニア邦議会
は紙幣の発行を取り止めた。

マウント・ヴァーノン会議

　マディソンはポトマック川の境界をめぐるヴァージニア邦とメリーランド邦の紛争
解決に尽力している。メリーランドはポトマック川の南岸を境界にするように求めた
が、それはヴァージニア邦にとって、ポトマック川の自由航行権を阻まれることに等
しかった。1784 年 6 月、マディソンはヴァージニア邦議会に問題解決を図る使節を
任命するように求めた。

　その結果、1785 年 3 月、ヴァージニア邦とメリーランド邦の間でマウント・ヴァー
ノン会議 Mount Vernon Conference が行われた。マディソン自身は使節として
任命されていたものの、手違いで任命通知が届かなかったために出席していない。

　同会議では、ポトマック川やチェサピーク湾の漁業権や航行権に関する両邦の紛争
解決が図られた。話し合いの結果、両邦は、輸入、通貨、通商規定に関して共通の法
律を制定し、さらに共同で海軍を維持するという合意に達した。これは憲法制定会議
の端緒となったアナポリス会議の先駆けとなった。会議後、マディソンは、取り決め
られた協定をヴァージニア邦議会に承認させるべく取り計らっている。

運河整備計画

　マディソンはワシントンが進めていた運河整備計画を支援した。1785 年 1 月、マ
ディソンはメリーランド邦と協力してポトマック川をモノンガヒーラ川 Monongahela
River と運河で繋げる計画をヴァージニア邦に提案した。またジェームズ川 James
River でも航路開設計画を推進した。さらにノーフォークからエリザベス川

Elizabeth River とグレート・ディズマル湿地 Great Dismal Swamp を通ってアルブマール海峡 Albermarle Sound に至る経路の調査を行う資金を確保した。こうした事業により、ヴァージニア邦とノース・カロライナ邦の交通が改善され、南部ヴァージニアの干拓事業が促進されることが予見された。

信教自由法の成立に貢献

1784 年、ヴァージニア邦議会は海岸地帯からの請願に応じて、すべての宗派のキリスト教会の聖職者に対して財政支援する法律を制定することを検討し始めていた。そうした法案が「その恥ずべき原理と危険な傾向において醜悪」であると思っていたマディソンは、11 月、邦議会で反対を唱えた。それは、推進派が主張するようにヴァージニアでの道徳的頽廃を救う手段とはならず、むしろ良心の自由を侵害するものだというのがマディソンの考えであった。しかし、推進派の勢いが強く、マディソンは次の会期まで時間を稼ぐために監督派教会の法人化を認める法案への支持を余儀なくされた。

その一方で山麓地帯やシェナンドア渓谷 Shenandoah Valley 地帯で、聖職者に対する財政支援に反対する声が高まった。機を同じくしてバプティスト派やメソジスト派による反対運動も広がった。さらに翌 1785 年の邦議会選挙では財政支援に賛成する議員の多くがその議席を失った。こうした情勢の変化をマディソンは、「人民は彼らの基本的権利が剥奪されることに対する警戒を躊躇せずに宣言している」と感じ取っている。

人心の潮流を見て意を強めたマディソンは 1785 年 6 月、「宗教のための課税に対する抗議と請願 Memorial and Remonstrance against Religious Assessments」を邦議会に送付した。この「抗議と請願」は、公定教会制度の下で特権的地位を享受してきた監督派教会に対する人々の不満を代弁するものであり、公定教会制度の廃止と政教分離の確立を促すものとなった（see → 208・209 頁、巻末史料 5[21]・5[22]）。邦内に複写が出回り、1,554 人の署名を集めた。こうしたマディソンの努力の結果、法案成立は阻止された。

その後、マディソンは、1785 年 10 月 31 日、ジェファソンが委員長を務めていた法改訂委員会による報告に基づいて 118 の法案を議会に提出している。滞欧中で不在のジェファソンに代わってマディソンは改訂諸法案成立に尽力した。その中にはすべての奴隷の子どもを 21 歳の誕生日に解放することで漸進的に奴隷解放を行う法案も含まれていたが、不成立に終わった。

　ジェファソンが提案した法案の1つとして、1786年1月、ヴァージニア邦議会はヴァージニア信教自由法 Bill for Establishing Religious Freedom を可決した。「人間の精神に対する法律を作るという野心的な望みは永久に絶たれました」とマディソンはジェファソンに向かって信教自由法成立の意義を伝えている（see → **209頁、巻末史料5**[-23]）。

　しかし、同じくジェファソンの改訂諸法案にあった教育制度の改革は実現できなかった。また、イギリスの債権者に対する独立戦争以前の負債の支払いや連合会議への拠出金のために適切な資金を確保する提案も実現しなかった。とはいえジェファソンは「尽きることが無い屁理屈、ごまかし、こじつけ、苛立ち、そして、議員や似非議員の遅延策に対抗するマディソン氏の倦むことない活動によって、ほとんど修正することなく議会は大半の法案を通過させました」とマディソンを称賛している。

　アナポリス会議に参加

　1786年、マディソンは、以前から取り組んでいた勉学を深め、古今の連邦制に関する歴史を読み、その長所や短所をまとめた覚書である「古今の連邦制度について Of Ancient and Modern Confederacies」を書いている。

　マディソンが参考にした書籍は非常に多岐にのぼる。フォルテュネ＝バルテルミー・ド・フェリス Fortuné-Barthélemy de Félice（1723-1789）の『人間の法、もしくは普遍的、自然的、市民的な法と政治 Code de l'humanité, ou La Législation Universelle, Naturelle, Civile et Politique』、ディドロの『百科全書』、アベ・ミロ Abbé Millot（1726-1785）の『歴史一般の諸基礎 Éléments d'Histoire Générale』、アベ・ド・マブリー Abbé de Mably（1709. 3. 14-1785. 4. 2）の『歴史の研究 De l'Étude de l'Histoire』、ジャック＝オーギュスト・ド・ソー Jacques-Auguste de Thou（1553. 10. 8-1617. 5. 7）の『世界史 Histoire Universelle』などのフランス人による著作を多く読んだ。またポリビウス Polybius（B.C. 204?-B. C. 125?）、プルタルコス Plutarchus（46?-127?）などの作品も参考にしている。

　マディソンは、リキュア、古代ギリシアの隣保同盟、アカイア同盟、神聖ローマ帝国、スイス連邦、そして、ネーデルラント連合などの制度について詳細にまとめている。マディソンが特に関心を抱いた点は、諸制度が連邦の紐帯をどのように保とうと工夫していたのかという点である。こうした考察は後に『ザ・フェデラリスト』執筆の参考資料として役立った。

　古今の連邦政体の例を調べた結果、マディソンは連邦の紐帯を固める適切な方策を

考えなければ、党派によって連邦が解体する恐れがあるという確信を強めた。実際に、連合会議における地域的な分断の危機が高まっていた。南部諸邦は、連合会議で外務長官ジョン・ジェイと北部諸邦が、スペインとの通商交渉で、ミシシッピ川の航行権を犠牲にしてスペインから有利な条件を引き出そうとしているのではないかと疑念を抱いていた。こうした衝突によって、北部諸邦と南部諸邦は互いに地域的な連邦を形成しようと考え始めた。また連合会議に通商問題を規定する権限を与えるという新たな提案をめぐって対立は深まる一方であった。このままでは連邦が空中分解する恐れがあった。

　マディソン自身は、各邦の利害衝突を解決するために連邦政府に通商を規定する権限を与えるべきだと考えていた。早くもマディソンは、1785 年 8 月 7 日付のモンロー宛の手紙の中で連邦制度の根本的改革に対する抱負を次のように述べている。

　　「通商を規定する権限を少なくともある程度、[連合会議に] 与えるかどうかの問題を概観すると、それを可決すべきだということは疑いの余地もないことだと私には思えます。もし通商を規定する権限が必要であれば、通商を効果的に規定できる者に権限を付与する必要が確かにありますし、経験による道理が予見するところ、個々の能力で行動する諸邦が通商を規定することは決してできません。別々に戦争を行ったり、同盟や通商条約を締結できないように諸邦は、通商を規定する権限を行使できません。したがって、こうした事実の性質から、通商を規定する権限は、その他の権限に劣らず、連合規約の条理に含めるべきなのです。[中略]。私は、連邦制度の欠陥を修正することが非常に重要であると思っています。なぜなら、そうした修正は、連邦が樹立された目的に対するより良い回答になるでしょうし、まさにその欠陥が存続することによってもたらされる危険を私は理解しているからです」

　1786 年 1 月 24 日、ヴァージニア邦議会はアナポリス会議 Annapolis Convention 開催を求める決議を採択した。そして、代表団の 1 人にマディソンは選ばれた。しかしながら、アナポリス会議に対してマディソンはあまり希望を抱いていなかった。8 月 12 日付のジェファソン宛の手紙の中で、アナポリス会議の開催は歓迎すべきことだが、現在の状況を鑑みると、「通商改革」さえもほぼ達成が絶望的ではないだろうかと述べている。

　1786 年 9 月 11 日から 14 日にかけてマディソンはアナポリス会議に参加している。残念なことにアナポリスに集まった代表はわずかに 5 邦から 12 人のみであった。多

くの代表が、アナポリス会議を「連合規約を修正するために全権を委託された会議」にしたがっていると感じつつも、マディソンは会議の見通しにほとんど希望を見いだせなかった。結局、アナポリス会議は山積する問題を解決できなかったが、13邦の代表からなる会議の開催を翌年5月14日に決定する報告書を採択した。後に憲法制定会議と呼ばれるようになる会議である。

連合会議

憲法制定会議前夜

アナポリス会議から帰ったマディソンは、早速、ヴァージニア邦議会にフィラデルフィアで行われる会議に参加するように促し、会議を支持する旨の決議を起草した。決議がヴァージニア邦議会に受け入れられて初めてマディソンは「希望の側に傾くいくらかの根拠ができました」とワシントンに期待を述べている。

1786年11月7日、ヴァージニア邦議会はマディソンを連合会議の代表に選出し、さらに12月5日、フィラデルフィアで行われる会議の代表に任命した。12月7日、マディソンは同じく憲法制定会議の代表に選ばれたワシントンに「5月にフィラデルフィアで開催される会議への代表団にあなたのお名前を欠くことはできません」と手紙で会議への参加を懇請している。

当時はまだ多くの人々がフィラデルフィアでの会議が連合規約に単に修正を加えるだけのものに過ぎないと考えていたが、マディソンは来るべき会議が合衆国の将来について重大な影響を及ぼし得ることを十分に理解していた。それは、「［憲法制定会議の］結果は、何らかの形で我々の運命に力強い影響を与えるでしょう」というジェファソン宛の手紙の中の言葉からも窺える。

1787年1月15日、マディソンはリッチモンドからニュー・ヨークに向けて出発した。その途中、ワシントンのもとを訪れ、来るべき憲法制定会議について話し合った。ワシントンは憲法制定会議への出席をまだためらっていたが、マディソンは出席するように強く求めた。

その後もマディソンは、憲法制定会議が始まる前に、ワシントンやエドモンド・ランドルフ Edmund Jennings Randolph（1753.8.10-1813.9.12）、ジェファソンなどに手紙で憲法制定会議の議事案を示している。例えばマディソンは、ランドルフに宛てた2月24日付の手紙で「現行制度にはまったく賛同すべき点も、賛同に値する点もありません。もし何本かの強力な支柱をあてがわなければ、［連邦は］すぐに

倒壊してしまうでしょう」と述べている。さらに「このような状況下で［連邦］政府が存続できる見込みはないでしょう」と断言している。シェイズの反乱 Shays' Rebellion が「筆舌に尽くし難い傷」を共和主義に与えたので、君主制を志向する者が勢いを強めるのではないかとマディソンは危惧していた。その一方で、人民の多くは、三権分立に基づくより強力な連邦に加盟するという「小さな悪弊」を喜んで受け入れるだろうと楽観的な見方を示している。マディソンの憲法理論の根本には、中央政府の権限強化が専制政治に繋がるのではなく、むしろ自由を擁護する保障となるという強い信念があった（see → **210 頁、巻末史料・5**[24]）。

　三者に示した提案の骨子は次のような 9 点である。第 1 に、大邦が正当な影響力を持つことができるように代表制の原理を変更しなければならない。第 2 に、「いかなる場合も完全な統一性を求める積極的にして完全な権威」を連邦政府に与えるべきである。第 3 に、「どのような場合であれ、諸邦の立法に対する反対する権限」を両院のうち議員定数が少ない院に与える。第 4 に、「国家の最高性」を「司法府」にも拡大する。第 5 に、任期の異なる両院を設置する。第 6 に、国家執政官（大統領）を創設する。第 7 に、「内的及び外的脅威からの安全を諸邦に明白に保障する」条項を盛り込む。第 8 に、諸邦に対する強制権を宣言する。第 9 に、批准を「邦議会の通常の権限からではなく人民から得る」ことである。

ミシシッピをめぐるスペインとの交渉

　1787 年 2 月 10 日に初登院して以後、マディソンは憲法制定会議までニュー・ヨークに滞在して連合会議に出席した。その主な目的は「もし可能であれば、ミシシッピ川を遮断しようとするジェイ氏の計画を撤回させること」であった。

　1786 年、北部の 7 邦は、アメリカがミシシッピ川の自由航行を 25 年間差し控える代わりに、通商上の譲歩を駐米スペイン公使に求める権限をジェイに与えた。1787 年 4 月 11 日の報告でジェイは連合会議に、スペイン公使が交渉を具体化するために条件の調整に入ったと告げた。この報告を受けてマディソンは 2 つの動議を行った。1 つ目の動議は、滞仏しているジェファソンをスペインに移動させて直接交渉にあたらせるという提案である。そして、2 つ目の動議は、7 邦のみの承認でジェイに与える指示を変更することは無効だという抗議であった。マディソンの提議は採択されなかったが、結局、ジェイの計画は取り止めになった。

　実はミシシッピの自由航行の問題は、憲法制定会議の開催にも深く関わっていた。なぜなら、もしミシシッピの自由航行権が失われれば、南部諸邦が憲法制定会議への

出席を拒否する恐れもあったからである。マディソンにとってもミシシッピ川の自由航行を差し止めることは、たとえ連合会議でそれが認められようとも、アメリカ独立の契機となったイギリスの悪行と同じくらい不正なことであった。

「合衆国の政治制度の欠陥」をまとめる

1787年4月、憲法制定会議を目前にしてマディソンは、「合衆国の政治制度の欠陥 Vices of the Political System of the United States」をまとめている。本来、憲法制定会議は連合規約に抜本的な修正を加える名目で召集された会議であったので、現行制度の欠陥をまとめる必要があった。この覚書は憲法制定会議の青写真とも言える文書であり、次のような連合規約の欠陥が列挙されている。

第1に、「各邦が連合規約で求められることを遵守しない」ことである。つまり、こうした悪弊は、「各邦の独立した権限」から生じる。これは現行制度が抱える致命的な欠陥である。

第2に、「各邦による連邦の権限の侵害」である。例えばジョージア邦は独断でネイティヴ・アメリカンと交戦したり条約を締結したりしている。

第3に、各邦の「国際法と条約に違反する行動」である。各邦は別個に行動するので結果的に統一した行動を取れない。その結果、国際法や条約に違反することも起こり得る。そうした行動が外国との紛争の火種とならないように留意すべきである。

第4に、「各邦が相互に権利侵害を行っている」ことである。例えばヴァージニア邦は邦内の特定の港湾への立ち入りを他邦に対して規制している。メリーランド邦やニュー・ヨーク邦は自邦民の船舶に対して優遇措置を取っている。さらに各邦で発行されている紙幣も相互の権利侵害をもたらす。各邦の市民はそれぞれ債務者であり債権者である。ある債務者の属する邦がその債務者に有利な法律を制定する一方で、債権者の属する邦はその債権者に有利な法律を制定するだろう。「貨幣の鋳造と価値の規定を排他的に行う権限を連邦に適切に委ねる」ことによって国内の混乱を抑えるべきである。

第5に、「共通の利益に関わる問題について一致協力が得られない」ことである。「通商問題の状況は、こうした欠陥を強く示している。マディソンは、その結果、「いかに国家の威信、利益、歳入が損なわれているだろうか」と述べている。

第6に、「各邦の憲法や法律の内乱に対する保障を欠いている」ことである。共和主義の原理に基づいて多数者に権力が与えられているが、「事実と経験によると、少数者が武力に訴えるようになれば、多数者に対する強敵となる」恐れがある。また

「奴隷制が存在するところでは、共和主義の理論が虚偽になるのは当然である」とマディソンは断言している。

　第7に、「法律に制裁を欠き、連邦に強制を欠いている」ことである。「制裁は法律の構想において不可欠」であり、同じく「強制は政治の構想において不可欠」である。独立戦争の最中でさえも、外敵による危険がありながら各邦は連邦に対する彼らの義務を果たさなかった。平和時においてはなおさらであろう。連邦法は各邦に等しく適用されるべきである。各邦が自発的に連邦法を遵守するかどうかは疑わしい。そうした疑念により、結局、誰も連邦法を遵守しようとはしなくなる。

　第8に、「連合規約が人民による批准を欠いている」ことである。もし連邦が単に各邦間の契約によって成立した組織に過ぎない場合、ある邦が連合規約を遵守しなければ、残りの他の邦は同規約を遵守する義務から解放されることになる。そして、連邦を解体する権利を持つことになる。

　第9に、「各邦で法律が重複している」ことである。確かに法律は、遵法者の義務を明確にする限り必要である。しかし、法律がその限度を越えれば「最も有害な類の厄介なもの」となる。

　第10に、「各邦の法律が変わりやすい」ことである。法律が頻繁に改廃されることは、例えば通商問題に関しては不安定の原因となり、それは我々の市民にとっても外国人にとっても「躓きの原因」になる。

　第11に、「各邦の法律が不公正なこと」である。それは本来、「公共の善と個人の権利、両方の最も安全な守護者」である筈の共和政体の根本原理に疑問を投げ掛けることになる。すべての市民社会は、異なった利害を持つ集団や派閥に分かれている。共和政体においては、多数者が法律を制定する。共通の利益や感情に基づいて多数者は結び付いている。それらを共有しない少数者の権利や利益を多数者が侵害する可能性がある。その可能性を防止できるものは何か。公共の善を重視する良識である。「公正であることが最善の策である」ことを忘れてはならない。少数者に対する抑圧という危険を回避するためには良識が必要である。そのためには公正を保障する制度を作らなければならない。

　第12に、各邦の法律が無力なことである。このようにマディソンは12点にわたって連合規約の欠陥を述べている。マディソンは諸邦が互いに自邦の利益を守るために争い合えば、共和制の前提が崩壊すると危惧していたのである。

　「連邦を永続させること」がマディソンの第1の目的であり、「共和主義という名

の栄誉を取り戻す」ことをマディソンは目指していた。もしフィラデルフィアで開催される会議が失敗に終われば、連邦が君主政に逆戻りするか、もしくは「3つのより実用的で強力な政府」に分裂するだろうとマディソンは考えていた。

憲法制定会議

独立宣言と合衆国憲法誕生の場となった
インディペンデンス・ホール

議事進行規定と「憲法制定会議に関する覚書」

憲法制定会議の冒頭で議事進行の手続きが決定された。まず会議での投票は1邦につきそれぞれ1票とし、各邦に属する代表団が多数決でその1票を決定する。もし代表団の票決が均衡した場合は、その邦の票を無効とする。さらに投票をすぐに最終的な結果にしない。内容を再度討論し、もし代表の考えが変われば再度投票にかけることを認める。そして、重要な方針決定として、憲法制定会議は、単に連合規約を修正するためではなく、「最高の立法府、司法府、行政府からなる統一国家政府の樹立」を目的とすることを決定した。

また憲法制定会議では秘密規定が設けられていた。会議の内容をすべて内密にすることによって外部からの影響を排すためである。例えばマディソンは、会議中に送ったジェファソン宛の手紙の中で、パトリック・ヘンリーが「憲法制定会議に対して敵意を持ち、連邦の分裂、または解体を願っている」と暗号で述べているように、警戒感を持つ人々に配慮する必要があった。秘密規定は、代表達が自らの存念を思うままに述べる自由を保障したのである。こうした秘密規定が存在したのにもかかわらず、討議の内容が今に伝わっているのは主にマディソンの議事録による。1日も休まず1つの弁論も聞き逃さないようにマディソンは努めた。

また憲法制定会議が終わってから間もない10月24日にマディソンは、会議の内容に関する手紙をジェファソンに送っている。その手紙の中で諸論点が整理されているので、会議の大まかな討論の流れを知ることができる。

マディソンは、討論で主導的な役割を果たしただけではなく、上述のように討論の

詳細な記録である「憲法制定会議に関する覚書 Notes on the Federal Convention」
を残している。しばしばマディソンは、議会が終わった後、代表達の交流の輪を抜け
出して、下宿で自らの速記録をもとに代表達の見解を書き出す作業に没頭した。この
作業は非常に骨の折れる作業であり、晩年にマディソンは「ほとんど死ぬほど」だっ
たと述べている。マディソンは、討論の記録をつけることで論点を整理し、話し合い
がうまく進むように運んだのである（see → **211 頁、巻末史料 5**[-25]）。

　マディソンの記録は『憲法制定会議日誌 Journal of the Federal Convention』と
して 1840 年に出版されている。書記の手による『会議日誌 Journal of Convention』
は 1819 年に公刊されているが、単なる賛否を記録したものであり、討論の詳細にま
で記述が及んでいない。マディソンの他にも議事録をつけていた代表は何人か存在す
るが、マディソンの詳細な議事録には及ばない。マディソンの死後まもなく、関連文
書が公刊されるまで、憲法制定会議で何が話し合われたのかは一般にほとんど知られ
ていなかった。なお憲法制定会議に関する史料集成としてマックス・ファーランド
Max Farrand（1869. 3. 29-1945. 6. 17）による『1787 年の憲法制定会議の諸記録
The Records of the Federal Convention of 1787』はきわめて有用である。憲法
制定会議に参加した代表達の記録を会議の日付ごとにまとめて一覧できるように工夫
されている。

ヴァージニア案の概要

　5 月 3 日、マディソンは「諸邦の重要会議」に出席するためにフィラデルフィアに
到着した。マディソンの滞在先は、いつものようにハウス夫人宅であった。「我々の
夜明けよりも好ましく開けた夜明けはなく、現在よりも曇っている日はありません。
今こそ、迫り来る嵐から政治制度を救うために叡智と模範が必要です」とマディソン
はワシントンに語っている。

　憲法制定会議が開催されるのを待つ間、マディソンは足繁く多くの知人のもとに
通って旧交を温める一方、ヴァージニア邦の代表達にヴァージニア案 Virginia Plan
の草案を提示した。ヴァージニア邦の代表達は、毎日 3 時に集合し、2、3 時間、「見
解の適切な一致を形成する」ために話し合った。古今の連邦制度に関する深い知識と
現行制度の欠陥に関する明確な認識について、マディソンの右に出る者はほとんどい
なかった。憲法制定会議の出席者について詳細な記録を残したジョージア邦代表ウィ
リアム・ピアース William Pierce（1753?-1789. 12. 10）は次のようにマディソンを
評している。

　「マディソン氏は、公的生活が長い人物である。特に顕著なことに、すべての人々が彼の偉大さを認識しているようであった。彼は、重厚な政治家と学者を合わせたような人物だ。あらゆる大きな問題を扱うたびごとに彼は憲法制定会議を明確に導いた。雄弁家と彼を呼ぶことはできないが、彼は最も快活で饒舌、そして、説得力のある語り手であった。持ち前の勤勉の精神と際立った応用力から、彼は議論のどのような場でも最も見識ある人物として常に先頭に立った。彼は連邦の中でどのような人物よりも合衆国に関する事柄について正確な知識を持っている。彼は連合会議の議員に2度なり、連合会議に参加した者の中で最も有能な議員の1人だと常に思われていた。マディソン氏は37歳であり、非常に控え目な紳士であり、非常に人柄が良い。知人の間では彼は気兼ねすることなく気安い会話をする」

　定足数を満たしてようやく会議が始まったのは5月25日のことである。それから9月17日まで代表達は、若干の休会を挟みながらも、ほぼ毎週6日間、毎日5時間の討議を重ねた（see → **211頁、巻末史料5**[-26]）。

　5月29日、ランドルフによってヴァージニア案が提議された。15条からなる同案は、合衆国憲法の基盤となった。ヴァージニア案の特徴は、人民の直接選挙による第一院（下院）と邦議会の選出による第二院（上院）に基づく二院制の導入に加えて、各邦による侵害を阻止できる強力な権限を連邦政府に与える点にある。

　特に「統一国家的 National」という当時では新奇な概念が盛り込まれている点は特筆すべきである。それは、連合規約の下での現行制度を意味する「連邦的 Federal」という概念とは対照的な概念であった。統一国家的な概念は、連邦政府が、これまでのように各邦を通じて間接的に人民に働き掛けるのではなく、直接的に人民に働き掛けることを意味している。

　この概念は多くの反対を招いた。反対派（「連邦的」な概念を支持したので主に「フェデラリスト Federalist」と呼ばれるが、後の憲法批准賛成派とは異なる）が邦の権限を完全に奪取するような中央政府の成立を恐れたためである。しかし、ヴァージニア案は、邦の権限を完全に奪取することを目指していたわけではなく、連邦と各邦の均衡が取れるように権限を配分することが大きな目標であった。また、各邦がその邦民に対する権限を保留する一方で、連邦は直接、国民に対する権限を行使するという二元制度への移行を目指していたのである（see → **212頁、巻末史料5**[-27]）。

ヴァージニア案に関する討論

ヴァージニア案をめぐる討議の過程で、マディソンはペンシルヴェニア代表のジェームズ・ウィルソン James Wilson（1742. 9. 14-1798. 8. 21）とともに統一国家的な概念の主唱者になった。一方、連邦的な概念は、コネティカット代表のロジャー・シャーマン Roger Sherman（1721. 4. 19-1793. 7. 23）とオリヴァー・エルズワース Oliver Ellsworth（1745. 4. 29-1807. 11. 26）、ニュー・ジャージー代表のウィリアム・パターソン William Paterson（1745. 12. 24-1806. 9. 9）の 3 人に加えてマサチューセッツ邦代表エルブリッジ・ゲリーとメリーランド邦代表ルーサー・マーティン（1748. 2. 9-1826. 7. 8）が中心となって主唱した。

まず国民議会に二院制を採用する点は全会一致で認められた。しかし、両院をどのように構成するのかという点については意見が分かれた。連邦的な概念を主唱する者達は、人民による第一院の選出に反対し、邦議会による第一院の選出を提案した。そうした意見に対してマディソンは以下のような反論を述べた。

二院のうち少なくとも一院を直接、人民によって選ぶことは「あらゆる自由政府の計画に不可欠」である。そうすれば、議員が単なる邦政府の仲介者に陥るのを避けることができる。マディソンは、人民による選挙がもたらす悪影響を恐れる人々に対して、たとえ両院の一方が人民によって直接的に選ばれたとしても、第二院、司法府、行政府によって「段階的濾過」を受けるので安全であると主張した。5 月 31 日の票決で、少なくとも一院は人民による直接選挙で選出されることが議決された。

次に問題になったのは行政府の長の構成、権限、そして、選出方法であった。ランドルフは行政府の長を複数にすべきだと主張して、単独にすべきだと主張するウィルソンと対立した。マディソンはこの問題の討論を先送りにするように求めた。そして、行政府の長の任期を 7 年 1 期に限ることが決まり、さらに選出方法について話し合われた。

6 月 2 日、選挙人投票で行政府の長を選出するというウィルソンの提議が否決された後、国民議会が行政府の長を選出する方法が賛成票を集めた。そうした方法は各邦の投票によって行政府の長を選出する方法よりはましであるが、行政府の独立と三権分立の原理を侵すものだとマディソンは考えていた。

6 月 4 日、行政府の長を複数にするか、単数にするかという再び問題が取り上げられた。ウィルソンは、邦知事を例にとって単数説を強く唱えた。マディソンはヴァージニア邦の代表達にウィルソンの提案に賛成票を投じるように働き掛けた。その結

果、行政府の長を単数にする提案は受け入れられた。マディソンの働き掛け以上にワシントンの存在が強い影響を及ぼしたと考えられる。なぜならワシントンこそ新政府の行政府の長になり得るほぼ唯一の人物だと見なされていたからである。多くの代表達は腐敗した人物が権力を一手に握る可能性を恐れていたが、ワシントンなら信頼を裏切らないだろうと思っていたのである。しかし、行政府の長の選出方法については容易に決定せず、論議がこの先も続くことになる。

　さらに行政府の長の拒否権に関する論議が後に続いた。ジョージ・メイソンは、絶対的な拒否権を行政府の長に与えることは専制政治をもたらすと反論を唱えた。マディソンの支持の下、立法府は行政府の長の拒否権を3分の2の票数で覆せるという規定を盛り込むことで合意が成立した。その次に、司法府について話し合われた。ウィルソンとマディソンは、判事を行政府もしくは第二院が任命する案を提出したが、反対派によって先送りが決定された。各邦の利益を唱える反対派の抗議に遭いながらも、ウィルソンとマディソンは、連邦裁判所の管区を定め、巡回裁判所を設立する権限を国民議会に持たせることに辛うじて成功した。

　6月6日、第一院の選出方法を人民による直接選挙にすべきか否かが再び話し合われた。シェイズの反乱の記憶がまだ新しい中、シャーマンは国民議会の権限を制限するために邦議会による選出を求めた。まずウィルソンがそれに対して、もし直接選挙が行われなければ人民は連邦政府に愛着を感じなくなると反論した。マディソンはウィルソンを支持して、「衆愚的な選挙」の危険性を認めながらも、「不完全と悪弊から完全に免れる政府など存在しない」ので、そうした危険性に対して過度に警戒すべきではないと弁じた。そして、そうした危険性は「人民の権利を認め、人間の本質を認める」利点によって相殺される筈であるから、代表達は「人民が考えるように考え、人民が感じるように感じるべきだ」と述べている。

　続いてマディソンは憲法制定会議で行った演説の中でも最も重要な演説を行った。「人民が直接、立法府の少なくとも一部門を選ぶことは、自由政府の明確な原理」であることを再び強く訴え、シャーマンの論を斥けたのである。後に『ザ・フェデラリスト』10篇で詳細に論じられているように、もし多数者が共通の利益に結び付けば、少数者の利益が侵害される恐れがあるとマディソンは指摘している。そのような場合、多数者を抑制できる力を持つものは何もない。そのような悪弊を避ける防止策は、「階級を広げることであり、そうすることで社会を非常に多くの利害と党派に分けること」であると論じている。社会が多くの利害や党派に分かれていれば、多数派

が共通の利害または情熱で結束することはできず、少数派の権利が危機にさらされることもない。第一院が多数者に支配されたとしても、第二院、司法府、行政府がそれを是正することができるだろう。マディソンは人民による直接選挙によってもたらされる危険性を恐れる人々を説得しようと努めた（see → 213 頁、巻末史料5⁻²⁸）。

　またウィルソンが、立法府に対する審査から司法府を除外する決定を再考するように提議した際、マディソンは再びウィルソンの提議を支持する弁論を行った。その弁論の中でマディソンは次のように主張している。審査権限は、立法府が行政府や司法府の権限を侵害することを防止するのに有用であり、ひいては人民全体の権利を守ることにも役立つ。もし立法府が「原理において賢明ではないか、形式において正しくない法律」を制定しようとした場合、司法府と行政府が協力すれば強力な立法府に対抗することができる。このようにマディソンは、司法府にも立法府に対する拒否権に関与できる権限を与えようと試みたが、憲法制定会議が立法府に対する審査から司法府を除外するという決定を覆すことはなかった（see → 214 頁、巻末史料5⁻²⁹）。

　6 月 7 日、デラウェア代表のジョン・ディキンソン John Dickinson（1732 .11 .8-1808. 2. 14）が、第二院（上院）の議員を邦議会が選ぶべきだと提議した。それに対してマディソンは、もしディキンソンの提案を受け入れれば上院の議席が多くなり、その結果、上院に求められる「冷静である点、整然としている点、見識がある点」といった資質を保つことが難しくなると反論した（see → 214 頁、巻末史料5⁻³⁰）。

　マディソンにとって、見識ある議員からなる上院は、人民の移り気に由来する過ちを是正するための議院であった。またマディソンは、選挙権を平等に与えれば、徐々に貧しい者の影響力が高まり、将来、土地均分を唱える動きが強くなるのではないかと危惧していた。とはいえ、晩年に付け加えた覚書でマディソンは、身体の自由しか持たない貧しい者がすべてを奪われるよりも、富める者が財産権と身体の自由の片方、つまり財産権を奪われるほうがましであるので、選挙権を土地所有者に限らず、すべての者に平等に与えるべきだと論じている（see → 215 頁、巻末史料5⁻³¹）。

　6 月 8 日、邦が制定した不適切な法律に対して拒否権を行使する権限を国民議会に与えるべきか否かが論じられた。マディソンは拒否権の必要性と有用性を強く主張した。特に、もし強大な邦によって小邦の権利が侵害された場合、国民議会によるそうした不法行為の是正が必要であるとマディソンは小邦の代表達に訴えかけている（see → 216 頁、巻末史料5⁻³²）。こうしたマディソンの主張にもかかわらず、最終的に邦の法律に対する拒否権は明記されなかった。わずかに憲法第 6 条第 2 項におい

て連邦法の最高法規性が示されたのみである。

　ヴァージニア案に関する討論の結果、以下のような点で大筋の合意が成立した。三権分立の原則を守り、人民の直接選挙による第一院と邦議会の選出による第二院の二院からなる立法府を設立し、第一院の任期は3年とし、第二院の任期は7年とする。また立法府は、諸邦が定めることができない問題を規定する権限と憲法、もしくは条約に違反する諸邦の法律を拒否する権限を持つ。そして、行政府の長は単数であり、7年間の任期で国民議会によって選ばれ再選されることはなく、国民議会の立法に対して拒否権を持つ。一方、国民議会はそれを一定の票数を得れば覆すことができる。さらに連邦判事は第二院によって指名され、非行なき間、在職できる。最後に憲法の批准は、その目的のために選ばれた代表による会議によって定められる。こうしたヴァージニア案に基づく合意はほぼマディソンにとって満足すべき内容であったが、それに対抗するニュー・ジャージー案が登場することになる。

　ニュー・ジャージー案に関する討論

　こうした議論が進むうちに「ナショナル」の概念を推進する統一国家派 Nationalists と「フェデラル」の概念を推進する邦権派 Federalist（後年の連邦派とは異なる）が明確に形成された。当然ながらマディソンは前者に属し、積極的な唱道者となった。

　特に小邦を中心とする後者は6月4日からヴァージニア案の対案を練り始めた。そして、6月15日、ニュー・ジャージー代表のパターソンは、コネティカット、ニュー・ヨーク、デラウェア、メリーランドの支持を受けて9条からなるニュー・ジャージー案 New Jersey Plan を提出した。

　ニュー・ジャージー案の骨子は次の通りである。まず現行の連合会議に、関税と印紙税を課す権限、外国および邦間通商を規定する権限、邦から分担金を徴収する権限を与え、さらに邦に連邦法に従うように強制できる行政府の長を指名できる権限を与える。そして、司法府には外国人、条約、連邦の通商規定や税の徴収に関連する事例を扱う権限を与える。

　ニュー・ジャージー案の登場にマディソンは、すでにヴァージニア案に基づいて成立した合意が覆されるのではないかという危惧を抱いたが、静かに議論の推移を見守っていた。6月18日、ニュー・ヨーク代表のアレグザンダー・ハミルトン Alexander Hamilton（1755. 1. 11–1804. 7. 12）が初めて席を立った。ハミルトンの熱弁は5、6時間続いた。ハミルトンは、強力な中央政府の樹立を求め、行政府の

長に絶対的な拒否権と広範な権限を与えること、中央による邦知事の任命を提案した。ハミルトンの提案は急進的であり、ヴァージニア案を穏健に見せる役割を果たした。

　6月19日、マディソンはニュー・ジャージー案に対する弁論を初めて行った。マディソンはまず現行制度を廃止するには諸邦の全会一致が必要であるというパターソンの意見を否定した。もしニュー・ジャージー案が通れば、マディソンが主導する現行制度から新制度に移行する根幹的な改革が不可能になる恐れがあった。さらにマディソンは、諸邦による連邦権限の侵害という悪弊は「最大の国家的な災厄」であり、「全体に混乱と破滅をもたらす」と主張している。

　さらに、8点にわたって反対弁論は続いた。第1に、そうした悪弊に対して現行の連合会議は無力であり、ニュー・ジャージー案では諸邦の意思を適切に抑制することができない。第2に、連邦権限に対する侵害を防止することができない。また、人民一般による批准ではなく、各邦議会による批准は好ましくない。なぜなら人民自身による批准を経て初めて、連邦政府は人民に直接、働き掛けることができるようになるからである。第3に、ニュー・ジャージー案は諸邦が相互に行う権利侵害を防止することができない。それはこれまでの経緯を見れば明らかである。第4に、諸邦内で内乱が起きれば、それに有効に対処できるかどうか疑問である。第5に、諸邦内で合衆国の政治体制を揺るがす悪弊が生じた場合、諸邦をどのように守ることができるのか。第6に、外国の不当な影響から諸邦をどのようにして守るのか。第7に、連合会議で同等の投票権を維持することは小邦にとって大きな負担である。加えてニュー・ジャージー案に基づいて諸邦に連邦法に従うように強制しようとした場合、大邦は強制に従わない可能性が高く、一方で小邦は強制を報復だと見なすようになるだろう。第8に、「許容できない案に固執する場合、いかなる案も採択できない」恐れがある。もしこのままいかなる案も採択できずに連邦が崩壊すれば、諸邦がそれぞれ分立するか、「2つかそれ以上の連邦」が形成されるかもしれない。

　その結果、小邦は大邦の野心と権力にさらされる危険性がある。また小邦は、大邦がヴァージニア案よりもそれほど厳しくない譲歩を申し出たり、平等な投票権に基づく現行制度で満足したりすることを本当に期待できるだろうか。さらにマディソンは、「最大の困難は、投票権の問題にあり、もしそれがうまく調停されれば、他のすべての問題は克服できる」と指摘し、「デラウェアより16倍も大きいヴァージニアに同じ投票権しか与えないことは不公正だとニュー・ジャージー代表の2人も認め

ている。同時に彼らは、ヴァージニアに16倍の投票権を与えることはデラウェアにとって安全ではないと言っている。したがって、彼らが提案する手段は、すべての邦がいったん1つになってそれから新たに13邦を平等に区分するというものである。そのような案ははたして実行可能だろうか」と主張している（see → **216頁、巻末史料5**[-33]）。

同日、全体委員会 Committee of the Whole はヴァージニア案とニュー・ジャージー案の採決を行った。ニュー・ジャージー案を支持していたコネティカットがヴァージニア案支持に転向し、メリーランドは代表の間で意見が分かれたので7票対3票でヴァージニア案が採択された。

妥協案の成立

6月20日から7月2日にかけてヴァージニア案の各条項が検討された。その最中、コネティカット代表のサミュエル・ジョンソン William Samuel Johnson（1727. 10. 7-1819. 11. 14）が、各邦政府にどの程度の主権が残されるかと問い、連邦政府と各邦政府の権限の管轄をどのように分けるのかという疑問を投げ掛けた。そうした疑問に対してマディソンは以下のように連邦政府と各邦政府の関係について論じている。

マディソンが強調した点は、連邦政府が必ずしも邦政府の権限を完全に奪取しようとしているわけではないという点である。そもそも連邦政府が邦政府の権限を侵害する可能性よりも、邦政府が連邦政府の権限を侵害する可能性のほうが大きい。古今の事例に基づけば、連邦制度は専制よりも無政府状態に陥る危険性のほうが高い。我々のこれまでの経験からもそうした傾向は確かである。それを改めるために「連邦政府に実権とより大きな権限を与え、連邦政府の中で少なくとも一府は、邦政府ではなく人民からその権限を得る」ことが必要である。一方で、すべての事項を連邦政府が取り扱うことはできないので、邦政府の協力が不可欠である。さらにマディソンは、連邦政府によって個人の自由が侵害される可能性を明確に否定した（see → **218頁、巻末史料5**[-34]）。

討論はさらに進み、今度はニュー・ヨーク代表のジョン・ランシング John Ten Eyck Lansing Jr.（1754. 1. 30-1829. 12. 12?）とニュー・ジャージー代表のジョナサン・デイトン Jonathan Dayton（1760. 10. 16-1824. 10. 9）が、各邦は第一院において、平等に議席を与えられるべきだと提議した。小邦は同数配分を主張し、大邦は人口による比例配分を主張した。

こうした主張に対して、6月26日、マディソンは、ランシングとデイトンの提議

は小邦の安全を保障するために必要な措置ではないと反論を行った。つまり、社会の中では、影響力が強い個人どうしが同盟を組むよりも競い合うことが多いのと同じく、影響力が強い邦どうしも連携するよりは競い合うことが多いだろうとマディソンは論じている。またマディソンは、そうした競い合いが起きた場合、弱体な連邦政府の下では小邦が最も不利を被るだろうと示唆している。マディソンの考えによれば、主権を持つ諸邦の間で統一国家が形成される場合、諸邦の平等は放棄されなければならなかった。

　さらに同日、マディソンは第二院の役割について詳細に論じている。第二院の議員は長期の任期を与えられるべきで、「移り気と激情」にかられやすい第一院を抑制する働きを担うことが期待される。そして、貧しい者の代表が多数を占めることが予想される第一院に対して、第二院は「富める少数者を多数者から守る」役割があるとマディソンは主張した（see → **218頁、巻末史料5**-35）。最終的に第二院の任期は6年とされ、3分の1ずつが2年ごとに改選されることになった。

　第一院に関する議論に続いて、第二院で各邦に平等に投票権を与えるべきだという動議に関する議論が28日から30日にわたって行われた。マディソンはジェームズ・ウィルソンやグヴァヌア・モリス Gouverneur Morris（1752. 1. 31-1816. 11. 6）とともにそうした動議に反対を唱えた。マディソンの考えでは、各邦の人口の違いを無視して平等に投票権を与えることは、統治されることに同意した人々が平等な声を持つという共和主義の原則に反していた。また大邦が連携して小邦を圧迫する可能性は少ないと指摘し、小邦の危惧を何とか和らげようとした（see → **219頁、巻末史料5**-36）。

　6月29日、マディソンは、平等な議席配分を求める小邦の代表者達に「明らかに不公正で、決して認めることができず、もし認められれば、我々が永続させたいと願っている憲法に致命的な欠陥を持たせることになる方針」を捨てるように説得しようと努めた。マディソンによれば、両院の一方でも小邦の思うままにさせれば、絶え間のない戦争、外国の介入を招く種を植えることになり、憲法に「死の運命が注入される」ことは必定であった（see → **220頁、巻末史料5**-37）。大邦と小邦の間の意見の相違が目立っていたが、「我々の連邦政府の最大の危険は、大陸の南と北の相反する利害の相違である」と30日の議論で述べているように、マディソンは他の代表達とは違って南北の利害相違についても早くから認識していただけではなく、両者の政治的均衡を保つことを重視していた。

　結局、7月2日、第二院の議席配分をめぐって票決が均衡したので、妥協案を考案するために、チャールズ・コーツワース・ピンクニー Charles Cotesworth Pinckney（1746. 2. 25-1825. 8. 16）の提案で 11 人委員会 11-man committee が設立された。安易に妥協が成立することを恐れたマディソンの反対にもかかわらず、議席配分の問題は 11 人委員会に委ねられた。マディソン自身は委員に選ばれていないので、同委員会で行われた議論の過程について何も記録に残していない。小邦の代表の中には分離独立を口にする者もいて、この問題に関して妥協が成立しなければ憲法案自体の成立も危ぶまれた。「国民政府に反対する代表達が示す熱意が今、憲法制定会議の行く末に対する深刻な不安を生じている」とマディソンは述べている。

　3日後、11 人委員会は妥協案を報告した。同案は主に3つの内容からなる。第1に、第一院では、各邦は人口4万人につき1席の議席を持ち、奴隷は自由民に対して5分の3の割合で人口に含める。第2に、第二院では、各邦は同数の議席を持つ。これは前者が統一国家派の考え方、後者が邦権派の考え方を取り入れた案と言える。ただし奴隷の人口を5分の3の割合で人口に含める妥協は新たな産物ではない。それはすでにマディソンの発案で 1783 年4月18日に連合会議が採択した連合規約の修正案に盛り込まれていた。ウィルソンがそれを憲法制定会議の場で示唆したのである。そして、第3に、第一院のみが予算の発議権を持ち、第二院はそれに対する修正権を持たない。

　各邦が第二院で同数の議席を持つ点が小邦に対する妥協であり、第一院のみが予算の発議権を持つ点が大邦に対する妥協である。この妥協はコネティカット妥協 Connecticut compromise とも呼ばれている。

　マディソンはウィルソンとともにこの妥協案に反対し、各邦間に確執を残すような妥協は避けるべきだと勧告している。特に第二院で同数の議席を各邦に割り当てる点について、「これが妥協のまさに根拠であるなら、いかなる根拠があるのか。何の根拠もない」と強く否定している。マディソンの論によれば、第一院が人口に比例して議員を選んでいるのにもかかわらず、第二院が人口に比例することなく各邦が平等に票を持てば、少数者が多数者の意思を否定する弊害が生じる。さらに北部と南部の均衡も問題である。もし各邦が平等に票を持った場合、北部が8票に対して南部は5票である。しかし、人口に比例して議席を配分すれば両者の均衡が保つことができる。人口比に基づかない代表制は、マディソンにとって不公正であり、非共和主義的なものであった。そのためマディソンにとって妥協案は受け入れられるものではなかった（see → 221 頁、巻末史料 5[-38]・5[-39]）。

7月16日、最終的に妥協案は僅差で可決された。結局、マディソンやウィルソンの強硬な反対は受け入れられず、11人委員会が報告した妥協の基本方針はほとんど変更されなかった。晩年、マディソンはヴァン・ビューレン Martin Van Buren (1782.12.5-1862.7.24) に「1787年の憲法制定会議における最も激しい論争は、あなたが思うように、連邦政府にどれだけの権限を授与するかという問題ではなく、諸邦がどのように連邦政府の中で票を有するかという規則をめぐって行われた」と語っている。

7月17日、マディソンは再び邦の法律に対する拒否権を明確に認めるように求めた。それはマディソンが最も重視した点の1つであった（see→**222頁、巻末史料5**[-40]**・5**[-41]）。しかし、会議は、そうした明言を避け、単に国民議会の法律と条約を「最高法」であると言及し、諸邦の議会と裁判所がそれに従うべきだと指摘するにとどめた。また会議は再度、行政府の長を人民の直接選挙で選出する案を斥けた。それに加えて、行政府の長の再選を認めるという決定がなされた。もし立法府が行政府の長を選出し、かつ再選が認められるようになれば、行政府の長は完全に立法府に従属することになるとマディソンは考えた。マディソンにとって行政府の長の独立は三権分立の均衡と抑制において不可欠な要素であった（see→**223頁、巻末史料5**[-42]）。

7月18日、憲法制定会議はマディソンの提案に従って、連邦法の下で生じるあらゆる訴訟を管轄する権限を持つ司法府の設立を認めた。従来の制度では諸邦の抵抗によって司法府は明確に確立されていなかったのである。しかし、どのように判事を任命するかについては議論の余地を残した。マディソンは国民議会に判事の任命権を委ねないようにすべきだと主張した。

7月19日、マディソンは行政府の長を立法府によって選ぶ方法に再び反対した。その一方で北部と南部の均衡を取るために、選挙人方式が最も反対が少ない選択肢であると示唆している（see→**223頁、巻末史料5**[-43]）。

7月21日、マディソンは行政府と司法府に関わる議論の中で、行政府と司法府が、立法府の法律を審査し拒否する権限を共有することによって、立法府の力を抑制できるようにするという動議を支持している。マディソンの考えでは、立法府、行政府、司法府の中で最も他の部門を侵害する可能性を持っているのは立法府であったからである（see→**223頁、巻末史料5**[-44]）。

7月23日から26日にかけては第二院の定数について話し合われた。第二院の定数を各邦2人ずつとし、それぞれが別個に票を投じる方式が提案され、マディソンも

それに同意している。別個の2票を与える方式は各邦による投票という色合いを薄めるという意味があった。

　さらに憲法の批准について話し合われた。邦議会による批准を求める意見に対してマディソンは反対意見を述べた。その代わりにマディソンが求めたのは、人民による合衆国憲法案の批准である。各邦議会による批准は単に「同盟や条約」に他ならない。もしある邦がそれに違反すれば、他の邦は「同盟や条約」を遵守する義務から解放される。それは連邦解体の危機を招く。しかし、人民による批准を経れば、それは「同盟や条約」ではなくまったく別の性質を持つ「1つの憲法の下の人民の連帯」と見なされる。こうしたマディソンの主張は受け入れられ、各邦の人民の選挙による会議で批准の是非が決定されることになった。マディソンは、連邦法が憲法に違反していることが明らかにされない限り、諸邦は法律を無効にする権限を持たず、また連邦から脱退する権利を持たないという原理を示したのである。

　7月25日、マディソンは行政府の長の選出に関する議論を行った。すでに公職にある者が行政府の長を選出するか、もしくは特別に選ばれた選挙人が行政府の長を選出するか、2つの可能性があるとマディソンは論じた。もし前者であれば選択肢は5つである。邦議会、邦知事、判事、もしくは国民議会か司法府である。しかし、公職にある者が行政府の長を選出することは、その候補と密接な繋がりがあり、党派心に左右され得るし、外国の影響を受けやすいので避けるべきである。さらにマディソンは、強力な邦議会と弱い邦知事によってもたらされる悪弊について論じている。このような論を展開した後、マディソンは、人民によってその目的のために選ばれた人々、すなわち選挙人団による選出方法と人民による直接選挙を提示した。マディソンは選挙人による選挙方法を推奨した（see → **224頁、巻末史料5**[-45]）。なぜなら直接選挙はすでに否決されていたからである。こうしたマディソンの熱弁にもかかわらず、憲法制定会議は7月26日、国民議会が行政府の長を選出すべきであると再び議決した。

憲法案草稿

　妥協案が可決された後、7月26日から8月6日の間に詳細検討委員会 Committee of Detail で草案が編まれ、その間、本会議は休会となった。8月6日、本会議が再開され、草稿の検討が行われた。

　さまざまな検討が行われた中でマディソンは、下院議員の人口割合を「4万人以上」に改めるべきだと提案した。将来の人口増加によって下院の議員定数が増え過ぎると予測したからである。マディソンの提案の結果、「人口4万人に対し1人」という条

文の前に「超えることはできない」という言葉が挿入されることになった。最終的に
この部分は「人口3万人に対し1人を超えることができない」という文言に改めら
れている。

　またマディソンは議会選挙に財産資格を課すという動議に対して、「自由保有権者
は共和国の自由の安全な受託者である」と認めている。そして、資産保有者という少
数者を保護するために何らかの財産資格が必要であると論じている。もしそうした財
産資格を設けるのであれば、明確にその規定を憲法に盛り込むべきである。しかし、
その一方で「人間は、彼らが関係しない法律によって公正に拘束されることはないと
いう基本原理」から、少なくとも二院のうち一院は財産資格によらない選挙権を与え
るべきだと主張している（see → **225 頁、巻末史料 5**[-16]）。結局、選挙資格については
諸邦の決定に委ねられることになった。

　8月9日から11日、そして13日から15日にかけて、憲法制定会議は連邦議員の
資格と任期などについて討論した。マディソンは長い任期と再選を認める案を支持し
た。一方、被選挙資格を得るまでに必要な市民権保有期間について、ジョージ・メイ
ソンとグヴァヌア・モリスがそれぞれ下院議員は7年、上院議員は14年の期間を設
けるべきだと提案した。マディソンはこうした提案に対して、「尊敬すべき多くの
ヨーロッパ人―自由を愛し、その恩恵を享受しようと願う人々―は、［大西洋の］こ
ちら側にその命運をすぐに移す準備ができているだろう」と反対を唱えた。憲法制定
会議は、暫定的に上院議員は9年、下院議員は3年の市民権保有期間を必要とする
と定めた。

　さらにマディソンは、司法府にも行政府とともに立法府に対する拒否権を持たせる
という提案を再び行っている。しかし、判事が政争に巻き込まれることを嫌う代表達
が多く、今回もマディソンの提案は否決された。さらにグヴァヌア・モリスも立法府
の権限濫用を防止するために大統領に絶対的拒否権を与えるべきだと再び提案した。
モリスの提案も否決されたが、妥協として拒否権を覆すために必要となる票数が3分
の2から4分の3に改められた。

　8月16日、連邦議会の権限の列挙に関する議論でマディソンは、輸出への課税を
含めた広範な歳入に関する権限を議会に付与するように主張した。南部の諸邦はそう
した権限に対して警戒心を抱くことが考えられた。しかし、マディソンは歳入の確保
によって維持可能となる海軍力によってそうした警戒心が相殺されると南部の代表達
を説得した。またマディソンは、マサチューセッツ邦代表エルブリッジ・ゲリーの郵

便道路と郵便局を設立する権限を議会に与える提案に賛同を示した。しかし一方でマディソンは議会が信用証券を発行する権限を削除することを黙認している。なぜなら議会はそうしたことを行う黙示的権限を持っているとマディソンは確信していたからである。

8月17日、マディソンとゲリーは、交戦権に関して議会が「戦争を行う」権限を持つという文句を「宣戦布告する」権限を持つという文句に変えるように提議した。なぜなら行政府の長は、議会の事前の承認なしに、「突然の攻撃を撃退する権限」を持たなければならないからである。マディソンは、もし政府が突然の攻撃に対して身動きができなければ人民を守ることができないので、大統領は緊急事態を処理する権限を持つべきだと考えていたのである。さらにマディソンは連邦議会が公益のために立法する権限を与えようとした。すなわち、北西部領地を管理する権限、連邦管区を管轄する権限、特許と著作権の保護、大学を設立する権限、そして「有用な知識と発見」を流布することなどである。

翌週、憲法制定会議は行政府について逐条的に検討を始めた。特に奴隷貿易や通商に関する条項に関して会議は紛糾し、各邦1人ずつの代表からなる委員会にその問題の解決を付託した。8月24日、委員会は次のように報告した。1800年まで黒人奴隷の輸入を禁止することはできない。しかし、一定の税率を超えない範囲で関税を課すことを認める。また航海通商法の制定に3分の2の賛成を必要とする提案は認められない。

この報告に加えて、チャールズ・コーツワース・ピンクニーは奴隷輸入を禁止できない期間を1808年まで延長するように提案した。ピンクニーの提案に対してマディソンは、そのような長期間にわたって奴隷輸入を認めることはアメリカ国民にとって不名誉なことになるだろうと述べた。マディソンの反対にもかかわらず、最終的にピンクニーの提案は受け入れられた。さらに奴隷輸入に関税を課す点についても、人間を財産と同等視するものだという反対がなされた。マディソンもそうした反対に同調し、憲法中に人間が財産であることを認める条項を盛り込むべきではないと述べた。こうした反対は受け入れられず、憲法制定会議は連邦議会が奴隷輸入に関税を課すこともあり得ることを認めた。

一方で、連邦議会は両院共同で大統領を選出することを票決したが、選挙人団による投票も検討することになった。しかし、奴隷制や通商規定の問題に忙殺されていた憲法制定会議は、8月31日、行政府の問題を大委員会 grand committee に委ねた。

大委員会にマディソンも参加していたが、その詳細については記録されていない。9月4日にまとまった報告には、マディソンが重視した条項が含まれている。つまり、選挙人団による大統領選出、大統領の任期を4年とし再選を認める条項である。さらに大統領は、上院の助言と承認に従って判事や外交官、その他の役人を指名する権限を持つべきだと報告された。こうした報告は9月4日から8日にかけて検討された（see → **225頁、巻末史料5**[47]）。

　その中でマディソンは、最高得票を得た者、もしくは少なくとも3分の1以上の票を得た者がいればその者を大統領に選出するという考えを示したが受け入れられなかった。結局、過半数の票を得た候補がいない場合、直ちに下院が各邦1票ずつの方式で決選投票を行うというノース・カロライナ邦代表ヒュー・ウィリアムソンHugh Williamson（1735. 12. 5-1819. 5. 22）の提案が通った。議会による大統領選出を望んでいた代表達は、ワシントンを除けば選挙人団の過半数を占める候補が出現する可能性は低く、最終的に大統領選出は十中八九、下院の手に委ねられることになるだろうと考えていたのである。

　条約締結権については上院から大統領に移された。また上院が条約を批准する場合の票数について議論された。北部の代表達が単純過半数を提案する一方で、マディソンの他、ミシシッピ川の自由航行権をめぐる確執の記憶がまだ新しい南部の代表達は3分の2を提案した。マディソンは妥協案として、講和条約を批准する場合は単純過半数とすることを提議した。それに加えて、大統領が戦時権限を手離そうとしない場合に備えて、上院の3分の2の票数で大統領の同意なしに講和条約を締結できる案も提案した。最終的には、南部の代表達が望んだように、条約の批准には出席議員の3分の2を要すると決定された。

　大統領制

　行政府が肥大化している現代とは異なり、この当時は立法府が三権の中で他の二権と比較にならないほど重要な地位を占めていた。そのため、憲法案では紙幅の多くが立法府に割かれ、行政府、司法府に関する言及は少ない。とはいえ行政府に関する規定は立法府に関する規定の次に重要な問題であった。

　ヴァージニア案では、大統領に相当する職は国家執政官 National Executive と呼ばれている。大統領 President という呼称は、詳細検討委員会において採用が決定された。この時、他に最高裁判所 Supreme Court、連邦議会 Congress、下院House of Representatives などの呼称も採用されている。

マディソンが大統領制の創始にあたって最も危惧したことは、立法府が行政府の権限を侵害することであった。それを防止するためには、行政府の長を立法府から独立した立場に置くことが重要であった。そこで問題となる点は行政府の長を選出する方式である。

マディソンは立法府による大統領選出に一貫して強く反対している。もし立法府が大統領を選出することになった場合、候補者は議会の多数派と結託する恐れがある。それは行政府が立法府に従属する結果を招く。それゆえ、大統領の選出方式として、「人民によって選ばれた選挙人による指名」が最善であるとマディソンは結論付けている。詳細検討委員会が提案した人民による直接選挙を採用しなかった理由は、まず国土が広大なアメリカでは、「[[すべての]人民が候補者の各主張の是非を判断するために必要とされる能力を持つことが不可能」である点、各邦の人民は自邦の利益を優先するので小邦にとって不利になる点、有権者数の不均衡が北部と南部の間で生じる点である。奴隷の人口を5分の3の割合で人口に含める条項があるために、特に多数の奴隷を擁する南部は人口が過少に見積もられることになるので不利が明らかであった。最終的に、大統領の選挙方式は邦議会の定める方法で選出された選挙人による指名で行われることに定められた。

また一方で大統領による「横領や抑圧」を防止するために、大統領を弾劾できる制度を整えるべきだとマディソンは提言している。しかし、メイソンが「悪政」も大統領弾劾の基準に含めるべきだと論じた際に、マディソンは大統領の地位が議会によって恣意的に左右されることになるとして反対を唱えた。さらにマディソンは議会ではなく最高裁判所が弾劾裁判を行うべきだと論じていた。しかし、最高裁判所の構成員があまりに少数であり、買収される可能性が高いとしてマディソンの提案は否決されている。

編集委員会

9月8日、マディソンは憲法案の推敲を行う編集委員会 Committee of Style の5人の中の1人に選ばれた。作業の中心的な役割を担ったのはモリスである。マディソンは後に「憲法案の文体［の調整］と［条文の］整理の仕上げは、ほとんどモリスのペンによる」と証言している。

憲法草案は9月12日に提出され、翌日に印刷されたものが各代表に配布された。それから逐条的な検討が開始された。その中で議会が大統領の拒否権を覆すために必要となる票数を4分の3から3分の2に戻す提案がなされた。もしその提案が通れ

ば、大統領の拒否権が容易に覆されることを意味した。拒否権は大統領の権威を擁護し、「一般的、もしくは党派的な不公正を防ぐ」ために必要であると考えていたマディソンは反対を唱えた。しかし、憲法制定会議は 9 月 12 日、議会が大統領の拒否権を覆すために必要となる票数を 3 分の 2 に戻すことを決定した。

その一方、ゲリーとメイソンは憲法案に権利章典を盛り込むことを要求した。憲法制定会議はその提案を否決した。連邦政府の権限が憲法によって限定されているので、権利章典をわざわざ明記する必要はないという根拠にマディソンは賛同している。また、そもそも権利章典に明記されている権利は連邦政府によって与えられたものではないので、連邦政府はそうした権利に介入する権限を持たないのは自明の理であった。

そうした根拠から、大学を設立する権限を連邦議会に与えるというマディソンの提案も却下された。またマディソンはウィルソンとフランクリンとともに国内開発事業を行う権限を連邦議会に与えるように提案しているが、これも否決されている。

9 月 15 日、憲法制定議会は憲法案の最終的な承認に入った。しかし、ヴァージニア邦代表のランドルフとメイソン、そして、マサチューセッツ邦代表のゲリーの 3 人は憲法案に署名しない意向を示した。ランドルフは連邦議会に「無制限で危険な権限」を与えることに反対し、諸邦に憲法案を提出した後に再度、会議を行うべきだと主張して譲らなかった。結局、3 人は憲法案に署名しなかった。マディソンはこうした様子を次のように書き留めている。

> 「ランドルフ氏が提案した問題については、すべての邦が否と答えた。憲法案の修正に同意するという問題については、すべての邦が諾と答えた。憲法案はそれから清書するように命じられた。そして会議は閉会した」

9 月 17 日、マディソンはヴァージニア邦代表の 1 人として憲法案に署名した（see → **225 頁、巻末史料 5⁻⁴⁸**）。

連合会議への憲法案提出

フィラデルフィアを後にしてマディソンはニュー・ヨークに向けて出発し、他の 2 人の代表とともに憲法案を連合会議に提出した。連合会議でマディソンは、憲法案を承認し、速やかに諸邦に批准を勧告するように求めた。その一方で、憲法案に強硬に反対する党派の動静にマディソンは警戒を強めていた。

実際、ヴァージニア代表リチャード・リー Richard Henry Lee（1732.1.20-1794.6.19）は、各邦民に批准を求める前に憲法案の修正を行うように連合会議に提

議した。リーの考えでは、憲法案は単なる「報告」であり、連合会議は自由にその内容を修正できる筈であった。リーの支持者は、憲法制定会議の代表達が連合規約の修正という指示を逸脱して憲法案を編んだと批判した。マディソンはそうした批判に対して、そもそも連合会議は、「政府の緊急事態と連邦の保持に対して連邦憲法を適切なものにする」ように要請した筈であり、憲法制定会議は単なる修正ではその目的に沿うことができないと判断しただけであると応じた。

　3日間に及んだ討議で、他の代表とともにマディソンがリーの提議を阻止した結果、連合会議は憲法案を認めるか否かを採決せず、諸邦に憲法案を「単に伝達」するだけにとどめると決定した。

ザ・フェデラリスト

執筆の契機

『ザ・フェデラリスト The Federalist』執筆の端緒となったのはテンチ・コックス Tench Coxe（1755. 5. 22-1824. 7. 17）という人物である。コックスは9月頃に「憲法案に関する見解 Remarks on the Proposed Constitution」をマディソンに送り、続けて憲法擁護の基礎となる材料を送り続けた。マディソンは憲法擁護のための論を書くことをハミルトンと協議すると約束した。その結果、ハミルトンとジェイとともにマディソンは、「ププリウス Publius」という共同名義で『ザ・フェデラリスト』を執筆することになった（see → **226** 頁、巻末史料5[49]）。

　この『ザ・フェデラリスト』についてジェファソンは、「政府の諸原理に関するこれまで書かれた中で最良の注釈書である」と述べている。またマックス・ファーランドは、「憲法に関する最も重要な注釈であり、アメリカの最も偉大な本の1冊と見なすことができる」と評している。それは『ザ・フェデラリスト』が当時の時代状況にのみ限定されるものではなく、権力と自由の均衡をどのように保つのかという時代を越えた政治的課題に取り組んでいる古典だからである。

　マディソンの手による最初の1篇が掲載されたのは1787年11月22日のことである。ワシントンに宛てた手紙によれば、『ザ・フェデラリスト』執筆の意義は、「人民に憲法案の利点に関する詳細な議論を示すこと」にあった。そもそも憲法制定会議は、憲法案が公表されるまで一般には、まったく新しい憲法案を考案するのではなく、単に現行の連合規約に修正を加えるだけの集まりだと考えられていた。そのため、多くのアメリカ人は新しい憲法案についてほとんど何も知らないに等しかった。

中でもニュー・ヨーク邦は根強い反対を唱える党派があり、その成功が全国的に大きな重要性を持っていた。憲法反対論者に対抗する有効な論陣を張ることが『ザ・フェデラリスト』の第1の目的であった。

　最終的には『ザ・フェデラリスト』の85篇のうち少なくとも14篇、最大で26篇をマディソンが単独で執筆したと考えられている。18篇から20篇の3篇は、1786年に古代や現代の連邦制について自身でまとめた覚書やハミルトンの手による資料などを参考にしている。各篇の執筆者が誰かについて確実に判明しているのは、18篇から20篇の3篇を除き、ハミルトンによる49篇、マディソンによる14篇、ジェイによる4篇である。したがって、マディソンの手によるものと確実視されているのは、10篇、14篇、そして、37篇から48篇である。その主な根拠は、ハミルトンが死の直前に書いた覚書と晩年にマディソンがワシントンの出版業者に送った一覧であるが、両者には食い違いが見られる。そのため残りの篇の著者については諸説ある。

　執筆当時、マディソンは引き続き連合会議のヴァージニア代表を務めており、ハミルトンも同じく連合会議のニュー・ヨーク代表であった。多忙のゆえに、時間を割ける者が執筆するという形態を取った。常に締め切りに追われていたために、「新聞に掲載される前に著者以外の者が原稿を精読する時間さえほとんどなく、遂には著者自身もまったく読む時間がなかった」ほどであった。さらにヴァージニアに戻るまでの約3カ月の間、マディソンは『ザ・フェデラリスト』を執筆していただけではなく、諸邦の人士と書簡をやり取りして、憲法批准をめぐる動静に影響力を及ぼしている。特にエドモンド・ランドルフを説得して、その立場を憲法擁護に変えたことは後のヴァージニア邦憲法批准会議に大きな影響を与えた。

　当初、『ザ・フェデラリスト』は難解であり、ニュー・ヨーク邦以外ではなかなか広まらなかったために諸邦の憲法批准会議に与えた影響は限定的であった。しかし、発表の回を重ねるにつれて『ザ・フェデラリスト』は有名になり、1788年3月12日には早くも36篇までを収めた第1巻が書籍として発刊された。それは各邦の憲法案支持者の有力な理論的基盤となった。

　内容

　『ザ・フェデラリスト』の中でマディソンが論じている内容は、憲法制定会議の席上で示した見解と共通する点が多くある。それは、強力な連邦政府の導入を含む憲法案に対して不信感を持つ人々に対して説得を試みるという点では同じであったからである。説得の方法は、反対派の論理に依拠して、それに対抗する論理を提示するとい

う方法が取られている。

　まず 10 篇では、共和政とは何かという論議に共通する前提をマディソンは説明している。マディソンによれば、共和政は、すべての権力が人民に由来する政治形態に他ならなかった。さらに共和政の原理として、人民に由来する権限を人民に代わって行使する代表制の原理が示されている。マディソンにとって、代表制は、人民すべてが直接政治に参加できないための止むを得ない消極的な措置ではなく、むしろ派閥の弊害を抑止し、優れた人物によって全体の利益が増進される積極的な制度であった（see → 226 頁、巻末史料 5[-50]）。さらに 14 篇では、そうした共和政の理念が、小国だけではなく大国にも適用可能なものであると論じた。当時は、共和政は小国でのみ有効に機能し得るという認識が一般的であったので、アメリカのような広範囲に及ぶ国家にいかに適用できるかを説明する必要があった（see → 227 頁、巻末史料 5[-51]）。

　18 篇、19 篇、20 篇では、古今の連邦制についてその得失を論じている。そうした例を通じて、連邦の要となる中央政府に適切な権力がなければ、連邦は有効に機能し得ないことが指摘されている（see → 227 〜 229 頁、巻末史料 5[-52]・5[-53]・5[-54]）。

　37 篇では、憲法制定会議が直面したさまざまな問題の中で大邦と小邦の対立の要因が説明され、憲法案が妥協によって生まれたことが示唆されている。これはマディソンならではの記述である（see → 229 頁、巻末史料 5[-55]）。続いて、新たな憲法下での連邦政府が連合会議と比べて、それほど強大な権限を与えられているわけではないことが 38 篇で説明されている（see → 230 頁、巻末史料 5[-56]）。次に 39 篇では、憲法案が共和主義的性格を持つことが強調され、連邦上院と連邦下院の選挙方法の違いから、連邦政府が連邦的性格と統一国家的性格を併せ持つことが示唆される（see → 231 頁、巻末史料 5[-57]）。そして、40 篇では、憲法制定会議の目的が明示され、アメリカ人民の幸福という信念の下、当初の目的を逸脱した代表達の行為が弁護される（see → 232 頁、巻末史料 5[-58]）。

　マディソンは、41 篇から 44 篇にかけて、軍事権、課税権、通商規制権、外交権、邦間問題統制権など連邦政府の権限を詳細に論じている（see → 232 〜 235 頁、巻末史料 5[-59]・5[-60]・5[-61]・5[-62]）。そして、45 篇と 46 篇でマディソンは、連邦権限が邦権に対して危険ではないことを強調する。連邦が邦の権限を侵害するよりも、むしろ邦が連邦の権限を侵害する可能性が高いとマディソンは示唆する。さらに人民の愛着という点でも邦は連邦よりも有利であり、たとえ連邦が何かを邦に強制しようとしても、それには多くの困難が伴うと論じている（see → 236・237 頁、巻末史料 5[-63]・

$5^{-64})$。

　47篇、48篇では、立法、行政、司法の三権分立の原理が説明される。そして、これまで各邦の邦憲法は必ずしも三権分立の原理を実現してこなかった事実を論説する。さらに三権の中でも立法府による権力簒奪の危険性が最も高く、それを防止する適切な方策が必要であることが示される（see → **238頁、巻末史料** 5^{-65}・5^{-66}）。引き続きマディソンは49篇で、ジェファソンの『ヴァジニア覚書』を参照して、権力簒奪のような重大な危機が起きた場合、人民による憲法修正会議を開催すべきだという論を紹介する。

　しかし、その論は、最も権力簒奪を起こす危険性がある立法府が、同時に最も人民に影響力を保持しているという性質から否定される（see → **239頁、巻末史料** 5^{-67}）。人民による憲法修正会議を定期的に開催する案が50篇で検討されるが、それも権力簒奪に対する適切な方策にはならないと否定される（see → **240頁、巻末史料** 5^{-68}）。51篇では、各部門に権力簒奪から身を守る憲法上の手段を与えることが、権力簒奪に対する適切な方策であることが示される。さらに連邦政府と邦政府で権限が分かたれているから、人民の権利は二重に守られているとマディソンは均衡理論を展開する（see → **240頁、巻末史料** 5^{-69}）。

　52篇から58篇にかけては連邦下院に関する諸問題が論じられている（see → **241 ～ 244頁、巻末史料** 5^{-70}・5^{-71}・5^{-72}・5^{-73}・5^{-74}・5^{-75}・5^{-76}）。それに加えて、62篇と63篇では連邦上院の機能と有用性が論じられている（see → **245・246頁、巻末史料** 5^{-77}・5^{-78}）。

ヴァージニア憲法批准会議

オレンジ郡代表

　9月にニューヨークに戻ったマディソンは代表選挙に出馬する気はなく、したがって地元に帰るつもりもなかった。ニュー・ヨークにとどまって連合会議に出席し、諸邦の憲法批准を側面から支援する心積もりであった。憲法制定会議に出席した者が、自ら憲法批准会議に審判者として出席するべきではないと考えていたからである。

　しかし、憲法批准会議の代表選挙に備えて早く地元に帰るように翻意を促す手紙がマディソンのもとに多く届いた。ジョージ・メイソンやリチャード・リーによる憲法案を攻撃する著作が広まり、ヴァージニア邦では憲法案に反対する機運が高まりつつあった。マディソンの見立てによれば、ヴァージニア邦は憲法批准に関して3つに

分かれていた。すなわち、ワシントンを代表とする無条件の批准に賛成する一派、諸邦と人民のためのいくつかの修正を加えたうえで批准を認める一派、さらに憲法案に攻撃を加えて現体制を固守しようとする一派の3つである。

3月4日、マディソンはニュー・ヨークを発った。フィラデルフィアに1週間滞在した後、3月18日にマウント・ヴァーノンに到着した。マディソンはワシントンに憲法案に対して明白な支持を示すように求めた。

マウント・ヴァーノンを発ったマディソンはオレンジ郡に向かって急いだ。3月25日、地元のオレンジ郡が「合衆国憲法案に対して最も馬鹿げた根拠のない偏見に満ちている」のを知って憲法案を擁護する演説を行った。その甲斐あって「連邦政府に関する誤解」は正され、マディソンは、ヴァージニア憲法批准会議 Virginia Ratifying Convention の代表に202票を得て首位で選ばれた（see → **247頁、巻末史料5**[-79]）。さらにヴァージニア邦内での憲法擁護論を強化するために新たに刷り上った『ザ・フェデラリスト』が配布された。

6月2日夜、リッチモンドに到着したマディソンは、憲法批准会議がすでに定足数を満たし、エドモンド・ペンドルトン Edmund Pendleton（1721. 9. 9-1803. 10. 23）を議長に選んでいたことを知って驚いた。ヴァージニア邦で会議が行われる場合、定足数を満たすまで非常に日数を要するのが常であったからである。マディソンが初めて憲法批准会議に出席したのは翌朝である。

マディソンは憲法案擁護派の中で指導的な役割を果たした。健康がすぐれないながらもマディソンは、3週間にわたった討論で、ヘンリーやメイスン、そして、リーを中心とする憲法案反対派の批判によく応えた。憲法案は強固な統一国家を樹立しようとする試みであると主張する反対派に対して、マディソンは憲法案の目的が連邦的要素と統一国家的要素を併せ持つ混合政体を目指すことにあると反論した。つまり、憲法案の当事者は人民であるが、その人民とは1つの国民ではなく、13の邦を構成する人民であるとマディソンは弁明している。

マディソンが対抗したヘンリーは雄弁家として普く知られていたが、マディソン自身は演説が不得手であった。マディソンの声は非常に低く聞き取りにくかったために速記者が直接聞き取ることができないと不満を言うほどであった。マディソンが熱弁を振るっている様子は、ただその体がシーソーのように揺れていることからしか分からなかったという。こうした演説と議場での緊張からマディソンは体調を崩し、会期中、3日間寝込むこともあった。

　ヴァージニア憲法批准会議で行われた討論については、デイヴィッド・ロバートソン David Robertson の速記録に基づく『ヴァージニア憲法批准会議の討論と過程 Debates and Other Proceedings of the Convention of Virginia』から詳細を知ることができる。

連邦政府による直接課税について

　憲法案反対派は主に、新連邦政府がヴァージニア邦の西部における利益を損なうような条約をスペインと結ぶのではないかという疑念や邦政府の権限を侵害するのではないかという疑念を抱いていた。こうした反対派のさまざまな疑念にマディソンは逐一応答している。

　例えばマディソンは、人民の自由を脅かす可能性があるので連合会議は憲法案を棄却すべきだというヘンリーの論に反駁している。強力な連邦政府は、派閥の分裂や抗争によって連邦を瓦解させる危険性を回避するために必要な存在であり、結果的に人民の自由や外国の侵略に対する保障となるという意見がマディソンの主な論拠である（see → **247 頁、巻末史料 5**[-80]）。

　また諸邦の憲法批准会議で論じた修正案を集めて再度検討するために憲法制定会議を開くべきだというメイソンとランドルフの提案に反対を唱えている。もし１つの邦が憲法案の修正を提案すれば、他の邦もそれに倣って対案を出す可能性がある。諸邦の政治体制はそれぞれ異なるので、連邦政府の構想についてさまざまな見解が示されるだろう。そうした見解の調整を図ることは実質的に不可能であるとマディソンは注意を促している。

　諸問題の中でも連邦政府による直接課税が大きな問題であった。マディソンは次のように直接課税の必要性を論じている。連邦を有効に機能させるためには確かな財源が必要である。確かな財源の保障なくして連邦が信頼を得ることはできない。さらに財源なくして正規軍を養うことはできない。アメリカはヨーロッパから離れているが、例えばアメリカの船がフランスの貨物を運送している場合、イギリスに拿捕される危険性がある。中立国の権利は尊重されるべきであるが、正規軍を持たない国の権利など尊重され得るだろうか。直接課税ではなく、これまでの通り、分担金を各邦から集める形式を取れば、分担金を払わない邦に懲罰でもって対応しなければならないだろう。それは大きな騒乱を引き起こす恐れがある（see → **248 頁、巻末史料 5**[-81]）。

　直接課税の代わりに輸入品に関税を課して歳費を賄うようにすればよいという意見もあるが、それは不公平である。南部は北部に比べて製造業が未発達であるゆえ、多

くの消費財を輸入に頼っている。そのため多くの関税を支払うことになるので不公平である。また関税収入は将来、国内の製造業の発達によって減少する可能性がある。また戦時には減少すると思われるので、安定した財源としては不適当である。さらにマディソンは以下のように言葉を続けている。

> 「今は各邦に課税していますが、憲法案では各個人に課税するという点が唯一の相違点です。理論的には両者に違いはありません。しかし、実質的には両者には明らかな違いがあります。前者は非効率な権限ですが、後者は与えられた目的に沿っています。つまり、この変更は人民の安全にとって必要です」

ヘンリーは、ジェファソンが権利章典を含む修正を確実にする手段として、9邦が批准を承認する一方で4邦が批准を拒否する方策に肯定的であると述べた。大きな影響力を持つジェファソンの名前を持ち出すことで批准反対の勢いを強めようとしたのである。ヘンリーがジェファソンの名前を持ち出したことに驚いたマディソンは、外部の者の意見を持ち出すべきではないと反駁している。ジェファソンが自分に伝えたことをここで明かすことは正しくないと述べながらも、「もしかの紳士［ジェファソン］が今、この議場に居れば、この憲法の採択に賛成したでしょう」と断言した。さらに直接課税についても「それによって政府がその業務を行うことができるので」、ジェファソンは支持していると示唆した。

権利章典について

直接課税に加えて問題になった点は権利章典である。反対派は基本的権利や自由が連邦政府から侵害されないように権利章典の追加を求めた。一方でマディソンは権利章典に宗教の保護を盛り込むことに反対していた。もしそれが特定の宗教を保護することになれば、結果的に信教の自由が侵害されると考えたからである。政府がたとえ少しでも個人の信仰に干渉することは「最も言語道断な侵害行為」であった。

権利章典に関するマディソンの見解は、ジェファソンと交わした手紙で詳細に明かされている。憲法案の問題点は権利章典を欠いている点にあると指摘するジェファソンに対して、マディソンは次のように反論している。第1に、連邦政府の権限が、憲法で明確に規定されているのであれば、権利章典で国民の基本的権利をわざわざ明示する必要はない。ただし憲法によって規定されている権限を行使するために連邦政府は必要となるあらゆる手段を用いることができるという「黙示的権限 implied power」が認められるのであれば、権利章典は必要である。第2に権利章典に何らかの基本的権利を明記したとしても、それだけでは人民のすべての基本的権利を保障

したことにはならない。第3に、連邦政府の権限の制限と邦政府の連邦政府に対する不断の警戒が権力濫用に対する防止策となるので特に権利章典は必要ではない。そして第4に、これまでの経験によれば、権利章典はあまり効果を発揮していない。また基本的権利はすでに邦憲法で保障されているので、連邦がそれに立ち入る必要はないと考えられる。このようなジェファソンとのやり取りから分かるように、マディソンは権利章典を加えることに積極的ではなかった（see → **248 頁、巻末史料5**[-82]）。

　奴隷貿易について

　ヴァージニア邦の多くの奴隷主は、新しい連邦政府が奴隷解放を行おうとするのではないかという疑念を持っていた。マディソンは次のように論じて奴隷主の疑念を解こうとした。

　南部諸邦は、奴隷貿易が一時的であれ認められないのであれば、連邦に加盟することはできないだろう。現状では、奴隷制を認めていない邦に逃げた奴隷は解放されることになっている。「何人も一州においてその法律の下に服役あるいは労働に従う義務ある者は、他州に逃亡した場合でも、その州の法律あるいは規制によって、右の服役あるいは労働から解放されるものではなく、右の服役あるいは労働に対し権利を有する当事者の請求に従って引き渡されなくてはならない」と規定する憲法第4条第2節第3項は、奴隷主が奴隷に対する権利を他邦でも保持するために規定されたことは明らかである。それは奴隷主にとって現状よりもより良い保障となる。一方で、連邦政府が奴隷を所有する権利に干渉する権限はまったく与えられていない。また「現在の諸州中どの州にせよ、入国を適当と認める人びとの来往および輸入に対しては、連邦議会は 1808 年以前においてこれを禁止することはできない」と規定する憲法第1条第9節第1項によって、少なくとも今後 20 年間は奴隷貿易が禁止される恐れがない。

　ミシシッピ川の自由航行権

　ヘンリーはもし憲法案が批准され、新たな中央政府が樹立されれば、西部はミシシッピの自由航行権を失うかもしれないと示唆した。ミシシッピ川の自由航行権について譲歩する代わりにスペインから通商上の優遇を得ようと、北部諸邦が連合会議ですでに試みたことがあったので、ヘンリーの指摘は十分な妥当性があった。

　マディソンはヘンリーの示唆に対して、連合会議の下でミシシッピ川の自由航行権に関する譲歩が試みられた際に、北部の2邦が南部に味方したお蔭で、それが頓挫した経緯を説明した。新たな政府の下でそうした試みが「決して復活させられることはない」とマディソンは保証した。さらにマディソンは「弱体な制度がこの計画を生

み出した」と指摘し、「強力な制度は［スペインによる買収の］誘い掛けを排除する
でしょう」と主張して、ミシシッピ川の自由航行権は強力な連邦政府によってのみ保
護されると断言した（see →249頁、巻末史料5⁻⁸³）。

　こうしたマディソンの主張により、ヴァージニア邦西部の代表達はミシシッピ川の
自由航行権に対する懸念を払拭した。彼らの心境の変化が憲法案批准に大きく影響し
た。

憲法案批准

　6月24日、ジョージ・ウィス George Wythe（1726-1806. 6. 8）は、後に修正の
承認を求めることを条件に批准を承認する決議を提議した。ヘンリーはその提案に対
して、事前に憲法案に40項目にわたる修正点を加える案を提示した。その中には、
権利章典の他に政府の制度自体の根本的な変更も含まれていた。こうした修正が受け
入れられない限り、ヴァージニア邦は憲法を批准するべきではないとヘンリーは主張
した。

　マディソンは事前に修正を加える案に強硬に反対した。そして、憲法は基本的権利
を侵害するものではまったくないという信念を再び明らかにした。つまり、連邦政府
は列挙された権限しか保持していないので、憲法によって基本的な権利が侵害される
ことはあり得ないとマディソンは断言した。また、軍隊を設立し通商を統制する場合
は三部門の同意を必要とするべきだという提案に対して、それは国事の遂行を麻痺さ
せることになり、十分な理由がないのにもかかわらず、多数決の原理を侵害すること
になると主張した。マディソンは、代表達に、憲法が諸邦の相互の尊敬と譲歩によっ
て成立したということを思い出させた。さらにマディソンは、もし憲法制定会議が再
度開かれたとしても、現在の憲法案以上の結果を生み出すことができるという確証は
ないので、再度の憲法制定会議がすべてを解決するという反対派の意見に惑わされる
べきではないと言葉を続けた。

　6月25日は批准の是非が決定される日であった。ウィスの決議が89票対79票で
可決され、ヴァージニアの憲法案批准が決定した。すでに憲法案はニュー・ハンプ
シャー邦の批准によって成立していたが、ヴァージニア邦という大邦の連邦加盟が決
定されたことは重要な意義を持っていた。

　マディソンは憲法批准会議が提案した修正の大部分、特に連邦に直接課税を認めな
い条項に不満を抱いていた。しかし、妥協として、前もって修正を加えずに、憲法成
立後に修正の承認を求めるウィスの考えを支持した（see →250頁、巻末史料5⁻⁸⁴）。

ニュー・ヨークに戻る

　マディソンは憲法批准会議が終了した直後、リッチモンドを発った。連合会議の
ヴァージニア代表としての職務が残っていたからである。7月4日、マディソンはマ
ウント・ヴァーノンに到着した。そして、ワシントンとともにヴァージニア邦の憲法
批准を祝った。さらに両者は3日間にわたって新政府の構想を話し合った。

　7月14日、ニューヨークに到着したマディソンは、連合会議にヴァージニア邦の
憲法批准を報告した。数千人のニュー・ヨーク市民がヴァージニア邦の憲法批准を祝
うパレードを行った。それを見たマディソンは人民が憲法を歓迎しているという確信
を強めた。

　連合会議は最後の取り決めとして、新しい憲法の下、上院議員と下院議員を選出す
ること、1789年1月に選挙人を選出して、2月に大統領を選出すること、3月に議会
を招集すること、そして、ニュー・ヨークを暫定首都とすることを決定した。

　最後の決定に関しては激しい議論になった。マディソン自身は恒久的な首都をポト
マック川の畔に建設することを望んでいたが、暫定首都については西部との交通を考
慮してフィラデルフィアが適当であると考えていた。しかし、ニュー・イングランド
諸邦の結束は固く、最終的にニュー・ヨークが暫定首都に選ばれた。

　マディソンは、ミシシッピ川の自由航行権を保障する決議を支持した。それは西部
の恐れを宥めるためであった。もし西部が憲法から脱退しようと決意すれば、それを
防止することは容易ではないと予測された。分裂の危機を回避し、連邦の結束を固め
るためにはそうした決議が必要であった。

連邦下院議員

連邦上院議員選挙で敗北

　1788年11月8日、マディソンはヴァージニア州議会が連邦上院議員の選出を行っ
た際に僅差で落選した。落選の主な原因はヘンリーによる妨害である。ヘンリーは、
マディソンが連邦上院議員にふさわしくないという異例の宣言を出し、別の候補を指
名した。その結果、ヘンリーが指名した候補が当選したのである。

　さらに連邦下院選挙に対してもヘンリーの妨害がなされた。ヘンリーはマディソン
の地盤であるオレンジ郡を憲法反対派が多くを占める諸郡と同じ選挙区に組み入れた
のである。さらに憲法案反対派であったモンローが支持を広げつつあった。そうした
中、バプティスト派の間でマディソンが憲法にはいかなる修正も必要ではないと考え

ているという風聞が広まった。

　マディソンは弟ウィリアムの助言に従って、影響力のあるバプティスト派の宣教師に「すべての本質的な権利、特に良心の完全な自由、出版の自由、陪審による裁判、一般逮捕に対する保障など」に関する修正を支持する旨を述べた書簡を送った（see → 251 頁、巻末史料 5[-85]）。さらに 1 月 15 日の『ヴァージニア・ヘラルド・アンド・フレデリックスバーグ・アドヴァタイザー紙 Virginia Herald and Fredericksburg Advertiser』と 1 月 28 日の『ヴァージニア・インディペンデント・クロニクル紙 Virginia Independent Chronicle』に憲法修正を支持するマディソンの公開書簡が掲載された。

　マディソンとモンローはしばしば各地の郡庁舎や教会で舌戦を繰り広げた。それは冬の最中だったので、家まで長い距離を馬で帰る途中、鼻に凍傷を負うこともあった。その傷は生涯消えることがなかった。この 2 人の対決は政治的なものであって、「我々の友情は些かも減じることはない」とマディソンはジェファソンに語っている。1789 年 2 月 2 日に行われた投票の結果、マディソンは、モンローを 1,308 票対 972 票で破って連邦下院議員に当選した。

　この頃、マディソンはワシントンから第 1 次就任演説の草稿を受け取っている。その草稿があまりに冗長であったために、マディソンは新しい草稿を書き起こした。結局、それがワシントンの第 1 次就任演説となった。大統領の演説に対する下院の返答もマディソンが起草したばかりか、それに対する大統領の返答も起草している。

　マディソンは他の人々と同じくワシントンが大統領になると早くから予測していた。また南北の政治的均衡からジョン・アダムズが副大統領に選出されると予測していたが、その資質については否定的であった。マディソンはワシントンとアダムズを比べて以下のように述べている。

　　「ワシントンは冷静で思慮深く慎重であるが、アダムズは軽率で彼の激情を刺激するすべての火花ですぐに炎が燃えるようになる。ワシントンは世論を注意深く観察し、世論を導くことができなくても世論に進んで従うが、アダムズは最も真逆な見解と目的によって世論を侮辱する。ワシントンは戦場の英雄であるが、閣内におけるあらゆる危険を重く見ている。しかし、アダムズは兵士であった素振りをまったく見せないものの、政治家としてドン・キホーテのような人物である」

　議会開催にあわせてニュー・ヨークに向けて出発したマディソンはその途中、マウ

ント・ヴァーノンに1週間滞在し、さまざまな問題をワシントンと話し合っている。

歳入の確保と差別関税の提案

　3月半ばマディソンはニュー・ヨークに到着した。しかし、議会はまだ定足数を満たさず開催されていなかった。ようやく連邦下院が開催されたのが4月1日である。4月8日、マディソンは新政府の財源を確保するために歳入制度の設立を提議した。その提案は、贅沢品に対しては高関税を課し、その他の輸入品に関しては価格に応じて関税を課すものであった。マディソンの考えでは、関税は自国の新しい産業を外国の競争から一時的に保護するために公正な方法であり、贅沢品の消費を減らし、国家の防衛に必要な物資を自国で賄えるようにするためにも、そして、他国による不公正な貿易規制に対抗するためにも有効な方法であった。

　議員の中には、貿易規制に対抗するために関税を導入することで、貿易が阻害され歳入が減少するのではないかと論じる者がいた。また現在のアメリカの海軍力と経済力からすればイギリスと協調することが重要ではないのかという意見もあった。マディソンはこうした意見に対して、アメリカは、条約を締結している国を厚遇することで相互的な利益が得られるように図るべきだと主張した（see → 251 頁、巻末史料 5[-86]）。

　下院はマディソンの提案を認めたが、上院はそれを拒否した。最終的に両院の合意が成立せず、差別関税を設ける案は実現しなかった。原則的にマディソンは自由貿易の原理を尊重していたが、アメリカが自国の利益を守るためにはそうした措置が必要であると考えていた。

大統領の呼称と行政府の整備

　1789 年5月9日、上院は委員会の報告に従って、「合衆国大統領にしてその権利の擁護者閣下 His Highness the Presidents of the United States of America and the Protector of the Rights of the Same」を大統領に対する呼称として提議した。下院でこの提議が審議された際にマディソンは、称号は無害なものだが、我々の政府の本質やアメリカ国民の特質に合わないので採用するべきではないと論じた（see → **251 頁、巻末史料 5**[-87]）。結局、アダムズが提案した称号は葬り去られ、大統領は「大統領閣下 Mr. President」、もしくは単に「合衆国大統領 The President of the United States」と呼ばれることになった。マディソンは前々よりそうした呼称が適当であると考えていた。

　5月19日、マディソンは他の議員達とともに外務省（国務省）、財務省、陸軍省の設立を提案した。これは行政府の枠組みを決定する重要な提案であった。その提案の

中には、大統領が各省の長官や役人を議会の同意を得ずして罷免することを認める規定も含まれていた。立法府の介入による行政府の権限侵害を防止しようとしたマディソンの考えが反映されているのと同時に、行政府の管理に関する大統領の責任の所在を明らかにしたと言える。これは大統領の罷免権を確立する先例となった(see → **252 頁、巻末史料5[-88]**)。

また後に外交官を指名する前に上院に諮るべきかという相談をワシントンからマディソンは受けている。ワシントンは上院に事前に諮る必要はないというマディソンの見解を聞いて安心した。そうした見解は国務長官ジェファソンや最高裁長官ジョン・ジェイの見解と一致していた。

憲法第2条第2節第2項によると長官の任命には「上院の助言と同意」が必要である。しかし、罷免に関して明白な規定がないので、憲法第2条第1節第1項の「行政権は、アメリカ合衆国大統領に属する」という規定に基づき、大統領に罷免権を与えるべきだという論理にマディソンの考えは基づいている。

権利章典の提案

憲法修正の提議　6月8日、マディソンは憲法修正を提議し、議会に第1会期中に検討するように求めた (see → **252 頁、巻末史料5[-89]**)。前もってマディソンは憲法修正を5月25日に提議することを下院に申し出ていたが、行政府の枠組みや歳入をめぐる議論などでその検討が遅れていた。

憲法修正の早期の実現は、人民に広まっている連邦政府に対する不安を解消するのに有用であった。その当時、ニュー・ヨーク州とヴァージニア州で、さらなる修正を盛り込むために再度、憲法制定会議を開催するように呼び掛ける声が高まっていた。もしそうした会議によって、連邦の課税権や通商を規定する権限、条約締結権などに制限が課されれば、憲法の根幹が揺るがせられる可能性があるとマディソンは恐れていた。権利章典の制定によって連邦政府に対する不信感を払拭すれば、そうした試みを頓挫させることができるとマディソンは考えたのである。

権利章典を提案するにあたって、マディソンは、連邦政府に利点があることを人民に悟らせれば不満の声を少なくすることができると主張した。もし、この憲法の下で人間の基本的権利が認められなければ、大多数の人民は連邦政府を支持することに躊躇するだろう。そうなれば不満が高まって憲法案全体に対する盤石の支持が得られない恐れがあるので、憲法案の修正が何としても必要であるとマディソンは論じた。

また権利章典を不要とする意見に対して逐一反論する一方で、憲法の拡大解釈の危

険性についても示唆している（see → 254 頁、巻末史料 5⁻⁹⁰）。

　権利章典を提案する前、マディソンは、憲法は政府に授与される権限を慎重に列挙しているので、それにより自動的にすべての個人の自由が保障されると考えていた。また基本的な権利を一覧にすることは、暗示的にその他の権利を否定することに繋がるかもしれないと危惧していた。しかし、権利章典を提案することによってマディソンは、基本的権利を明示することで人民の権利を保障するという方針に転向したのである。

修正検討委員会

　7 月 21 日、下院は 11 人からなる修正検討委員会の発足を決定した。マディソンはその一員に選ばれている。委員会は 7 月 28 日、下院に最終報告を行った。次いで 8 月 13 日、下院は報告をもとに修正案の審議を開始した。まず現行憲法の文章を改訂するか否かが話し合われたが、最終的には原文には手を加えずに末尾に修正条項を付け足す方式で落ち着いた。1789 年 9 月 25 日、両院協議会は修正案を可決し、10 月 2 日、ワシントン大統領がそれを各州に送達した。そして、権利章典は諸州の批准を経て 1791 年 12 月 15 日に成立した。

　権利章典は、いくつかの点を除けば、マディソンが提案した原案にほぼ沿った内容である。原案から除かれている主な点は、信教の自由、言論の自由、出版の自由、そして陪審による裁判を受ける権利などを州が侵害することを禁じる項目と立法府の越権行為を防止するために定められた項目、すなわち三権が互いに権限を侵害し合うことを禁じる項目である。

　特に前者についてマディソンは「最も重要な修正」として強く採択を求めた。人民の基本的権利を侵害しないように連邦政府を抑制する必要があるなら、同じく州政府も抑制する必要があると考えたからである。結局、下院はそれを採択したものの、上院が草案から削除したために最終案に盛り込まれなかった。また前文に、人民の革命権を容認する文言を盛り込む提案も却下された。

ジェファソンに国務長官就任を勧める

　1789 年 5 月 27 日、マディソンはフランスに滞在していたジェファソンに国内の官職任命を受けるかどうかを手紙で問うた。マディソンの手紙に対してジェファソンはフランスに留まるつもりだと返答した。しかし、ワシントンはマディソンの推薦に従って、ジェファソンを国務長官に指名した。

　さらに 1789 年年末、マディソンはモンティチェロを訪問し、国務長官就任を躊躇

するジェファソンを説得した。ジェファソンは国務長官の職務が重荷になるのではないかと危惧していた。マディソンは国務長官の職務を遂行することがジェファソンにとって難しいことではないと説いた。また豊富な外交経験を持つ人物の中で、フランクリンは高齢で任に堪えないし、ジョン・アダムズはすでに副大統領に選出されている。またジェイは最高裁長官に指名されている。そうなると外交面において経験と能力を持つアメリカ人はジェファソンをおいて他にいない。さらにジェファソンがフランスに戻って達成しようとしている目的、つまり、フランスとアメリカの通商関係の締結は海外で単なる外交官として事に当たるよりも国務長官として事に当たったほうがより効果的である。こうした理由によってジェファソンは大統領の要請を受けるべきだとマディソンは主張した。

この会合の後、マディソンはワシントンにジェファソンが要請を受けるであろうと伝えた。こうしたマディソンの力添えもあってジェファソンはワシントン政権に国務長官として加わることになった。ジェファソンが就任に応じることを確信してマディソンはモンペリエに戻った。それから連邦議会に登院するためにニュー・ヨークに向けて出発した。

公債償還問題

1790 年 1 月 14 日、財務長官ハミルトンは公債償還計画を議会に提出した。それは、政府公債のみならず独立戦争時の州債約 2,500 万ドルを引き受け、課税と新たな借り入れで返済する計画であった。

1790 年 2 月 11 日、マディソンはハミルトンの政府公債案に反対する演説を行った。演説の中で、公債の原所有者と後から安い値段で公債を購入した投機家を区別できない点が問題だと主張した。さらに原保有者に対しては満額で償還し、公債を安く買い集めた投機家に対しては市場価格に基づいて償還するように区別を設けるべきだとマディソンは論じた。ハミルトンの計画に賛成する者は、原保有者の記録が不確かであり、市場価格を決定することは困難であるから、マディソンが推奨する計画は実行不可能だと反論した。もし投機に注がれる情熱が問題の解決にも適用されるのであれば、公正な方策を実施することも可能であろうと述べた（see → **255 頁、巻末史料 5**[-91]）。結局、2 月 22 日、下院は 36 票対 13 票で償還に区別を設けるマディソンの案を否決した。

さらに連邦政府による州債の引き受けが議論された。マディソンは州債の引き受けに関しても反論を開始した。マディソンの考えでは、州債を一律に連邦政府が肩代わ

りして支払うことは、すでに負債をほぼ完済している州にとって不公平な処遇であった。それゆえ、現時点の負債ではなく、独立戦争が終わった1783年の時点の公債のみ引き受けるべきだと提案した。さらにマディソンは、すべての州が独立戦争中に負った損失と支出を算定したうえで均等に負担すべきだと主張している。

　2月から7月にかけて、4度、マディソンはハミルトンの計画を阻止した。公債償還計画自体を認めるべきか否かについて議会は膠着状態に陥った。この頃のマディソンについて、ジョン・アダムズは「マディソン氏は篤学の学者であるが、有能な人物だという彼の評判は、フランスへの追従の産物である。いくつかの悪い方策や最も悪い動議は、彼の不名誉な記録となっている」と述べている。

首都選定問題

　一方、議会は恒久的な首都をどこに定めるかという問題でも紛糾していた。マディソンはかねてよりフィラデルフィアを暫定首都とし、ポトマック川沿いに恒久的な首都を建設すべきだと強く主張していた。しかし、ニュー・イングランド諸州が、ニュー・ヨークを暫定首都とし、トレントン Trenton を恒久的な首都にしようと一致協力していた一方で、南部諸州は首都の候補地をめぐって分裂していた。このままでは首都選定においてニュー・イングランド諸州が勝利を収める恐れがあった。マディソンによれば、それは西部諸州の利益を蔑ろにすることに等しかった（see → **256頁、巻末史料5**[-92]）。

　1790年6月20日、ジェファソンの招きで、ハミルトンとマディソンの他数人の議員が晩餐をともにした。この晩餐会の結果、ハミルトンがフィラデルフィアを10年間暫定首都にした後、ポトマック川沿いに恒久的な首都を設ける働き掛けを行う代わりに、マディソン達はハミルトンの公債償還計画が通過するように協力するという妥協が成立した。

良心的兵役忌避を提案

　民兵としての兵役から議員を除外するべきだという提案が下院でなされた。マディソンは、「すべての法律を人民と同じく立法者に対しても作用させるようにすること」が共和主義政府の原則だとしてそれに反対した。それにもかかわらず議会は議員を兵役から除外した。その一方でマディソンは1790年12月22日の議論で「良心的に武器を持つことに慎重な者」を兵役から除外できる規定を定めるように求めた。結局、議会はマディソンの提案を受け入れなかった。

第一合衆国銀行特許法案

1790 年 12 月 14 日、ハミルトンは合衆国銀行の設立を求める報告書を議会に提出した。翌 1791 年 1 月 20 日、上院は 20 年の期限付き特許の付与を認める法案を可決した。下院でも同法案の審議が行われた。その際、マディソンは合衆国銀行設立に強く反対した。同銀行設立によってもたらされる利点を認めながらもマディソンは、主に憲法上の解釈から反対意見を述べた。マディソンの反対論は以下のように厳密な憲法解釈に基づいている。

まず合衆国銀行のような組織に特許を与えることは、憲法制定会議で提案されたが、否決されている。さらに連邦議会が銀行に特許を与える権限を有しているかを検証しなくてはならない。憲法によって、連邦政府には「特定の権限のみ」が与えられている。連邦政府の特質を破壊するような解釈は公正ではなく、立憲政治の原則に反する。また多くの憲法批准会議でも、憲法擁護者によって特許を与える権利は否定されている。

賛成派は、「合衆国の債務の支払い、共同の防衛および一般の福祉の目的のために、租税、関税、間接税、消費税を賦課徴収すること、ただし、すべての関税、間接税、消費税は、合衆国を通じて画一なることを要する」と規定する第 3 条第 8 節第 1 項に基づいて特許の付与を認めている。しかし、本来、「一般の福祉の目的」とは、州の権限に干渉することなく行使される包括的権限を示している。それにもかかわらず、同法案によって銀行に特許を与えることは明らかに州の権限に抵触している。つまり、州法銀行を設立し、または廃止する州の権限を直接的に侵害している。そうした侵害を正当化する憲法上の根拠はまったくない。権限が明示的に与えられていなければ、連邦政府はそうした権限を行使することはできない。

次いで賛成派は、「合衆国の信用において金銭を借り入れること」を認める第 3 条第 8 節第 2 項に基づき特許の付与を認めている。この法案はそもそも金銭を借り入れるための法案なのだろうか。この条文は単に金銭を借り入れることを認めているだけで、それ以上に解釈すべきではない。

さらに賛成派は、「上記の権限、およびこの憲法により、合衆国政府またはその官庁もしくは官吏に対して与えられた他のいっさいの権限を執行するために、必要にして適当なすべての法律を制定すること」と規定する第 3 条第 8 節第 18 項を同法案の根拠としている。

しかし、もしそれが認められれば、連邦政府に無制限の権限を認める悪しき前例と

なる。「必要にして適切な」という条文は連邦議会に無制限の権限を与えるものと解釈すべきではない。同条項は、列挙されている権限を行使するための法律を制定する時のみに適用されるべきである。また合衆国銀行は、条文にあるような「必要にして適切な」存在ではなく、単に「便宜的な」存在に過ぎない（see → **256 頁、巻末史料5**-93）。

　こうした憲法上の解釈に加えてマディソンは、ハミルトンの提唱する金融制度が南部と西部の農民の利益を犠牲にして北部の商人や富裕層に特権を与えるのではないかと不信感を抱いていた。なぜならそうした階層はしばしば、政府に不正に影響力を及ぼそうとするからである。マディソンの反対にもかかわらず、合衆国銀行特許法案は39 票対 20 票で通過した。

　マディソンは法案に対して拒否権を行使するようにワシントンに助言した。マディソンの回想によると、ワシントンはハミルトンの案に積極的に賛同していたのではなく、他に代替案がなかったので認めていたに過ぎなかった。確かにワシントンは合衆国銀行特許法案を認めるか否か逡巡していた。そのため法案に拒否権を行使する場合も考えて、マディソンに拒否教書を起草するように依頼していた。マディソンはワシントンの求めに応じて拒否教書を起草し、「暗黙の公正で安全な規則によって［憲法において与えられている］いかなる明示的な権限からも」連邦議会が銀行に特許を認める根拠を引き出すことはできないという論旨をまとめた。しかし、ワシントンは法案への署名を遅らせたものの、マディソンが起草した拒否教書を使うことなく、結局、2 月 25 日、法案に署名した。

　憲法制定会議でマディソンは、弱体な中央政府による弊害を乗り越えるために、むしろ黙示的権限について肯定的な立場をとっていた。しかし、連邦議会が合衆国銀行に特許を与えることで、商人階級を富ませ、その結果、特権的な階層が政府に大きな影響力を及ぼす危険があるとマディソンは考えるようになった。ジェファソンに向かってマディソンは「株の仲買人達が、金品で賄賂を贈り、怒号と結束によって政府を威圧することによって、政府の腐敗した群れとなり、すぐに政府はその道具となり専制になるでしょう」と述べている。そうした危険を防止するためにマディソンは黙示的権限に次第に否定的な立場をとるようになったのである。

民主共和派の形成

　協力して『ザ・フェデラリスト』を執筆したことからも分かるように、ハミルトンとマディソンは、強力な中央政府が必要であるという点では一致していた。しかし、

公債償還問題や合衆国銀行設立をめぐって両者の政治思想の違いが顕在化するようになった。

ハミルトンは、国益と密接に連携した実業界を育成することで国家の信用を高め、経済を拡大しようと構想していた。またその過程ではイギリスとの通商が不可欠だと考えていた。マディソンは、ハミルトンの国家構想は過度に商業利益を優先するものであり、非共和主義的な権力の集中と腐敗をもたらすものだと考えた。

マディソンの国家構想は、商業と農業の均衡を保って国家経済を発展させ、イギリスの影響からできるだけ脱却するというものであった。そして、イギリスの不平等な通商政策にアメリカも差別関税で応じるべきだと考えていた。

こうした両者の対立により、ハミルトンとその支持者達から構成される連邦派とジェファソンとマディソンを中心とする民主共和派が形成された。両派は最初の政党とも言える存在であったが、当時は派閥の形成は好ましく思われていなかったので、正式に政党として認められていたわけではない。後にジェファソンが国務長官を辞して下野してからは、民主共和派の領袖は事実上、マディソンであったと言える。

下院の同僚議員はこの頃のマディソンについて、「疑いもなく、どのような者よりも下院で最も個人的な影響力を持っている」と評している。また他の同僚議員はマディソンの資質について、「政治家としての大きな欠点は、私が思うに、決断力の欠如、そして、敵対者の力を強く見積もる彼の性質にあり、しばしば彼自身の計画への反対を非常に長く検討する習慣のために、敵対者は本当に影響力を獲得してしまって、彼の行動に影響を与えることになる」と述べている。

ヌートカ危機

ヌートカ危機 Nootka Sound Crisis でマディソンは関係者の1人として重要な役割を演じた。ヌートカ危機は、1789年、ヴァンクーヴァー島 Vancouver Island 西岸のヌートカ・サウンド付近でスペイン人がイギリス船舶を拿捕したうえ、イギリス商人を拘束し、囚人としてメキシコに送ったことに端を発する。もし戦争が勃発すればフランスがスペインの支援に乗り出し、戦火がヨーロッパ中に広まる恐れがあった。両国の植民地に国境を接しているアメリカも戦火に巻き込まれる可能性があった。

ワシントンは、ジェファソンにマディソンと相談してアメリカ政府が採るべき立場を考えるように求めた。両者は中立が適切な方策であるとワシントンに進言した。しかし、もしイギリスがルイジアナとフロリダを掌握すれば、アメリカは窮地に立たされることになると警告した。さらにマディソンは、危機を利用してミシシッピ川の自

由航行権の獲得を試みる交渉のための密使派遣に携わった。

　パンフレット戦争

　1791 年 10 月、マディソンはジェファソンと協力し、大学時代からの友人フィリップ・フレノーが民主共和派を擁護する『ナショナル・ガゼット紙』を創刊する後援を行っている。それは民主共和派の機関紙とも言うべき存在であった。

　匿名であったが、マディソン自身の手による記事が 1791 年から 1792 年にわたって『ナショナル・ガゼット紙』に数多く掲載された。マディソンは共和主義に基づく自由な言論が「君主制と貴族制を支持する原理と論説が出回っていることに対する解毒剤」になると信じていた。マディソンの手による「人口と移民 Population and Emigration」と題する最初の記事は第 7 号の 1791 年 11 月 21 日に発表されている。「人口と移民」でマディソンは、人口の増加に伴う共和制度と国際貿易に対する好影響について述べ、アメリカはヨーロッパからの移民の受け入れと西部への移住を促進するべきであると論じている。

　1791 年 12 月 5 日には「整理統合 Consolidation」、続いて 12 月 19 日には「世論 Public Opinion」と題する論説が発表されている。マディソンは「整理統合」の中で、共和主義の原理と公共の善を追求する公共の精神を人民の間で涵養することで、各州の統治を高め、その結果、連邦政府の下で円滑に権力が整理統合されると論じた。つまり、それは州の政治を改善することが連邦制度を維持するうえで不可欠であるというマディソンの信念を表している。さらにマディソンは「世論」で「世論はあらゆる政府に制約を課し、あらゆる自由な政府において真の支配者」であると述べ、世論が政治の改善に果たす役割を論じている。

　1792 年 1 月 2 日に発表された「政治 Government」という論説では、アリストテレスに基づいて、独裁政、寡頭政、そして、多数者による政治を説き、多数者による政治では「同時にあらゆる善良な市民が人民の権利、連邦政府の権限、中間政府の権利と権限の見張り役になること」が必要であると論じられている。

　続いて 2 月 6 日に発表された「合衆国政府 Government of the United States」でマディソンは、アメリカの政体こそ権力濫用を防ぐために権力の均衡が図られている理想的な政体であると強調し、国を愛する者は憲法の制限を守ることで専制政治に陥らないようにするべきだと訴えかけた（see → **257 頁、巻末史料 5**[-94]）。マディソンにとって「公的責務の代わりに個人的な利益を優先させ、腐敗の影響によって運営される政府」がアメリカに樹立されてはならないと訴えている。それは名指しではない

ものの、ハミルトンの金融制度に対する批判であった。

　「憲章 Charters」と題する論説は 1792 年 1 月 19 日に発表された。ヨーロッパの君主政において憲法は、権力によって授けられた自由であるのに対して、合衆国憲法は自由によって授けられた権力だと比較されている。啓蒙化された世論が憲法によって政府に与えられた権限を監視し、「重要な権利の侵害」を防ぐことがマディソンの願いであった。さらに 4 日後に発表された「党派 Parties」と題する論説の中でマディソンは、『ザ・フェデラリスト』10 篇で示したように、自己の利益を追求する党派が相互に牽制し合う効用について述べながらも、均衡抑制を促進するよりも党派の悪弊を除くほうが望ましいと論じている。

　1792 年 2 月 2 日の「世界平和 Universal Peace」でマディソンは、ジャン＝ジャック・ルソー Jean-Jacques Rousseau（1712. 6. 28-1778. 7. 2）の永久平和論を「空想的な哲学者」や「博愛的な熱狂者」の産物でしかないと断じた。マディソンの考えでは、たとえ君主を世界的な連盟に加盟させることができても、専制的な君主が存在する限り「恣意的な権限は永続する」ので、ルソーの永久平和論は実現不可能であり欠陥がある考え方であった。その代わりにマディソンは、「社会自体の意思」による共和政府が世界に広がることで、市民の「理性の発展」を促し、戦争の恐怖と荒廃を避けることができると考えた（see → **258 頁、巻末史料 5**-95）。

　マディソンは 1792 年 2 月 20 日、「諸政府の精神 Spirit of Governments」を発表した。ベーコン、ニュートン、ロック、そして、モンテスキューの思想に触れた後で、「常備軍」と「公的な義務」よりも「私益」という動機に基づく政府の欠点について論じた。そうした政府よりも、「社会の意思から活力を得て、その政策の合理性によって動く政府」をマディソンは支持した。

　1792 年 3 月 3 日に発表された「市民の共和的性質 Republican Distribution of Citizens」では、「健全、美徳、知性、そして、能力」は農民という職業でこそ養われるので、国家は農業を促進するべきであると述べている。その他にも、政治だけではなく、世界平和やファッションと経済の関係についてなど一般的な問題にも及ぶ記事が発表されている。マディソンが執筆した記事は、一般的な問題を扱っているとはいえ、その真の狙いはハミルトンを中心とした連邦派への攻撃であったことは当時の読者からすれば自明の理であった（see → **258 頁、巻末史料 5**-96）。

　さらにマディソンは、1792 年 3 月 29 日の「財産 Property」と題する記事で、政府が樹立される目的は、あらゆる種類の財産を守ることであると述べている。そし

て、政府が財産を守るにあたってすべての人々の財産を公平に守らなければならないとした。こうした基準からすれば、政府が法律によって、不平等な課税、恣意的な差し押さえ、そして特権を一部の者に与えることは不公平となる。マディソンはこうした記事をもとに、民主共和派の政治経済の原則を要約したと言える。

　夏を挟んでマディソンは論説の発表を再開した。まず9月26日に「党派の率直な状態 A Candid State of Parties」と題する論説を掲載した。その中でマディソンは、1776年以前の独立をめぐる分裂、すなわち愛国派と王党派の衝突を説明し、それに加えて1787年から1788年にかけての憲法批准をめぐる賛成派と反対派の衝突を述べた。さらに1789年以後の「反共和派」と「共和派」の分裂について論じ、前者が「人間は自分自身を支配することができない」と考えているのに対して、後者は「人間は自分自身を支配することができる」と考えていると示唆した。言うまでもなく、「反共和派」はハミルトンを中心とする連邦派を指し、「共和派」はジェファソンとマディソン自身を中心とする民主共和派を指す。

　1792年12月20日に掲載された「誰が人民の自由の最善の擁護者か Who Are the Best Keepers of the People's Liberties?」と題する論稿では、自由は政府によって人民に与えられるのではなく、人民自身が政府を統制し、彼ら自身の自由と権利を守らなければならないと述べている。

　一方、ハミルトンも、マディソンを「明らかに敵対的な一派の長」と見なすようになり、民主共和派に対する反論を行った。1792年夏、ハミルトンは、フレノーが『ナショナル・ガゼット紙』の編集に携わっているのにもかかわらず、ジェファソンによって国務省の翻訳官として採用されていると連邦派の新聞で攻撃した。マディソンはモンローと協力して「擁護者 Vindicator」という筆名でジェファソンを擁護する6篇の論稿を9月22日から12月31日にかけて『アメリカン・デイリー・アドヴァタイザー紙 American Daily Advertiser』に発表した。両者は、ジェファソンが憲法案に反対していたこと、ヨーロッパで不適切な財政処理を行っていたこと、そして、フレノーに賄賂を贈ってフィラデルフィアで新聞を始めるように促したというハミルトンの追及に対して論駁した。

　他にもマディソンは、ウィリアム・ジャイルズ William Branch Giles（1762. 8. 12-1830. 12. 4）連邦下院議員によるハミルトン弾劾決議に賛成を唱えている。しかし、ハミルトンは詳細な報告書を議会に提出してジャイルズの決議に対抗した。その結果、議会は圧倒的な大差でジャイルズの決議を否決した。ジャイルズの決議が否

決されたのは、議会の中にハミルトンが進める政策に盲目的に従っている者が多数いるからであるとマディソンは不信感を強めた。そのためマディソンは「財務長官の公的行為に関する議事の検証 An Examination of the Late Proceedings in Congress Respecting the Official Conduct of the Secretary of the Treasury」を発行してハミルトンに対する非難を続けた。

大統領の相談役

1792 年 5 月 5 日、ワシントンは厚く信頼するマディソンに大統領退任の意向をいつどのように明らかにすべきかを相談している。マディソンは政権開始当初からワシントンの重要な相談役の 1 人であった。マディソン伝記研究者として知られるラルフ・ケッチャム Ralph Ketcham は、「マディソンは大統領の右腕であり、時には副官であり、首席大臣であり、首相であった」と評している。

ワシントン自身はもはや政権運営に自分は必要ないし、そもそも憲法上の問題や法律に基づく判断などは最初から適任ではないと考えていた。そして、そうした職務により精通した人物が自分に代わって大統領を務めたほうがよいと述べている。さらにハミルトンとジェファソンの対立に頭を悩ませていたワシントンは、現在の地位に留まるよりは、農園に帰って自らの手で鋤を取り、自らのパンのために働きたいとマディソンに訴えた。

ワシントンの訴えに対してマディソンは、いかなる困難があろうとも、世論の支えと的確な情報に基づいて、すべての事例においてワシントンが適切な判断を行っていることは疑いないと励ました。そして、派閥どうしの衝突があるからこそ、退任するよりは事態が改善されるまで続投すべきだと提言した。

その際にマディソンは後任が誰になるかについて可能性を述べている。ワシントンの後任として名前が挙がったのは、ジェファソン、ジェイ、アダムズの 3 人である。しかし、いずれの候補についてもマディソンは否定的な見解を示している。まずジェファソンは公的生活から退隠しようと考えているので出馬を要請することは難しい。またアダムズは君主主義的な傾向を隠そうともしていない。最近、アダムズは議席配分法案 Apportionment Bill に賛成票を投じたが、それは南部の民主共和派の反感を買った。それゆえ、アダムズは問題外である。さらにジェイはアダムズと同じく君主主義的な傾向を持っていると思われているのに加えて、ミシシッピ川の自由航行権をめぐる問題のせいで西部の支持がまったく見込めない。

特にアダムズに対してマディソンは不信感をあらわにしている。それは、1791 年

にジェファソンが起こした筆禍事件の際に、マディソンがジェファソンに向かって、アダムズは公使を務めている時に「全力でわが国の共和政体を攻撃した」前歴があるので文句を言えないと述べていることからも分かる。マディソンとアダムズは共通の友人を持ち、さらにジェファソンは「［アダムズは］非常に親しみやすいので、もしあなたが彼と知り合いになれば彼を愛するようになったでしょう」とマディソンに勧めているが、両者の間に友情が通い合うことはなかった。

　6月20日、マディソンはワシントンに翻意を望みながらも告別の辞の草稿を送った。各州で選挙人を選ぶ時間が必要なことから考えて、少なくとも9月中頃までには発表しなければならないとマディソンは提言している。また新聞に公表する発表形式を採用するように勧めている。しかし、結局、ワシントンが続投を決意したので、この時は告別の辞の草稿は使われなかった。この草稿が後にハミルトンの改訂を経て発表されたことはよく知られている。

　中立宣言

　フランス革命戦争の勃発に伴い、アメリカがどのような立場を取るべきかが問題となった。マディソンはフランス革命に対して好意的であり、それに続く革命戦争の勝利も祝っている。フランスから名誉市民に選ばれた時も喜んでそれを受けている（see → **259頁、巻末史料5**[-97]）。

　革命戦争が拡大し、フランスとイギリスの戦いが勃発すると、マディソンはアメリカが中立の立場を取るべきだと考えた。その一方でフランスを間接的に支援するために、共感の証としてアメリカの穀物を贈るべきだと提案している。マディソンはジェファソンに語っているように、フランスに有利な形で中立を守るべきだと考え、ワシントンが出した中立宣言は失敗であったと断じている（see → **259頁、巻末史料5**[-98]）。

　1793年6月29日から7月27日にかけて、ハミルトンは「パシフィカス Pacificus」の筆名で、大統領が議会に諮ることなく中立を宣言することができると主張した。それは外交分野において大統領の大幅な特権を容認する論であった。

　ジェファソンは反論のためにペンを執るようにマディソンに要請した。フィラデルフィアを離れていたマディソンは「事実関係に疎い」ために、ジェファソンの要請に乗り気ではなかったが、懇請もだし難く、「ヘルヴィディウス Helvidius」の筆名で8月24日から9月18日にわたって5篇もの長大な反論を『ガゼット・オブ・ザ・ユナイテッド・ステイツ紙 Gazette of the United States』に発表した。ヘルヴィディウスは皇帝ネロの治世下で追放の憂き目に遭いながらも、皇帝を掣肘しようとする元

老院の権利を擁護するために戻った人物である。

　論稿の中でマディソンは、議会が宣戦布告と条約を審議する権限を持つので、大統領は中立宣言を行う権限を持たないと論じた（see → 260 頁、巻末史料 5^{-99}）。マディソンにとって、パシフィカス、すなわちハミルトンの論は行政府の強大化を認めるものであり、それは自由な政府と共和主義の基礎を崩壊させるものであった。

　ジュネ問題

　1793 年 4 月 8 日、革命フランス政府の駐米公使エドモン＝カール・ジュネ Edmond-Charles Genêt（1763. 1. 8-1834. 7. 14）がアメリカに到着した。ジュネの到着はジェファソンやマディソン、そしてモンローをはじめ多くの親仏派から歓迎されたが、アメリカ政府の許可なくイギリスへの敵対行為を取るなどアメリカ政府を軽視するやり方は親英派の強い反感を買った。

　8 月 17 日、連邦派は一連のジュネの行為を非難する決議を採択した。ジュネの大統領に対する非礼の数々を民主共和派を攻撃する材料にしようと連邦派は考えたのである。それを知ったマディソンは、8 月下旬、シャーロッツヴィル Charlottesville 近郊のモンロー宅で、「人民の本物の良識」を取り戻すために、ワシントンとフランス革命を称揚する一方で、イギリスの君主政を支持する一派を非難する決議をモンローとともに起草した。

　ジュネの勝手な行動とフランス本国の方針を切り離すことが有効な救済策であるとマディソンはジェファソンに示唆している。平和の維持を望んでいたマディソンは、アメリカを戦争に巻き込みかねないジュネの過激な行動を厳しく非難したが、その一方で親英派がジュネ問題を利用して世論を反仏に導こうとしているのではないかと警戒を強めていたのである。またハミルトンを中心とする連邦派の影響でワシントンが不必要にイギリスに従属するようになったとマディソンは感じていた（see → 260 頁、巻末史料 5^{-100}）。

　ジェイ条約に対する抗議

　イギリスに対する通商規制を唱える　　閣内の党派対立が原因でジェファソンが公職を退いた後、民主共和派の行く末はマディソンの双肩に委ねられた。マディソンは「あなたは公的生活から引退すべきではありません」と再起を促したが、結局、ジェファソンを翻意させることはできなかった。ワシントンはジェファソンの後任としてマディソンを国務長官に就けようとしたが、マディソンはそれを断っている。

　ジェファソンが退任間際に提出した「合衆国の外国交易における特権と規制に関す

る報告 Report on the Privileges and Restrictions in the Commonplace of the United States in Foreign Countries」に基づいて、マディソンは、1794年1月3日、議会に7つの決議を提出した。

それは、合衆国と通商条約を締結していない国からの輸入品に高い関税を課す決議、そうした諸国の船舶に対して高いトン税を課す決議、合衆国に対する貿易に規制を課している国に対して規制を課す決議、他国での違法で差別的な規制によってアメリカ人が損害を被った際に補償する決議などである。そうした決議は、実質的にイギリスを対象にしている。

マディソンは、報復的な規制を課すことによってイギリスに対抗する政策を主張した。そうすれば戦争に訴えることなく、もしくは戦備に巨費を投じることなく、イギリスにアメリカが求める条件を認めさせることができるとマディソンは考えた。マディソンの演説は新聞で発表され国中に配布された。

しかし、マディソンが提案した決議の審議は、アメリカ船舶が250隻以上も拿捕されていることが判明して中断された。そうした問題解決を図るためにワシントンは最高裁長官ジョン・ジェイをイギリスに派遣した。その結果、1794年11月19日、ジェイ条約 Jay's Treaty が締結された。

民主共和協会の擁護

第6次一般教書でワシントンは、「ある自生の協会 certain self-created societies」がウィスキー暴動 Whiskey Rebellion の温床になったと示唆した。それは当時、革命フランス政府を擁護するために各地で結成された民主共和協会 Democratic (Republican) Society のことである。マディソンにとって、民主共和協会は、単なる政治的なクラブに過ぎず、無害なものであり、自由社会において不可欠なものであった。それゆえ、民主共和協会に対するワシントンの懸念を、マディソンは「おそらく彼の政治的人生で最大の過ちである」と述べている。また議会の連邦派はワシントンと同様の非難を一般教書に対する返答に含めようと提議した。それに反対してマディソンは民主共和協会を擁護する論を展開している。

ワシントンの政策に不満を抱いたマディソンは、1795年4月20日、匿名で現政権を批判する「政治的見解 Political Observations」と題するパンフレットを発行している（see → **261**頁、**巻末史料5**[-101]）。その一方で、6月24日、上院は非公開審議の後、20票対10票でジェイ条約を承認した。そして、早くも7月1日に内密にされていた条約の内容が暴露された。多くの批判が寄せられたのにもかかわらず、8月

18 日、ワシントンはジェイ条約に署名した（see → **261 頁、巻末史料 5**[102]）。

ジェイ条約の阻止を試みる

マディソンは、ジェイ条約は「破滅的な取引」であり、アメリカが過度にイギリス寄りになった結果、旧世界の腐敗した武力外交の餌食になることは避けられないと信じていた。マディソンによれば、ジェイ条約で最も問題がある点は、航海法に本質的な修正を加えるように求めることなく、イギリスに最恵国待遇を拡大することである。それはイギリスに対して報復的な措置を講ずることで通商上の利益を引き出そうとする民主共和派の計画を妨げるものであり、イギリスによる経済的支配にアメリカがこれからも屈し続けなければならないことを意味した。こうした信念に基づいてマディソンは、ヴァージニア州議会がジェイ条約に対する抗議を行うように求める請願を起草した。マディソンの請願は 11 月に新聞各紙で報じられている。

さらに 1796 年 2 月 29 日、ワシントンはジェイ条約の発効を宣言した。それに対して、3 月 2 日、下院は大統領にジェイ条約に関する文書を公開するように求める審議を開始した。その結果、3 月 24 日、下院は 62 票対 37 票で大統領にジェイ条約締結交渉の関連文書の提出を求める決議を採択した。マディソンは民主共和派の議員達とともに、たとえ条約に関する権限が憲法によって明らかに大統領と上院にのみ付与されていても、下院は条約を執行する予算を審議しなければならないので、上院と同じく条約を審議する権利があると論じている。

下院の決議に対してワシントンは、3 月 30 日、憲法の規定によれば、下院には条約の内容を審議する権限はないとして関連文書の提出を拒否した。4 月 14 日と 15 日にわたってマディソンは長大な演説を行った。それによれば、ジェイ条約はすべてを与える一方で何も得ることができない条約であり、フランスに敵対的な条約であった。またイギリスがアメリカの中立国としての権利を侵害するのを容認するような内容であり、通商上の報復的な措置という武器を奪うことでアメリカの貿易上の利益を損なうものである。

こうしたマディソンの熱弁にもかかわらず、4 月 30 日、下院は 51 票対 48 票の僅差で条約に関連する予算を認めた。12 月 9 日、失意のマディソンは退職する決意を固め、新聞にその旨を発表した。議会での最後の仕事としてマディソンはワシントンと協力して国立大学創設を計画したが実現しなかった。

退隠生活

モンペリエの経営に専念

　1797年3月4日に行われたアダムズの就任式に出席した後、マディソンは妻と継子を連れてモンペリエに戻った。引退の意志は「偽りなく揺るぎないもの」だったので、ヴァージニア州知事への出馬要請をマディソンは断った。

　これまで父と弟にほとんど任せきりであったモンペリエの経営をマディソンは担わなければならなかった。モンペリエは5,000エーカー（約2,000ヘクタール）の地所と100人以上の奴隷を擁し、その他の土地も合わせると約1万エーカー（約4,000ヘクタール）にも及び、マディソン家はオレンジ郡屈指の地主であった。モホーク川沿いの土地を売却した利益でマディソンは製粉所を建て、タバコに依存していた経営を小麦を中心とする作付けに変更した。さらに7年の周期で輪作を行う科学的農耕法を研究した。

　また自宅の改築にも取り掛かっている。改築は、窓枠格子を新調したり、漆喰を塗ったり暖炉を作る熟練工を雇ったりするなど建物の様式を大幅に変えるものであった。来客用に冷たい飲み物やアイス・クリームを貯蔵しておく氷室もあり、ヴァージニアで最も初期に建設された氷室の1つである。マディソンはジェファソンとパラディオ様式のポルティコについて話し合い、モンペリエに4つの柱からなる正面玄関を増築している。後にマディソンが大統領を務めている間にも両翼が増築されている。

ヴァージニア決議

　経緯　1798年、アダムズ政権は外国人・治安諸法 Alien and Sedition Acts を制定した。マディソンは、以前からアダムズが「2つの共和国［アメリカとフランス］の間の亀裂を広げる口実を掴もうと望んでいる」と不信感を抱いていた。マディソンにとって、外国人・治安諸法は「両親の顔に永遠に泥を塗る怪物」であった。ジェファソンと連携してマディソンは、外国人・治安諸法に対する抵抗を密かに開始した。民主共和派からすれば、これらの法律は、親仏的な民主共和派の勢力を削ぎ、民主共和派の新聞に圧力を加えることを目的としたものに他ならなかったからである。

　おそらく、7月2日から3日にかけてモンペリエに来訪したジェファソンと話し合った時に、ケンタッキー決議とヴァージニア決議を匿名で起草する方針が決められたようである。その後、両者は10月まで連絡を取っていない。匿名で起草したのは外国人・治安諸法の取締りを避けるためであり、州議会による自発的抗議という形式

を重んじたためである。

マディソンはおそらく 11 月下旬までにケンタッキー決議の草稿を仕上げていたと考えられる。その後、ヴァージニア決議の草案はジョン・テイラーの手でヴァージニア州議会に提出された。1798 年 12 月 24 日、ヴァージニア州議会は同決議を若干の修正を加えたうえで採択した。ちなみにマディソンが同決議を起草したことが明らかにされたのは 1809 年以降である。最晩年にはマディソン自らヴァージニア決議を起草したことを認めている。

内容 ヴァージニア決議の中でまずマディソンは、外国人・治安諸法を「連邦政府にまったく委託されていない権限を行使する」点と「憲法によって委託されていないどころか、明らかに修正条項によって禁止されている権限を行使している」点で違憲であると論じている。

一般的にヴァージニア決議では州権が擁護されているが、後に州権の強硬論者が唱えたような連邦法の無効や連邦からの脱退は含まれていない。それよりも、連邦派が支配する連邦政府の侵害から市民的自由を擁護するための憲法上の理念を展開することが主な目的であった。マディソンは、「理性と人間性が過ちと抑圧に対して得たすべての勝利の恩恵を世界が受けることができるのは、権力の濫用を抑制する報道があるからこそ」だと述べている。さらに選挙時に治安法によって官職者に対する批判を取り締まることは、不公正だと指摘している。

また憲法を諸州による「契約」だと見なす概念を提唱し、州が連邦政府に対して「異議を唱える権利」を有することを宣言した。そして、連邦政府の黙示的権限を明白に否定し、諸州を「1 つの主権に合併させる」ことに反対した（see → **261 頁、巻末史料 5**[-103]）。

マディソンは、連邦政府には限られた権限しか委託されていないという点と憲法に反する法律は違憲であるという点でジェファソンと見解を共有していた。しかし、州議会が違憲と判断した連邦法の施行を州内で拒否することは認めていない。したがって、州権という観点からすれば、マディソンの考えはジェファソンの考えよりも急進的ではない。

さらにマディソンはジェファソンに対して、憲法上の問題を決定する際に、州全体の権限と州議会の権限を厳密に区別しなければならないと指摘している。なぜなら、まさに連邦議会による権限簒奪に対する抗議を行う際に、州議会による独裁も起こり得るとマディソンは考えていたからである。

　ケンタッキー決議とヴァージニア決議に対する反応は必ずしも芳しくなかった。例えばワシントンは 1799 年 1 月 15 日付の手紙の中でヘンリーに向かって「そうした方策が組織的、かつ頑迷に追求されれば、最終的に連邦の解体か抑圧を生じることになるに違いありません」と述べている。そして、ヘンリーに州議会に立候補して暴挙を阻止するように懇願している。

　こうした状況の中、翌年 9 月、マディソンはモンローとジェファソンとともにモンティチェロにて、外国人・治安諸法に対抗する計画を話し合っている。ジェファソンはさらに「連邦から脱退すること」も辞さないとする急進的な考えを提案した。それに対してマディソンは連邦を瓦解させる危険性を指摘し、ジェファソンを思い止まらせた。

イギリスに対する不信感

　ジェイ条約に対するマディソンの抗議の根底にはイギリスに対する不信感があった。それは退隠後もまったく変わっていない。1799 年 1 月 23 日と 2 月 23 日に、マディソンは「外国の影響に対する敵 Enemy to Foreign Influence」と「ある合衆国市民 A Citizen of the United States」という筆名で『オーロラ・ジェネラル・アドヴァタイザー紙 Aurora General Advertiser』にイギリスの影響の危険性とフランス革命を擁護する小論を投稿している。

　小論の中でマディソンは次のように論じてイギリスに対する警戒感をあらわにしている。自国の製造業のためにイギリスはアメリカ市場を独占しようとしている。イギリスはアメリカの共和政体に対して不安と憎悪を抱いている。ジェイ条約に賛成する請願書を提出した商人達はイギリスから影響を受けている。アメリカの貿易資本の 4分の 3 はイギリス資本である。こうして影響力を浸透させることによってイギリスが目論んでいることは、アメリカを再植民地化することである。イギリスはアメリカの独立だけではなく中立の権利をも脅かしている。さらにアメリカを友好国であるフランスとの戦争に引きずり込もうと企んでいる。

　またマディソンはハミルトン率いる連邦派が、人民にほとんど責任を負わない中央政府を形成しようとしているだけではなく、ヨーロッパの専制君主、特にイギリスと手を結ぼうとしているのではないかと疑念を抱いていた。マディソンにとって、それはアメリカが独立革命で得た成果を完全に覆すことに等しかった。

ヴァージニア州下院議員

　連邦政府による権利侵害に対抗するために州議会に戻るようにマディソンの友人達は求めた。さらにヴァージニア決議に反対を唱えるヘンリーがヴァージニア州議会議員に立候補することを知ったジョン・テイラーもヘンリーに対抗するためにマディソンの出馬を促した。

　1799年4月14日、マディソンはヴァージニア州下院議員に選出された。一方でヘンリーがほどなく亡くなったので、両者の再度の対決は行われなかった。ヘンリーの他にもジョン・マーシャルもヴァージニア決議に反対する弁論をヴァージニア各地で行っていた。

　9月、こうした反対意見に対抗するために、マディソン、ジェファソン、そして、モンローの3者はモンティチェロで協議を行った。その結果、マディソンがヴァージニア決議を擁護する報告を準備することで合意した。1800年1月7日、合意に基づいてマディソンはヴァージニア州議会に「ヴァージニア決議とケンタッキー決議に関する報告書 Report on the Resolutions」を提出した。その中でマディソンは、ヴァージニア決議の意義について「［単なる］見解の表明であって、熟考を促すことによって見解を生み出す可能性以上の効果は何も伴わない」と釈明している。しかし、同報告書では、ヴァージニア決議に対するさまざまな反対への反論が逐一述べられている。

　マディソンによれば、ヴァージニア決議に異を唱える者は、言論及び出版の自由を制限する法律を制定することを禁じる修正第1条について、イギリスの一般法を根拠にして、煽動的な誹謗中傷を制限することまで禁じてはいないと解釈しているという。そうした解釈に対してマディソンは、そもそもイギリスの一般法の概念は共和政体であるアメリカに適さず、それゆえ、イギリスの一般法に基づく解釈を認めることはできないと反論している。こうしたマディソンの解釈は、言論及び出版の自由に対していかなる政府の介入も許されないことを明らかにした解釈として重要である。

　マディソンは連邦派の憲法の拡大解釈についても警鐘を鳴らしている。つまり、各州はその主権の範囲内において、契約の加盟者であり、連邦政府よりも人民に近い立場にあるので、市民的自由を擁護する正当な仲裁者となり得る。州は軽々しく仲裁者となるべきではないとマディソンは注意しているが、憲法上の問題について、州が明らかに連邦裁判所よりも優位にあることを示唆している。そして、合衆国銀行を引き合いに出して、マディソンは連邦派が絶えず憲法の拡大解釈に基づいて連邦の権限を

拡大しようとしていると指摘している。

　さらにマディソンは外国人・治安諸法に対して、同法案は自由政府の概念と不可分の人民の権利に対する攻撃であるがゆえに、それは憲法に違反していると論難した。同法案は、行政府に強大な司法権を与えることになるので、アメリカ独立革命の自由主義に矛盾している。さらに憲法によって付与されていない権限を行使している。それは明らかに憲法修正第1条によって禁じられている。

　同報告書でマディソンは、外国人・治安諸法が共和政体の原理と矛盾していることを示し、合衆国憲法における言論及び出版の自由の意義を明らかにした。同報告書は、言論の自由と出版の自由を定めた憲法修正第1条の公的な解釈において重要な足跡を残したと現代でも高く評価されている。最終的にヴァージニア州議会は同報告書を採択した。

　1月11日、マディソンはヴァージニア州の民主共和派の会合に出席した。会合では1800年の大統領選挙について話し合われた。全国的に民主共和派が力を増していたが、一部の地方では情勢はまだ不透明であった。マディソンは全国の民主共和派に書簡を送り、大統領選挙を主導する役割を果たした。

国務長官

着任

　1800年の大統領選挙でマディソンはジェファソンの勝利に間接的に貢献した。これまでマディソンは選挙運動に関与することはほとんどなかったが、共和政体が生き延びることができるか否かはまさにジェファソンの勝利にかかっていると信じていた。それに加えて、選挙戦の動静は1796年の大統領選挙と同じく接戦になることが予測されていた。

　1801年3月5日、ジェファソンはマディソンを国務長官に指名した。大統領選挙の結果が判明する前からマディソンの国務長官就任は約束されていた。また早急にワシントンに入って下院で行われていたバーとの決選投票に影響力を行使するようにジェファソンはマディソンに要請していた。しかし、リューマチの悪化と2月27日に亡くなった実父の地所の管理でマディソンはすぐにワシントンに向かうことができなかった。結局、ワシントンに到着したのはようやく5月1日のことであり、国務長官の就任宣誓を行ったのは、その翌日である。それまでは司法長官リーヴァイ・リンカン Levi Lincoln（1749. 5. 15-1820. 4. 14）が臨時国務長官を兼任していた。

マディソン一家はワシントンに着いてから3週間、ジェファソンとともにまだ完成していない大統領官邸に滞在した。一家は大統領官邸から2、3区画離れた建物にいったん移った後、翌秋に完成した3階建ての煉瓦造りの家に移った。後にジョン・クインシー・アダムズ John Quincy Adams（1767.7.11-1848.2.23）もその家に住んでいる。

国務長官の職務

国務省は今と比べてまだ小規模な役所であったが、国務長官の職務はすでに多岐にわたっていた。まず国内に対する職務として、議会の要請に従って報告書を提出すること、各州の知事、判事、保安官、その他の役人などと通信を交わすこと、公的文書と国璽の管理、法律の公布、特許局と国勢調査の監督などがあった。

さらに国外に対する職務として、諸外国に派遣されたアメリカ公使や領事との通信、ワシントンに駐在する各国公使の接受、旅券や船舶国籍証書の発行などを行わなければならなかった。

こうした日常業務の最中、マディソンはジェファソンの右腕として政策決定に大きな役割を果たした。大統領を退任した直後にジェファソンは、「我々のイギリスに対する方策の結果、もたらされた利益に関して、わが政権のすべての方策に完全に関与したと正当に言える資格がマディソン氏にはあります。我々の原則は同一であり、そうした原理を適用するにおいて大きく異なったことは決してありませんでした」と国務長官としてのマディソンの役割を評している。

その一方で連邦上院議員の1人は日記に「1年以上にわたって、ジェファソン大統領はマディソン氏に知らず知らず習慣的に頼っているようである。マディソン氏は完全に大統領に対して優位を得ているようだ。私の観察では、マディソン氏は正直な人物だと思うが、彼は国事を司るには慎重で、怖がりであり、臆病過ぎるようである」と記している。またジェファソンの下でともに閣僚として働いたアルバート・ギャラティンは、「マディソン氏は、私がいつも知っているように、自分の立場を固めるまで緩慢であったが、嵐が起きた時は毅然としている」と評している。こうした評は、マディソンが物事を進める際に、時には緩慢に見えるほど慎重に検討し、そのうえでようやく決断に至るという特質を示している。

ルイジアナ購入

錯綜する情報　1801年3月29日、駐英アメリカ公使ルーフス・キング Rufus King（1755.3.24-1827.4.29）から、フランスが秘密裡にルイジアナをスペインか

ら譲り受ける条約を結んだという報告が届いた。マディソンは早速、マドリードに滞在していたチャールズ・ピンクニー Charles Pinckney（1757. 10. 26-1824. 10. 29）にスペイン政府に事実関係を確認するように指示した。また駐仏アメリカ公使ロバート・リヴィングストン Robert R. Livingston（1746. 11. 27-1813. 2. 26）に、もしルイジアナを割譲する条約が成立していなければ、それを阻止し、条約がすでに成立していた場合はその条約の内容を確認するように指示した。

　さらにキングからルイジアナ割譲の証拠としてスペインとフランスの間で交わされた条約案が届いた。その案に含まれる条項によれば、ルイジアナがフランスに割譲されたことが示唆されていた。その一方、リヴィングストンからは、サント・ドミンゴの反乱を鎮圧するために派遣されるフランス軍の最終目的がルイジアナの支配権の確立であるという警告が届いた。しかし、同時にリヴィングストンは、パリのスペイン政府当局者が割譲について否定する一方で、フランス政府の高官もルイジアナ獲得を否認したと報告した。

　こうした相反する報せに対してマディソンはルイジアナがいまだに割譲されていないと判断した。しかし、確証を得られないマディソンの警戒感が和らぐことはなかった。なぜならマディソンはアダムズ政権の方針を継承して、サント・ドミンゴがイギリスの手に落ちることを避けるのと同時に、フランスが同地を足掛かりにルイジアナを占領して北米植民地の拡大を図ることを防止するという方針を持っていたからである。

　弱体化したスペインがそのままルイジアナを支配し続けるほうがアメリカにとって望ましいことであった。マディソンは、スペイン側の反応を探ろうと考え、モービル川 Mobile River やチャタフーチー川 Chattahoochee River の自由航行権を要求し、モービルからニュー・オーリンズに運ばれる綿花輸送に課される関税の撤廃を試みるようにピンクニーに命じた。その結果、ピンクニーは両フロリダが割譲されていないという確信を深めた。その一方で、リヴィングストンは両フロリダとルイジアナが割譲されたことを確信し、綿花の積み出し港としてニュー・オーリンズの代わりにナチェズ Natchez を使うべきだと提言した。

　1802 年 5 月 1 日、マディソンはリヴィングストンにルイジアナは「フランスと合衆国の関係の変化に即時に大きな影響を与えるに違いない」と示唆し、「もしミシシッピ川の河口の所有権がさらに不和の種となるのであれば、最悪の事態が予期」されると伝えた。そして、フランスがどのような条件ならばニュー・オーリンズと両フロリダの売却に応じるか確認するように求めた（see → **263 頁、巻末史料 5**[-104]）。10

日後、ピンクニーに対して、もしスペインがニュー・オーリンズを含む両フロリダを合衆国に割譲する場合、合衆国はミシシッピ川以西のスペイン領を保障するという確約が送られた。スペインがかねてよりそうした保障を求めていたからである。

　本格的な購入交渉開始　　リヴィングストンはフランスからルイジアナ獲得について確証を得ようとしたが明確な回答が得られなかった。最終的に事実が確認されたのは 6 月にリヴィングストンが駐仏スペイン公使から受け取った回答によってである。リヴィングストンから急報を受け取ってはじめてマディソンは、フランスのルイジアナ獲得が事実であると判断した。そこでマディソンは、リヴィングストンにニュー・オーリンズと両フロリダをフランスから獲得する可能性を探らせた。両フロリダは割譲の対象に含まれないとスペイン公使が明言していたものの、リヴィングストンはフランスの文書や地図を調べ、ルイジアナとフロリダの境界線が現フロリダ州とアラバマ州の州境となっているパーディド川 Perdido River であることを突き止めた。その調査に基づいて買収が持ち掛けられたが、フランスはまだルイジアナの所有権が確定していないという理由でリヴィングストンの申し出を断った。

　7 月、マディソンはフランス公使と会談し、「フランスは合衆国に対峙してルイジアナを長く保持することはできない」だろうと示唆した。さらにマディソンは、フランスがルイジアナを手に入れることで境界紛争を引き起こせば、アメリカはイギリスとの友好関係を強化するようになると勧告し、ヨーロッパでの戦争が再開されれば、フランスは広大な植民地を維持できなくなるだろうと注意を促した。フランス公使はマディソンの助言を受け入れるように本国に勧めた。

　1802 年 11 月末、フランスへの移管準備が整う前にスペインの監督官が、1795 年以来、認められてきたニュー・オーリンズでの荷物積み替えを 10 月 16 日に突如停止したという報せがマディソンのもとに届いた。この事件の背後にはフランスの差し金があるとマディソンは思った（see → **263 頁、巻末史料5**[-105]）。輸出品積み出し港を失った西部の住民の不満が高まり、フランスとの開戦を求める声さえあった。そこでモンローが特使に任命され、フランスとの交渉にあたることになった（see → **263 頁、巻末史料5**[-106]）。マディソンは議会からニュー・オーリンズと両フロリダの購入資金として 937 万 5,000 ドルの予算を取り付けた後、1803 年 3 月 2 日にモンローに訓令と条約案を手渡した（see → **264 頁、巻末史料5**[-107]）。マディソンの考えでは、ニュー・オーリンズを適正な価格で買収することが両国の未然の紛争を防止する唯一の解決策であった。

　パリでモンローとリヴィングストンが交渉に当たっている中、4月18日にマディソンはさらなる訓令を発した。その訓令は、もしフランスが割譲に応じることなく合衆国への敵対行為を準備しているようであれば、イギリス政府に共同してフランスに対抗するように持ちかけるように命じたものであった。共同の条件として、ミシシッピ川の航行に関してイギリスに最恵国待遇を与え、10年間、ミシシッピ川沿岸の港においてアメリカ市民と同じ待遇を認めてもよいとマディソンは述べている（see→**265頁、巻末史料5**⁻¹⁰⁸）。これはジェファソン政権がイギリスの支援を受けて武力に訴えてでもニュー・オーリンズを獲得するつもりであったことを示している。

　最終的にモンローとリヴィングストンは4月29日にルイジアナ全域をフランスから購入することに成功した。その報せはマディソンのもとに1803年7月14日に届いた。両者の行為は本来の指示から逸脱することであったが、マディソンは7月29日付の書簡で「あなた達の行いに完全な承認を与える」と述べて追認している。またマディソンは東部の境界がパーディド川であることを確認するように求めた（see→**265頁、巻末史料5**⁻¹⁰⁹）。マディソン関連文書を編纂したゲイラード・ハント Gaillard Hunt はルイジアナ購入を「マディソンの国務長官としての任期の中で唯一の完結した行い」と評しているが、ルイジアナ購入でマディソンが果たした役割は形式的なものであり、外交官への指示を通じてジェファソンの政策を実現したに過ぎない。

　こうしてフランスから割譲の約束を取り付けたものの、それに関して憲法上の問題があった。なぜなら外国の領土を割譲によって獲得する権限が憲法で明記されていないからである。ジェファソンが憲法上の問題について閣僚に諮った際に、マディソンはギャラティン財務長官の意見に同意して、憲法を修正しなくても、もともと認められている条約締結権を行使して、領土を得ることはまったく問題がないと助言した。つまり、マディソンの考えでは、新たに領土を獲得する権限はもともと主権国家に備わっている権限であった。

　マディソン以外にも同様に勧める者が多かったので、結局、ジェファソンは憲法修正を提案しなかった。またジョン・クインシー・アダムズが、ジェファソン政権は修正案を議会に提出するつもりなのかと聞いた時に、マディソンは憲法がルイジアナ購入のような事例を想定していないことを認めながらも、「目的の重大性」を認識することと「国家の公平無私」への信頼が必要であると答えている。

フロリダ問題

　スペインではピンクニーがアメリカ市民への補償に関する交渉を続けていた。

1796 年以降、アメリカ市民がスペイン政府の船舶の差し押さえで生じた損害に対して要求した補償額は 500 万ドルから 800 万ドルに達していた。同じくスペインの管轄内でフランスが行った差し押さえに対する請求額も同じ程度の額に達していた。マディソンは、ピンクニーにそうした請求を共同で裁定することをスペイン政府に申し出るように指示した。

スペイン政府は自国に対する請求については調停に応じたが、スペインの管轄内でフランスが行った差し押さえに対する請求については応じようとしなかった。そのため後者についてピンクニーは請求の権利を留保するという条項を条約案に盛り込むことしかできなかった。上院で条約案はいったん、否決されたが、再度の審議で可決された。スペイン政府が批准によって条約の成立が見込まれた。

いったん、補償問題は解決の目処が立ったが、今度はルイジアナ購入後のフロリダに関する懸案が持ち上がった。フロリダの帰属について、アメリカの見解とスペインの見解の間には食い違いがあった。アメリカは、スペインがルイジアナとともに両フロリダをフランスに割譲したと判断し、ルイジアナ購入によって両フロリダもアメリカに帰属すると主張した。一方、スペインは両フロリダはフランスに割譲されていないと主張した。

そこでマディソンはピンクニーに、両フロリダが「戦時には無駄に費用がかかるうえに常に合衆国の憎悪と苛立ちの源となる」とスペイン政府に伝えるように指示した。マディソンの考えでは、スペインのフロリダ支配が脆弱なので、フロリダはいずれイギリスに支配される可能性が高かった。イギリスの支配に任せるよりもアメリカに割譲したほうが得策であり、フランスがルイジアナを割譲した例に倣うべきであるとマディソンは主張した。マディソンがスペイン政府に具体的に要求したことは、パーディド川に至るまでの領域をルイジアナに含めることであった。

その一方で連邦議会は 1804 年 2 月 24 日、モービル法 Mobile Act を制定した。同法は、実質的に西フロリダをアメリカの領域と認めるものであった。モービル法の制定を知った駐米スペイン公使カルロス・イルホ Carlos Martínez de Yrujo (1765. 12. 4-1824. 1. 17) は、マディソンに厳重な抗議を行った。それに対してマディソンは、1719 年にフランスとスペインの間で行われた取り決めでは、パーディド川が両国の境界と定められたと反論した。イルホはマディソンの反論に耳を貸そうとせず、フランスがルイジアナを第三国に譲渡しないことを約束していたと主張した。

さらにイルホは、フランスがスペインからルイジアナを譲り受ける交換条件を遵守

しておらず、したがって、ルイジアナに対して何も主張することはできないと指摘した。そうした抗議はマディソンにとって予想外のことであった。イルホは本国からの指令でルイジアナに関する抗議を取り下げたが、フロリダに関するスペイン政府の姿勢は変わらなかった。

マディソンはピンクニーにアメリカ市民への補償に関する条約をスペイン政府に批准するように求め、フロリダに関する交渉はパリからマドリードに向かっているモンローに任せるように指示した。しかし、モービル法の制定を知ったスペイン政府は態度を硬化させ、批准に応じようとしなかった。

モンローに向かってマディソンは、補償について妥結することに加え、西フロリダを獲得するように命じた。さらに、買収に要する費用を 200 万ドル以下に押さえ、かつそれをアメリカ市民に対する補償に当てることをスペイン政府に求めることが条件であった。そして、もしパーディド川以東を割譲することをスペインが拒否すれば、一銭も支払う必要はないとマディソンは指示した。一方、スペインが東フロリダの割譲に応じた場合、西側の国境についてはかねてよりアメリカが主張してきたリオ・グランデ川 Rio Grande River の代わりにコロラド川 Colorado River を国境とするという譲歩が提示された。しかし、スペイン政府が西フロリダに対するアメリカの要求と東フロリダ購入の申し出を拒絶したために交渉は頓挫した。

ジェファソン政権はフランスを通じてあらためてフロリダ問題の解決を図ることにした。閣議でその方針が決定された数日後、マディソンのもとに駐仏アメリカ公使ジョン・アームストロングからフランス政府の姿勢を示す覚書が届いた。覚書には、フロリダ問題に関して以下のような条件でスペインがフランスの仲介を受け入れるように促すことが記されていた。

第 1 に、スペインとフランスはフロリダとルイジアナで同等の特権を得る。第 2 に、西部の国境はコロラド川とする。第 3 に、その境界の両側 30 リーグ（約 170 キロメートル）を緩衝地帯とする。第 4 に、アメリカ市民のスペイン政府に対する請求とフランスに関連する補償をスペイン領植民地の紙幣で支払う。第 5 に、合衆国はスペインに 1,000 万ドルを支払う。加えて使節は 1,000 万ドルを 700 万ドルに減額することも可能であると伝えた。

マディソンはこうした条件をジェファソン大統領に伝えた。1805 年 11 月 19 日の閣議で、もし 700 万ドルをさらに 500 万ドルに減額できるのであれば条件を受諾することが決定された。閣議の決定に基づいてジェファソン大統領は、12 月 3 日の一

般教書と同月 6 日の特別教書でフロリダ問題に関する方針を議会に示した。1806 年 2 月 13 日、議会はフロリダ購入の資金として 200 万ドルの予算を認めた。

1806 年 3 月 13 日、マディソンはアームストロングと駐西アメリカ公使ジェームズ・ボードン James Bowdoin（1726. 8. 7-1790. 11. 6）に新たな訓令を送った。その訓令によって、両者は、両フロリダを獲得するために、境界問題については副次的な問題として扱い、譲歩としてサビーン川 Sabine River を境界とすることが認められた。さらに、スペインへの支払いは 500 万ドルを超えず、条約の批准と割譲地の明け渡しの前に支払う額については 200 万ドルを超えないことが指示された。しかし、それ以上、フロリダ問題に関する交渉は進展しなかった。

対英関係の悪化

強制徴用問題　ジェファソン政権発足当初、アメリカは 1794 年のジェイ条約以来、イギリスと安定した関係を維持していた。また一時期、擬似戦争が起こるまで悪化していた対仏関係もアダムズ政権末期に沈静化していた。当面の間、ジェファソン政権を悩ませる外交問題はないかのように思えた（see → **265 頁、巻末史料 5**[-110]）。

しかし、1803 年にいわゆるナポレオン戦争 Napoleonic Wars が始まり、事態は急変を遂げた。ヨーロッパの戦火の中でイギリスは、船員を補充するためにアメリカ船舶の臨検と船員の強制徴用を相次いで行っていた。そのため、1804 年から 1807 年にかけて 1,500 隻のアメリカ船が拿捕され、数千人のアメリカ人がイギリス海軍で働かされた。1801 年 7 月 24 日、マディソンは駐英アメリカ公使ルーフス・キングに、強制徴用された船員を救うように指示した。国務省によって準備された強制徴用者の一覧は約 2,000 人にのぼった。その 5 分の 4 はアメリカ人であり、イギリス人は 70 人以下に過ぎず、残りは明らかにそれ以外の外国人であることが判明した。しかし、アメリカ人のうち自由を得ることができた者はわずか 3 分の 1 程度であった。

当初、マディソンは問題の解決に楽観的であった。なぜなら英米関係は安定していたし、イギリスの現内閣はアメリカに対して友好的であるように思われたからである。また最近、下されたばかりのイギリス海事裁判所の判決は中立貿易に有利な内容であり、懸案事項は強制徴用だけであった。マディソンはモンローにイギリス側と会談して強制徴用問題を解決するように指示した。強制徴用についてマディソンは以下のように抗議している。

　　「外国船の士官が、公海上のアメリカ船で意にかなう人間は誰であろうとアメリカ市民ではなくイギリス臣民であると宣告し、自由民に関わる最も重大な問

題に対して都合の良い決定を即座に実行することは、原則として異例であり、遺憾な行いであり、そして憎むべき不正である」

マディソンはモンローに、強制徴用の停止と強制徴用によって働かされている船員の解放を求める案を送った（see → **266 頁、巻末史料 5**[111]）。モンローはマディソンの案に基づいてイギリス側と交渉したが何も解決することができなかった。イギリス側が脱走したイギリス人船員の引渡しを求めた一方で、マディソンは強制徴用が停止されるまでは何も合意することはできないという姿勢を貫いたからである。

その一方、1805 年 7 月 23 日にイギリス海事裁判所は、エセックス事件 Essex case に関して、「1756 年の規定 Rule of 1756」を適用した。エセックス事件は、イギリスが、フランスの本国植民地間交易に従事していたアメリカ商船エセックス号を押収した事件である。

1756 年の規定とは、平和時に他国の植民地との交易が禁じられているのであれば、戦時も同様に中立国が他国の植民地と交易することを禁じるという原則である。同原則の下、イギリスはフランスに打撃を与えるために、アメリカ商船の西インド諸島との交易を差し止めようと考えたのである。

「イギリス海事政策の検証」　1756 年の規定が適用された結果、西インド諸島で交易に従事していた多くのアメリカ商船がイギリス海軍に押収された。マディソンは、1756 年の規定に抗議するために国際法の研究を開始した。翌 1806 年 1 月、研究の成果は、「イギリス海事政策の検証 An Examination of the British Doctrine, which Subjects to Capture a Neutral Trade, Not Open in Time of Peace」という 204 頁からなるパンフレットにまとめられた。これはマディソンがまとめた文書の中で単一の文書としては最長であり、「非常に徹底的な調査」であった。

パンフレットの中でマディソンは各国の法律や国際法の権威を引用しながら、1756 年の規定が合法的な根拠を持たないことを論じた。国際法は平和と自由貿易に貢献するものであるという一般原則を前提として、以下のような 5 つの批判が展開されている。

第 1 に、国際法の理論家は 1756 年の規定を否定している。彼らの見解によれば、交戦国の植民地に対する中立国の貿易には規制が課されていない。第 2 に、イギリス自体が調印した条約と 1756 年の規定は矛盾する。第 3 に、1756 年の規定に類似する法規は各国の海事法規の中に見当たらない。第 4 に、イギリスの法廷自体が、しばしば 1756 年の規定に反する判決を下している。第 5 に、1756 年の規定を擁護する

者が唱える理論は誤りである。

　さらにマディソンは1648年以降にイギリスが各国と締結した諸条約の条文を検証して、平和時に交易が許されているか否かを区別している条約は存在せず、少なくとも暗示的に1756年の規定は否定され、国際法とは認められないと結論付けた。

　またイギリス法廷の判決を引用して、影響力のある法律家がしばしば1756年の規定に反する裁定を行っていると指摘している。さらにイギリスが敵国に対して自国の植民地との貿易を禁じているのにもかかわらず、自国の臣民には敵国との貿易を認めているのは間違いであると非難している。イギリスは「事実上、友好国の通商に対して戦争を行い、敵国の通商を独占する」ことで自国の通商権を強引に拡大しようとしているという見解がマディソンの根本的な姿勢であった（see → 266 頁、巻末史料 5[-112]）。

　このパンフレットは1806年末に匿名で出版されたが、残念ながらイギリスにほとんど何も影響を与えることなくすぐに忘れ去られた。マディソン自身も著作集の一覧からこのパンフレットを省いたほどである。しかし、当時、このパンフレットを目にしたジョン・クインシー・アダムズは「精緻な調査と抗えない論法」であると評している。

　1806 年 4 月 18 日、議会はイギリス製品の輸入を規制する輸入拒否法 Non-importation Act を可決した。一方、ジェファソン政権はイギリスに強制徴用を停止させ、アメリカの中立を認めさせるためにウィリアム・ピンクニーを派遣した。そのためモンローはピンクニーとともに再び交渉を試みることになった。

　1806 年 5 月 17 日、ロンドンのモンローとピンクニーにマディソンは「友好的な互酬」に基づく協定を結ぶように指示した。「未だに続行されている放縦とその下で高まっているわが国の苛立ち」のゆえに、強制徴用問題が解決されるまで貿易の制限を行うつもりであるとマディソンは示唆した。最大の懸案である強制徴用問題に加えて、戦時禁制品の指定を狭めること、1756 年の規定の撤廃、略奪によって生じた損害の補償などが求められた。こうした問題が解決されてから、イギリス植民地との貿易の自由化という原則の下で通商交渉を行うようにマディソンは指示した（see → 267 頁、巻末史料 5[-113]）。

　こうした再三の要求にもかかわらず、イギリス側は船員の確保が自国の安全保障にとって非常に重要であるので、中立国の商船に乗船する臣民を公海上で徴用する権利があるという主張を変えなかった。結局、モンローとピンクニーは、イギリス人船員の強制徴用を十分に注意して行うというイギリス側の言質の他、強制徴用について何も得ることができなかった。そのため両者は強制徴用の停止というマディソンの指示

した条件に反して 1806 年 12 月 31 日にイギリスと条約を締結した。イギリスの政局の変化とフランスのベルリン勅令 Berlin Decree に危機感を抱いた両者は早期の締結が必要だと判断したためである。実際、イギリスは 1806 年 1 月 7 日に、ベルリン勅令への対抗措置として、フランスおよびその同盟国と中立国の貿易を禁止する枢密院令を発令している。条約案を受け取ったジェファソンとマディソンはそれを上院に提出しないことを決定した。その代わりにイギリスからさらなる譲歩を引き出すことが望まれた。

　1807 年 5 月 20 日付の訓令でマディソンは、アメリカが英領西インド諸島に対する食糧と海軍軍需品の供給を差し止めることができること、そして、もし戦争になった場合も、すでにナポレオン戦争で多くの国々と戦っているイギリスにはアメリカと戦う余裕はないことから中立国としてのアメリカの立場を尊重するほうが有益であるとイギリス政府に認識させるようにモンローとピンクニーに指示した。そして、条約の要件を以下の 6 点にまとめている。

　第 1 に、強制徴用を廃止する。第 2 に、イギリスは、敵国の植民地と合衆国の間の貿易のみならず、敵国と自国の植民地の貿易も自由にするべきである。第 3 に、インド交易において直接貿易以外を認めない規定に反対する。第 4 に、不正な拿捕によって被害を受けたアメリカ市民に対して補償を与える。第 5 に、拿捕と私掠船に関してすべての交戦国に対して同等の譲歩を与える。第 6 に、ベルリン勅令が完全に撤廃されていないというイギリス側の説明は受け入れ難い。

　こうしたマディソンの訓令に基づいて、モンローとピンクニーは交渉再開に最善を尽くした。しかし、イギリス側はすでに条約案は締結済みであり、たとえアメリカ政府が批准を拒否してもさらなる検討を続けることは認められないと主張して交渉再開に応じようとしなかった。

　チェサピーク号事件　　こうした最中、1807 年 6 月 22 日にイギリス艦レパード号 Leopard が臨検を拒否したアメリカ軍艦チェサピーク号 Chesapeake に発砲するというチェサピーク号事件が起きた。この事件への対応として 7 月 2 日、イギリス海軍の国内港立ち寄りを禁じる布告が発令された。マディソンは布告により強い調子の言葉を含めるようにジェファソン大統領に提言した。さらにマディソンはモンローに「この極悪非道な行為は論議の対象にもなりません」と伝え、イギリスに違法行為の公式な否認と 4 人の水夫の返還、事件を起こした士官の処罰、そして「将来の保障として、合衆国の旗の下にある船舶からの強制徴用の完全な廃止」を求めるように指

示した。そして、もし交渉が決裂すれば、イギリスの諸港と地中海にいるすべてのアメリカ船舶に帰国を勧告するようにという訓令が与えられた（see → **267**頁、巻末史料5⁻¹¹⁴）。それは実質的に開戦の準備であった。

こうした強硬な姿勢を示す一方で、十分な戦備をアメリカが持っていないことも明らかであった。そのためイギリスに謝罪と補償の機会を与えて反応を見ることが望ましかった。チェサピーク事件によって喚起された熱烈な愛国主義が国中に広まっている様子を示すことでイギリスから譲歩を引き出せるとマディソンは考えたのである。

またイギリスから派遣された特使ジョージ・ローズ George Henry Rose（1771. 5. 3?-1855. 6. 17）とマディソンは事件解決の交渉にあたっている。ローズは補償について話し合う前に、7月2日の布告の撤回とイギリス海軍からの脱走者を庇護することをアメリカが認めないように要求した。そうした要求に対してマディソンは、強制徴用問題とチェサピーク事件の解決を同時に求める主張を引っ込めたものの、脱走者を拘引する権利に基づいてチェサピーク号を攻撃したと主張するイギリス側の見解には同意しなかった。結局、マディソンと特使の交渉は実を結ばなかった。チェサピーク号事件が解決したのは1811年11月12日のことである。

出港禁止法

マディソンはジェファソンのためにすべてのアメリカ船舶の出港禁止を議会に要請する草案を書いた。さらに上院に送致する法案も起草している。1807年12月22日、連邦議会は出港禁止法 Embargo Act を可決した。マディソンの考えでは、アメリカの要求を認めさせるために出港禁止法は、ヨーロッパ諸国、特にイギリスに対して有効な措置であった。イギリスの多くの商人と労働者がアメリカに製品を輸出することで生計を立てている一方で、英領西インド諸島は多くの食糧や日用品をアメリカからの輸入に頼っている。したがって、そうした輸出入を差し止めることでイギリスは困難に直面する。一方、アメリカはイギリスからの輸入品の大半が贅沢品であることからほとんど実害を受けない。こうしてアメリカが忍耐を示すことによって、武力によらずイギリスにアメリカの要求を認めさせることができる。

こうした考えに基づいてマディソンはジェファソンと協力して出港禁止法の施行に踏み切った。マディソンは、「愛国的な誇りを持つ国民の大部分」からジェファソン政権の「判断に対する確固たる支持」を得ていると信じていた。イギリスが禁令を解けばアメリカはイギリスに対する禁輸を解くが、もしイギリスが禁令を緩めないのにもかかわらず、フランスが禁令を解けばアメリカはフランスに対する禁輸を解くとい

うのがマディソンの考え方であった。

　しかし、フランスがミラノ勅令 Milan Decree を発令し、イギリス艦船の臨検を受けるか、もしくはイギリス領内の港に寄港し関税を支払った中立国の船舶をすべて収用することを宣言したという報せが届いた。1808 年 2 月、駐米イギリス公使デイヴィッド・アースキン David Montagu Erskine （1776. 8. 12–1855. 3. 19）は、フランスへの中立貿易を完全に遮断するというイギリスの方針はミラノ勅令で示されたようなナポレオン Napoléon Bonaparte （1769. 8. 15–1821. 5. 5）の行動によって正当化されるとマディソンに向かって主張した。さらにアースキンは、敵国の植民地からイギリスの港に物資をアメリカの船舶で輸送することに加え、免許状の下で、綿花を除いてアメリカの製品をイギリスの港を通じてヨーロッパに輸出することを認めるという譲歩を提示した。

　マディソンはアースキンの申し出に対して反論した。すなわち、アメリカは中立状態にある唯一の通商国家であり、イギリスは合衆国の合法的な貿易を侵害している。フランスの勅令は本質的にその領域内でのみ適用される国内法であり、フランスは公海上でそれを執行しようとは試みていない。それゆえ、イギリスの枢密院令をフランスの勅令の対抗措置として正当化することはできない。もちろんアメリカはフランスの勅令もイギリスの枢密院令も黙認するつもりはない。しかし、フランスの勅令に比べて枢密院令は、フランスに対する単なる報復措置であるとは認められず、むしろ中立国の権利を侵害するものだと見なされる。特にアメリカからヨーロッパへの綿花輸出の抑制は、明らかにイギリスの製造業を利するための措置である。

　しかし、出港禁止法は交戦国にはほとんど効果を及ぼすことがなく、アメリカ国内では貿易不振のために次第に不評を買うようになった。アメリカ経済はマディソンの予想以上に海外市場を必要としていた。また逆に英領西インド諸島は完全にアメリカからの輸入に依存していたわけではなかった。イギリスにとって出港禁止法はそれほど痛手ではなかったのである。当初の予想が外れたことに加えて、マディソンによれば「悪意を持った党派」が出港禁止法の不評を広め、その執行を阻害しようとしていた。イギリスとフランスに対する敵愾心と平和を望む声は次第に高まる不満に覆われるようになった。

　出港禁止法に対するマディソンの信念は揺らいでいなかったが、ニュー・イングランドの不満の高まりや連邦を解体しようとする外国からの脅威を考慮して、出港禁止法の代わりとなる方策を採用する必要があった（see → **268 頁、巻末史料 5**[-115]）。次

期大統領となったマディソンはギャラティンと協議して議会への勧告を起草した。それは、フランス、イギリス、そして、「合衆国の合法的な交易と中立国の権利を侵害する」諸国をアメリカの港湾から締め出し、そうした国々からの輸入を禁止し、「即時により完全な防衛態勢を取るように手配する」ことを勧告するものであった。その一方でマディソンはイギリス公使に、アメリカは交戦国と開戦する「十分な正当性」を持つが、「両方と戦うことが困難」なので開戦を控えているに過ぎないと警告した。ウィリアム・ピンクニーに宛てた訓令の中で「もし海外で直近の変化が起きて戦争が不必要にならなければ、戦争が適切な道になるかもしれません」と述べられているように、すでに戦争が勃発する可能性は十分に認識されていた。

民主共和党は出港禁止法に代わる禁輸法 Non-intercourse Act の制定に方針を転換し、2 月 11 日に同法案が提出された。マディソンはアメリカ船舶に有利な差別関税を適用する条項や武装抵抗を認める条項が認められることを願ったが、そうした条項は最終的に削除された。3 月 1 日、イギリスとフランス両国の軍船がアメリカの港に立ち入ることを禁じ、さらにアメリカの港に立ち入った両国の商船を積荷とともに接収することを認めた禁輸法がジェファソン大統領の署名を経て成立した。その一方で、出港禁止法は 3 月 4 日、下院で 76 票対 40 票で撤廃された。

6. 大統領選挙戦

1808 年の大統領選挙

選挙動向

ジェファソンと多くの民主共和党員はマディソンが後継者であることに何の疑いも持っていなかった。マディソンは民主共和党の共同創設者であり、15 年来、その指導者を務めてきたので資格は十分と言えた。また 1805 年 1 月頃にすでにジェファソンはマディソンを後継者に指名していた。

しかし、ジェファソン政権期の 8 年間で党内に亀裂も見られるようになっていた。ニュー・ヨークやペンシルヴェニアといった州の民主共和党員は人事に対する不満や地域的利害から現副大統領ジョージ・クリントンを擁立し、ジェファソン政権の政策に不信感を抱いたヴァージニア、ノース・カロライナ、そして、ジョージアを中心と

する「古き共和派 Old Republicans」の保守派はモンローを支持した。

　1808 年 1 月 23 日、民主共和党の議員幹部会が開催されたが、149 人の招待者の中で 89 人のみが出席したに過ぎなかった。その場でマディソンは 83 票を得て大統領候補として公認され、クリントンが 79 票を得て副大統領候補に選出された。モンローを支持する一派は、議員幹部会が憲法に反する非民主的なやり方だと非難した。

選挙結果

　大統領選挙は 1808 年 12 月 7 日に行われ、175 人の選挙人（17 州）が票を投じた。マディソンは以下の 12 州から 122 票を得た。すなわち、ジョージア 6 票、ケンタッキー 7 票、メリーランド 9 票、ニュー・ジャージー 8 票、ニュー・ヨーク 13 票、ノース・カロライナ 11 票、オハイオ 3 票、ペンシルヴェニア 20 票、サウス・カロライナ 10 票、テネシー 5 票、ヴァーモント 6 票、ヴァージニア 24 票である。出港禁止法が特にニュー・イングランド地域で不評であったために、1804 年の大統領選挙に比べて民主共和党は同地域であまり得票することができなかった。民主共和党内の分裂と出港禁止法による連邦党の復興という不利にもかかわらず、マディソンは多くの支持を受けたと言える。

　対立候補のチャールズ・コーツワース・ピンクニーは、1804 年の大統領選挙では 2 州から 14 票しか得られなかったが、今回は 7 州から 47 票を得た。すなわち、コネティカット 9 票、デラウェア 3 票、メリーランド 2 票、マサチューセッツ 19 票、ニュー・ハンプシャー 7 票、ノース・カロライナ 3 票、ロード・アイランド 4 票である。

就任式

　1809 年 3 月 4 日正午、マディソンを乗せた馬車がワシントンとジョージタウンの騎兵隊に護衛されて連邦議会議事堂に到着した。閣僚達とともにマディソンは下院議場に入った。下院議員達はマディソンを議場の正面に誘い中央の椅子に導いた。マディソンの右側にジェファソンが閣僚、上院議員達、各国外交官とともに陣取り、最高裁判事達は正面、そして、下院議員達はそれぞれの席に着いた。

　マディソンは就任式にアメリカ産の布地で仕立てられた茶色のスーツを着用していた。当時の記録によると、マディソンは就任式で「話し始めた時は、非常に青ざめた感じで、明らかに震えていたが、すぐに自信を得て朗々と話すようになった」という。就任演説は 10 分以下と短いものであり、共和主義の原理を再確認する内容が主であった。ナポレオン戦争でアメリカ船舶が危険にさらされている現状について、マディソンはできる限りアメリカの中立を堅持する必要性を訴えた。

　また演説を締め括る前に、国家の福利のために「高貴な能力が長い職歴を通じて熱心に捧げられた」とマディソンはジェファソンに対する賛辞を呈している（see → **268頁、巻末史料 6**[-1]）。演説が終わった後、マディソンは最高裁長官マーシャルの導きで宣誓を行い、議場を後にした。

　祝賀会はホワイト・ハウスではなく、マディソン邸で行われた。マディソン邸に多くの人々が殺到し、客間、玄関、応接間、そして、寝室まで人で溢れ返った。マディソン夫妻は応接間の扉の近くで来訪者を迎えた。

　夜の舞踏会はロングズ・ホテル Long's Hotel で開催された。それはマディソン夫人の案で、前例のないことであった。舞踏会場では窓枠の上部が動かせなかったので、ガラスを割って換気するようにしたという。新聞に舞踏会の広告が出稿され、4ドルをホテルの管理人に支払えば誰でも入場券を購入することができた。会場でマディソンはちょっとした会話を交わすこともあったが、元気がなく疲れ果てた様子であったという。出席者の1人に、早く家に帰って就寝したいと漏らすほどであった。マディソン夫妻は晩餐の後、すぐに会場から去ったが、舞踏会は真夜中まで続いた。ジョン・クインシー・アダムズはこの時の様子を「群衆が多すぎて、うだるような暑さでパーティーは最悪である」と伝えている。この頃のマディソンについてある夫人は次のように日記に記している。

　　「次期大統領のマディソン氏は小さな男性で外見上の威厳を非常に損なっている。彼は非常に深くお辞儀をして相手を見ようとはせず、視線を地面に向けたままでいる。彼の肌は羊皮紙のようである。最初、私はこうした外見は天然痘によるものではないかと思っていたが、近付いてよく見るとこれはそうではないと分かった。彼と暫く一緒にいれば、こうした欠点は気にならなくなり、気に入るようなことしか目に入らなくなる。彼の目は鋭く感情豊かで、微笑みは魅力的であり、彼の礼儀はもの柔らかで、彼の会話は生き生きとしていて面白い」

1812年の大統領選挙

選挙動向

　当初、目立った対立候補がいなかったために、マディソンの再選は確実視されていた。しかし、マサチューセッツ州とニュー・ヨーク州で勢いを盛り返した連邦党は自ら候補を立てず、ジョージ・クリントンの甥デウィット・クリントン DeWitt Clinton (1769. 3. 2-1828. 2. 11) に選挙人票を投ずることを決定した。クリントンはヘンリー・

クレイ Henry Clay（1777. 4. 12-1852. 6. 29）を副大統領候補とすることで西部の支持を集め、民主共和党内部の結束を切り崩そうとしたが失敗した。

その一方でマディソン政権は病死したジョージ・クリントンに代わる副大統領候補を立てなければならなかった。議員幹部会でマディソンと旧知の仲であるジョン・ランドン John Langdon（1741. 6. 26-1819. 9. 18）が副大統領候補に指名された一方、マディソンは全会一致で大統領候補に選ばれた。しかし、ランドンが健康上の理由で候補指名を断ったので、再度、指名投票が行われ、マディソンとエルブリッジ・ゲリーがそれぞれ大統領候補と副大統領候補に指名された。

選挙結果

大統領選挙は 1812 年 12 月 2 日に行われ、217 人の選挙人（18 州）が票を投じた。マディソンは以下の 11 州から 122 票を得た。すなわち、ジョージア 8 票、ケンタッキー 12 票、ルイジアナ 3 票、メリーランド 6 票、ノース・カロライナ 15 票、オハイオ 7 票、ペンシルヴェニア 25 票、サウス・カロライナ 11 票、テネシー 8 票、ヴァーモント 8 票、ヴァージニア 25 票である。

対立候補のクリントンは、8 州から 89 票を得た。すなわち、コネティカット 9 票、デラウェア 4 票、メリーランド 5 票、マサチューセッツ 22 票、ニュー・ハンプシャー 8 票、ニュー・ジャージー 8 票、ニュー・ヨーク 29 票、ロード・アイランド 4 票である。

就任式

儀仗兵に伴われてマディソンは連邦議事堂に赴いた。連邦議事堂では大勢の聴衆を前に就任演説が行われた。就任演説は、1812 年戦争の正当性を述べ、イギリスとイギリスに加担するネイティヴ・アメリカンの残虐行為を非難し、アメリカの戦争遂行に対する決意を新たにした。第 2 次就任演説については、12. 演説を参照されたい（see → **193 頁**）。

宣誓は 4 年前と同じく最高裁長官ジョン・マーシャルによって執り行われた。祝祭は翌日の夜まで続き、ロシア大使主催による舞踏会も行われた。

7. 政権の特色と課題

主要年表第 1 期

1809 年

3月4日　大統領就任。

4月19日　禁輸法の停止を宣言。

8月9日　禁輸法の再開を宣言。

11月29日　第1次一般教書。

1810 年

5月1日　マディソン、メーコン第2法案に署名。

10月27日　西フロリダ西部の領有を宣言。

12月5日　第2次一般教書。

1811 年

1月12日　ティペカヌーの戦い。

11月5日　第3次一般教書。

1812 年

2月10日　マディソン、ジョン・ヘンリー文書を購入。

3月9日　マディソン、ジョン・ヘンリー文書を議会に提出。

4月30日　ルイジアナ州（オーリンズ準州）が連邦に加入。

5月18日　マディソン、大統領候補に再指名される。

6月1日　マディソン、議会に戦争教書を送付。

6月4日　ミズーリ準州（ルイジアナ準州から名称変更）設置。

6月18日　米上院、宣戦布告を可決。

6月19日　イギリスに対して宣戦布告、1812年戦争勃発。

7月26日　マディソン、駐英アメリカ公使に停戦工作を指示。

8月16日　デトロイトの無血降伏。

8月19日　米艦コンスティテューション号、英艦ゲリエール号を破る。

8月24日　駐英アメリカ公使、イギリスに和平を打診。

10月13日　アメリカ軍、ジョージ砦でイギリス軍に破れる。

10月17日　米艦ワスプ号、英艦フロリック号を破る。

10月25日　米艦ユナイテッド・ステイツ号、英艦マケドニアン号を破る。

10月27日　マディソン、イギリスの停戦申し出に対して強制徴用の停止を要求。

11月4日　第4次一般教書。

12月2日　大統領再選。

12月29日　米艦コンスティテューション号、英艦ジャヴァ号を破る。

主要年表第2期

1813年

3月4日　大統領再就任。

4月15日　アメリカ軍、スペイン領西フロリダのモービルを占領。

4月27日　アメリカ軍の攻撃によりヨークが焼失。

5月8日　マディソン、和平仲介を依頼するために講和使節をロシアに派遣。

6月1日　米艦チェサピーク号、英艦シャノン号に拿捕される。

9月10日　エリー湖上で米水軍が勝利。

10月5日　米軍、テムズ川の戦いで勝利。

12月7日　第5次一般教書。

12月9日　マディソン、通商停止を求める特別教書を送付。

12月17日　マディソン、通商停止法に署名。

1814年

1月18日　米上院、マディソンの講和使節指名を承認。

3月31日　マディソン、禁輸法と通商停止法の廃止を勧告する特別教書を議会
　　　　　に送付。

4月14日　マディソン、禁輸法と通商停止法を廃止する法案に署名。

8月8日　ガンで和平交渉開始。

8月24日　英軍、ワシントンを占領。

8月27日　マディソン、ワシントンに帰還。

9月20日　第6次一般教書。

12月24日　ガン条約締結、1812年戦争終結。

1815年

1月8日　ニュー・オーリンズの戦い。

2月15日　米上院、ガン条約全会一致で承認。

2月17日　マディソン、1812年戦争の終結を宣言。

6月19日　米艦、アルジェリアの戦艦を拿捕する。

6月30日　アルジェリアと講和条約締結。

7月3日　イギリスとの通商交渉で西インド諸島との貿易権を獲得。

12月5日　第7次一般教書。

1816年

12月3日　第8次一般教書。

12月11日　インディアナ州が連邦に加入。

1817年

3月3日　アラバマ準州設置。

3月3日　マディソン、連邦助成法に拒否権を行使。

3月4日　大統領退任。

連邦議会会期

第11回連邦議会

第1会期　　1809年5月22日〜1809年6月28日（38日間）

第2会期　　1809年11月27日〜1810年5月1日（156日間）

第3会期　　1810年12月3日〜1811年3月3日（91日間）

上院特別会期　1809年3月4日〜1809年3月7日（4日間）

第12回連邦議会

第1会期　　1811年11月4日〜1812年7月6日（246日間）

第2会期　　1812年11月2日〜1813年3月3日（122日間）

第13回連邦議会

第1会期　　1813年5月24日〜1813年8月2日（71日間）

第2会期　　1813年12月6日〜1814年4月18日（134日間）

第3会期　　1815年9月19日〜1815年3月3日（166日間）

第14回連邦議会

第1会期　　1815年12月4日〜1816年4月30日（149日間）

第2会期　　1816年12月2日〜1817年3月3日（92日間）

政治的影響力の低迷

閣内の対立

　1808 年の大統領選挙でマディソンは勝利を収めたものの、出港禁止法が不評であったために、ニュー・イングランド諸州での支持を大幅に失っていた。また民主共和党内の分裂により、マディソンは議会に対して十分な指導力を発揮できなかった。

　党内の調整を図るためにマディソンは、思うように閣僚人事を決定することができなかった。例えば閣僚の中で最も要職である国務長官についてもマディソンの希望に沿う人選ではなかった。もともとマディソンはジェファソン政権で財務長官を務めたギャラティンを国務長官に指名しようと考えていた。しかし、上院で大きな影響力を持っている民主共和党の一派がギャラティンの国務長官就任に反対を唱えた。そこでマディソンは妥協案を提示した。つまり、ジェファソン政権で海軍長官を務めたロバート・スミスを財務長官に任命することと引き換えにギャラティンの国務長官就任を認めさせようという提案である。

　しかし、この案に対してギャラティン自身が反対したために、結局、マディソンはギャラティンを財務長官に留任させる一方で、スミスを国務長官に指名せざるを得なかった。スミスは事あるごとにマディソンの方針に難色を示し、ギャラティンと対立した。それだけではなく国務長官としての役割を十分に果たさなかったので、マディソン自ら国務長官の職務を果たさなければならないほどであった。

国務長官の更迭

　ギャラティンとスミスの対立は閣内と議会を巻き込んでさらに激化した。遂にマディソンはギャラティンとスミスのどちらかを選択せざるを得なくなった。ギャラティンはマディソンに辞表を提出した。しかし、マディソンはギャラティンの辞表を受理せず、スミスを罷免することを選んだ。スミスの罷免は後援者達の離反を招いた。スミス一派はメリーランド政界とヴァージニア政界で大きな影響力を持っていたのでマディソンにとってその離反は大きな痛手であった。そのためモンローが後任の国務長官に選ばれた 1 つの理由として、ヴァージニア政界での影響力の回復が挙げられる。しかし、その後もモンローと陸軍長官ジョン・アームストロングの確執が深刻な問題となった。

　また出港禁止法撤廃後にマディソンはナポレオン戦争の最中にあるヨーロッパ諸国と衝突しないように務めなければならなかったが、こうした政治的影響力の低迷は選

択の幅を狭める結果をもたらした。さらに共和主義を尊重する政治哲学のゆえに、危機が迫ってもマディソンは平和時に陸海軍の大幅な拡充を図らず、非常時大権を握ることもなかった。ギャラティンの卓越した財政的手腕と、憲法の父にして民主共和党の生みの親という大統領自身の権威によって、マディソン政権は混沌に陥るのを辛うじて免れた。

大統領官邸の整備

連邦議会は大統領官邸の修復等整備のために1万2,000ドルの予算を配分し、さらに家具、装飾、そして景観のために1万4,000ドルの支出を認めた。大統領官邸の整備はジェファソンによる改築でも活躍した建築家ベンジャミン・ラトローブ Benjamin Henry Latrobe（1764. 5. 1-1820. 9. 3）によって行われた。

ラトローブは最初の購入だけで、鏡3面に2,150ドル、陶磁器に556ドル15セント、マディソン夫人が要望したピアノに458ドル、什器に220ドル90セントを費やした。大統領官邸の内装をめぐってラトローブはマディソン夫人としばしば意見を違えた。マディソン夫人は、応接間に黄色いサテンとダマスク織をあしらい、赤いヴェルヴェットのカーテンを張り巡らせたが、ラトローブはそれを快く思わなかった。

大統領官邸の敷地はジェファソン時代、自然の木々と草地に覆われているだけであったが、ラトローブの監督の下、花樹や灌木が植樹された。後に英軍の焼き討ちによって大統領官邸が大きな損傷を受けたので、現在の姿からは当時の様子を窺い知ることは困難である。

禁輸措置の改廃

アメリカの中立国としての権限を守るためにジェファソン政権が制定した出港禁止法は政権末期にすでに撤廃されていた。その代わりに議会は禁輸法を制定し、フランスとイギリスを除く諸国との貿易再開を決定していた。さらに同法はフランスとイギリスに対して、アメリカの中立の権利を認めるまで輸入と船舶の入港を禁止することを規定していた。マディソンは「どの交戦国の布告に対しても黙認するつもりはない」と決心していた。

1809年4月、駐米アメリカ公使デイヴィッド・アースキンは、1807年7月2日にジェファソンが出したイギリス海軍の国内港立ち寄りと物資の補給を禁じる布告の撤回、1756年の規定を認めること、そして、フランスとの交易を禁じたアメリカの法

律の執行にイギリス海軍を使用するという条件に基づいてアメリカとの和解を試みるように本国から指令を受けた。アースキンは早速、そのことをスミス国務長官に伝え、チェサピーク号事件の補償と強制徴用された船員の返還を申し出た。さらに1809年6月10日に枢密院令が解かれ、本国から通商友好条約を締結するための特使が派遣されると伝えた。交渉の結果、4月18日に中立貿易の尊重を謳った覚書が取り交わされた。

　この協定に基づいてマディソンは、6月10日にイギリスとの通商を再開することを布告した。貿易再開の報せに国中は沸き返った。イギリスとの協定成立を確信したマディソンは、フランスに対する通商規制を続ける一方で、イギリスに対する通商規制を完全に解くように議会に求めた。しかし、イギリスとの和解への期待は裏切られることになった。1809年5月30日、イギリス外相が協定内容を認めず、アースキンを越権行為で解職したからである。その報せを受けたマディソンは8月9日、再び禁輸措置を復活させた。

　1809年12月19日、メーコン第1法 Macon's Bill Number 1 が提出された。同法は、すべてのフランスとイギリスの船舶をアメリカの港から締め出し、もし両国のいずれかがアメリカに対する攻撃的な規制を撤廃すれば、そうした禁令を解くという内容である。メーコン第1法は下院では可決されたものの、上院では否決されたために廃案となった。

　アースキンとの協定が失敗に終わった後、マディソンは議会に海軍の拡張と2万人の志願兵を募る予算を求めたが、議会はそれを拒絶した。その一方、イギリスでは外相が交替し、転機が訪れた。1809年1月20日、スミス国務長官は駐英アメリカ公使ウィリアム・ピンクニーにイギリスとの和解交渉を再開するように命じた。しかし、話し合いは遅々として進まなかった。

　1810年5月1日、さらに議会はメーコン第2法 Macon's Bill Number 2 を可決した。同法は、禁輸法を撤廃し、アメリカの通商を再開させるものであった。その一方で、イギリスとフランスの戦艦がアメリカの領海に入ることを禁じている。さらに、フランスとイギリスのどちらか一方が1811年3月3日までにアメリカに対する規制を撤廃し、残る一方が3カ月以内にそれに倣わない場合、規制を撤廃しない側に対して禁輸を再開する権限を大統領に認めている。マディソンは、フランスがアメリカに対する規制を撤廃すれば、「枢密院令を撤廃するか、わが国との通商を失うか強いることでイギリスを交渉のテーブルにつかせる動機となる」と考えていた。

1810年8月5日にナポレオンがアメリカに対してベルリン勅令の適用を除外したという報せを受けたマディソンは、1810年11月2日、メーコン第2法に基づいて、フランスに対する禁輸を解除することを宣言した。それは同時に、もしイギリスがフランスに倣って規制を撤廃しなければ、3カ月後にイギリスとの通商を停止することを意味した（see → **269頁、巻末史料7**[1]）。イギリスに対する通商停止は翌年3月2日、議会の法案により確定した。

しかし、メーコン第2法が敵対的な規制の無条件の撤廃を適用条件にしていたのにもかかわらず、実はフランスが、もしイギリスが同様に規制の撤廃に応じなければアメリカがイギリスとの通商に対して規制を課すことを条件として提示していたことが判明した。また後になって分かったことだが、フランスは密かにトリアノン勅令 Trianon Decree を出し、フランスの港のアメリカ船舶の差し押さえを命じていた。その一方でフランスが全面的に通商規制を撤廃したと信じたアメリカはイギリスにフランスの措置に倣うように求めたが拒絶された。こうした失態はアメリカをさらにイギリスとの戦争の瀬戸際に追いやる結果をもたらした。

最終的にこうした一連の禁輸措置の改廃が決着したのは1814年のことである。その年の3月31日、ナポレオンの敗北を知ったマディソンは特別教書を議会に送付し、禁輸措置の撤廃を求めた。マディソンの要請に応じて、4月7日には下院が、同月12日には上院も撤廃を可決した。

フロリダ問題

西フロリダ　1810年1月、マディソン政権は、オーリンズ準州長官ウィリアム・クレイボーン William C. C. Claiborne（?-1817. 11. 23）に、アメリカによる占領をスペイン領西フロリダの住民に要請させるように促した。同年、ニュー・オーリンズの北部、パール川 Pearl River の西側に住む人々がスペイン政府に対して反乱を起こした。この危機に際してマディソンは難しい決断を迫られた。もし事態をこのまま放置すればフロリダが無政府状態に陥り、フランスやイギリスといった強国に支配される恐れがある。その一方で、スペイン政府が反乱を鎮圧する手助けをすれば、再びスペイン政府の実効支配が強まり、フロリダに対するアメリカの領土主張を断念せざるを得なくなる。またアメリカの当局や兵士達による占領は、スペイン人だけではなくフランスとイギリスも過度に刺激することになるだろうし、大統領がそうした権限を持つかどうかも疑問であった。

　フロリダに部隊を派遣する法的根拠は、アメリカ市民がスペイン当局から公有地譲渡を受けていることであった。つまり、人民に正当に帰属する土地は公的な庇護を必要とするという論理である。そうした考えに基づいて、マディソンは西フロリダの反乱者に違法な部隊を解散するように求めた一方で、アメリカ政府が合法的な利益を守ることを宣言した。

　さらに反乱者がバトン・ルージュ Baton Rouge にあるスペインの砦を占領し、アメリカ政府の保護下に入ることを求めた。1810 年 10 月 27 日、マディソンは西フロリダ西部の実質的な領有を宣言するとともに、クレイボーンに部隊を率いて西フロリダに向かうように命じた（see → 269 頁、巻末史料 7[-2]）。その結果、西フロリダ西部地域は 1812 年 5 月 14 日に議会によって正式にアメリカに併合されミシシッピ準州の一部となった。

東フロリダ

1812 年戦争開戦前　1811 年 1 月 3 日、マディソンは議会に対する特別教書で東フロリダの状況と必要な措置について報告した（see → 270 頁、巻末史料 7[-3]）。その結果、1 月 15 日、議会は、もしフロリダ総督が併合に合意するか、もしくはフロリダが他の外国勢力の手に落ちる可能性があれば、フロリダ全域、もしくはパーディド川以東の併合を試みる許可を大統領に秘密裡に与えた。またそうした目的を達成するために陸海軍を動員する権限も認められた。大統領にこうした権限を与えることは憲法の限定的な解釈を踏み越える可能性があったが、不測の事態に対応するために必要な措置だとマディソンは考えていた（see → 270 頁、巻末史料 7[-4]）。

　議会の承認に基づいて、まずマディソンはネイティヴ・アメリカン管理官ジョン・マッキー John McKee（1771-1832. 8. 12）と元ジョージア州知事ジョージ・マシューズ George Matthews（1739. 8. 19-1812. 8. 30）を交渉役として指名した。しかし、両者とスペイン当局との交渉は失敗に終わった。

　さらにマシューズに、スペイン当局や地元の当局の承認がある場合、または外国の介入が認められた場合、東フロリダの占領を認めるという指示が与えられた。そして、武力衝突に備えて、ジョージア州と東フロリダの境界に少数の陸海軍が配備された。こうした指令の下、マシューズが計画した内容は、西フロリダの先例にならって東フロリダに反乱軍を送り込むことであった。それは、東フロリダの併合を「地元の当局」に認めさせるために、反乱者に暫定政府を樹立させることが目的であった。

　1812 年 3 月 16 日、マシューズはマディソン政権の黙認の下、東フロリダに約 200

人からなる反乱軍を送り込んだ。その「反乱軍」は、ごく少数の東フロリダの住民の他、ジョージア州の民兵と義勇兵から構成されていた。アメリア島 Amelia Island に渡った反乱軍は、合衆国海軍の協力を得てフェルナンディナ Fernandina の守備兵を降伏させた。独立が宣告された後、反乱軍はマシューズの指揮の下、アメリア島を占領した。2 週間後、マシューズが率いる一隊は首都のセント・オーガスティン St. Augustine に向けて進軍を開始した。セント・オーガスティンを包囲する陣営からマシューズはアメリカ政府に東フロリダの併合を受諾するように促した。

マシューズの軍事行動を知ったモンロー国務長官は、4 月 4 日、「革命の経過によってスペイン当局が転覆させられるまで、合衆国は占領を行わない」と通告し、アメリア島占領を否認した。こうした事態についてマディソンは 4 月 24 日付のジェファソン宛の手紙で「東フロリダでマシューズが常識と指示に逆らっておかしな喜劇を演じている。彼の無節制が我々を最も悩ましいジレンマに陥れている」と述べている。

つまり、マディソンはマシューズの計画について黙認していたと考えられるが、その行き過ぎた軍事行動によって困惑させられたのである。マディソン政権がマシューズにどの程度の成果を求めていたかは明確ではないが、少なくとも実情は予想を超えるものであった。平和状態にある国で反乱を扇動したり、公然と支援を行うことは厳しい非難を受ける恐れがあった。

1812 年戦争開戦後　宣戦布告の数日後、下院は、パーディド川以東のフロリダ全域を掌握し、暫定政府を樹立する権限を大統領に与える法案を可決した。スペインの同盟国であるイギリスがフロリダを基地として利用し、アメリカ領内に侵攻を企てるのを防止することが正当な根拠とされた。

しかし、上院では連邦党だけではなく、南部の拡張主義に反対する北部の民主共和党の反発も招いたために法案は棄却された。そのためマディソン政権はスペインと条約を通じて交渉する方針を試みた。しかし、スペインの政変によって先行きが不透明になったため、交渉は行き詰った。1812 年 12 月、マディソン政権は交渉を断念し、議会から再度、東フロリダ占領の承認を取り付けるようと試みた。

マディソン政権の働きかけによって、1813 年 1 月 19 日、フロリダ全域を占領し、暫定政府を樹立する権限を大統領に与える法案が提出された。しかし、反対派が修正を求めたために、結局、適用範囲はパーディド川以西に限定された。修正を経てようやく法案は上下両院で可決された。その結果、モービルを攻略した後、作戦に動員された大部分の軍が解散された。

1812年戦争

リトル・ベルト号事件

アメリカの禁輸の再開に対して、イギリス海軍はニュー・ヨーク港沖で哨戒活動を行い、フランスに向かうアメリカ船舶を拿捕し、強制徴用を強めるという報復的措置を行った。マディソンはそうした行為を止めさせるためにアメリカのフリゲート艦プレジデント号 President を派遣した。

1811年5月10日、イギリス海軍のゲリエール号 Guerriere がアメリカ船舶に停船を命じ強制徴用を行った。強制徴用を受けた水夫は生粋のアメリカ人であった。そのためアメリカ海軍はゲリエール号からアメリカ人船員を取り戻そうと捜索を始めた。

5月16日、捜索にあたっていたプレジデント号はヴァージニアのヘンリー岬 Cape Henry 沖でイギリスのコルベット艦リトル・ベルト Little Belt 号を追尾して砲火を交えた。交戦の結果、リトル・ベルト号はひどく損傷し、10人程度の死者を出した。どちらの船が先に発砲したかは定かではない。プレジデント号艦長の申し立てではゲリエール号と見誤ったという。マディソンはプレジデント号艦長の主張を全面的に受け入れて、その行動を「アメリカ政府と国民の称賛で報いられる」と認めた（see → **270頁、巻末史料7**[5]）。

イギリスは、アメリカがリトル・ベルト号への攻撃を不当行為だと認めなければ、チェサピーク号事件に関する補償を行わないと通告した。さらに、もしフランスがベルリン勅令を無条件で解除しないのであれば、アメリカの中立貿易を規制する1806年枢密院令 Order in Council of 1806 を解除しないと宣告した。

宣戦布告の決意

マディソンはイギリスが枢密院令と強制徴用に固執するのであれば宣戦布告も止むを得ないという決意を次第に固めるようになった（see → **270頁、巻末史料7**[6]）。第3次一般教書の草稿についてマディソンは、イギリスが「直接的で公然とした敵対行為」を止めなければ大統領に「報復的拿捕を行う権限」認める文言を盛り込むことを閣僚に諮った。

こうした文言についてギャラティンは、今の段階で敵意をあらわにすることは得策ではないと助言した。ギャラティンの助言に従ってマディソンは草稿の文言を和らげ、イギリスの「敵対的な頑迷さ」を非難するにとどめた。また軍備の増強と新税の課税、そして、資金借入の認可をマディソンは求めた（see → **271頁、巻末史料**

7⁻⁷)。かねてよりマディソンは 2 万人の志願兵の募兵と海軍の増強を訴えていたが、その要請に対して議会は陸軍の増強を認めた一方で、海軍の予算は増額していなかったのである（see → **271 頁、巻末史料 7**⁻⁸）。結局、今回も正規軍を 1 万 5,000 人増やし、志願兵を 5 万人募る権限は与えられたものの、予算は与えられなかった。また海軍の増強計画は通らず、修理費も 300 万ドルから 100 万ドルに減額された。新税の創設も否決された。

　その一方、下院外交委員会は、正規軍の増員、志願兵の募集、民兵の準備、艦船の艤装、そして、商船の武装などを勧告する 6 つの決議案を提出した。ヘンリー・クレイを中心とするタカ派が議会に積極的に働きかけた結果、12 月に 6 つの決議案は次々と可決された。さらに上院は正規軍を 1 万から 2 万 5,000 人に、さらに兵役期間を 3 年から 5 年に延ばすように求めた。十分な歳入源を確保せずに軍隊をいたずらに拡大することに不安を抱きながらもマディソンは上院の要請に応じた。

　陸軍の拡大に加えてマディソンは議会に、12 隻の戦列艦と 10 隻のフリゲート艦の新造と 10 隻のフリゲート艦の再艤装、そして、造船所の拡大と資材の貯蔵を認めるように求めた。しかし、1812 年 1 月 27 日、議会は僅差でマディソンの要請を否決した。そのため圧倒的な海軍力を持つイギリスに対してアメリカは貧弱な海軍で対抗しなければならなくなった。

　さらに歳入源を確保するためにギャラティンは、議会に関税、印紙税、特許料、物品税の引き上げと 1,000 万ドルの借入を提案した。最終的に下院はそうした措置を認めた。

　3 月下旬、イギリスからの通信が届いた。イギリスが譲歩を示すだろうという噂があったが実情は異なっていた。イギリスは枢密院令を解除せず、もしアメリカが通商規制を課し、商船を武装させるのであれば戦争に至る可能性があると仄めかした。

　その 2 日後、スペインで戦っているイギリス軍へのアメリカの穀物の輸送を止めるように命令されていたフランスのフリゲート艦が公海上でアメリカ船舶を焼いたという報せが届いた。マディソンは駐米フランス公使に厳重に抗議した。

　3 月 31 日、モンロー国務長官は下院外交委員会と会談し、議会が休会に入る前にイギリスに宣戦布告するべきだという政権の意向を伝えた。モンローはイギリスの戦艦の攻撃からアメリカ船舶を逃れさせるために 60 日間の出港禁止を布告する許可を求めた。同時にそれは戦争準備の時間を稼ぐためであり、イギリスからの最後の通信を待つためであった。下院は出港禁止令を認め、上院による修正に従って期間を 90 日

間に延長した。マディソンはそうした措置が弱腰と受け取られることを恐れたが、結局、議会の措置に従った。その一方、マディソンはモンローに『ナショナル・インテリジェンサー紙 National Intelligencer』に政権の決意を示した論説を書くように依頼した。

　マディソンにとってそうした措置は正当だと思われた。フランスが通商上の制約を撤廃したことは明らかであったし、イギリスがアメリカ船舶を拿捕していることも明らかであったからである。この頃のマディソンの様子は青ざめた厳しい表情でほとんど眠ることもなく、就寝してもしばしば起き上がってはずっと何かを書いたり読んだりしていた。そのためマディソンの部屋の蝋燭は常に灯っていたという。

　1812 年 5 月 22 日、待ちに待ったイギリスからの急信がワシントンに届いた。さらに 2 日かかって暗号が解読された結果、イギリスの政策に変化が見られないという報告をマディソンは受け取った。事ここに至ってマディソンは議会に開戦を求める最終決断を行った。5 月 25 日付のジェファソン宛の手紙の中でマディソンはこうした決断に至った苦悩を次のように述べている。

　　「イギリスと開戦すれば、政権に対する連邦党の反発が激しくなります。民主共和党の内部でも意見が分裂する恐れがあります。一方でフランスとイギリスの両国と開戦すれば、実質上、ヨーロッパのすべての港がアメリカに対して閉ざされることになります」

　5 月 27 日と 28 日の両日にかけてマディソンはモンローとともに駐米イギリス公使オーガスタス・フォスター Augustus John Foster（1780. 12. 1?-1848. 8. 1）と話し合った。そして、イギリス本国からの訓令からイギリスがアメリカの中立に対する態度を変える余地がないと断定した。イギリス側は通商規制の継続を主張するだけではなく、ナポレオンが通商規制を撤廃していないと主張した。マディソンとモンローは戦争が不可避であると考えるようになった。

開戦

　マディソンは、6 月 1 日、議会に戦争教書を送付した。マディソンが提示した宣戦布告理由は主に、度重なるアメリカの抗議にもかかわらず、イギリスが強制徴用を続行していること、中立貿易を行う権利を侵害していること、そして、ネイティヴ・アメリカンの反乱を扇動していることの 3 つである。宣戦布告理由を述べた後、マディソンは議会にその諾否を求めた（see → **272 頁、巻末史料 7**[9]）。

　マディソンが戦争に踏み切った理由として、大統領候補として再指名を得るためだ

という説もあるが明確な裏付けはない。また3つの宣戦布告理由の中でも強制徴用が最大の理由であった。なぜなら強制徴用は、アメリカ市民の自由を侵害する違法行為であるだけではなく、アメリカの主権を侵害する行為だったからである。

　宣戦布告という強硬姿勢を示すことでイギリスから譲歩を引き出せる可能性が残されているとマディソンは考えていた。そのため、同時にマディソン政権は駐米イギリス公使オーガスタス・フォスターと交渉を続けていた。宣戦布告が行われたまさにその日、フォスターはもし枢密院令が撤回され、強制徴用に関する交渉が約束されるのであれば戦闘行為を差し止めることができるかどうかをマディソンに問うた。しかし、そうした交渉によって戦機を逸することを恐れたマディソンはフォスターの申し出を受け入れなかった。またイギリスに対する不信感をさらに強めたマディソンは、交渉の過程を複写して議会に通告するように命じた。

　6月4日、下院は非公開の討議によって79票対49票で宣戦布告を認めた。主に西部と南部の議員が賛成票を投じ、反対票を投じている者は北部の議員が多かった。続いて上院は宣戦布告にフランスも含めるかどうか、もしくはイギリスと同じくフランスの船舶に対しても拿捕を認めるか否かが討議された。マディソンはイギリスとフランスに同時に宣戦布告するべきではないと考えていた。討議が長引いたために、6月17日になってようやく上院は19票対13票で宣戦布告を可決した。翌日、下院が上院による修正を認めた後、宣戦布告はマディソンの署名を経て発効した（see → **272頁、巻末史料7**[10]）。6月25日、フォスター駐米イギリス公使はワシントンを離れ、交渉は決裂した。

　宣戦布告後、イギリス外相がアメリカの船舶に関して枢密院令を一時差し止めることを6月16日に宣告し、続いて23日に執行命令が発令されたという報せが届いた。しかし、その報せが届いたのは8月になってからである。歴史家の中には枢密院令の差し止めによって1812年戦争の開戦理由がなくなっていたと考える者もいる。モンロー国務長官はジョナサン・ラッセル Jonathan Russell（1771. 2. 27-1832. 2. 17）に、紙上封鎖の撤廃、強制徴用の停止、そして賠償に応じれば休戦するとイギリス政府に伝えるように訓令した。しかし、8月29日、イギリス外相はその申し出を拒否した。さらにジョン・ウォレン John Borlase Warren（1753. 9. 2-1822. 2. 27）提督による和平交渉の申し出に対して10月27日、モンローは強制徴用が停止されるまでは交渉に応じないと返答した。

　いずれにせよモンローとマディソンは強制徴用が廃止されるまでは休戦調停に応じ

ないと決意していた。もし強制徴用問題について解決しないまま休戦に応じれば、ア
メリカはそれを黙認したと見なされる恐れがあったからである。マディソンにとって
強制徴用を認めることは、すなわちイギリスへの服従であり、アメリカの独立が失わ
れることに等しかった。

　開戦当時、彼我の陸軍力はアメリカにとって有利であった。アメリカが 6,700 人の
正規兵を擁したのに対して、カナダに駐留するイギリス軍は 4,500 人であった。正規
兵に加えてアメリカは各州の民兵を動員できた。それに対してイギリスは少数のカナ
ダ民兵しかあてにすることができなかった。とはいえ、独立戦争終結以来、アメリカ
軍の指揮官はネイティヴ・アメリカンとの小競り合い以外にほとんど軍事経験を積ん
でいなかった。

　また海軍力は、アメリカにとって圧倒的に不利であった。アメリカが所有する艦船
は、わずかに 9 隻のフリゲート艦と 8 隻の小型艦の計 17 隻に過ぎなかったのに対し
て、イギリスは少なくとも 120 隻の戦列艦と 116 隻フリゲート艦を含む 1,048 隻を擁
していた。アメリカは独立戦争の時と同じく私掠船に頼らざるを得なかった。また
バーバリ諸国 Barbary States（16 世紀から 19 世紀にかけてのモロッコ、アルジェ
リア、チュニス、トリポリ）との戦闘で活躍した海軍士官も健在であったが、海軍長
官は海戦の知識を持たない人物であった。

国内世論の分裂

　1812 年戦争に向けて国内は完全に一致したというわけではなかった。開戦によっ
て通商上の利益が損なわれることを恐れたニュー・イングランド諸州を支持基盤とす
る連邦派は、1812 年戦争を反感を込めて「マディソン氏の戦争 Mr. Madison's
War」と呼んだ。マディソンも「議会の連邦派は全力を尽くして戦争に反対する抗議
を行うでしょう」とジェファソン語っているように連邦派の反発を十分に予想してい
た。民主共和党の指導者達は、そうした一派を抑えるために、マディソンに新たな治
安法を制定することを勧めた。しかし、マディソンはそうした助言に従わなかった。

　さらに連邦党は、マディソンのフランスに対する宥和的な姿勢も非難した。フラン
スもイギリスと同じくアメリカの中立国としての権利を侵害していたからである。連
邦党はマディソンがイギリスに対して宣戦布告をする一方で、フランスに対して敵対
行為を取らないのは何らかの政治的密約があるためだと主張した。そうした主張に対
してマディソンは『ナショナル・インテリジェンサー紙』に論説を発表してフランス
の不正行為に対しても警告を発した（see → **273 頁、巻末史料 7**[-11]・**7**[-12]）。

戦争遂行においても国内の不一致は問題を引き起こした。ニュー・イングランド諸州の裁判所は、民兵の使用が認められる緊急事態を宣言する権限は州知事に属するという判定を下した。その判定に基づいてマサチューセッツ州とコネティカット州の知事は大統領によって割り当てられた民兵を充当することを拒絶した。さらに他のニュー・イングランド諸州の知事も民兵を州の領域外に進軍させないようにしただけではなく、正規軍がカナダへ向かった後の穴埋めのために海岸部に民兵を配備することさえ拒絶した。

マディソンは、こうした障害について、「至る所で油断のならない連携がある。マサチューセッツとコネティカットにおける煽動的な反対は、戦争の歯車を大きく狂わせるので、軍事作戦がその目的を達成できないのではないかと私は恐れています」とジェファソンに述べている。こうしたニュー・イングランド諸州の反発の一方で西部は、マディソンの戦争遂行を強く支持していた。それはイギリスの勢力を北西部から駆逐することを多くの西部の有力者が望んでいたからである。マディソン政権はそうした西部の圧力をまったく無視することはできなかった。

英領カナダ攻略の失敗

デトロイト失陥　　イギリスの戦備の隙をついてマディソン政権は陸海両面作戦を実行した。宣戦布告の4日後、マディソンは海軍に、帰還して来るアメリカ船舶の保護に加えてもし勝算があればイギリス艦船と交戦するようにジョン・ロジャーズ John Rogers（1772. 7. 11-1838. 8. 1）提督に命じた。ロジャーズは海軍の艦船を二手に分けてボストンから出港して大西洋東部を巡航したが、8月29日、ほとんど戦果をあげることなく帰港した。そのため艦隊を組む方針は放棄され、アメリカ艦船は単独、もしくは2、3隻の小艦隊に分かれて就役する方針に転換された。

一方、陸軍に対してマディソン政権は、デトロイト方面とナイアガラ及びモントリオール方面に向けてカナダに侵攻するように命じた。デトロイト方面からはウィリアム・ハル William Hull（1753. 6. 24-1825. 11. 29）将軍がオハイオ州とケンタッキー州の民兵の支援を得てカナダ侵攻を計画した。またナイアガラ及びモントリオール方面にはヘンリー・ディアボーン Henry Dearborn（1751. 2. 23-1829. 6. 6）将軍指揮下の部隊が向かうことが決定された。

アメリカは英領カナダの防備が脆弱で容易く制圧できると想定していた。そして、多くのタカ派議員は五大湖以北の広大な領域をイギリスからもぎ取ってアメリカに併合することを望んでいた。またネイティヴ・アメリカンとイギリスの連携を絶つこと

によって北西部における脅威を根絶するという目的もあった。さらにマディソン政権は、カナダを占領すれば、それを交渉のテーブルで有利なカードとして使えると確信していた。

　1812 年 7 月 17 日、イギリスはヒューロン湖の北端に浮かぶ島上のマッキノー砦 Fort Mackinac を占領した。マッキノー砦はヒューロン湖、ミシガン湖、そして、スペリオル湖を結ぶ戦略上の要衝である。続いて 8 月 15 日、イギリス軍の精鋭を率いたアイザック・ブルック Isaac Brock（1769. 10. 6-1812. 10. 13）将軍によってディアボーン砦 Fort Dearborn（現シカゴ周辺）が陥落させられた。翌 16 日、デトロイト砦に駐留していたウィリアム・ハル将軍は、2,500 人の兵士とともに降伏した。

　ハル将軍はデトロイト砦から出撃してカナダに侵攻しようとしていたが、民兵が国境を越えて進撃することを拒んだために侵攻を躊躇していた。民兵が従軍を拒んだ理由は、本来、民兵は「侵略の撃退」のために召集されるものであって積極的な攻勢に従事しないものだと考えられたからである。さらにイギリスに加担するネイティヴ・アメリカンによって補給線が著しく脅かされていた。

　ハルには軍法裁判の結果、死刑判決が下されたが、マディソン大統領の減刑により死刑を免れた。デトロイト失陥後、スティーヴン・ヴァン・レンセラー Stephen Van Renselaer（1764. 11. 1-1839. 1. 26）将軍率いる部隊がナイアガラに向かったが、ブルック将軍率いるイギリス軍に対して再び一敗地に塗れた。続いてアレグザンダー・スマイス Alexander Smyth（1765-1830. 4. 17）将軍の作戦も失敗に終わった。こうした敗北の結果、現在のウィスコンシン、ミネソタ、アイオワ、そして、イリノイ北部に至る広大な地域がイギリスの支配下に入った。

　ナイアガラ戦線の停滞　　デトロイト方面からの侵攻が失敗に終わった一方で、ナイアガラおよびモントリオール方面の作戦も頓挫していた。ディアボーンは侵攻作戦に対する支援をニュー・イングランド諸州から取り付けようとボストンに滞在していたがほとんど実を結ばなかった。その後、オールバニー Albany に向かったディアボーンを迎えたのは貧弱な装備しか持たないわずか 1,200 人の兵士であった。

　マディソンの作戦は、ディアボーン率いる軍がナイアガラに向かってオンタリオ湖の東部を制圧した後、モントリオールを突くというものであった。またもしモントリオール攻撃が不可能な場合でも交易路を遮断すればイギリスに大きな損害を与えられるとマディソンは考えていた。

　しかし、戦備が十分に整わない状況に困窮していたディアボーンは、ニュー・ヨー

ク辺縁部全域での一時休戦を求めるイギリス側の提案に応じた。マディソンは一時休戦を撤回するようにディアボーンに命令したが、すでに休戦は通達された後であった。秋に入ってディアボーン率いる軍はようやくシャンプレーン湖沿いを進軍し始めたが、11月19日、民兵が国境を越えて進軍することを拒否したために侵攻を断念せざるを得なかった。ナイアガラ戦線での攻防はアメリカもイギリスも決定的な勝利を得ないまま約2年間も続いた。

イギリス軍の攻勢　1812年11月4日、マディソンは第4次一般教書を議会に通達した。その中でマディソンは、海軍の拡大、兵籍編入を促すための報奨金の引き上げ、民兵を統制するための連邦の権限の拡大、より多くの将官の任命、そして、参謀幕僚の創設を求めた（see → **274頁、巻末史料7**[13]）。議会はマディソンの要請をすべて受け入れることはなかったが、陸軍の給与の引き上げと海軍の規模の倍加を認めた。

　陸上で捗々しい進展がなかった一方で、海上ではイギリスの締め付けが徐々に強まっていた。1812年12月26日、イギリスはデラウェア湾とチェサピーク湾の封鎖を宣言している。封鎖宣言を南部海域のみに限ったのは、ニュー・イングランド地方に宥和的な姿勢を示して世論を分断させようと図ったからである。歳入の激減と戦費の増大により、アメリカ政府の財政は破綻寸前にまで悪化した。

　イギリスの攻勢に対抗してアメリカは、1813年4月から5月にかけて、オンタリオ湖の制水権を得ようとアッパー・カナダの首都ヨーク York（現トロント）への攻撃を敢行した。アイザック・チョウンシー Isaac Chauncey（1779. 2. 20-1840. 1. 27）提督率いる艦隊がイギリス海軍を抑えている間、4月17日にディアボーン配下の1,600人の兵士がヨークの官庁舎を焼き払った。しかし、ディアボーンが病気でナイアガラに引き返したためにオンタリオ湖の制圧は達成されなかった。ヨークの焼き討ちは後にイギリス軍が報復としてワシントンの官庁舎を焼き払う原因となった。

　その一方でイギリス軍はオンタリオ港東岸のサケッツ港 Sacket's Harbor に対する攻撃を行ったが失敗に終わった。アメリカはオンタリオ湖を掌握できなかったが、続く秋のモントリオール攻略に望みを託した。しかし、北西部管区の指揮を任されていたディアボーンが辞任した後、軍内部の調和を欠いたために作戦は一向に進まなかった。

　1813年5月25日、マディソンは議会に特別教書を送付してロシアの和平仲介を受け入れたことを報告する一方で、戦費を賄うために1,600万ドルの借款が成立したことを伝えただけではなく、さらに歳入を確保する手段を認めるように要請した

（see →275頁、巻末史料7[14]）。マディソンの要請を審議した下院歳入委員会は、6月10日、300万ドルにのぼる増税案を本議会に報告した。そして、すでに成立した借款に加え、必要であれば750万ドルを追加で借入することも認められた。

　議会で増税案に関する議論が続けられている中、マディソンは重篤状態にあった。「猛烈で長引く不愉快な発熱」は6月中旬から悪化し始め、マディソン夫人は3週間にわたって昼夜を分かたず看病するほどであった。現役の大統領が重篤状態に至ったのは1790年5月にワシントンが肺炎に倒れて以来であった。

1812年戦争を描いた風刺画。イギリス海軍のボクサー号がアメリカ海軍に撃破されたこと（背景右端）を、ジョージ3世（左）とマディソン（右）がボクシングをしている模様で表現している。

戦線の膠着

　デトロイト奪還　　各地で両海軍の交戦が続き、アメリカはフリゲート艦同士の戦いで健闘していた。デトロイト失陥でエリー湖とオンタリオ湖が戦略的な要地だと改めて認識させられたマディソンは両湖の制圧を計画した。マディソンの計画に従って、チョウンシー提督はオンタリオ港東岸のサケッツ港に入ると基地を築いて艦船の建造を開始した。イギリスもそれに対抗して艦船の建造を開始した。両海軍の建造競争は戦争終結まで続き、チョウンシーはオンタリオ湖を完全に制圧することはできなかったが、イギリス艦船による補給や攻撃を効果的に阻止した。

　その一方で1813年9月10日、オリヴァー・ペリー Oliver Hazard Perry（1785. 8. 23-1819. 8. 23）率いる9隻のアメリカ艦隊が6隻のイギリス艦隊に勝利した。この勝利によって、デトロイト再復の道が開かれた。イギリス軍はデトロイトを拠点にオハイオ方面への攻撃を開始していたが、エリー湖の制水権を失ったことで補給路が絶えた結果、デトロイトを放棄せざるを得なくなったからである。多数の海戦の中でもこのエリー湖の戦い Battle of Lake Erie は、小規模で短期の交戦であったが、1812年戦争の戦局に最も大きな影響を与えた海戦となった。

　この機を逃さずウィリアム・ハリソン William Henry Harrison（1773. 2. 9-1841. 4. 4）将軍はデトロイトを奪還した。続いて10月5日、テムズ川の戦い Battle of Thames で、ハリソン将軍率いる 3,500 人のアメリカ軍は、デトロイトから撤退途中のイギリスとネイティヴ・アメリカンの連合軍 1,800 人を追尾して撃破した。この戦いの結果、アメリカは北西地域の支配権を回復することができた。

　しかし、モントリオールを目指してシャンプレーン湖 Lake Champlain 方面からカナダ侵入を試みたウェイド・ハンプトン Wade Hampton（1752-1835. 2. 4）将軍の部隊は、10 月 25 日、シャトゲーの戦いで Battle of Chateauguay で撃退された。またモントリオールまで 90 マイル（約 140 キロメートル）以内まで接近したジェームズ・ウィルキンソン James Wilkinson（1757. 3. 24-1825. 12. 28）将軍の部隊も 11 月 11 日に撃退された。12 月 30 日のバッファロー Buffalo 焼き討ちを手始めに、イギリス軍は大規模な反攻を開始し、ナイアガラ川 Niagara River の河口に位置するナイアガラ砦 Niagara Fort を陥落させ、さらにニュー・ヨークに向けて進軍を開始した。

　ナポレオン戦争終結の影響　　その頃、イギリスは、北アメリカでアメリカと戦う一方、ヨーロッパでナポレオンに対する戦争を続行していた。しかし、1814 年 4 月 6 日、ナポレオンの退位が決定し、イギリスは北アメリカに兵力を転進させ始めた。また 4 月 23 日、イギリスは封鎖をアメリカ沿岸全域に拡大した。マディソンはナポレオンに嫌悪感を抱いていたが、もしイギリスとその同盟国が完全に勝利を収めてしまえば、ヨーロッパの自由を破壊するだけではなく新世界に目を転じるのではないかと危惧していた。

　6 月の閣議でマディソンは閣僚と軍事作戦の方針を協議した。マッキノー砦の奪還とヨークへの再度の攻撃が提案されたが、モンローはオンタリオ湖を掌握しないままでそうした作戦を行うのは危険だと反対した。最終的にモントリオールを再び攻撃する方針が採用され、マッキノー砦に対しても攻撃が行われたが失敗に終わった。

　7 月から 9 月にかけて米英両軍はナイアガラ川周辺で一進一退の攻防を続けた。しかし、大西洋沿岸部では増援を得たイギリス軍の攻勢が強まった。ニュー・イングランド諸州では連邦からの分離独立を求める声が高まり、マディソン政権は危機に瀕した。こうした危機的な事態に陥ってもマディソンは戦時下を理由に戒厳令を布くことはなかった。市民的自由の保障こそマディソンにとって共和主義の重要な原理であったからである。

ワシントン炎上

イギリス軍の上陸　1814 年 8 月初旬、1 万 5,000 人のイギリスの熟練兵がモント
リオールに上陸した。またヨーロッパの外交の場ではナポレオン戦争で勝利を収めた
イギリスの影響力が強まり、アメリカ公使はフランスやロシアの外交官と会談するこ
とさえままならなかった。一方、マディソン政権内では閣内の不一致が現れ始めた。
アームストロング陸軍長官がマディソンの許可無く連隊の再編を行ったり、マディソ
ンの意向に沿わない文書を発行したりしていた。それは明らかな越権行為であった。
そうした行為を知ったマディソンはアームストロングにすべての文書や命令の写しを
手元に送るように命じた。こうした対立はワシントン炎上後、アームストロングが長
官職を退くまで続いた。

　マディソンはかねてよりアームストロングに、ワシントンがイギリスの攻撃目標に
なっている可能性が高いと警告していた。さらに 7 月 1 日の閣議でマディソンは東
部海岸、特にワシントンの防衛について対策を講じるように閣僚に求めている。3 人
の閣僚はマディソンの意見に同意したが、アームストロングは、ボルティモアがイギ
リスの攻撃目標であるという自説を曲げなかった。最終的にマディソンはモンローの
提案に基づいてワシントン周辺管区を創設するように命じた。侵攻に備えてワシント
ン周辺管区には 1 万人の民兵がウィリアム・ウィンダー William Henry Winder
(1775. 2. 18-1824. 5. 24) 将軍の指揮下に置かれることになった。しかし、アームス
トロングもウィンダーもワシントンの防衛準備を怠った。

　1814 年 8 月 17 日、50 隻以上の艦船からなるイギリス艦隊がパタクセント川
Patuxent River 河口に投錨した。同地はワシントンの南東 35 マイル（約 56 キロ
メートル）に位置する。艦隊には 20 隻の輸送船が含まれロバート・ロス Robert
Ross（1766-1814. 9. 12）将軍率いる 4,000 人の部隊が乗り込んでいた。

　翌朝、イギリス軍上陸の報せがワシントンに届き、マディソンはモンローとウィン
ダーとともにアメリカ軍を配置する命令を発した。さらにモンローは自ら斥候となっ
て刻々と変化する状況を大統領に知らせた。その一方でアームストロングは自説に固
執し、イギリス軍はボルティモアを攻撃するつもりだと断言して憚らなかった。マ
ディソン自身もイギリス軍が騎兵も伴わず砲兵の援護もなくワシントンを攻撃するつ
もりかどうか半信半疑であった。

　上陸後のイギリス軍の動きは緩慢で 4 日間でわずかに 20 マイル（約 32 キロメー
トル）程度しか進軍しなかったが、ブレーデンズバーグ Bladensburg に確実に迫っ

ていた。ブレーデンズバーグはワシントンの北東15マイル（約24キロメートル）に位置し、湿地に囲まれていたワシントンに至る唯一の乾燥した進路であった。イギリス軍は何の抵抗も受けずにブレーデンズバーグに向けて進軍を続けた。

22日朝、ワシントンが攻撃にさらされる危険性が高いと判断したマディソンは公文書を退避させるように指示し、ヴァージニアとメリーランドの民兵を、ブレーデンズバーグに向けて移動させるように命令した。

同日午後、マディソンは状況の視察と軍隊の鼓舞を兼ねてアメリカ軍の陣営を訪れることにした。ウィリアム・ジョーンズ海軍長官とリチャード・ラッシュ司法長官とその他3人がマディソンに随従した。ワシントンを出たマディソン一行はポトマック川を渡って10マイル（約16キロメートル）ほど北に進み、オールド・フィールズ Old Fields 付近でアームストロングとウィンダーを発見した。その日は、そこから西に1マイル（約1.6キロメートル）ほど離れた家屋で夜を過ごした。

マディソンとワシントン周辺管区の指揮官のウィンダー将軍は当初、敵軍が船に戻ることを期待していたが、脱走兵を尋問したところ、思ったより敵軍は強力であることが分かった。そのためマディソンは、翌23日朝、妻に宛てた鉛筆の走り書きで、「彼らは街を破壊するつもりで侵入するかもしれない」ので、危急の際には馬車に乗ってワシントンを去るようにと急報した。慌ただしく夕食を済ませた後、マディソンと閣僚はワシントンに帰還した。その頃、マディソン一行は知らなかったが、敵軍はアメリカ軍の陣営からわずか3マイル（約4.8キロメートル）まで迫っていた。同夜、大統領官邸に次々と指示を求める人々が訪れた。深更、偵察を行っていたモンローからの報告が届いた。その報告には「敵軍がワシントンに向けて全力で進軍中」とあった。モンローは、軍に警告を発するために、そのままブレーデンズバーズに駆け去った。

ブレーデンズバーグの戦い　24日早朝、ウィンダー将軍から「迅速な協議を要する」急報を受け取ったマディソンは、すぐにホワイト・ハウスの南東約2マイル（約3.2キロメートル）にあるネイヴィ・ヤード橋 Navy Yard bridge 付近のウィンダー将軍の宿営に向かった。ラッシュ、ジョーンズ、そして、モンローもすぐに駆けつけた。モンローはメリーランド民兵の配備を行うためにブレーデンズバーグに向けて逸早く駆け去った。

午前10時、イギリス軍が夜明けとともに陣営を引き払い、ブレーデンズバーグに向けて進軍中という報せが入った。アームストロング陸軍長官は、「民兵は正規軍に負けるだろう」と言う他、特に助言をすることはなかった。マディソンは、ウィン

ダーをできる限り助けるようにアームストロングに指示し、ウィンダー配下の兵士とともにブレーデンズバーグに向けて送り出した。後刻、マディソン自身も決闘用ピストルを携えて、他の閣僚とともに同地に向けて出発した。

　マディソン達一行はブレーデンズバーグの街の中心に向かった。しかし、歩哨がイギリス軍が先に街に到着していると警告したので、一行は進路を変えて近くの丘に向かった。そこにウィンダー将軍率いるアメリカ軍が布陣していたからである。もしそのまま一行が街の中心部に向かっていれば、イギリス軍に捕らわれていた可能性があった。

　軍と合流したマディソンは依然として不機嫌なアームストロングにウィンダーと協議したかどうかを尋ねた。アームストロングはまだ協議していないが、もし大統領が命じるのであればそうするつもりだと返答した。両者はウィンダー将軍のもとに馬を進めた。マディソンは部隊の指揮を軍人に任せて引き下がろうと閣僚に言ったが、すでに戦いは明確な指令も発せられることもなく始まっていた。

　ブレーデンズバーグの戦い Battle of Bladensburg において、アメリカ軍はイギリス軍のほぼ2倍の兵数であったが、装備が悪く未熟であり、しかも配置が良くなかったために約 4,000 人のイギリス軍に敗北を喫した。マディソンは現役の大統領の中で唯一、間近で戦闘にさらされた大統領である（see → **275 頁、巻末史料 7**[-15]）。午後遅く、戦闘の帰趨が明らかになった後、マディソンはラッシュとともにワシントンへ向かった。

　イギリス軍のワシントン占領　　大統領官邸は、マディソン夫人がすでに立ち去った後で無人になっていたが、食事が準備されたまま残されていた。マディソンは、イギリス軍による転用を防ぐために、海軍造船所 Navy Yard にある資材を移管できなければ破壊し、さらに完成間近の戦艦に火を放つようにジョーンズに命じた後、ワシントンを立ち去った。その様子を見ていたフランス公使は、マディソンが「落ち着いて馬に乗り」渡し場に向けて駆け去ったと述べている。

　それからまもなく、ワシントンに入市したイギリス軍は、9 時頃、連邦議会議事堂に放火した。その後、大統領官邸を略奪のうえ火を放った。火を放つ前にイギリス兵はマディソン夫人が準備していた温かい食事を食べたという。こうした行いはアメリカ軍のヨーク焼き討ちに対する報復であった。ワシントンを焼く炎は 40 マイル（約 64 キロメートル）先からも見えたという。

中央部が焼け落ちた連邦議会議事堂

　兵火から逃れたマディソンは家族を探し回ったがなかなか再会できなかった。翌25日の夕刻になって、ようやくワシントン北西部約20マイル（約32キロメートル）にあるグレート・フォールズ Great Falls 付近のワイリー亭 Wiley's Tavern でマディソンは夫人と再会することができた。束の間の休息を取った後、マディソンはラッシュとジョーンズを引き連れて散り散りになった兵士達を探すためにポトマック川のメリーランド側に渡ろうとした。しかし、嵐で川が増水していたために一行は夜明けまでポトマック川を渡ることができなかった。ロックヴィル Rockville にウィンダー将軍とその旗下の兵士達がいるという情報を得た一行は早速、向かったが、すでにウィンダー将軍達はボルティモアの防衛を支援するために出発した後であった。一行はさらにブルックヴィル Brookville に馬を進め一夜を過ごした。

　ワシントンに帰還　　翌朝、イギリス軍がワシントンから撤退したという報せが届き、マディソンは夫人にワシントンに戻ることを伝えた。ブルックヴィルを出発した大統領一行は27日午後5時頃、ワシントンに帰還した。22日以来、マディソンは毎日、駆け通しであり、ほとんど眠ることもできなかった。大統領官邸が焼け落ちていたので一先ずラッシュ邸に落ち着いた。アームストロングとウィンダー将軍が不在であったためにモンローにワシントンの軍事を委ねた後、マディソンは眠りに就いた。

　危機はまだ完全に去ったわけではなかった。28日朝、ワシントンの南郊でポトマック川を扼するワシントン砦 Fort Washington がその指揮官によって爆破されたことが分かった。無防備になったアレクサンドリア Alexandria の街はイギリス軍に貢納することで攻撃から免れた。イギリス軍が再び襲来するとの噂がワシントンに広まった。マディソンはモンローとラッシュとともにワシントン市内の建物を点検し、防衛計画を練った。国務長官時代に住んでいた家に立ち寄ったマディソンは夫人に向かって、脅威が去るまで「今、あなたがいる辺りに留まることが最善です」と書き送った。

　ワシントン市内では大統領官邸や連邦議会議事堂をはじめほとんどの公共建築物が破壊されていた。大統領一行が市内の様子を視察している時に特許局局長ウィリアム・ソーントン William Thornton（1759. 5. 20-1828. 3. 28）が現れて、ワシントンとジョージタウンの市民がイギリス軍に降伏文書を送ろうとしていると伝えた。マディソンはその差し止めを求める一方で、ポトマック川沿いに砲列を配備するように命じた。国務長官時代に住んでいた家にマディソンが戻ると、驚いたことに夫人が到着していた。ワシントンに戻るというマディソンの報せを受け取った後、夫人もワシントンに向かっていたのである。その家には夫人の妹夫妻が住んでいたが当面の間、仮の大統領官邸としての役割を果たすことになった。

　29 日午後、アームストロングとジョージ・キャンベル財務長官がワシントンに帰還したのを迎えて閣議が開かれた。ワシントン周辺の防衛は増強され、再侵攻の脅威は低下した。モンローは「もし何らかの災難で大統領の帰還が 24 時間遅れていれば」、ワシントンは降伏していただろうと述べている。一方で、ワシントン炎上に関してアームストロングに対する非難が高まった。マディソンはそうした非難からどのように身を守るかアームストロングに尋ねた。アームストロングは非難が事実無根であると反駁したが身を引くことに同意した。ワシントンを離れたアームストロングはボルティモアから辞表を提出した。陸軍長官職はモンローが引き継いだ。

　モンローは後に「7 月 1 日に大統領が長官達に提案し、彼らによって助言され、大統領によって命じられた方策が完全に実行に移されていれば」ワシントンを炎上させずに済んだだろうと述べている。しかし、おそらく防衛準備がほとんど行われていないことを知りながら、それを放置したマディソンにも責任の一端があると考えられる。不確定な状況に対して熟慮を重ねたうえで明確な方針を定めるというマディソンの性質は危急の際に必要とされる即断即決には向いていなかったとも言える。

　9 月 1 日、マディソンはワシントン失陥で国民を動揺させないように侵略者に対する徹底抗戦を呼びかける声明を発した（see → **275 頁、巻末史料 7**[-16]）。連邦議会をフィラデルフィアかランカスター Lancaster で開催するべきだという意見もあったが、マディソンはワシントンで開催するべきだと強く主張した。マディソン政権は政府機能を再開するために、被害を免れた特許局と郵政省を仮の連邦議会議事堂に定めた。さらにフランス公使の申し出を受けて、マディソン夫妻はジョン・テイロー邸 John Tayloe's House（現オクタゴン・ハウス Octagon House）に移った。

オクタゴン・ハウス

　戦線の膠着とワシントン炎上は戦争の見通しに暗い影を落とした。商人や銀行家が戦費の増大に悩まされている国家に対して、信用の供与を拒むようになったために、軍需物資の補給が大幅に遅滞していた。連邦政府の財政は破綻の危機に瀕していた。さらにニュー・イングランド諸州では公然と連邦の解体を唱える者達の主張が強まった。10月16日にオクタゴン・ハウスを訪問したウィリアム・ワート William Wirt（1772. 11. 8-1834. 2. 18）は、この頃のマディソンの様子を次のように記している。

　　　「彼はひどく疲労困憊し、悲嘆に暮れているように見えた。つまり、彼は失意
　　　のどん底にいるように見えたのだ。彼の心は、ニュー・イングランドの分離の
　　　ことでいっぱいだった」

　しかし、幸いなことにニュー・イングランド諸州の分離は杞憂に終わった。また国民一般の危機感も高まり、議会は軍の再編と歳入を確保するための法律を制定した。

戦況の好転

　シャンプレーン湖の戦い　　同じ頃、カナダからジョージ・プレヴォー George Prévost（1767. 5. 19-1816. 1. 5）総督率いる1万1,000人のイギリス軍が南下しつつあった。それを迎え撃つべくシャンプレーン湖の西岸にアメリカ軍は布陣したが、その数は1,500人の正規軍と3,000人の民兵の計4,500人であり、イギリス軍の半分にも満たなかった。プレヴォー率いるイギリス軍の南下を阻止できるかどうかはシャンプレーン湖の制水権にかかっていた。アメリカ海軍がシャンプレーン湖を制圧すれば、イギリス軍は後方から補給を受けることができなくなるからである。

　1814年9月11日、トマス・マクドナー Thomas MacDonough（1783. 12. 21-1825. 11. 10）率いる14隻の艦隊は、17隻からなるイギリス艦隊を2時間20分の激戦の末、撃破した。イギリス艦隊の主要な4隻の艦船が降伏し、3隻が撃沈された。

このシャンプレーン湖の戦い Battle of Champlain の様子を見ていたプレヴォー将軍は、その夜、南下を断念してカナダに向けて撤退を始めた。シャンプレーン湖の戦いでの敗北は、イギリス政府に講和を図らせる 1 つの契機となった。

　一方、ロス将軍率いるイギリス軍は 9 月 12 日から 14 日にかけてボルティモアを攻撃したが、民兵の抵抗に遭って攻略を断念した。この時、弁護士フランシス・キー Francis Scott Key（1779. 8. 1-1843. 1. 11）はボルティモアの攻防を目撃して後に国歌となる「星条旗 The Star-Spangled Banner」を書いたという。イギリス軍はジャマイカに撤収した後、西部の農産物の積出港であるニュー・オーリンズを攻撃する準備を始めた。

　9 月 20 日、第 6 次一般教書でマディソンはこうした勝利を議会に報告し、正規軍の拡大と民兵の再編を再び求めた（see → **276 頁、巻末史料 7**$^{-17}$）。それは実質的に民兵を徴兵の対象とすることに等しかった。一方、マディソンは国家財政についてあまり言及しなかったが、財源の不足は危機的な状況に陥っていた。キャンベル財務長官は議会に財源の不足を報告したが、対応策を何ら打ち出すことができなかったので大統領に辞任を申し出た。キャンベルの後任にはアレグザンダー・ダラスが選ばれ、北部の金融界との繋がりを活かして財政再建に取り掛かった。

　ニュー・オーリンズの戦い　　ジャマイカで態勢を立て直したイギリス軍は、12 月 13 日、エドワード・パケナム Edward Michael Pakenham（1778. 3. 19-1815. 1. 8）将軍の指揮の下、7,500 人の兵員をメキシコ湾北岸に上陸させ、ニュー・オーリンズに向けて進軍を開始した。翌 1815 年 1 月 1 日、パケナムはニュー・オーリンズの攻撃を開始したが、激しい反撃を受けて後退した。

　さらに 1 月 8 日、5,300 人を率いたパケナムは湿地帯を踏み越えて正面からミシシッピ川両岸のアメリカ軍に対して強襲を仕掛けた。西岸の沿岸砲台は制圧されたものの、アンドリュー・ジャクソン Andrew Jackson（1767. 3. 15-1845. 6. 8）は東岸の陣地を死守してイギリス軍に甚大な損害を与えた。パケナム将軍が戦死し、2 人の指揮官も重傷を負ったうえ、イギリス軍の死傷者は 2,036 人にのぼった。それに対して一連の軍事作戦によるアメリカ軍の死傷者はわずかに 71 人（パケナム将軍の正面攻撃による死傷者は 13 人）であった。このニュー・オーリンズの戦い Battle of New Orleans は 1812 年戦争の最後の主要な戦闘であり、アメリカの西部の支配権を確定させる戦闘であった。

　2 月 4 日にニュー・オーリンズの戦いの勝報を受け取ったワシントンは祝賀一色に

染まった。数千の蝋燭や松明が灯され、通りは勝利を祝う人々で埋まった。しかし、ニュー・オーリンズの勝利は講和条約締結後であり、交渉の過程に何の影響を及ぼさなかった。

和平交渉の推移

ロシアの仲介　　戦闘が続く一方で和平交渉の試みもなされていた。ロンドンで両国は交渉を行ったが、強制徴用の停止をめぐる見解の相違を埋めることはできなかった。イギリスは枢密院令の撤廃に引き続いて全面休戦を申し出たが、マディソン政権がその申し出を拒絶したために早期休戦の可能性は失われた。しかし、その一方でマディソン政権は、イギリスへの要求を、強制徴用の撤廃から強制徴用に関する条約交渉を行うことに引き下げている。

　戦闘行為が続く中、1813年3月8日、駐米ロシア公使を通じてロシアがモンロー国務長官に和平仲介を申し出た。3日後、マディソンはロシアの和平仲介を受諾した。ロシアは「ヨーロッパの中でフランスとイギリスの両方から尊重される唯一の国家」であり、アメリカが長らく主張してきた公海上の自由に共感を抱いていたので、仲介の申し出は歓迎された。しかしながら、マディソンはイギリスがロシアの仲介で譲歩を示すか否か疑問に思っていた。

　1813年4月17日、イギリスからの返答が届く前にマディソンは、ジョン・クインシー・アダムズ、ジェームズ・ベイヤード James A. Bayard（1767.7.28-1815.8.6)、アルバート・ギャラティンの3人を使節として指名した。ギャラティンとベイヤードはすでに駐露アメリカ公使としてサンクト・ペテルブルクに赴任していたアダムズのもとに向かった。7月21日、両者はサンクト・ペテルブルクに着いた。しかし、イギリス外相はロシアの仲介を拒み、11月4日、直接交渉を望む旨をモンロー国務長官に送付した。

会談開始　　イギリス外相からの通知を受けてマディソンは、翌1814年1月初旬、ジョン・クインシー・アダムズ、ベイヤード、ギャラティンの3人にヘンリー・クレイとジョナサン・ラッセル Jonathan Russell（1771.2.27-1832.2.17）を加えた講和使節団の派遣を再度決定した。5月6日、ギャラティンとベイヤードはモンロー国務長官に、ナポレオン戦争が終結をもって強制徴用はもはやイギリスにとって必要な措置ではなくなり実質的に重要な問題ではなくなったので、強制徴用の問題に固執せずにアメリカ側の要求を緩和すべきだと伝え、さらに会談の地をスウェーデンから現ベルギーのガン Gand（ヘント Ghent）に移す許可を求めた。ガンのほうが友好的

な政府の助力を得やすいうえにウィーン会議の様子も窺い知ることができると考えたからである。

1814 年 6 月下旬の閣議でヨーロッパ情勢の変化と使節団の見解について協議が行われた。その結果、マディソンは強制徴用の停止を求める主張を放棄することを決定した。そして、6 月 27 日、マディソンは、モンロー国務長官を通じて強制徴用の停止が認められなくても講和条約を締結するように使節団に指示した。

1814 年 8 月 8 日、ガンで和平会談が始まった。会議開始後の 10 月 4 日にもマディソンは、戦前の原状回復という条件で講和を取りまとめるように使節団に指示している。その 4 日後、ダラス財務長官の息子でギャラティンの秘書を務めていたジョージ・ダラス George Mifflin Dallas（1792. 7. 10-1864. 12. 31）がガンからイギリス側の条件が記された草稿を持ち帰った。その草稿によると、イギリスがアメリカに突き付けた条件は次のようであった。

ペノブスコット湾 Penobscot Bay 以北を割譲する。セント・ローレンス川 Saint Lawrence River と五大湖からすべての艦船と防御施設を撤収する。ニューファウンドランド Newfoundland 沖の漁業権を放棄する。オハイオ南部を除く北西部でネイティヴ・アメリカンが緩衝国を持つことを黙認する。ミシシッピ川の航行権を譲渡する。それはルイジアナ及び以西の土地が実質的にイギリスの支配下に入ることを意味した。

こうした条件は非常に厳しいものであったので、使節団は全会一致で拒否することに決定し、条件を本国に送ることすら拒み、帰国準備を始めた。いったん、イギリスはそうした要求を取り下げた。そして、代わりにアメリカに敵対行為をとったネイティヴ・アメリカンの赦免と戦争終結時の占領地をイギリスに割譲するように求めた。イギリス側は、プレヴォー将軍によるカナダからの南下作戦とパケナム将軍によるニュー・オーリンズ攻略に期待を寄せていたのである。アメリカの使節団はこの提案も拒否した。

そうした最中、シャンプレーン湖の戦いの敗報やボルティモア攻略の失敗などイギリスに不利な報せが届いた。それに伴ってイギリス側は態度を軟化させるようになり、12 月 24 日、ようやく講和条約締結が合意に至った。同条約により、両国は戦時中に占領した領土を返還し、捕虜を解放すること、さらに敵対行為をとったネイティヴ・アメリカンに対する赦免が定められたが、強制徴用の問題は未解決に終わった。

他にも同条約の特記すべき項目として、両国が協力してアフリカから新世界への奴

隷貿易廃止に尽力するという条項が盛り込まれている。

戦争終結　1815 年 2 月 14 日、マディソンはモンローを通じて条約の最終案を受け取った。戦争の主要な原因となった強制徴用について講和条約が何の解決ももたらさないことはマディソンも重々承知していたが、和平交渉が破談に終わることも覚悟していたマディソンにとって条約の最終案ははるかに望ましい内容であった。イギリス政府の姿勢の変化の理由をギャラティンとジョン・クインシー・アダムズは、ナポレオン戦争で活躍したウェリントン Arthur Wellesley, 1st Duke of Wellington (1769. 5. 1–1852. 9. 14) 将軍がアメリカの征服は不可能であり戦争の続行には莫大な戦費がかかると言明したことが原因だとマディソンに報告している。2 月 16 日、上院は全会一致で条約を承認し、マディソンは戦争の終結を宣言した（see → 276 頁、**巻末史料 7**[18]）。

1812 年戦争は第 2 次独立戦争とも呼ばれるように、戦争の結果、イギリスはアメリカを再び支配下に置き、その西部への進出を抑える見込みを失った。アメリカ国内の製造業は飛躍的な成長を遂げ、北西部のネイティヴ・アメリカンの脅威は著しく低下した。その一方でマディソン政権は、戦費が嵩んだために 1 億ドルを超える累積公債を抱えることになった。

1815 年の米英協定

講和条約が締結されたものの、戦争の原因となった諸問題の多くはいまだに解決していなかった。そのためマディソンは、ジョン・クインシー・アダムズ、ギャラティン、クレイの 3 人にイギリスと交渉を行うように指示した。その結果、両国が互いに最恵国待遇を得ることを定めた 1815 年の米英協定 Convention of 1815 が成立した。

ハートフォード会議

和平交渉が進展する一方、1814 年 10 月 17 日、戦争に反対する連邦党が多数派を占めるマサチューセッツ州議会はハートフォード会議開催の呼びかけを行った。コネティカット州とロード・アイランド州はその呼び掛けに応じたが、ニュー・ハンプシャー州とヴァーモント州は拒んだ。

12 月 15 日、マサチューセッツ、ロード・アイランド、コネティカットの 3 州の州議会から選ばれた代表とニュー・ハンプシャーとヴァーモントの連邦党から選ばれた代表が、南部と西部諸州の支配からニュー・イングランド諸州を守るために憲法修正を考案するためにコネティカット州ハートフォード Hartford に集まった。世に言う

ハードフォード会議 Hartford Convention である。戦況に失望していた代表達は各州がそれぞれ自身で防衛努力を行うべきであり、防衛に必要となる税収入も連邦から取り戻すべきだと考えた。その一方でハートフォード会議に警戒感を強めていたマディソンは、敵対行為が起こりそうだという報せを受け取ると、ニュー・ヨークとニュー・イングランドの志願兵に反乱に対する警戒態勢に入るように命じた。

　1月9日、ハートフォード会議で採択された決議の内容がワシントンに届いた。マディソン政権に対する激しい非難が含まれていたものの、それは反乱や分離独立の危険性が低い内容であり、憲法の修正を提案しただけに過ぎなかった。その後、講和条約締結の報せとニュー・オーリンズの戦いの勝報が国民の間に広まり始めると、ハートフォード会議が採択した決議はまったく支持を得ることができなくなった。またハートフォード会議が、ニュー・イングランド諸州を連邦から脱退させるために行われたという噂も連邦党の凋落に拍車をかけた。

バーバリ国家対策

　1812年戦争にアメリカが没頭している隙にアルジェリアの太守がアメリカの外交官を追放したうえ、アメリカ船舶への攻撃を再開した。貢納金の支払いに不満があったからである。アルジェリアは、アメリカのブリッグ船エドウィン号 Edwin を拿捕して乗組員を奴隷にした。

　その報せを受けたマディソンは議会にアルジェリアに対して軍事行動を取る許可を要請した。1815年3月2日、議会はアルジェリアに対する戦闘行為を許可した。「合衆国はどのような国との戦争も望んでいないが、平和を購うこともしない。平和は戦争より望ましいが、戦争は貢納よりも望ましいという原則がアメリカの規定の方針に組み込まれている」というのがマディソンの考えであった。

　5月20日、マディソンの命令により、スティーブン・ディケーター Stephen Decatur, Jr.（1779.1.5-1820.3.22）率いる艦隊がニュー・ヨークを出港し地中海に向かった。6月19日、ディケーターは、途中で拿捕した2隻のアルジェリア艦船とともにアルジェリアの港に入った。抵抗が無益であると悟ったアルジェリアの太守は、6月30日、講和条約締結に合意した。同条約により、アルジェリアは、アメリカ人乗組員を解放して1万ドルの賠償金を支払い、貢納金要求の取り下げを約した。

　またディケーターは同様の条約をチュニスとトリポリとも結んだ。こうした条約によって、アメリカはバーバリ国家に悩まされずに済むようになった（see → **277** 頁、

巻末史料 7[-19]）。

第二合衆国銀行設立

　ワシントン政権期に設立された第一合衆国銀行の特許は 1811 年 3 月 4 日が期限であった。マディソンとギャラティンは特許更新を望んでいた。マディソンは従来、合衆国銀行の設立に反対していたが、20 年間にわたる運営で合衆国銀行はその有用性を示し、国民に受け入れられるものとなったと考えを改めていたのである。しかし、1 月 24 日、下院は僅差で更新を否決し、さらに 2 月 20 日、上院でも僅差で否決された。その結果、第一合衆国銀行は廃止された。

　イギリスに対する禁輸の再開以来、連邦政府の歳入が大幅に落ち込んでいたために、ギャラティンは議会に関税の引き上げを求めた。しかし、議会は関税の引き上げを拒否し、500 万ドルの借入を認めただけであった。歳入を確保する手段を欠いていたうえに、第一合衆国銀行の廃止によって信用供与が難しくなり、マディソン政権は 1812 年戦争の戦費調達で苦心することになった。

　1812 年戦争が終結した後、1815 年 12 月 5 日の第 7 次一般教書でマディソンは、第二合衆国銀行の設立を要請した（see → 277 頁、巻末史料 7[-20]）。12 月 24 日、ダラス財務長官は議会に国立銀行創設の詳細案を提出した。

　翌年、議会は第二合衆国銀行に特許を与えた。4 月にマディソンは法案に署名し、合衆国銀行が再開された。この第二合衆国銀行はジャクソン政権期に特許更新を阻まれるまで存続した。

　後年、マディソンは、憲法解釈に基づいて第一合衆国銀行設立に反対したのにもかかわらず、第二合衆国銀行設立を認めるのは矛盾していると批判を浴びている。それに対してマディソンは、「公的な判断は必然的に個人の見解を超越するものである」と回答している。

国内開発事業

　1812 年戦争の終結によって連邦分裂の危機は回避され、ナショナリズム的な風潮が広まった。1815 年 12 月 5 日の第 7 次一般教書でマディソンは、第二合衆国銀行設立と並んで、国内開発事業と戦争中に発展した国内産業を保護するために緩やかな保護関税を導入することを勧めている。「我々の拡大する連邦の様々な部分を緊密に繋ぐ」ために運河や道路を連邦政府の助成で建設すべきだというのがマディソンの考え

であり、同時にそれを実行するために必要となる憲法修正を勧めている（see → **278 頁、巻末史料 7**$^{-21}$）。

　議会はジョン・カルフーン John C. Calhoun（1782. 3. 18-1850. 3. 31）の主導の下、1817 年 2 月に国内開発事業法案 Internal Improvements Bill を可決した。同法案は、連邦政府が国内開発事業に助成金を支出することを認めている。しかし、3 月 3 日、マディソンは同法案に拒否権を行使した。その決定はカルフーンを驚かせたが、マディソンは以下のように拒否権を行使した理由を説明している。

　連邦議会の権限は、憲法第 1 条第 8 節に列挙されているが、道路の建設や運河の開削、そして、航路の改善を行う権限は含まれていない。国内開発事業は重要であるが、憲法に基づいて、連邦の権限と州の権限、それぞれが及ぶ範囲を守る必要がある。憲法第 1 条第 8 節 1 項の「共同の防衛および一般の福祉の目的のために」議会は税を課すことができるという文言を憲法の拡大解釈に用いるべきではない（see → **278 頁、巻末史料 7**$^{-22}$）。

　しかしながら、マディソンは強力な中央政府を好まない伝統的な共和主義の理念より一歩進んで、憲法の下で制限政府に忠実である限り、人々がその代表を通じて統一国家的な目的を実現しても問題はないという考えを示している。そうしたマディソンの考えは「統一国家的な共和主義 national republicanism」と呼ぶべきものであった。

　またマディソンは 1816 年関税法案 Tariff Act of 1816 に署名した。1816 年関税法制定の目的は、未熟な国内産業をイギリスとの競争から保護することであった。マディソン自身も「特定の範囲内、かつ特定の製品に関して国内製造業を促進する政策」が必要であると述べている。他にもマディソンは国立大学の創立や潜在的な敵を抑止できるのに十分な防衛力の増大を提唱している。

ネイティヴ・アメリカン政策

　マディソン政権はジェファソン政権の方針を継承し、ネイティヴ・アメリカンにさらに多くの土地を割譲させた。テカムセ Tecumseh（1768?-1813. 10. 5）は、アメリカの拡張に対抗しようとして、五大湖からメキシコ湾に至るネイティヴ・アメリカン諸族の連合を結成しようとした。

　1811 年 7 月 11 日、ヴィンセンズ Vincennes の入植民は強まるネイティヴ・アメリカンの脅威を取り除くために彼らの本拠地を破壊するように求める決議を採択し

た。テムカセが同盟者を募るために本拠地を留守にしている間、インディアナ準州長官ハリソンは軍をティペカヌー川 Tippecanoe River の河口にあるプロフェッツタウン Prophetstown に向けた。11月7日未明、街の北西1マイル（約1.6キロメートル）に野営していたアメリカ軍に約500人のネイティヴ・アメリカン連合軍が奇襲をかけた。ティペカヌーの戦い Battle of Tippecanoe である。奇襲の撃退に成功したハリソン将軍はプロフェッツタウンを焼き払って一躍、国民的な英雄として知られるようになった。

　1812年戦争が勃発した後、ワシントンを訪れたネイティヴ・アメリカンの代表達に向かってマディソンは、内部の争いとイギリスへの支援を止めるように訴えかけた。そして、「父」であるアメリカが「赤い子ども達」であるネイティヴ・アメリカンに「偉大なる精霊」の意思に基づいて、農耕と牧畜という生活形態を採用するように勧めている（see → **279頁、巻末史料 7**[-23]）。

　こうしたマディソンの訴えにもかかわらず、イギリスに加担するネイティヴ・アメリカンは多く、戦争勃発前から抵抗を繰り返していたテカムセもイギリス軍とともに戦った。最終的にテカムセは1813年10月5日、テムズ川の戦いで敗死した。こうして1812年戦争で多くのネイティヴ・アメリカンの諸族がアメリカに敵対行動を取ったが、マディソン政権は戦後、諸部族を招いて平和友好条約の更新を図った（see → **280頁、巻末史料 7**[-24]）。1814年7月22日にグリーンヴィル条約 Treaty of Greenville が締結され、デラウェア、マイアミ、セネカ、ショーニー、そして、ワイアンドット諸部族はイギリスに宣戦布告し、アメリカと平和を保つことを約束した。

　その一方でジャクソンはネイティヴ・アメリカンに対する強硬姿勢を崩さなかった。1814年8月9日、フォート・ジャクソン条約 Treaty of Fort Jackson によってジャクソンはクリーク族に土地を割譲させた。1812年戦争を終結させたガン条約によって、クリーク族に土地が返還されることになったが、ジャクソンは陸軍長官の命令を無視して土地の返還を拒んだ。さらに1816年3月22日にチェロキー族と締結したワシントン条約 Treaty of Washington でアメリカ政府は、クリーク族の土地とチェロキー族の境界を規定し、クリーク族が非合法にチェロキー族の土地を割譲したことを認めたうえ、返還に合意した。しかし、ジャクソンは返還に応じようとしなかった。1818年、ジャクソンは、クリーク族に加えてチェロキー族とも条約を結び、200万エーカー（約8,100平方キロメートル）の土地を割譲させた。

その他の外交

アパラチコラ砦を破壊

ジョージア州内で入植民を攻撃したセミノール族や逃亡黒人奴隷がスペイン領フロリダのアパラチコラ砦 Fort Apalachicola を根拠地にしていた。アメリカはスペインに抗議したが受け入れられなかった。スペイン当局にはセミノール族を抑える力がなかったからである。そこで 1816 年 7 月 27 日、エドモンド・ゲインズ Edmund P. Gaines（1777. 3. 20-1849. 6. 6）率いる部隊はセミノール族を追ってスペイン領内に入り、アパラチコラ砦を破壊した。

改正中立法

1817 年 3 月 3 日、中立法が改正された。改正点は、スペインに反乱を起こした者達にアメリカで造られた艦船を売却することを違法としたもので、ラテン・アメリカにおけるアメリカ人の間接的な支援を規制した。

その他の内政

新たに連邦に加わった州

1812 年 4 月 30 日、ルイジアナ州（オーリンズ準州）が 18 番目の州として連邦に加入した。次いで 1816 年 12 月 11 日、インディアナ州が 19 番目の州として連邦に加入した。

新たに設けられた準州

1812 年 6 月 4 日、ミズーリ準州（ルイジアナ準州から名称変更）が設置された。次いで 1817 年 3 月 3 日、アラバマ準州が設置された。

累積公債

1815 年、公債の残高が初めて 1 億ドルの大台を突破した。第 7 次教書によると、公債の残高は計 1 億 2,000 万ドルで、戦争以前に発行された額面は 3,900 万ドル、戦時に発行された額面は 6,400 万ドル、その他 1,700 万ドルであった。

政教分離の堅持

1811 年 2 月 21 日、マディソンはアレクサンドリアにある監督派教会を法人化する法案に拒否権を行使している。同法案は、「連邦議会は、国教の樹立を規定する法律を制定することはできない」と謳う合衆国憲法修正第 1 条に反しているとマディソンは論じ、宗教が国家に及ぼす影響に警戒感を示した（see → **280 頁、巻末史料 7**[25]）。

　マディソンは同年 2 月 28 日にも、バプティスト派教会のために土地を確保する法案に拒否権を行使している。マディソンによれば、それは「宗教結社を支援するために合衆国の予算を配分する方針と前例」になり得るからである。また 1816 年 4 月 30 日にも、聖書の印刷用鉛板の自由輸入に対して拒否権を行使している。

　なお、マディソンの政教分離の原則は厳格であり、従軍牧師や議会付きの牧師に対する支払いに反対している。さらに大統領が宗教的休日を認めることにも反対している。

　マディソンの宗教的見解については 1946 年に伝記作家ウィリアム・ライヴズ William Cabell Rives の文書の中から再発見された「覚書断片 Detached Memoranda」で詳しく述べられている。覚書断片はおそらく 1817 年から 1832 年の間にマディソンの手で書かれたものであり、宗教に関する 8 つの問題に対して見解が記されている。それは、監督派教会の独占的支配、教会の法人化、教会への公有地付与、宗教団体に対する免税、政府文書における神性、議会付きの牧師、従軍牧師、政府による宗教的声明の 8 つである（see → **280 頁、巻末史料 7**[26]）。

　いずれにせよ、マディソンは、政治と宗教の「相互独立が、宗教の実践、社会的調和、そして、政治的成功にとって最良である」と強く信じていた。マディソンが政教分離を堅持したのは、宗教に対して一般的に反感があったからではない。むしろ、宗教によって培われる姿勢や慣習は共和政治を改善し得ると考えていた。また厳格な政教分離によって、政治が宗教を腐敗させる危険性を除くことができるというのがマディソンの信念であった。

握りつぶし拒否権

　マディソンは 1812 年に初めて握りつぶし拒否権 pocket veto を行使した大統領になった。マディソン政権期間中、拒否権は 7 回行使され、そのうち 2 回が握りつぶし拒否権であった。連邦議会は 1812 年戦争の最中、外国人の帰化について定めた法案を可決した。マディソンはその法案を議会権限の濫用と見なし署名を行わなかった。その結果、握りつぶし拒否権が成立した。しかし、その後、議会はマディソンの覚書をもとに修正法案を再可決した。修正法案はマディソンの署名により承認された。

第 3 回国勢調査

　1810 年の第 3 回国勢調査による公式人口は次の通りである。総人口は 723 万 9,903 人で 119 万 1,364 人の奴隷と 18 万 6,746 人の自由黒人、その他、1800 年以後の移民約 6 万人を含む。

8．副大統領／閣僚／最高裁長官

副大統領

ジョージ・クリントン（在任 1805.3.4-1812.4.20）

ジョージ・クリントンの経歴については、『トマス・ジェファソン伝記事典』、8.
副大統領／閣僚／最高裁長官、副大統領、ジョージ・クリントンを参照されたい。

ジェファソンの退任後、クリントンは民主共和党の不満分子と連邦党を糾合して今
度は大統領の座を狙ったが失敗した。その代わりにマディソン政権下で再度、副大統
領を務めた。マディソン政権下で副大統領としてクリントンはほとんど重要な役割を
果たすことはなかった。しかし、1811 年 2 月に第一合衆国銀行の特許更新をめぐって
上院で票数が均衡した時に、クリントンは議長として反対票を投じた。その結果、第
一合衆国銀行は廃止に追い込まれた。クリントンは在職中、ワシントンで亡くなった。

エルブリッジ・ゲリー（在任 1813.3.4-1814.11.23）

エルブリッジ・ゲリー Elbridge Gerry（1744.7.17-1814.11.23）は、マサチュー
セッツ植民地マーブルヘッド Marblehead の商家に生まれた。11 人兄弟の中で最も
優秀であったゲリーは 1758 年にハーヴァード・カレッジ Harvard College に入学
し、1762 年に卒業した。その後、1765 年に修士論文を提出するためにハーヴァー
ド・カレッジに戻っている。学業を終えた後はスペインやポルトガルと魚を取引する
家業を手伝った。

1772 年、マーブルヘッドはゲリーをマサチューセッツ植民地議会の代表に選出し
た。サミュエル・アダムズが通信連絡委員会 Committee of Correspondence を結
成すると、ゲリーは早くからその一員になった。そして、他の植民地に送付された回
状を起草した。しかし、こうした急進的な活動に水を差す出来事が起きた。ゲリーや
その他の者が行おうとした天然痘の予防接種計画に反対する人々が暴徒と化して病院
を焼き払った事件である。人民の暴挙に嫌悪感を抱いたゲリーは公職を辞した。

1774 年、ゲリーはマサチューセッツ革命協議会 Provincial Congress の一員に選
ばれて公職に復帰した。ゲリーの商人としての経験は、民兵隊を組織するにあたって
軍需物資を調達する際に役立った。1776 年に大陸会議のマサチューセッツ代表に選ば
れた後も、ゲリーは軍需物資の調達に手腕を発揮した。ゲリーの姿勢は精励格勤かつ

実直であったという。代表の1人として独立宣言の署名者にもなっている。ゲリーが大陸会議に奉職した期間は、1776年から1781年と1783年から1785年までである。

1786年に起きたシェイズの反乱はゲリーに、そうした反乱を抑止できる強力な中央政府の必要性を痛感させた。それがきっかけでゲリーは憲法制定会議に参加することを決意した。ゲリーの目指した政体は、権力に飢えた貴族によるものでもなく、無秩序な大衆によるものでもなかった。ゲリーにとって優れた資質を持つ人物による統治が望ましい形態であった。しかし一方でゲリーは、ワシントンがシンシナティ協会Society of the Cincinnatiを利用して軍事独裁制を樹立しようとしているのではないかと疑っていた。

憲法制定会議でのゲリーの立場は、反乱を抑止できるくらいの権限を中央政府に与えながらも、州の権限と均衡を保つというものであった。人民に対する不信感から、両院の議員及び大統領の一般投票による選出に反対した。

新憲法が成立するとゲリーは1789年から1793年にかけて連邦下院議員を務め、権利章典の制定を支援した。1797年、フランスとの諸問題を解決する使節団の一員に選ばれて渡欧した。WXYZ事件WXYZ Affairが明らかになった時、ゲリーは本国からの指示を受け入れずにパリに留まった。もし自分がパリを出発すれば戦争のきっかけになるかもしれないと恐れたからである。

帰国後、1810年から1812年にかけてマサチューセッツ州知事を務めた。州知事としての2期目に、ゲリーはいわゆる「ゲリマンダー法案Gerrymander Bill」として知られる法案の成立に寄与した。同法案はマサチューセッツの選挙区を民主共和党に有利なように改定するという内容であった。区割りがサラマンダーの形に似ていたために、ゲリーの名を冠してゲリマンダーという言葉が生まれた。今でもこの言葉は自分が所属する政党に有利なように選挙区を改定するという意味で使われている。

イギリスに対する強硬姿勢を早くから唱えていたゲリーは、1812年の大統領選挙で副大統領候補に選ばれた。上院が休会に入る時に副大統領が占める議長席を臨時議長に譲るという慣習があるが、平和を唱える議員がその席を占めることを知ると席を譲ることを拒んだ。ゲリーは胸部の出血で在職のまま、ワシントンで亡くなった。

国務長官

ロバート・スミス（在任 1809.3.6-1811.4.1）

ロバート・スミスの経歴については、『トマス・ジェファソン伝記事典』、8. 副大統領／閣僚／最高裁長官、海軍長官、ロバート・スミスを参照されたい。

マディソンはジェファソン政権で財務長官を務めたアルバート・ギャラティンを国務長官に任命しようと考えたが、スミスの兄である上院議員サミュエル Samuel Smith（1752.7.27-1839.4.22）も含めてギャラティンの就任に対して異を唱える者が多く、指名を撤回せざるを得なかった。そこでマディソンはスミスを財務長官にする代わりにギャラティンを国務長官に就ける妥協案を提示したが、今度はギャラティン自身がその案を拒絶した。結局、国務長官にスミスが任命された。

国務長官としてスミスは出港禁止令で悪化した対外関係を修復することができなかった。さらにスミスはギャラティンと対立するようになった。ギャラティンはスミス兄弟が海軍省の公金を不正に流用したとまで言うようになった。さらにギャラティンは、自分とスミスのどちらかを選ぶようにマディソンに迫った。結局、マディソンはスミスを呼び、職務怠慢を理由に国務長官を辞し、駐露アメリカ公使に転任するように打診した。マディソンの打診に対してスミスは駐英アメリカ公使、もしくは最高裁判事の職を求めたが、マディソンはいずれも拒否した。

結局、スミスはロシアに赴くこともなくボルティモアに帰った。そして、1811 年 6 月、『合衆国民に告ぐ Address to the People of the United States』を発行し、マディソン政権を攻撃した。その後、ボルティモアで弁護士業を再開し、メリーランド大学 University of Maryland で法学を教えた。

ジェームズ・モンロー（在任 1811.4.6-1814.9.30・1815.2.28-1817.3.3）

『ジェームズ・モンロー伝記事典』（続刊）を参照されたい。

財務長官

アルバート・ギャラティン（在任 1801.5.14-1814.2.9）

アルバート・ギャラティンの経歴については、『トマス・ジェファソン伝記事典』、8. 副大統領／閣僚／最高裁長官、財務長官、アルバート・ギャラティンを参照されたい。

マディソンは、民主共和党の上院議員達から反対を受けたのにもかかわらず、ギャ

ラティンを留任させた。マディソン政権下でギャラティンは第一合衆国銀行の特許更新を推進したが実現しなかった。また 1812 年の戦争が起こると、財政赤字はかつてないほど膨らんだ。そのため、公債の早期償還を目指すギャラティンの財政計画の実現が難しくなった。

1813 年、ギャラティンは財務長官を辞して、ロシア皇帝アレクサンドル 1 世 Alexander I（1777. 12. 23-1825. 12. 1）の米英講和仲介の申し出に応じてサンクト・ペテルブルクに向かった。しかし、イギリスはロシアの仲介を拒否した後、直接交渉を求めた。その結果、1814 年 12 月、現ベルギーのガンでイギリスとの和平が成った。ギャラティンは、ともに交渉にあたったヘンリー・クレイとジョン・クインシー・アダムズの仲を取り持ちつつ、忍耐強く事にあたった。その後、マディソン大統領は、ギャラティンを駐仏アメリカ公使に任命した。ナポレオン戦争時に被ったアメリカ船舶の損害を補償するようにフランスと交渉したが、実を結ばなかった。しかし、1818 年に渡英し、カナダとアメリカの国境を画定する手助けをした。それによって大西洋北西部にアメリカが進出する道が開かれた。

1824 年、帰国してまもなく、ギャラティンはウィリアム・クロフォードとともに共和党の副大統領候補として名を挙げられた。ジャクソンが大統領候補として有力視されるようになる中でクロフォードが病で倒れた。したがって、ギャラティンの副大統領候補指名は確実視された。しかし、ギャラティンはジャクソンを大統領候補として快く思っていなかったので、副大統領候補から外れた。

ギャラティンはいったん、公職から退いたが、1826 年、ジョン・クインシー・アダムズ大統領の求めに応じて駐英アメリカ公使を務めた。ギャラティンはイギリスと通商条約の更新とオレゴン地方 Oregon Territory の共同領有の継続に関する交渉で成功を収めた。1827 年末に帰国した。1831 年にニュー・ヨーク国法銀行 National Bank of New York の頭取になり、自由貿易と責任を伴った財政を唱えた。さらにギャラティンは『合衆国の通貨と銀行制度に関する考察 Considerations on the Currency and Banking System of the United States』（1831）を著し、合衆国銀行の擁護者として名を高めた。1837 年の恐慌に際しては、銀行が正貨の支払いを誤って差し控えたことに原因があるとしてギャラティンは、ニュー・ヨークの金融界を危機から救おうと奔走した。

1839 年に頭取から退いた後も、「合衆国独自の銀行と通貨に関する提案 Suggestions on the Banks and Currency of the Several United States」（1841）と題する

小冊子を発表し、過剰な投機と浪費、負債に警鐘を鳴らした。また「オレゴン問題 Oregon Question」(1846) では、イギリスとの武力衝突は、財政的、社会的な災厄を招くと警告した。さらに米墨戦争について「メキシコとの和平 Peace with Mexico」(1847) でギャラティンは、アメリカの不正な侵略を批判し、アメリカの大国主義と人種主義が共和制の政治的道徳を損なうと主張した。

　こうした活動の傍ら、ギャラティンは学術にも多大な貢献を行っている。ニュー・ヨーク大学 New York University の創立を支援し、ネイティヴ・アメリカンの言語、文化、歴史の調査に尽力した。その成果は 1836 年に「ロッキー山脈西部及びイギリス領北アメリカとロシア領北アメリカにおけるインディアン諸部族の概要 A Synopsis of the Indian Tribes within the United States East of the Rocky Mountains, and in the British and Russian Possessions of North America」としてまとめられた。またギャラティンはアメリカ民族学協会 American Ethnological Society の創立にも主導的な役割を果たし、初代会長を務めた。さらにギャラティンはいくつかの論文を発表し、中でも「メキシコ、ユカタン、そして、中央アメリカの半文明化されたインディアン領地に関する覚書 Notes on the Semi-Civilized Nations of Mexico, Yucatan, and Central America」(1845) は先駆的な業績として名を留めている。1849 年 8 月 12 日、88 歳で亡くなった。新聞はギャラティンを「[民主] 共和党最後の長老」と評した。

　ジョージ・キャンベル（在任 1814.2.9-1814.10.5)

　ジョージ・キャンベル George Washington Campbell (1769. 2. 8-1848. 2. 17) は、スコットランドのサザーランドシャー Sutherlandshire の医師の家に生まれた。1772 年に一家とともにノース・カロライナ植民地に移住した。数年間、自宅近くの小さな学校で教えた後、キャンベルは 23 歳でカレッジ・オブ・ニュー・ジャージーに入学し、1794 年に卒業した。

　卒業後、ニュー・ジャージーで暫く教鞭を執ったが、すぐにノース・カロライナに戻った。そこで法律学を学び、テネシー州ノックスヴィル Knoxville に移って法曹界で成功を収めた。1803 年、キャンベルは念願の連邦下院議員の椅子を手に入れた。下院では歳入委員会の長として活躍した。「西部の代弁者」としてキャンベルの名は知られるようになった。

　さらにジェファソン政権の支持者として出港禁止法を擁護し、イギリスとの開戦を唱えるタカ派の 1 人となった。そうした姿勢は決闘を招く原因となった。決闘で胸

に傷を負ったキャンベルは療養中に、ジョン・アダムズ政権で海軍長官を務めたベンジャミン・ストッダート Benjamin Stoddert（1751-1813. 12. 17）の娘と出会い、1812 年に結婚した。

1809 年、連邦下院議員再選を辞退したキャンベルはナッシュヴィル Nashville の法曹界に戻ったが、すぐに連邦上院議員に選出されてワシントンに帰還した。上院では軍事委員会と外交委員会に籍を置いた。

1814 年、キャンベルはギャラティンの後任に選ばれた。軍資金を集めるためにヨーロッパから借款を取り付ける手配を行い、国内でも資金調達を行おうとしたが、北部の銀行家と西部の銀行家の協調がうまくいかずほとんど成功を収めることができなかった。財政再建の計画を立てることができなかったキャンベルは健康上の理由で年内に退任した。

退任後、キャンベルは再び連邦上院議員に選出され、1815 年から 1818 年まで奉職した。上院では財政委員会の長を務めた。1818 年 4 月、駐露アメリカ公使に任命され、サンクト・ペテルブルクに向けて旅立った。ロシアに向かう途中、ジョン・クインシー・アダムズ国務長官の指示の下、アメリカの私掠船によって妨害された通商に対するデンマークの要求を調停した。

アメリカに戻ったキャンベルはテネシー州の連邦地方裁判所の判事に任命された。その一方で土地投機に従事して成功を収めた。その他にジャクソン大統領によってリーヴス条約 Rives Treaty の条項を検討する委員に選ばれている。1848 年にナッシュヴィルで亡くなった。

アレグザンダー・ダラス（在任 1814. 10. 6-1816. 10. 21）

アレグザンダー・ダラス Alexander James Dallas（1759. 6. 21-1817. 1. 16）は、英領ジャマイカ島キングストン Kingston で生まれた。ダラスが 5 歳の時に一家はエディンバラに移り、その後、ロンドンに移った。18 歳で学業を終え、1779 年まで叔父の商社で事務と会計に携わった。1781 年、父の遺産を相続するためにジャマイカ島に渡った。ジャマイカ島の気候が妻の健康に悪いと考えたダラスは、1783 年 6月、フィラデルフィアに移住した。

1785 年、ダラスは法曹界に加入したが、思うように収入を得られなかったために、『ペンシルヴェニア・ヘラルド紙 Pennsylvania Herald』や『コロンビアン・マガジン誌 Columbian Magazine』などの編集に携わった。さらに法律の知識を活かして『独立前後のペンシルヴェニア法廷における判例集 Reports of Cases Ruled and Adjudged in the Courts of Pennsylvania, Before and Since the Revolution』を編んだ。それに加えて後に連邦最高裁とペンシルヴェニアの連邦巡回裁判所の判例集をまとめている。ダラスの業績は初めて連邦最高裁の判例をまとめたものであり、今日でも引用されている。

1791 年 1 月 19 日、ダラスはペンシルヴェニア州の州務長官に任命された。またペンシルヴェニア州の民主共和党の設立に加わった。1795 年には『ジェイ条約の特徴 Features of Mr. Jay's Treaty』を出版してジェイ条約に反対した。州務長官を務める傍ら、ダラスは 4 巻からなる『1700 年から 1801 年までのペンシルヴェニア法 Laws of the Commonwealth of Pennsylvania for 1700-1801』を編んでいる。

1801 年から 1814 年にかけてペンシルヴェニア州東部管区の連邦地方検事として奉職した。その間、オルムステッド裁判 Olmsted case を担当している。オルムステッド裁判は、私掠船の船長が独立戦争中に拿捕した船舶に対する報奨をペンシルヴェニア州に求めた裁判である。

1814 年にダラスが財務長官に任命された時、国家財政は破綻寸前であった。ダラスは熱心な民主共和党員として知られ、北部の金融界にも顔が利くことから白羽の矢が立った。ダラスの指導の下、財務省は再編され、連邦政府の負債は軽減され、正貨支払い制度が再建された。またダラスは第 2 合衆国銀行の創設と保護関税導入を推進した。1815 年 3 月 14 日から 8 月 8 日までダラスは陸軍長官代理も兼任している。また臨時国務長官も務めた。ダラスは連邦政府の信用を著しく回復することに貢献した。退任後、間もなくしてニュー・ジャージー州トレントンで亡くなった。

息子のジョージ・ダラスは、後にポーク政権下で副大統領を務めた。

ウィリアム・クロフォード（在任 1816.10.22-1825.3.6）

ウィリアム・クロフォードの経歴については、陸軍長官、ウィリアム・クロフォードを参照されたい（see → 146 頁）。

クロフォードは陸軍長官から財務長官になり、モンロー政権でも引き続き留任した。

陸軍長官

ウィリアム・ユースティス（在任 1809.3.7-1813.1.13）

ウィリアム・ユースティス William Eustis（1753. 6. 10-1825. 2. 6）はマサチューセッツ植民地ケンブリッジ Cambridge の大工の家で生まれた。1772 年にハーヴァード・カレッジを卒業し、医学を学んだ。独立戦争時は病院の外科医として働いた。戦

後はボストンで開業した。シェイズの反乱の鎮圧の際には志願医として従軍した。

1788 年から 1794 年にかけてマサチューセッツ州議会議員を務め、行政評議会の一員にも選ばれた。1800 年、連邦下院議員に選出された。さらに 1802 年、ジョン・クインシー・アダムズを破って再選を果たした。ユースティスは下院議員に 1801 年から 1805 年まで在職した。

1809 年 2 月 17 日、ジェファソン大統領はユースティスを陸軍長官に指名した。さらに 3 月 7 日、マディソンの再指名を受け、4 月 8 日に陸軍長官に就任した。大統領の求めに応じてユースティスは陸軍と陸軍省の再編を図った。1809 年 12 月と 1810 年 1 月の議会に向けた報告では、5 万の志願兵からなる国軍構想を提案している。さらに省内に兵站部と主計総監部を創設した。こうした部門は管轄領域が重複していたために後に混乱を生むことになった。

1812 年戦争ではウィリアム・ハル将軍の降伏をはじめ、戦況が不利であったために、民主共和党内でユースティスの辞職を求める声が高まった。またユースティス本人も酒に溺れ公務を蔑ろにするようになった。結局、ユースティスは辞表を大統領に提出した。辞表を受け取ったマディソンはユースティスに代わりに駐蘭アメリカ公使の職を与えた。

1815 年にボストンから旅立ったユースティスは 1818 年まで駐蘭アメリカ公使を務めた。帰国後、ボストン近郊のロックスベリー Roxbury の地所を購入して居を定めた。1820 年、ユースティスは空席を埋める形で連邦下院議員に再就任した。1823 年まで下院議員に在職する傍ら、ユースティスはマサチューセッツ州知事選挙に出馬し続けたが 1 度も当選しなかった。1823 年、民主共和党の州知事候補として連邦党が擁立した候補を破って初当選した。1825 年にボストンで亡くなった。

ジョン・アームストロング（在任 1813.1.13-1814.9.27）

ジョン・アームストロング John Armstrong, Jr.（1758. 11. 25-1843. 4. 1）は、ペンシルヴェニア植民地カーライル Carlisle で生まれた。父ジョン John Armstrong, Sr.（1717. 10. 13-1795. 3. 9）は測量士として、またフレンチ・アンド・インディアン戦争で活躍したことでペンシルヴェニアの辺境ではよく知られていた人物であった。

アームストロングはカレッジ・オブ・ニュー・ジャージーで 2 年間学んだ後、1776 年に大陸軍に入隊した。ヒュー・マーサー Hugh Mercer（1726. 1. 17-1777. 1. 12）将軍とホレーショ・ゲイツ Horatio Gates（1727. 7. 26-1806. 4. 10）将軍の下で副官を務め、プリンストンの戦い Battle of Princeton やトレントンの戦い

Battle of Trenton、サラトガの戦い Battle of Saratoga などに参戦した。 1783 年のニューバーグの陰謀 Newburgh Conspiracy の際には、いわゆるニュー・バーグ檄文 Newburgh Addresses を匿名で起草した。

　戦後、アームストロングはペンシルヴェニア最高行政評議会主事に就任した。邦政府の要職である。1786 年のアナポリス会議 Annapolis Convention の代表に選ばれ、翌年には連合会議の代表にも選ばれた。

　1789 年、結婚を機にニュー・ヨークに移った。リヴィングストン家の縁戚になることでアームストロングは 2 万 5,000 エーカー（約 1 万ヘクタール）に及ぶ広大な地所を得た。アームストロングは 1800 年から 1802 年と 1803 年から 1804 年にかけて連邦上院議員を務めた。外国人・治安諸法を非難するパンフレットを匿名で書いて連邦党を攻撃している。1804 年、ジェファソン大統領によって駐仏アメリカ公使に任命された。アームストロングはアメリカの中立貿易を脅かすフランスの施策に強く反発し、アメリカ政府に報復措置を取るように求めた。

　帰国後、1812 年の大統領選挙でマディソンを強く支持した見返りに、准将の辞令を得てニュー・ヨーク港の防備を任された。マディソンはアームストロングの短気な性質を知りながらも、地域間の政治的均衡という観点から陸軍長官に任命した。

　陸軍長官としてアームストロングは多くの参謀将校を新たに採用して職務にあたらせた。しかし、アームとロングの振る舞いには、指揮官に断りなく戦地の将校に命令を出したり、指揮官の管轄を頻繁に侵害したりするなど専権的な点が目立った。1813 年秋には北部の前線にまで自ら身を運んでいる。こうした行動は、将軍達との間に軋轢を生んだ。しばしば大統領に報告することなく命令を出したのでマディソンとの間にも軋轢が生まれた。1814 年 8 月 13 日、マディソン大統領は、人事や規則の改定などについて事前に報告し、大統領の決定や指示に従うようにアームストロングに通告しているが、ほとんど顧みられなかった。

　ブレーデンズバーグの戦いの敗北とワシントン失陥はそうした軋轢をもはや修復不可能にした。その結果、マディソンが辞職要求を仄めかした時、アームストロングは不快感を示して辞職した。

　その後、アームストロングは公職に就かずに農業と執筆に従事した。『1812 年戦争に関する見解 Notices of the War of 1812』という 2 巻本を残している。1843 年、ニュー・ヨーク州レッド・フック Red Hook で亡くなった。

ジェームズ・モンロー（在任 1814.10.1-1815.3.15）

『ジェームズ・モンロー伝記事典』（続刊）を参照されたい。

ウィリアム・クロフォード（在任 1815.8.1-1816.10.22）

　ウィリアム・クロフォード William Harris Crawford（1772.2.24-1834.9.15）は、ヴァージニア植民地アマースト郡 Amherst County の農家に生まれた。クロフォード家は経済的困窮のためにジョージア邦に移った。クロフォードはモーゼス・ワッデルズ・カーメル・アカデミー Moses Waddel's Carmel Academy で 1794 年から 2 年間学んだ。その後、リッチモンド・アカデミー Richmond Academy の教師を務める傍ら、法律を学んだ。1799 年、弁護士を開業してまもなく成功を収めた。クロフォードの活躍は州の政界の関心を引いた。

　1803 年、クロフォードは州議会議員に選出され、ジョージア州の民主共和党の将来の有力者と目されるようになった。徐々に議会で影響力を強め、教育制度、司法制度、選挙制度などの改正に携わった。クロフォード自身奴隷所有者であったが、外国や他州からの奴隷輸入に反対した。1807 年 11 月、ジョージア州議会はクロフォードを連邦上院議員に選出した。当時、最大の懸案であった出港禁止法について、クロフォードはその効果に疑問を持っていたので民主共和党内の大多数の意見に従わず、反対を唱えた。

　しかし、出港禁止法の廃止を求める声が強まると、一転して廃止に反対した。もし出港禁止法を廃止すれば戦争以外に選択肢がなくなることをクロフォードは恐れたからである。またアメリカがそうした政策を途中で放棄すれば、諸外国の信頼を失う可能性があると考えたのである。こうしたクロフォードの周りに流されない確固たる姿勢は尊敬を集めた。さらに第一合衆国銀行の特許更新に関してクロフォードは、合衆国銀行の有用性を強く訴えた。合衆国銀行の違憲性が指摘された時は、憲法を現況にあわせて柔軟に解釈すべきだと反論した。しかし、最終的に特許更新は否決された。

　マディソンは、クロフォードを陸軍長官に指名しようとしたが、クロフォードは自ら適任ではないとしてそれを断った。その代わりにマディソンはクロフォードを駐仏アメリカ公使に任命した。クロフォードはそれを受諾しフランスとの交渉にあたった。その結果、フランスによって拿捕されたアメリカ船の補償問題を解決することはできなかったとはいえ、米仏関係を安定させることで一応の成果を見た。

　マディソンは再びクロフォードを陸軍長官に指名した。クロフォードはようやく陸軍長官職を引き受けた。陸軍長官としてクロフォードは陸軍省の再編を行い、より効

率的な運営を可能にした。さらに沿岸要塞化計画を開始した。しかし、一方でクリーク族と締結した条約を再交渉するように命じたことでジャクソンの敵意を買っている。クロフォードはモンロー政権では財務長官を務めた。

司法長官

シーザー・ロドニー（在任 1807.1.20-1811.12.11）

シーザー・ロドニーの経歴については、『トマス・ジェファソン伝記事典』、8. 副大統領／閣僚／最高裁長官、、司法長官、シーザー・ロドニーを参照されたい。

1811 年 12 月、空席になった最高裁判事職に指名されなかったことに不満を感じてロドニーは司法長官を退任した。

1812 年の戦争では兵役を志願し、少佐に任じられるが実戦に参加することはなかった。戦争中、州上院議員に選出された。モンロー政権下では外交官としてラテン・アメリカに赴いた。1820 年、ロドニーは再び連邦下院議員に選出された。ロドニーはミズーリ妥協 Missouri Compromise と奴隷制の拡大に反対した。1822 年にロドニーは連邦上院議員選出に伴い下院議員を辞任した。しかし、翌年、初代駐ブエノス・アイレス公使の職を引き受け、上院議員からも退いた。ブエノス・アイレスに着任したロドニーはほどなくして病に倒れ、在任のまま亡くなった。ブエノス・アイレス政府は、ロドニーを最初に受け入れた外国公使として手厚く葬った。

ウィリアム・ピンクニー（在任 1811.12.11-1814.2.10）

ウィリアム・ピンクニー William Pinkney（1764.3.17-1822.2.25）は、メリーランド植民地アナポリス Annapolis で生まれた。キング・ウィリアム学校 King William School で学んでいたが、独立戦争が勃発して王党派であった父の財産が差し押さえられたために学業を断念せざるを得なかった。

1783 年、後に連邦最高裁判事となるサミュエル・チェイス Samuel Chase（1741.4.17-1811.6.19）の法律事務所で事務員として働き始めた。1786 年にはメリーランドの法曹界に加入を認められた。1788 年 4 月に開かれたメリーランド邦憲法批准会議に参加し、合衆国憲法批准に反対票を投じた。1788 年から 1792 年にかけてメリーランド州議会議員を務めた。1790 年に連邦下院議員に当選したが、被選挙資格の問題があり、着任することができなかった。

1792 年、メリーランド州行政評議会の一員に選ばれた。さらに 2 年後、アナポリスの市長に選ばれた。1795 年に州議会に戻った。翌年、ワシントン大統領はジェイ

条約の下、フランス革命戦争の間、損害を受けた両国の船舶の補償について交渉する使節団の1人にピンクニーを選んだ。その結果、アメリカは675万ドルの補償を得た。ピンクニーのイギリス滞在は8年に及んだ。

　1804年4月に帰国した後、ピンクニーは1805年から1806年にかけてメリーランド州検事総長を務めた。1806年1月、「我々の中立権の侵害に関するボルティモア商人の嘆願書 Memorial of the Merchants of Baltimore on the Violation of Our Neutral Rights」と題する一文を連邦議会に提出した。それはイギリスによってアメリカ船舶の通商が被害を受けていることを訴える内容であった。同年、そうした問題の解決を図るためにジェファソン大統領はピンクニーにイギリス行きを命じた。ピンクニーはモンローとともにイギリスと通商条約を締結したが、主に強制徴用問題が解決されていなかったためにジェファソン大統領はそれを廃案にした。

　駐英アメリカ公使としてピンクニーは1807年から1811年の間、アメリカの出港禁止法の撤廃と引き換えにヨーロッパ諸港を封鎖する枢密院令をイギリスに解かせようとしたがほとんど成果をあげることはできなかった。

　帰国後、ピンクニーは司法長官に任命された。司法長官としてピンクニーは1812年戦争を支持した。司法長官を退任した後も、オーロラ号裁判 Aurora case やネレイド号裁判 Nereide case など多くの訴訟を弁護士として手掛けた。

　退任後、1814年のブレーデンズバーグの戦いの際に、メリーランド州民兵の将校を務めていたピンクニーは腕に重傷を負っている。1815年から翌年にかけて連邦下院議員を務めたが、駐露アメリカ公使任命に伴って退任した。駐露アメリカ公使に加えて駐ナポリ特使も務めた。1818年に帰国した後、1819年から1822年にかけて連邦上院議員を務めた。この間、1819年のマカロック対メリーランド事件 McCulloh v. Maryland と1821年のコーエンズ対ヴァージニア事件 Cohens v. Virginia に携わっている。マカロック対メリーランド事件では3日間に及ぶ演説を行った。演説でピンクニーは、合衆国銀行が連邦政府機関であり、州の課税の対象とはならないと弁護した。さらにコーエンズ対ヴァージニア事件では、連邦最高裁が州最高裁の最終判決を再審理する権利を有すると主張した。

　こうした裁判におけるピンクニーの主張は、州に対する連邦の優越を裏付けるものだと解釈できるが、ピンクニーは必ずしもそうした立場を取っていたわけではなかった。1820年2月15日、ミズーリを自由州として連邦に加盟することを許すタルマッジ修正 Tallmadge Amendment が討議された際に、州権擁護の立場から反対を唱

えている。奴隷制の悪弊を認めながらもピンクニーは、ミズーリが自らの運命を決定
する権利を奪うべきではないと主張した。ピンクニーの主張はミズーリ妥協が成立す
る大きな契機となった。1822年2月16日夜、ワシントンで昏倒し、同月25日に亡
くなった。

リチャード・ラッシュ（在任 1814.2.10-1817.11.13）

リチャード・ラッシュ Richard Rush（1780.8.29-1859.7.30）は、フィラデル
フィアで生まれた。父ベンジャミン Benjamin Rush（1745.12.24-1813.4.19）は、
医師で独立宣言の署名者である。ラッシュは1797年、カレッジ・オブ・ニュー・
ジャージーを卒業した。その後、法律を学び、1800年に法曹界に入った。1807年、
チェサピーク号事件が起きた際に、イギリスを非難する演説を行い衆目を集めた。ペ
ンシルヴェニア州の検事総長を務めた後、ラッシュは1811年に財務省会計監査官に
なった。ギャラティン財務長官の信任を得ただけではなくマディソンをはじめ民主共
和党の指導者の信頼を得た。1812年7月4日、ラッシュは議会でイギリスに対する
宣戦布告を正当化する演説を行った。それにはラッシュのイギリスに対する敵意が表
れている。

1814年2月、マディソンは、ラッシュに財務長官職と司法長官職のいずれかに就
くように求めた。ラッシュは司法長官職を選んだ。司法長官としてラッシュは、『合
衆国法大全 The Laws of the United States』（1815）を編んだ。さらに「アメリ
カの法理学 American Jurisprudence」（1815）で、アメリカの司法制度が道徳的
に優れていることを論じた。ブレーデンズバーグの戦いでマディソンに随従し、首都
からの退避にも従った。

郵政長官

ギディオン・グレンジャー（在任 1801.11.28-1814.2.25）

ギディオン・グレンジャーの経歴については、『トマス・ジェファソン伝記事典』、
8. 副大統領／閣僚／最高裁長官、郵政長官、ギディオン・グレンジャーを参照され
たい。

1810年、グレンジャーはマディソンに最高裁判事指命を求めたが断られた。さら
にマディソンと郵便局の人事をめぐって対立し、辞任に追い込まれた。1812年の大
統領選挙で、グレンジャーがマディソン以外の候補を支持したことも一因である。退
任後、グレンジャーはニュー・ヨーク州中部に移って弁護士業を再開した。運河網の

整備を訴え、それを実現するために自らが所有する土地を州に寄付した。1820年から翌年にかけてニュー・ヨーク州上院議員を務めた。

　リターン・メグズ（在任 1814.4.11-1823.6.30）

　リターン・メグズ Return Jonathan Meigs Jr.（1765.11.17-1824.3.29）は、コネティカット植民地ミドルタウン Middletown に生まれた。1785年、イェール・カレッジ Yale College を卒業した。その後、父が開発に携わっているオハイオ渓谷 Ohio Valley のマリエッタ Marietta に移住し、弁護士業や土地投機、雑貨店の経営などに従事した。1794年、マリエッタの郵便局長に選ばれたのを皮切りに、1798年にはオハイオ準州の判事にも選ばれた。さらに1803年には初代のオハイオ州最高裁長官職を得た。翌年、ジェファソン大統領はメグズをアッパー・ルイジアナ地域の軍司令官に指名した。メグズは長官職を辞し、ジェファソンの辞令を受諾した。1806年に健康上の理由でマリエッタに戻ったが、1807年にオハイオ州知事選挙の候補者となった。メグズの得票数は対立候補を上回っていたが、知事就任の要件を満たさないという理由で州議会はメグズの知事就任を認めなかった。その代わりに州最高裁の判事職がメグズに与えられた。

　1808年12月、州議会はメグズを連邦上院議員に選出した。さらに2年後、メグズはオハイオ州知事に当選し2期務めた。2期目は1812年戦争が起きた時期であり、メグズは1,200人の民兵を招集してウィリアム・ハル将軍の下に派遣している。1814年3月、郵政長官任命を受けて州知事を退任した。

　9年間に及ぶ在職期間中に、全国の郵便局の数は約3,000局から約5,200局に増大した。さらに郵便網の総距離数も4万1,000マイル（約6万6,000キロメートル）から8万5,000マイル（約13万7,000キロメートル）に拡充された。モンロー政権でも引き続き留任した。。

海軍長官

　ロバート・スミス（在任 1801.7.27-1809.3.7）

　ロバート・スミスの経歴については、『トマス・ジェファソン伝記事典』、8. 副大統領／閣僚／最高裁長官、海軍長官、ロバート・スミスを参照されたい。

　スミスはジェファソン政権から海軍長官に留任していたが、国務長官就任にあたり退任した。

ポール・ハミルトン（在任 1809.5.15-1812.12.31）

　ポール・ハミルトン Paul Hamilton（1762.10.16-1816.6.30）は、サウス・カロライナ植民地セント・ポールズ・パリッシュ St. Paul's Parish の農園主の子として生まれた。チャールストンの学校で学んでいたが、イギリス軍による攻撃の危険が高まったのでドチェスター Dorchester に逃れて学業を続けた。1778 年 12 月、父の急死により学業を断念せざるを得なかった。その後、民兵になったハミルトンはサヴァナ Savannah の包囲やキャムデンの戦い Battle of Camden などに参加した。

　1785 年、ハミルトンはセント・ポールズ・パリッシュの徴税人になった。翌年には治安判事に選ばれている。さらに 1787 年、サウス・カロライナ邦下院議員に当選した。1789 年にはサウス・カロライナ憲法批准会議に代表として参加している。1794 年、サウス・カロライナ州上院議員にも選ばれた。1799 年、ハミルトンはサウス・カロライナ州の初代会計監査官に就任し、1804 年まで在任した。ハミルトンの財政手腕によって州の財政は著しく再建された。そうした業績が評価され、今度はサウス・カロライナ州知事に選出された。州知事としてハミルトンは刑法の見直しや、州の防衛の改善、そして、奴隷貿易の禁止などを推進した。

　1809 年、マディソンの誘いに応じて海軍長官に就任した。海軍長官としてハミルトンは、士官候補生の教育課程を改良し、補給制度を再編した。また奴隷貿易を徹底的に取り締まるように将校達に命じた。さらにワシントン海軍造船所 Washington Navy Yard を拡張し、水雷や閉塞艦のような技術革新を推進した。

　1812 年戦争においては、大統領の決定に従って、イギリスに対して通商妨害を行なった。そうした作戦に成功を収めた後、通商妨害をさらに拡大しイギリス海軍を撹乱するためにハミルトンはアメリカ艦隊を 3 つに分けた。それによってアメリカは多くの勝利を得る一方で、イギリスは太平洋岸の封鎖を強めた。

　省内のさまざまな問題はハミルトンを悩ませた。まず会計記録が曖昧であったために使途が説明できない費用がたくさんあった。また法律で許された限度を超えた数の将校の任命が行われ、その中には不適格な者もいた。さらに装備の購入に関する不正取引疑惑が浮上した。批判が高まったために、マディソンの求めに応じてハミルトンは辞職した。辞職後はサウス・カロライナに戻り、1816 年、同州ビューフォート Beaufort で亡くなった。

ウィリアム・ジョーンズ（在任 1813.1.19-1814.12.1）

　ウィリアム・ジョーンズ William Jones（1760-1831.9.6）は、ペンシルヴェニ

ア植民地フィラデルフィアで生まれた。ベツレヘム Bethlehem の造船所で徒弟奉公していたことの他は家族についても幼少時についてもほとんど分かっていない。16歳の時、独立戦争に志願兵として参加した。その際、トレントンの戦いとプリンストンの戦い Battle of Princeton に参戦している。それから海軍に身を投じた。2回負傷し、2回捕虜となった。

1790年代初期に商船員をしていたことの他は戦後の経歴は定かではない。1793年にチャールストンからフィラデルフィアに戻り、海運商として生計を立てた。民主共和党の一員として政治に関わるようになり、連邦下院議員に選ばれ、1801年から1803年まで在職した。1801年に海軍長官就任をジェファソン大統領から打診されたが、ジョーンズはそれを引き受けなかった。連邦下院議員の任期終了後、ジョーンズはフィラデルフィアに戻った。

1812年12月にマディソンから海軍長官就任を打診されると、気が進まないながらも引き受けた。ジョーンズはエリー湖、オンタリオ湖、シャンプレーン湖に造船所と補給所を建設した。こうした整備が功を奏して、エリー湖でもシャンプレーン湖でもアメリカ海軍は勝利を収めることができた。海軍長官を辞する前にジョーンズは議会に海軍再編計画を提出している。その中でジョーンズは、戦艦の建造と軍需物資の調達を監督し、艦隊の配置について海軍長官に助言する海軍委員会 Board of Naval Commissioners の設置を勧めている。

海軍長官としての職務の他にジョーンズは1813年5月から1814年2月まで財務長官代理を兼ねている。財務長官代理としてジョーンズは軍資金を賄うために増税を進言したが聞き入れられなかった。

退任後、ジョーンズは第二合衆国銀行の総裁に任命された。合衆国銀行の内陸部の支店に地場産業を支援するために積極的な融資を行わせた。そうした融資は内陸部への資本の急激な移動をもたらした。それを抑止するために合衆国銀行は西部と南部に対する貸付を急に削減したので、金融危機を引き起こす原因となった。下院による調査で不適切な管理体制といくつかの銀行における不正が明らかになり、ジョーンズは1819年に更迭された。

その後、ジョーンズは汽船業で成功を収めた。1827年から1829年にかけてフィラデルフィア港の関税徴収官を務めた。1831年にベツレヘムで亡くなった。

ベンジャミン・クロウニンシールド（1815.1.16-1818.9.30）

ベンジャミン・クロウニンシールド Benjamin Williams Crowninshield（1772.

12. 27-1851. 2. 3）は、マサチューセッツ植民地セイレム Salem の海運商の子として生まれた。学業を終えた後、航海術と事業の詳細を学び、ジョージ・クローニンシールド・アンド・サンズ商会 George Crowninshield and Sons の一員として父の海運業を手伝った。1811 年、兄の死に伴ってマサチューセッツ州下院議員を引き継ぎ、翌年には州上院議員にも選ばれた。

　1814 年 12 月 19 日、マディソンはクロウニンシールドを海軍長官に指名した。クロウニンシールドはいったん、指名を拒んだが、2 日後、考えをあらためて指名を受諾した。海軍長官としてのクロウニンシールドの主な職務は、新たに議会に設置された海軍委員会と海軍省との協力関係を構築することであった。クロウニンシールドはモンロー政権でも引き続き留任した。

最高裁長官

ジョン・マーシャル（在任 1801. 2. 4-1835. 7. 6）

　ジョン・マーシャルの経歴については、『ジョン・アダムズ伝記事典』、8. 副大統領／閣僚／最高裁長官、国務長官、ジョン・マーシャルを参照されたい。前政権からマーシャルは引き続き在職した。

　民主共和党政権とマーシャルは衝突することが多かったが、1807 年以降、そうした衝突は緩和された。司法府はマディソン政権の禁輸政策実施に協力した。1809 年の合衆国対ピーターズ事件 United States v. Peters でペンシルヴェニア州が裁判所の命令に公然と抵抗した際に、マディソンは司法府を支持した。そうした支持の下、1810 年に最高裁は合衆国憲法に反する州法を初めて無効にした。同年のフレッチャー対ペック事件 Fletcher v. Peck では、ジョージア州が公有地の払い下げを廃止したことに対して、合衆国憲法第 1 条第 10 節 1 項に基づき、違憲判断を下した。マーシャルは、各州は契約上の義務を損なうような法律を定めてはならないという「契約義務 obligation of contracts」条項を有効に解釈することによって、各州の市民をその州政府の不法行為から守る先例を打ち立てた。マーシャルは次政権でも引き続き在職した。

9. 引退後の活動／後世の評価

9. 1　引退後の活動

日常生活

晩年のマディソン

　1817年3月4日、マディソンは後任者のモンローの就任式に出席した。退任時の年齢は64歳と310日であった。4月6日、マディソン夫妻はモンペリエに向かった。その旅路で蒸気船に乗ったマディソンは、「子どもと同じようにはしゃいで、乗船したすべての人々と喋ったりふざけたりして」、その様子はまるで「長期休暇の時の学童」のようだったと同乗者が書き留めている。

　モンペリエに戻ったマディソンの日々は穏やかな生活であった。マディソンの日課は従者の手を借りて身支度をすることから始まる。8時か9時頃に朝食を食べた後、時には来客と談笑したり、望遠鏡で農園や山々を眺めたりして過ごした。それから馬に乗って農園内を見て回った。雨天の場合は屋内で運動し、夫人と競争することもあったという。午後2時、マディソンは老母を部屋に尋ねた。母の部屋から退出し、午後4時頃に食事を摂った。食事はたいてい2時間近くに及んだ。

　1828年にモンペリエを訪れた女流作家マーガレット・スミス Margaret Bayard Smith（1778. 2. 20-1844. 6. 7）によるとマディソンは食事の席で、「フランクリン、ワシントン、ハミルトン、ジョン・アダムズ、ジェファソン、ジェイ、パトリック・ヘンリー、そして、その他の多くの偉大な人物」について多くの挿話を交えて語っていたという。晩年までマディソンは壮健で、スミスはマディソンの様子を次のように

書き記している。

　　「［マディソンの会話は］歴史の流れであり、見解や事実が豊富で、挿話や警
　　句的な批評で味付けされ、人物や方策に関する意見は率直で親しみ深いものだっ
　　たので、今、生きている者の中でこれほど興味深く魅惑的な会話ができる者は
　　ほとんどいないでしょう。彼の小さな目は、痩せこけた顔の深い皺の中、ふさ
　　ふさした眉毛の下で星のように輝いていました。この愉快で興味深く、そして、
　　話好きな人も、1人でも見知らぬ人がいたり、無関心な人がいれば、押し黙って
　　冷たく不快な感じでした」

アルブマール農業協会会長

　近隣からの推挙でマディソンはアルブマール農業協会 Agricultural Society of
Albemarle 会長に選ばれた。協会でマディソンが追求したのは科学的な農法の実践
であった。それはアメリカの農業の救済となり、ひいては共和制の根幹をなす農本主
義的な価値観を維持するものとなるという見解をマディソンはジェファソンと共有し
ていた。

　1818年5月12日、マディソンは農業に関して長大な演説を行った。何がきっかけ
で人類は狩猟から農業に移行したのか。人類にとって最善の植物と動物の割合はどの
ような割合か。自然環境の均衡をどのように保てばよいのか。こうした農業哲学に加
えてマディソンは、ヴァージニアの農業を改善する方法を説いた。まず疲弊した土地
での連作を止め、輪作を行うことを推奨した。そして、動物性肥料、籾殻、トウモロ
コシの茎などの肥料に関する詳細をマディソンは論じた。さらに灌漑の利点や馬より
も牛、特に乳牛のほうが農業用目的では有益であることを説いた。最後にマディソン
は、燃料用に林地を保持するために、森林の再生速度を考慮に含めて1つの暖炉に
つき10ヤード（約9.1メートル）四方の林地を割り当てるように推奨した。この演
説は同年、31頁のパンフレットとしてまとめられてヴァージニアで出版された。

ラファイエットとの再会

　1824年から25年にかけて、かつての独立革命の英雄であるラファイエットが連邦
議会の招きでアメリカを再訪して国民の熱狂的な歓迎を受けた。1824年11月、マ
ディソンはラファイエットに会うためにモンティチェロを訪問した。1784年の9月
から10月にかけてともにスタンウィックス砦に赴いて以来、実に40年ぶりの再会

であった。マディソンは夫人に再会の様子を「私の古い友人は非常に温かく私を抱き締めました。彼は心身ともに非常に健康でしたが、非常に体が大きくなり外見が変わってしまったので彼のことが分からないくらいでした」と伝えている。

ヴァージニア大学 University of Virginia の新しい講堂で正餐会が行われた後、ラファイエットはモンペリエに立ち寄り、1週間滞在した。その間、マディソンとラファイエットは独立戦争やフランス革命の回想、そして、ヨーロッパや南アメリカでの独立運動などさまざまな問題について語り合ったという。

ヴァージニア大学の運営を引き継ぐ

1816年、マディソンはジェファソンとモンローとともにセントラル・カレッジ Central College の理事の1人に選ばれた。後のヴァージニア大学である。1818年2月21日、ヴァージニア州議会はヴァージニア大学設立を認可し、その場所の選定をロックフィッシュ・ギャップ Rockfish Gap で開催される理事会に委ねた。理事の1人に選ばれたマディソンはジェファソンとともに理事会に参加した。

ジェファソンは大学図書館に収蔵する書籍の一覧を作るようにマディソンに求めた。特に神学に関する書籍についてマディソンは「［ヴァージニア］大学で神学は教えられていないが、大学図書館はその領域を自発的に学ぼうとする者のために完全な情報を所蔵するべきである」という方針に基づき、多くの神学に関する書籍から「教条的かつ異論的な部分」を除いて「道徳的かつ形而上学的な部分」を選抜するように努めた。

その一方でジェファソンは政治学と法律学に関して、独立宣言、『ザ・フェデラリスト』、ヴァージニア決議と「ヴァージニア決議とケンタッキー決議に関する報告書」をジョン・ロックやアルジャーノン・シドニー Algernon Sidney（1622?-1683.12.7）の著作とともに教科書に採用するように提案した。マディソンはジェファソンの提案に対して、「わが国の政治制度で典型的に示されている自由の真の原理」を伝える本を選ぶのは難しいと考えた。独立宣言は、現行憲法の拡大解釈に対抗するためには十分に有用とは言えず、『ザ・フェデラリスト』も憲法の権威的な解釈書ではあるものの、すべての党派に受け入れられるものではない。ヴァージニア決議と「ヴァージニア決議とケンタッキー決議に関する報告書」はさらに党派的であり、理事の中にも採用に反対する者がいるかもしれない。そこでマディソンはジェファソンが提案した教科書を「最善の指導書」とするのではなく、単に学生と教師の基準にするように求

め、ワシントンの告別の辞を加えることで均衡を取るように勧めた。

　1826 年にジェファソンが亡くなると、マディソンは同学の学長を引き継ぎ 1834 年まで務めた（see → **281 頁、巻末史料 9**$^{-1}$）。マディソンの指導の下、ヴァージニア大学は順調に発展し、1834 年には学生総数が 208 人を数えるまでになった。ヴァージニア大学の他にもマディソンは母校のカレッジ・オブ・ニュー・ジャージーやアレゲーニー・カレッジ Allegheny College などに支援を行っている。またケンタッキーの当局に、税金で資金を集めて学校を支援して読み書き算数に加えて地理や天文学も生徒に教えるべきだと提言している。（see → **281 頁、巻末史料 9**$^{-2}$）。

強い政治的影響

　モンロー政権の相談役　　マディソンが退任後も、モンロー大統領は外交文書をモンペリエに送り、ラテン・アメリカ問題、フロリダ問題、関税、国内開発事業など多岐にわたる問題についてマディソンの見解を求めた。ラテン・アメリカの独立運動について特にマディソンは関心を示し、モンロー政権に、紛争に巻き込まれないように配慮しながら、できる限りの手段で合衆国が独立革命を認めるように助言した（see → **282 頁、巻末史料 9**$^{-3}$）。

　マディソンはモンロー政権に対してさまざまな助言を行う一方で、時には最高裁の判決について私的な見解を述べることもあった。そうした見解は憲法を解釈するうえで参考となるものである。代表的な例は、マーシャルがコーエンズ対ヴァージニア事件で州最高裁の判決を再審議する権限が連邦最高裁にあることを示した時の例である。マーシャルの判決を批判する手紙に対して 1821 年 6 月 29 日付の手紙で次のようにマディソンは答えている。

　「憲法上のゴルディアスの結び目は、連邦の権限と州の権限の間、特に連邦と州がそれぞれ行う裁判にあるように思われます。もし憲法の条文で結び目を解くことができなくても、政治におけるアレグザンダーに断ち切らせるべきではないでしょう。条文の裏付けがある限り、［連邦と州の］司法府の確執や相互麻痺を未然に防ぐためならば、方便としての解釈も好ましいと私は常に考えています。さらに連邦と州の決定のいずれかが優先されるべきかという理論的な問題については、前者の主張に譲歩することが健全な指針であると考えています」

　退任後もマディソンは政治的見解を述べるだけではなく、折に触れて政治的影響力を行使することも厭わなかったが、時にはそれを拒むこともあった。1828 年の大統

領選の際に、ヴァージニアのアダムズ支持者が、モンローとマディソンを選挙人に指名することで、アダムズに対する後援を得ようとした。しかし、マディソンはモンローともにそうした動きに加担することを拒んでいる。

　ミズーリ問題　　ミズーリ問題についてマディソンは、憲法第1条第9節第1項の成立の経緯と解釈に基づいて次のように説明している。憲法制定会議において、奴隷貿易に否定的な邦は奴隷貿易を禁止する条項を憲法案に盛り込もうとした。奴隷貿易を続けていた邦は、そうした条項を含む憲法案を邦民に認めさせることは不可能だとして反対した。その結果、1808年まで連邦議会はこの問題に干渉しないという妥協が成立した。そのような経緯で憲法第1条第9節第1項が成立した。

　つまり、それは、1808年以降、奴隷輸入を禁止することを意味している。しかし、「入国を適当と認める人びとの来往および輸入」という条文は当然ながら、専ら他国から合衆国への来往及び輸入に言及しているのであって、奴隷の国内移動に言及しているわけではない。つまり、たとえ外国からの奴隷輸入を禁止することが認められていても、国内の移動に関して禁止を拡大することはできない。それゆえ、連邦議会は、ミズーリ州への奴隷制導入に反対することはできない。

　寓話「ジョナサン・ブルとメアリ・ブル」　　1821年、マディソンは「ジョナサン・ブルとメアリ・ブル Jonathan Bull and Mary Bull」と題する寓話を書いている。この原稿はその当時は公表されていないが、ミズーリ問題に関するマディソンの見解を知るうえで重要な資料である。

　ジョナサン・ブル（北部）とメアリ・ブル（南部）は、祖先を同じくする親戚同士で隣接する地所をそれぞれ所有していた。仲良しだった2人に結婚話が持ち上がる。婚姻によって2つの地所を共同で管理できる利点があるので話はとんとん拍子で進んだ。しかし、彼らの後見人として、これまで地所の中で特権を享受してきた老ブル Old Bull（イギリス）は、彼らの結婚を破談にしようとした。もし彼らが結婚すれば、地所をすべて手中に収める計画が失敗に終わるからである。

　老ブルは2人に対して訴訟を起こした。夫婦は賢明であったので騙されなかった。老ブルが法律の機微に通じ、頑固な性格であり富裕であることを彼らはよく知っていた。激しい戦いの後、彼らは老ブルに勝訴し、古い特権から解放された。

　結婚後、子ども（準州）が次々に生まれた。夫妻は、子どもが成人（州昇格）時に地所を受け取れるように分配した。小作人がその土地を耕した。メアリの地所から小作人を出す場合もあればジョナサンの地所から小作人を出す場合、両方から出す場合

もあった。10番目か11番目の子どもが成人する時に、財産を管理する条件や資格に関する問題が起きた。ジョナサンは、小作人の耕作権を独占しようと考えたのである。また執事頭 Head Steward（大統領）がメアリの地所に属する小作人から専ら選ばれている点も気に入らなかった。

　メアリは子どもの頃、アフリカの染料 African dye（黒人奴隷）で左手が黒く染まってしまい、少し不自由になっていた。その不幸は、アフリカから染料を積んだ船がメアリの地所まで川伝いに入ることを許され、有害な染料を投棄したことによる。結婚の際にジョナサンはそれを十分に承知していた。メアリ本人の善性や経済的利点から、それはジョナサンにとってこれまで特に結婚の障害とはならなかった。

　しかし、ジョナサンが感情の激発に駆られてメアリの黒い腕を見ると、その他の利点をすべて忘れてしまった。ジョナサンは妻の不運を嘲笑するようになった。執事頭を自分の地所から選ぶ権利があることをジョナサンはメアリに納得させようとした。さらに黒い腕に関して、もし色を除去できなければ、肉から皮を剥ぎ取るか、腕を切るべきで、もしそうしなければ離婚するつもりだとメアリに伝えた。

　メアリは愛する夫からひどいことを言われたことに驚いたが、驚きが収まるにつれて、胸中で怒りが膨らんだ。しかし、彼女は寛大な気持ちを持っていたので、そうした怒りを抑えてジョナサンを説得しようと努めた。腕の色については結婚の前に分かっていた筈だとメアリは夫に反論する。

　アフリカの染料は、私の地所だけではなくあなたの地所にも被害を及ぼした。結婚した時、私の腕と同じく、あなたの体中にも小さな黒い染みがあった。私を非難するよりも、もっと困難な私の状況に同情すべきではないか。それにもかかわらず、あなたは、まるで不運が私のせいであるかのように私を非難する。私はあなたと同じくできれば染みを除去したいと思っている。しかし、染みを安全に除去できる実行可能な案が見つからない。優秀な外科医の意見では、もし除去するために腕を切ったり、肌を剥ぎ取ったりすれば、壊疽するか、出血多量で死に至るそうだ。あなたと私は一緒にいることで互いに利益がある。もし離婚してしまえば、双方の利益はともに失われてしまうだろう。執事頭を選出する問題に関しても、私はあなたの言い分に途方に暮れている。確かに私の地所の小作人から執事頭が選ばれることが多い。しかし、状況が違えばそれは逆転する可能性もあるし、もし選出方法を改悪すればどうなるだろうか。そのような方法で選出された執事頭は忠実に職務を果たすとは思えない。そうなってしまえば結局、あなたの不利益になる。

モンロー・ドクトリンに関する助言　1823 年、イギリスは、ヨーロッパ諸国による南北アメリカの侵略に対して警告する共同声明を出すようにアメリカに持ち掛けた。モンローはイギリスの誘いに乗るべきか否かを閣議に諮った。それに加えてモンローはジェファソンとマディソンに意見を求めた。マディソンはジェファソンと見解を共有しており、共同声明の申し出に応じるべきだとモンローに回答している。

さらにマディソンは、モンローがスペインの革命に対するフランスの動きに対して抗議し、ギリシア独立戦争 The Greek War of Independence に介入しないようにヨーロッパ諸国に警告すべきだと示唆している（see → **282 頁、巻末史料 9**⁻⁴**・9**⁻⁵）。

唾棄すべき関税　1828 年、サウス・カロライナ州が「サウス・カロライナの論議と抗議 The South Carolina Exposition and Protest」を公表し、1828 年関税法、いわゆる「唾棄すべき関税 Tariff of Abomination」に異議を唱えた。その中でサウス・カロライナ州議会は、マディソンの 1798 年のヴァージニア決議とケンタッキー決議に基づいて 1828 年関税法が無効であると訴えた。サウス・カロライナ州議会によれば、マディソンが 1800 年にヴァージニア議会に提出した「ヴァージニア決議とケンタッキー決議に関する報告書」は明白に州権を支持している。

マディソンにとって、連邦法を無効にしようとするサウス・カロライナ州議会の主張はまさに連邦制度への脅威に他ならなかった。そのためマディソンは 1828 年 9 月 18 日付の書簡で、「連邦議会は左の権限を有する。合衆国の債務の支払い、共同の防衛および一般の福祉のために、租税、関税、間接税、消費税を賦課徴収すること」を規定する憲法第 1 条第 8 節第 1 項と「諸外国との通商、および各州間ならびにインディアン諸部族とのあいだの通商を規制すること」を謳う同条同節第 3 項に基づいて、連邦が通商を統制する権限と保護関税を施行する合憲性を支持し、州が連邦法に対して無効を唱える権限を明確に否定した。マディソンは、そもそも憲法制定会議が開催された主な動機が国家全体の利益に基づいて通商を統制することにあったと指摘している。

さらに第 1 回連邦議会で、南部諸州も北部諸州と同様に保護関税が有益であると認めていたと示唆したうえでマディソンは、過去 40 年間にわたって連邦が通商を統制する権限は諸州によって黙認されており、いまさら、それを覆すことは国家の安寧を損なうことになると警鐘を鳴らした。また連邦と州の権限の管轄に関する紛争を裁定することができるのは連邦最高裁であるとマディソンは示唆している。確かに不正を是正する最終手段として州や個人には自然権として抵抗権があるが、それは連邦を

解体させる結果を招くので現行憲法の下では認められないとマディソンは論じた（see → **282・283 頁、巻末史料 9[-6]・9[-7]**）。

　確かにヴァージニア決議は州権を擁護するものだと解釈されるが、マディソンは憲法制定以来、一貫して連邦の維持がもたらす利点を重視しており、連邦法の無効や連邦からの脱退を主張したわけではない。確かにマディソンは、もし市民的自由を連邦政府が侵害した場合にそれを救済し得るのは州であるという考えを持っていたものの、マディソンにとって連邦の維持は市民的自由と同じく重要であったことを忘れてはならない。

　連邦法無効に反対　　1830 年、再度、連邦法無効の是非が問題となった。連邦法無効を唱える者達は、ジェファソンとマディソンが外国人・治安諸法に対して両者がケンタッキー決議とヴァージニア決議をもって抗議したのと同様の抗議を行っているに過ぎないと主張した。

　それに対してマディソンは、8 月 28 日付の書簡で、連邦が国民を単一に統合するものではないと譲歩を設けながらも、合衆国憲法は各州の総意ではなく国民の総意に基づいているので、連邦法は州の権威に優越するという見解を明らかにしている。またマディソンは、連邦と州の間で権限の管轄領域をめぐって紛争が起きた場合に、それを最終的に解決するのは連邦最高裁であり、そうした判断を諸州に委ねることは「法の権威の一貫性」を損なうことになると論じている。

　こうした見解の根拠としてマディソンは、「この憲法、これに準拠して制定される合衆国の法律、および合衆国の権能をもってすでに締結されまた将来締結されるすべての条約は、国の最高の法である。これによって各州の裁判官は、各州憲法または州法律中に反対の規定ある場合といえども、拘束される」と定める憲法第 6 条第 2 項と「司法権は次の諸事件に及ぶ—すなわち、この憲法、合衆国の法律および合衆国の権能により締結されまた将来締結されるべき条約にもとづいて発生するすべての普通法ならびに衡平法上の事件」と定める第 3 条第 2 節第 1 項を挙げている。

　さらにマディソンは憲法には連邦による権限の侵害から州を守る措置が多く講じられている一方で、連邦法無効の原理は連邦政府が根拠の疑わしい州の主張に対して自らを擁護する手段を欠いていると論難した。その一方でヴァージニア決議について、その意図は連邦法の執行を差し止める権利が個々の州にあることを明言することにあったのではなく、単に諸州に協力を呼び掛けることにあったと弁明している（see → **284 頁、巻末史料 9[-8]**）。この手紙は 10 月に『ノース・アメリカン・レヴュー

誌 North American Review』に公開され、大きな影響を与えた。

　こうした動きの他にも、マディソンはジャクソン大統領の秘書ニコラス・トリスト Nicholas Philip Trist（1800. 6. 2-1874. 2. 11）の求めに応じてさまざまな助言を与えている。トリストはマディソンの助言を援用して連邦法無効に反対する多くの論説を新聞に発表した。さらにエドワード・リヴィングストン Edward Livingston（1764. 5. 28-1836. 5. 23）国務長官も連邦法無効に反対する文書を作成する際にマディソンに多くの助言を仰いだ。

　1832 年夏、再選を目指すジャクソン大統領はマディソンに敬意を示すためにモンペリエを訪れた。ジョン・クインシー・アダムズやヘンリー・クレイなど名だたる大物政治家を政敵としていたジャクソン大統領にとって、マディソンは大きな影響力を持ちながらも党派色がない貴重な存在であった。リューマチに悩まされていたマディソンは病床からジャクソン大統領に挨拶した。

　この頃、ジャクソン大統領は 1832 年関税法をめぐってサウス・カロライナ州と対立していた。11 月 24 日、サウス・カロライナ州は「連邦法無効宣言 Ordinance of Nullification」を公表した。連邦法無効を認めない立場をマディソンは堅持した。マディソンの見解は 1832 年 12 月 23 日、トリストに書き送った手紙を見るとよく分かる。マディソンは、「表現の濫用が予見され、そうなるだろうと思われるが、その形式は疑いもなく逸脱している」とサウス・カロライナの分離主義に明白に反対し、連邦法無効を唱える人々が「ジェファソン氏の名前を彼らの驚くべき異説の踏み台」にしていると厳しく糾弾している。

　またヴァージニア州選出連邦上院議員のウィリアム・リーヴス William Cabell Rives（1793. 5. 4-1868. 4. 25）に宛てた 1833 年 3 月 12 日付の手紙の中では、「少なくとも、ある州が連邦の中に留まる限り、憲法と連邦法の適用から州民を脱退させることはできないという単一の事実は疑問の余地もなく明白です」と連邦法無効が否定されている。

　さらにヴァージニア決議についてマディソンは、「遠い時期の表現を現代的な意味で読み取るのはよくあることだが、予期しない誤った解釈に対して無防備なのもよくあることです。先見の明がある片言が、そうした過程における表面上の多くの過ちを予防できるでしょう」と述べ、ヴァージニア決議が連邦法無効の理論的根拠とされているのを再度否定している。こうしたマディソンの見解はトリストとリーヴスの手によってジャクソン政権を擁護する論拠としてしばしば使われた（see → 285 頁、巻末

史料 9[-9]）。

　執筆活動と文書の整理　マディソンは 1821 年から「憲法制定会議に関する覚書」をまとめ始めている。また退任前からマディソンは自らの手紙を集め始め、1830 年までにはワシントン、ジェファソン、モンローなどに送った手紙の大半を取り戻していた。マディソンは大陸会議での討論や憲法制定会議に関する覚書を補うためにそうした手紙を使った。憲法制定会議の記録に前書きを付け、さらに夫人とその兄弟ジョン・ペイン John Coles Payne（1782.6.8-1860.1.1）の助力を得て関連文書の整理を行った。関連文書に説明が付された一方で、家族に関連する文書の一部が破棄された。関連文書の重要性についてマディソンは次のような言葉を残している。

　　　「もし民間と公庫に存在する豊富で信憑性の高い史料が公平に評価できる者の
　　　手に渡れば、アメリカ史は、あらゆる国や時代の歴史よりも多くの真実や教訓
　　　を含むようになるだろう」

　文書を整理する一方で、マディソンは新たな執筆も行っている。例えば 1833 年には「多数者の政府 Majority Governments」という小論が執筆されている。それは、連邦法無効論者や分離主義者の見解に対する反論として誰かに宛てた手紙という形式を取っている。生涯を通じたマディソンの信念である多数決の原理と少数者の権利の擁護という問題が論じられている。マディソンはジェファソンと違って、多数決の絶対性を認めてはいなかった。つまり、フェデラリスト 55 篇で論じられているように、集団行動が混乱と放縦をもたらすので、多数者は便宜的に少数者を束縛する傾向があり、多数者の意見が絶対的に正しいわけではないというのがマディソンの考えであった（see → 285 頁、巻末史料 9[-10]）。

ヴァージニア州憲法修正会議

　1828 年、オレンジ郡はヴァージニア州憲法修正会議の代表にマディソンを指名した。翌 1829 年 10 月にリッチモンドに到着したマディソンは、開会においてジョン・マーシャルとともにモンローを議長席に導いた。出席者の中でマディソンは 1776 年のヴァージニア邦憲法制定会議に参加した経験を持つ唯一の人物であった。

　マディソンはヴァージニア州の東部と西部の政治的均衡を是正するために、州下院の議席配分を白人人口にのみ基づいて決定するように働きかけた。従来の規定では議席配分の基礎となる人口に奴隷人口も含まれていた。もともと人口が稠密であるうえに多くの奴隷人口を抱えていたために、東部は西部よりも多くの議席を確保すること

ができた。それに対して奴隷人口が比較的少ない西部は白人人口にのみ基づく議席配分を求めていた。白人人口にのみ基づく議席配分法が採用されれば西部はこれまでよりも多くの議席を確保できる。マディソンの支持を期待していた東部の代表達は、白人人口にのみ基づいて議席配分を行うという提案を「裏切り」と見なした。

12月2日、マディソンは会期中ただ1度だけの演説を行った。演説の中でマディソンは、人口に基づく議席配分に関して、合衆国憲法で採用されている方式、つまり、奴隷を白人に対して5分の3と数える方式を採用するように訴えた（see → **285頁、巻末史料9**[11]）。これは東部の反発を回避するための妥協案であった。しかし、マディソンの妥協案は失敗に終わり、議席配分の人口規定に関しては従来の規定が維持された。

またマディソンは、土地を所有しない市民にも選挙権を与えるべきだと主張した。マディソンの考えでは、土地所有者は公共の福祉に必ずしも責任を持つとは限らず、少数者のみに基づく共和主義は安全でもなければ公正でもなかったからである（see → **286頁、巻末史料9**[12]）。

ヴァージニア州憲法修正会議は概ね東部の奴隷主の勝利に終わったと言える。それはマディソンにとって不本意な結果に終わった。マディソンは、「少数者に依存する政府は貴族制であって共和政体ではない」と述べている。

アメリカ植民協会名誉会長

マディソンは1816年に創設されたアメリカ植民協会 American Colonization Society に、ヘンリー・クレイ、ブッシュロッド・ワシントン Bushrod Washington（1762. 6. 5-1829. 11. 26）、ジョン・マーシャルなど多くの南部の有力者とともに名を連ねている。1833年には同協会の名誉会長にマディソンは選ばれている。マディソンが最晩年に名誉会長就任を承諾したのは、北部で高まりつつあった急進的な奴隷解放の動きを危惧したからだと考えられる。

マディソンは奴隷制を段階的に廃止するために、奴隷主から購入して解放した奴隷を順次、アフリカ海岸に移送するという案を支持していた。憲法の下で奴隷が財産として認められている以上、解放の際に奴隷主に補償を与えなければならないというのがマディソンの考え方であった。また黒人と白人の統合は根強い偏見のために不可能であるとマディソンは断言している。こうした考えから、マディソンは奴隷を解放してアフリカ海岸に移送する案を支持したのである。生涯にわたってマディソンは奴隷

制に対して関心を抱き続けたが、奴隷制の段階的廃止というマディソンの願いは生前に実現することはなかった（see → **286 ～ 288 頁、巻末史料 9^{-13}・9^{-14}・9^{-15}**）。原因として、移送が黒人の人口増加率にまったく追い着いていなかったことに加えて、南部の綿花産業の発展によって奴隷の必要性がさらに高まったという社会的な変化も挙げられる。

困窮した最晩年

　マディソンは 1813 年から 1836 年の間に、農産物価格の低下や継子の借金返済などで少なくとも 4 万ドルを費やしている。1825 年には不動産を担保に合衆国銀行から 6,000 ドルを借入している。ヨーロッパの戦火が鎮まった後、小麦価格は下落し、戦後のタバコ貿易の盛況も短命に終わった。それに追い討ちをかけるように、1830 年代、ヴァージニアでは不作が続いた。さらに外部的要因として、ヴァージニアの農園は西部で急速に発展しつつある新たな農園との競争にもさらされた。約 2 世紀にわたって続いたヴァージニアの農園主の豊かな生活様式は終わりを迎えつつあった。マディソンもそうした時代の流れから逃れることはできなかったのである（see → **289 頁、巻末史料 9^{-16}**）。

　1835 年 2 月 18 日、女性初の社会学者と言われるハリエット・マーティノー Harriet Martineau（1802. 6. 12-1876. 6. 27）はマディソン夫妻の招きでモンペリエを訪問している。マーティノーはマディソンとさまざまな問題を話し合っている。その時の記録は『西部旅行の思い出 Retrospect of Western Travel』で詳細に紹介されていて、特に最晩年にマディソンが奴隷制についてどのように考えていたのか知るうえで貴重な手掛かりとなっている。また最晩年のマディソンの様子についてもよく伝えている（see → **289 頁、巻末史料 9^{-17}**）。

　マディソンは遺言で自ら所有する奴隷を解放しようと考えていた。1834 年 10 月には人手が余っていたので、奴隷自身の同意を得たうえで親戚に 16 人の所有奴隷を売却した。マディソンは奴隷を解放するために十分な利益を確保しようとしたが成功を収めることはなかった。結局、1835 年 4 月に作成された遺言の中では、奴隷解放に関する言及はなく、奴隷自身と夫人の同意なく奴隷を売却してはならないという文言が挿入されているだけである。遺言書には、1 万 5,000 ドルをアメリカ植民協会、ヴァージニア大学、母校のカレッジ・オブ・ニュー・ジャージーなどに遺贈することの他、親族への財産分与について記されていた。

亡くなる半年ほど前からマディソンはほとんど歩けなくなり、寝椅子に横たわって過ごした。しかし、来客と強い声で会話を交わしていたという。病床でマディソンはヴァージニア大学教授ジョージ・タッカー George Tucker（1775. 8. 20-1861. 4. 10）から送られてきた『トマス・ジェファソンの生涯 Life of Thomas Jefferson, with Parts of His Correspondence』の草稿を読み、数時間かけて返信を書き取らせた。

その6月27日付の返信では、ジェファソンとの関係が「合衆国に永遠の自由と幸福をもたらすようなわが国の政治制度の再建を促進するうえで真摯で変わることのない協調」であったと述べられている。独立記念日である7月4日まで延命するための処置が提案されたが、マディソンはそれを断った。

1836年6月28日朝、いつものように従者がマディソンの身支度を整え、召使が朝食を病室に運んだ。病室には他にも姪が付き添っていた。マディソンが朝食を飲み下すのに苦心している様子を見ていた姪はどこが苦しいかを聞いた。マディソンはそれに対して「ちょっと気分が変わっただけだよ、おまえ」と言った直後、蝋燭の炎が消えるように静かに息を引き取った。

翌日、マディソンの遺体はモンペリエから少し離れた場所にある墓所に葬られた。マディソンは建国の父祖達の最後の生き残りの1人であった。ジェファソンとジョン・アダムズは1826年に、モンローは1831年にすでに没していた（see → 290・291頁、巻末史料9⁻¹⁸・9⁻¹⁹）。死後に文書整理がなされた際に、「わが国への助言 Advise to My Country」と題する覚書が発見された。その覚書には以下のように記されている。

「もし私がこの世を去るまでにこの助言が日の目を見ることがなければ、真実のみが尊重され人類の幸福のみが案じられる場である墓場から発せられるものとなるかもしれない。したがって、40年間にわたってさまざまな立場で祖国に仕えてきた者、若い頃から生涯を通じて祖国の自由の大義を忠実に信奉してきた者、そして、祖国の運命を定めた時代の中で最もさまざまなことが起きた時期に生まれあわせた者の善意と経験に由来するものは何であれ重要なものだと見なされるだろう。わが心に最も近しくわが信念に最も深く根差した助言は、諸州の連帯は尊重すべきであり永続させるべきだという助言である。その公然たる敵を禁断の箱を開けてしまったパンドラと見なそう。姿を偽った敵を悪意とともに楽園に忍び込んだ蛇と見なそう」

マディソンの墓石

9．2　後世の評価

圧倒的な評価

同時代人による評価

マディソンは「憲法の父」という称号で呼ばれることが多い。しかし、憲法制定会議の詳細は長い間ほとんど明らかにされなかったので、そうした評価が定まったのは比較的晩年である。マディソンを初めて「憲法の父」と呼んだのはチャールズ・インガソル Charles Jared Ingersoll（1782. 10. 3-1862. 5. 14）である。それは 1827 年 10 月 26 日に行われたペンシルヴェニアの製造業者の晩餐会においてであった。マディソン自身はそうした称号を受け入れるつもりはなかった。それは別の人物に宛てた次のような返信から分かる。

　　　「あなたは『合衆国憲法の著者』と呼んで私を称賛しましたが、それは私が主張できるものではありません。寓話の知恵の女神のように、これはたった 1 つの頭脳の産物ではありません。それは多くの頭脳と手による作品だと見なすべきです」

確かにマディソンを「合衆国憲法の著者」と称するには無理があるが、憲法制定会議、もしくはその準備段階において最大の貢献者の 1 人であることは間違いない。それゆえ、「憲法の父」という評価が後世にも受け継がれたのである。

　長年の友であるジェファソンは「正直言って私は、純粋な高潔さ、冷静さ、公平無私、そして、純粋な共和主義への献身を行う人物を［マディソンの］他に知らないし、アメリカとヨーロッパをあわせても彼よりも有能な頭脳を知らない」と評している。

　一方でアルバート・ギャラティンはマディソン政権を次のように評価している。

　「あなたの政権の終わりにおける状態以上に合衆国が繁栄した状態で残されることはないでしょう。そして、合衆国は国内ではまとまり、海外では独立戦争時よりも尊敬を受けるでしょう」

　ヘンリー・クレイはマディソンとジェファソンを比較して次のように述べている。ジェファソンには天才的な面があるが、それに対してマディソンは冷静な判断力と常識がある。そして、「ワシントンに次いでわが国の最も偉大な政治家であり、最高の政治的著作家」である。とはいえマディソンとジェファソンは、「両方とも偉大にして善良であり、異なっているけれども匹敵する」人物である。さらに「ワシントンを除いて祖国にどのような人物よりも重要な貢献をした」と述べている。

　またダニエル・ウェブスター Daniel Webster（1782. 1. 18-1852. 10. 24）は、「彼は他のどのような人物よりも憲法を制定するうえで大きな貢献をし、他のどのような人物よりも憲法を十分に執行した」と評価している。

　さらにあるイギリスの外交官は「誇り高い感情と誠実さに持つことにおいて彼よりも評判が高い者はいないだろう。一方で彼はすべての点で礼儀を弁えた紳士であり、公的な徳も持っている」と述べている。

　歴史家ゴードン・ウッド Gordon Wood は「革命期と憲法制定期だけではなく全アメリカ史を通じて最も深く独創的な政治理論家である」と評している。

否定的評価

　ゼファナイア・スウィフト Zephaniah Swift（1759. 2. 27-1823. 9. 27）議員は以下のようにマディソンを評している。

　「彼には情熱、熱意、活気はないが、用心深さと勤勉さにかけては計り知れない。表向きは最大限、公平無私を装いながら、あらゆることを極めて精密、正確に計算している。下院で誰よりも個人的影響力を持っていることは疑いない。名声は控え目に利用しつつ、才能は最大限に活用する術を、彼ほどよくわかっている人間をほかに知らない。そして、あれほど外面を作り、わざとらしい人間もこの世にいない（井上廣美訳）」

　ティモシー・ピカリング Timothy Pickering（1745. 7. 17-1829. 1. 29）は、「私の意見では『徳があり親しみやすいマディソン』は、政治的道徳という点では欠けている」と述べている。またジョン・カルフーンは、「わが大統領は親しみやすく偉大な才能を持っているが、彼の周りのことを処理するうえで才能をうまく使えていない

のではないかと思う。彼は閣内で分裂を許している」と記している。さらにベンジャ
ミン・ストッダートは次のように言っている。

　　「マディソンはジェファソンの傀儡に過ぎず、祖国を破滅させることしかでき
　　ないと確かに思う。彼の政権でさらに4年、連邦が生き長らえるとは思えない。
　　もし生き長らえても、北西部諸州の最善の血を犠牲にしたうえでのことで、
　　ニュー・イングランド人自身が血を流さなければならないだろう」

後世の大統領による言及

　マディソンが亡くなった当時、連邦下院議員を務めていたジョン・クインシー・ア
ダムズは、1836年9月27日、群集の前で2時間半にわたる弔辞を読み上げた。その
中でアダムズは以下のようにマディソンを称賛している。

　　「地上における彼の時間は短かったが、生まれた日から100年に満たない歳月
　　が過ぎ、多くの年月と栄光の裡に亡くなりました。いまだに彼は立派に人間と
　　して、そしてキリスト教徒としての運命を満たし続けています。祖国と人類の
　　状態を改善することによって、彼は自分自身の状況を改善したのです」

　アダムズは生い立ちからマディソンの人生のすべてを辿った。憲法制定会議につい
てアダムズは、「マディソン氏によって、新しい連邦の政治制度のためにヴァージニ
ア邦議会で最初に行われた提案が完全にうまくいった」とマディソンの功績を評価し
ている。さらにアダムズはヴァージニア憲法批准会議におけるマディソンの活躍を
「抗い難い力を持つ彼の雄弁と彼の偉大な精神の枯れることのない源」が会議を成功
に導いたと述べている。そして、最後は、「『時の終わりまで』そうした［平和と調和
と連帯の言葉を語る］声をあなた達の子どもの子どもにまで伝え、ジェームズ・マ
ディソンの生涯に耳を傾け、その記憶に目を注ごうではありませんか」という言葉で
結ばれている。

総評

　マディソンの政治哲学の骨子は、人民の権利と自由を守るための二重の制度を提案
した点にある。つまり、中央政府に三権分立を採用する一方で、州と連邦で国家全体
の均衡を保つという制度である。また、その当時、小規模な共和国こそ理想であると
いう考え方が一般的であり、アメリカのように広大な領域に跨る共和国を建設すると
いう試みは、帝政以前のローマを別にすれば人類で最初の試みであった。その過程に

おけるマディソンの理論的貢献は、権力を適切に分散させて均衡させることで権力の濫用と腐敗を防止するという枠組みを示し、大規模な共和国においても自由が保障される根拠を示したことにある。

　従来、マディソンは、ヴァージニア決議の起草という業績によって、州権論の文脈から語られることが多い。しかし、州の権限と連邦の権限の均衡を重視した平衡の守護者という評価が妥当であろう。

　その証拠として、実現しなかったとはいえ、マディソンが、州が人民の基本的人権を侵害しようとした場合に連邦が州を抑止する条項を権利章典に盛り込もうとした点を忘れてはならない。合衆国憲法とヴァージニア決議に加えて、マディソンの政治哲学の一角を成すものとしてこの条項を評価するべきである。

　また「憲法の父」という名前に隠されて、国務長官として、または大統領としてマディソンが果たした役割について十分に評価されないことが多い。そうした面も含めてマディソンを評価しなければならない。

　さらに 1812 年戦争の評価についても 1 つ注意すべき点がある。後の南北戦争の際にリンカン Abraham Lincoln（1809. 2. 12-1865. 4. 15）は非常時大権の名の下に大統領権限を大幅に拡大して戦争を遂行したが、19 世紀初頭の大統領制の枠内で同様に大統領権限を拡大して戦争を遂行することは不可能であった。なぜならアメリカにとって 1812 年戦争は独立戦争以降初めて経験する本格的な戦争であり、大統領が戦時大統領として軍を統制する先例がなかった。

　また当時はジェファソンが述べたような「労働者の口から稼いだパンを奪い取らない政府」という共和主義の理念がいまだに色濃く残っており、たとえ戦時を理由にしても行政権限の著しい拡大は難しかった。現代と比べて弱体で未発達な大統領制の下で危機に直面せざるを得なかった点を考慮すると、ワシントン焼失の責任をマディソンのみに帰することはできない。

ランキング

　歴史学者のアーサー・シュレジンガー Arthur M. Schlesinger（1888. 2. 27-1965. 10. 30）が 1948 年に歴史学者、政治学者、ジャーナリストに問い合わせて行った歴代大統領のランキング The Schlesinger Poll, 1948 によると、マディソンはヘイズ Rutherford Birchard Hayes（1822. 10. 4-1893. 1. 17）に次いで平均的な大統領のカテゴリーに分類されている。1962 年に行われた調査 The Schlesinger Poll,

1962 ではマディソンの評価は上昇し、平均的な大統領の首位に置かれている。

　さらに 1968 年に、ゲイリー・マラネル Gary Maranell がアメリカ歴史家協会 Organization of American Historians のメンバーに問い合わせて行った調査 The Maranell Poll, 1968 では、マディソンはクリーヴランド Stephen Grover Cleveland（1837. 3. 18-1908. 6. 24）に次いで 13 位であった。

　他にもシエナ研究機構 Siena Research Institute が行ったランキング調査でマディソンは、1982 年は 9 位、1990 年は 8 位、1994 年は 9 位、2002 年は 9 位、2010 年は 6 位と評価されている。個別項目の中でも知性はジェファソンに次いで 2 位と高い評価を得ている。また政治専門ケーブル・チャンネル C-SPAN によるランキングでは 20 位である。

　近年行われた中で最も広範かつ詳細に行われたランキングはロバート・マレー Robert K. Murray とティム・ブレシング Tim H. Blessing によるランキング The Murray-Blessing Rating, 1981 である。1981 年に行われたこの調査は 1,997 人の歴史学者に質問状が送付され、953 人から回答を得た。その結果、マディソンはケネディ John Fitzgerald "Jack" Kennedy（1917. 5. 29-1963. 11. 22）に次いで平均以上の大統領として評価された。また 2000 年 11 月にウォール・ストリート・ジャーナルで発表されたランキング The Wall Street Journal Poll ではマディソンはマッキンレー William McKinley（1843. 1. 29-1901. 9. 14）に次いで 15 位を占め平均以上の大統領と評価されている。

10. ファースト・レディ／子ども

10. 1 ファースト・レディ

ドロシア・マディソン

クェーカー教徒の伝統

　生い立ち　　妻ドロシア Dorothea "Dolley" Payne Todd Madison（1768. 5. 20-1849. 7. 12）は、ノース・カロライナ植民地のクェーカー教徒の入植地ニュー・ガーデン New Garden Quaker settlement（現ギルフォード郡 Guilford County）で農園主のジョン・ペイン John Payne（1739. 2. 9-1792. 10. 24）とメアリ Mary Coles Payne（1743. 10. 14-1808. 2. 8）の娘として生まれた。11 人の子どもの中で 3 番目であった。一般的に愛称のドリーで呼ばれる。ドリーはヴァージニア植民地ゴッホランド郡 Goochland County にある父の農園で幼少期の大半を過ごした。

　母方の祖父はアイルランドからアメリカに渡ってきてクェーカー教徒になった。母メアリもクェーカー教徒であったため、父ジョンは 1761 年にメアリと結婚した後にクェーカーに改宗した。ヴァージニアの農園経営でジョンは成功を収めたが、1782 年にヴァージニア邦で奴隷の解放が合法化されると、奴隷をすべて解放して農園を売却した。クェーカーの教えは奴隷制に反対していたからである。

　翌年、ペイン一家はフィラデルフィアに移った。フィラデルフィアのクェーカー教徒の伝統に従って、父ジョンは糊の製造業を始めた。しかし、事業がうまくいかず借金の支払いも滞り、1789 年に破産した。借金の未払いはクェーカー教徒として罪になることであったので、ジョンは信団を追い出され、3 年後に失意のうちに亡くなった。

　ドリーはクェーカー教徒として厳格な教えの下で育てられた。しかし、クェーカー教徒ではない祖母のもとをたびたび訪れたドリーは、祖母からさまざまなことを学んだ。祖母から譲り受けた金のブローチをドリーはクェーカー教徒の淡褐色のドレスの下に隠して身に付けていたという。さらに祖母は、ダンスの相手を求めに親類のパトリック・ヘンリーがやって来た時に、ドリーにダンスの手解きをしている。

　ドリーの教育は、クェーカー教徒の集会所で行われた。クェーカー教徒の子弟は集会所で読み書きや道徳を学ぶことができた。当時の普通の学校は一般的に男女別々であったが、クェーカー教徒の下では男女ともに教育が行われた。ダンスや娯楽はほとんどなかったが、性別を問わずさまざまな年齢層が交わる集会所でドリーは多くの人々の中で振舞う術を身に付けた。

　母メアリは家計の足しにするために下宿屋を始めている。その当時、フィラデルフィアに置かれていた連邦議会に出席するために全国から議員が集まったので下宿人募集には事欠かなかった。下宿人の1人として当時、連邦上院議員であったアーロン・バーがいる。そのためバーとドリーが恋仲だという噂もあった。噂の真偽はともかく、この時の縁でドリーがバーと友人になっていることは確かである。後年、マディソンと面会する媒介人になったのがバーであった。しかも、バーが反逆罪に問われた時にドリーは仲裁しようと試みただけではなく、バーがフランスから帰国できるように気を配っている。さらにバーの娘がワシントンの社交界で父の汚名を着ることなく成功するように庇護している。

　初婚　1790年1月7日、ドリーはクェーカー教徒の弁護士ジョン・トッド John Todd（?-1793. 10. 24）とフィラデルフィアで結婚した。ドリー自身は結婚にあまり乗り気ではなかったが、夫ジョン・トッドによる支援でペイン一家は何とか貧窮から免れた。トッド家はフィラデルフィアのクェーカー教徒の中でも一目置かれた家系であった。そのためドリーは父の凋落にもかかわらず、信団の有力な一員として認められた。2人の間には長男ジョン John Payne Todd（1792. 2. 29-1852）と次男ウィリアム William Temple Todd（1793-1793）が生まれた。

　1793年、黄熱病がフィラデルフィアを襲った。ジョン・トッドは妻と2人の息子を退避させたが自身は両親の看病と仕事のためにその場に留まった。そのため黄熱病に罹患して命を落とした。ドリーと次男ウィリアムも病に倒れた。ドリーは回復したが、次男も父と同日に亡くなった。1793年の夏に黄熱病で亡くなった人は4,000人以上にのぼったという。

出会いと再婚

　出会い　黄熱病が下火になった後、ドリーと母メアリはフィラデルフィアに戻った。フィラデルフィアで議会が再開される気配がなかったのでメアリの下宿屋は開店休業状態であった。そのため母メアリは子ども達とともに娘夫婦を頼ってヴァージニアに移った。フィラデルフィアに残ったドリーは妹の1人と息子の面倒を見た。ドリーはフィラデルフィアの紳士達の注目の的であり、親友の1人によると「紳士達は彼女が通るのを見ることができるような場所でうろうろしていた」という。

　夫ジョンの死後、フィラデルフィアに留まっていたドリーをマディソンは見初めた。1794年5月、ドリーは友人のアーロン・バーからメモを受け取った。そのメモを見たドリーは友人に「アーロン・バーが言うには、偉大な小さなマディソンが今夜、私に遭いたいとお求めだそうです」と書き送っている。その頃、マディソンはドリーよりも17歳年長ですでに名を成していた。また女性に対して積極的ではないと周りから思われていた。そのためドリーはマディソンが女性として自分に興味を抱いたとは最初は思わなかったようである。

　またクェーカーの教えの下で育ったドリーは政治にまったく関心はなかった。しかも前夫とは違ってマディソンはクェーカー教徒ではなかった。こうした事情はあったが、8月までに2人は婚約を交わした。

　そうした話を聞いたワシントン夫人はドリーを大統領官邸に招いた。そして、「ドリー、ジェームズ・マディソンと婚約したというのは本当ですか」と聞いた。ドリーは「私はそうは思いません」と答えた。この否定的な答えにもかかわらず、ワシントン夫人は、「あなた、ジェームズ・マディソンが良き夫になるとはっきりと明言できます。大統領と私はあなたの選択を大変喜ばしく思います」と言った。こうした後押しもあって2人の結婚話は順調に進んだ。

　再婚　1794年9月15日、ドリーとマディソンはヴァージニア州ジェファソン郡 Jefferson County にあるハーウッド Harewood で挙式した。ハーウッドはドリーの妹の嫁ぎ先であり、ワシントンの甥が所有していた農園である。

　新婦は26歳、新郎は43歳であった。式はクェーカー式ではなく監督派教会の聖職者によって執り行われた。その結果、挙式から3カ月後、ドリーは信団から追放された。これまでクェーカー教徒にふさわしいドレスを着用していたドリーであったが、流行の装いも取り入れるようになった。結婚後、1797年にモンペリエに移るまでフィラデルフィアに住んだ。

大統領の女性版

ジェファソン政権時代　1801 年にジェファソンが大統領に就任するとマディソンは国務長官に任命された。マディソン一家はワシントンに移ることになった。しかし、住居がまだ決まっていなかったので、大統領官邸に間借りした。その当時、ジェファソンは寡夫で子どもも独立し、召使の他はともに住む家族はいなかった。そのためマディソン一家が間借りする余裕は十分にあった。暫く後、一家は別の家に移った。

　ホワイト・ハウスでは女主人を務めるのにふさわしい女性がいなかった。ジェファソンの娘達も一時期、ホワイト・ハウスに滞在しているが常在していたわけではない。足疾で 4 カ月間療養した時期もあったが、その代わりにドリーがホワイト・ハウスの女主人を務めた。またジェファソンや政府の要人の代わりに、その妻や娘達に贈る品々を選んだ。ドリー自身もパリから最新の服飾品を次々に購入した。後にパリに赴いた友人に買い物を頼んだ際に、関税だけでも 2,000 ドル以上に達したという。

　当時は現代のようにファッション雑誌もなかったので、ドリーの装いがフィラデルフィア社交界の流行を作った。多くの女性は朝食で「昨夜、ドリーは何を着ていたのか」を話題にしていたと言っても過言ではない。ドリーが一番好んだ色は黄色で、公式の接待の時は白色のドレスを着用していた。特に羽飾りや花飾りを付けたターバンと短い丈のガウンはドリーを特徴付けるものとしてよく知られていた。それによって多くの人々の中でもドリーの姿を見分けることが容易だったからである。

　また読書をあまり好まなかったのにかかわらず、時に本を携帯していた。話の種にするためである。ドリーの会話術は卓越したものであったが、政治的な問題については疎かったために、できるだけそうした話題を避けるようにしていた（see → **291 頁、巻末史料 10⁻¹**）。そして、どうしても話題に詰まった時の助けとしてドリーは嗅ぎタバコ入れをいつも携帯していた。嗅ぎタバコを招待客に勧めたのである。またワシントンの社交界で重要だったのはダンスであった。クェーカー教徒として育ったドリーはダンスをほとんど身に付けていなかったので、人前でダンスすることはなかった。しかし、舞踏会の企画にドリーは手腕を発揮している。ドリーが供する料理も有名で、中でも紅白のペパーミント・キャンディを混ぜたピンクのアイスクリームはよく知られていた。

公式招待会の再開　就任式でのドリーの装いは注目の的であった。当時の新聞はその様子を「長いトレーンを付けた無地のキャンブリック生地のドレスを着て、首回りはスカーフがなく丸首で、大きな羽飾りが付いた紫のヴェルヴェットと白いサテン

の美しいボンネットの彼女はとても美しく見えた」と伝えている。その夜に開催された舞踏会はドリーの発案でロングズ・ホテルで開催された。それは名実ともにドリーがファースト・レディになった瞬間であった。その頃のドリーについてある夫人は以下のように日記に記している。

　「マディソン夫人は魅力的な女性で、彼女の夫よりもはるかに若く見えます。彼女は背が高く堂々としています。彼女の礼儀はもの柔らかですが少し気取った感じがします。彼女は非常に尊重されていて、称賛を好んでいるようです。好みにこだわることなく、装飾品やドレスを身に着けています。すべての服飾品の中でも特に取り合わせという点について彼女はほとんど配慮していません。彼女の顔色は素晴らしく、首から胸にかけては私がこれまでに見た［女性の］中で最も美しく、彼女の顔は善性以外の何物も示していません。彼女と一緒にいれば喜ばずにいるほうが難しいことです。彼女にはとても魅惑されるような何かがあります」

　ワシントン夫人が金曜日の夜に開いていた公式招待会 drawing rooms が再開されることになった。ドリーの場合は、毎週水曜日に開かれた。ワシントン政権時代の公式招待会は宮廷儀礼をモデルにした堅苦しいものであったが、ドリーはすべての招待客と言葉を交わそうと務めた。それだけではなく一度、紹介を受ければ招待客の顔と名前を忘れなかったという。ヘンリー・クレイが「皆がマディソン夫人を愛している」と言った時に、ドリーは「それはマディソン夫人が皆を愛しているからです」と答えたという。夫マディソンはドリーの傍らに座っていたが、古くからの友人に対面する時以外は口をほとんど挟まなかったので、そうした社交の場で主役を務めたのはドリーであった。こうした活躍からドリーはしばしば「女性版大統領 Presidentess」と呼ばれる。ワシントン・アーヴィング Washington Irving (1783. 4. 3-1859. 11. 28) は、「マディソン夫人は素敵で、恰幅が良く、快活なご婦人で、皆に言葉を掛けて笑顔を惜しまない。ジミー・マディソンはどうだろうか。何ともみすぼらしいジミー。萎びて小さくなった林檎のような男に過ぎない」と評している。

　またドリーはホワイト・ハウスの装いを新たにした。議会は、不承不承ではあったが、その費用として 6,000 ドルの支出を認めた。建築家ベンジャミン・ラトローブはドリーの意向を尊重しながら、ホワイト・ハウスに改築を施した。応接間は黄色の掛け布で装飾され、その他の公用の部屋も広く豪華に見えるように鏡が取り付けられた。

　他にもドリーは楽器や銀食器、陶器などを発注した。

　ホワイト・ハウス焼失　「すべての街が敵からの訪問を受けることが予期されます」と友人に書き送っているように、ドリーはイギリス軍によってワシントンが攻撃されるかもしれないと早くから思っていた。ドリーの恐れは不幸にも的中した。1814年8月、メリーランド州に上陸したイギリス軍がワシントンに向けて進軍を開始したのである。22日、マディソンはアメリカ軍の配備状況を視察するためにドリーを残してホワイト・ハウスから離れた。

　翌24日、ドリーは夫の帰還を待ってホワイト・ハウスに留まっていた（see → **291頁、巻末史料 10**$^{-2}$）。ブレーデンズバーグから砲声が響いてくる中、ドリーは夫が夕食に帰るという約束に従って食事の準備していた。そこへ急使が到着し、すぐに街を離れるようにと告げた。ホワイト・ハウスにある什器類と持ち運べる品をとりあえず詰め込んだ。しかし、「その他の公共に属するもの、我々自身のあらゆる種類の価値ある物、私の衣装や召使の衣装など」は残して行かなければならなかった。さらにドリーはギルバート・スチュアート Gilbert Charles Stuart（1755. 12. 3–1828. 7. 9）の手によるワシントンの肖像画を守るために持ち出すことにした。額が壁に打ち付けられていたために、ドリーは咄嗟の機転で庭師に命じて斧で額を壊させ画布だけを切り取らせた。この肖像画は現在、ホワイト・ハウスのイースト・ルームに飾られている。ジョン・アダムズが初めてホワイト・ハウスに入居した頃から今に伝わる数少ない品の中でも代表的な一品である。

　マディソンはドリーが去った直後にホワイト・ハウスに到着し、ドリーの姿がないことを確認すると自身も兵火から逃れた。そして、25日の夕刻、ようやく夫婦は再会した。翌朝、夫妻は安全のために別々に分かれて行動した。さらにドリーは念のために普通の農婦に見えるように変装した。ドリーが用心に用心を重ねたのは、イギリス軍の指揮官が大統領夫人を捕らえてイギリスに連れ帰り、戦勝パレードで披露するつもりだと公言していたからである。

　ホワイト・ハウスは焼け落ちていたので、オクタゴン・ハウスが臨時の大統領官邸になった（see → **291 頁、巻末史料 10**$^{-3}$）。ホワイト・ハウスの再建はそれから3年を要した。1812 年戦争が終結した後、マディソン一家はオクタゴン・ハウスからさらに小さな家に移った。通行人が窓を覗き込めるようなごく普通の町家である。ドリーはペットのオウムに餌をやりながら、窓の外から見ている子ども達に向けて何か言葉を発するようによく促していたという。こうしてドリーは通りすがりの子ども達を喜ばせるだけではなく、戦争孤児の救済も行っている。

　小さな家に移ったとはいえ、ドリーは接待を止めたわけではなかった。ドリーがその家で開いたパーティーは「すし詰め squeezes」と呼ばれた。招待客にはニュー・オーリンズで勝利を収め一躍英雄となったジャクソンも含まれている。ジャクソンを招待した際は、地階の窓に灯火を持った召使を配置したという。窓の外の側道に集まった人々にも中が見えるようにするためである。

　ファースト・レディとしてのドリーの役割は 1817 年 3 月 4 日で終わった。その日、モンローがマディソンの後を受け継いで大統領に就任したのである。

　ランキング　　1982 年、1993 年、2003 年、2008 年の 4 度にわたってシエナ研究機構はファースト・レディのランキング調査を行った。この調査は歴史家に、各ファースト・レディについて、経歴、国への貢献、品性、指導力、知性、主体性、業績、勇気、一般の印象、大統領への貢献の 10 項目で採点する形式で行われた。

　ドリーは、1982 年は 4 位、1993 年は 4 位、2003 年は 3 位、2008 年は 6 位と高く評価されている。2008 年の調査では、国への貢献の項目で 4 位、一般の印象の項目で 5 位を獲得している。

政権終了後

　モンペリエの女主人　　マディソン夫妻はワシントンからモンペリエに移った。ヴァージニアの農園がどこもそうであるように、モンペリエにも訪問客が絶えなかった。それでもドリーはモンペリエでの生活を十分に楽しんだ。この頃の様子を古くからの友人は、「彼女はこれまで人類で最も幸福な 1 人でしたが、今でもそうです。[中略]。時は彼女にとって幸運と同じく望ましい影響を与えています。彼女は若く見え、彼女もそう感じると言っています」と述べている。

　ドリーは、晩年、自ら文書の整理を始めたマディソンの手助けをしている。視力が衰え、リュウマチに苦しむ夫のために覚書を代筆することもあった。そうして整理した文書の多くはドリー自身が、ワシントン炎上から救い出したものであった。

　太后　　マディソンは亡くなる数カ月前はほとんど寝たきりであった。ドリーは夫を献身的に看護した。その様子をある訪問者は次のように述べている。

> 「彼女は 20 年前とほとんど変わらないように見えた。ターバンとクラヴァットを付けて同じように装い、朝は早く起きてとても活動的です。しかし、家から滅多に離れず、マディソン氏に対する献身は絶え間のないものであり、彼は彼女の世話を絶えず必要としていました」

　マディソンが亡くなって暫く後、ドリーはワシントンに戻って余生を過ごした。ワ

晩年のドリーの写真（1848）

シントンの社交界でドリーは重きをなした。タイラー John Tyler, Jr.（1790. 3. 29-1862. 1. 18）大統領の息子の妻エリザベス Elizabeth Priscilla Cooper Tyler（1816. 6. 14-1889. 12. 29）がホワイト・ハウスの女主人を務めることになった際に、ドリーは助言役となり、厚遇された。新しく就任した大統領が「太后 Queen Mother」ドリーのもとを訪れて祝福を受けることが恒例となった。1836 年 7 月 2 日、連邦議会は特別法でワシントン大統領の未亡人と同じくドリーにも郵便料金を無料にする特権を与えている。

　ある時、下院の観覧席にドリーの姿を見たある 1 人の議員が、「好きな時にいつでも使えるように」椅子を確保する決議を提出した。決議は即座に全会一致で可決された。いかにドリーが多くの人々に慕われていたかが分かる。またモールス信号ができた時に、ドリーは発明者サミュエル・モールス Samuel Finley Breese Morse（1791. 4. 27-1872. 4. 2）の次にメッセージを送る栄誉を与えられている。

　しかし、経済的に困窮していたドリーは連邦議会にマディソン関連文書を売却している。またマディソンが残したモンペリエも売却している。こうした経済的困窮は主に息子のジョンによるものである。モンペリエの管理はジョンに任されていたが、ジョンがモンペリエの管理を怠っていたうえに、別の場所で新たに養蚕業に着手していたからである。

　ドリーが最後に公衆の面前に姿を現した機会は、1848 年にポーク James K. Polk（1795. 11. 2-1849. 6. 15）大統領のために行われた舞踏会である。1849 年 7 月 12 日、ドリーはワシントンで亡くなり、同地に葬られた。葬儀にはテイラー Zachary Taylor（1784. 11. 24-1850. 7. 9）大統領と閣僚をはじめ、両院の議員達、外交官、最高裁判事、陸海軍の代表、その他、数千人の市民が参集した。亡くなった当時、公式の肩書きを持っていなかったのにもかかわらず、これだけ多くの人々が参集したこ

とは異例のことである。1858 年、ドリーの遺骸はモンペリエの墓所に改葬され、今でも夫の傍らで眠りについている。

エピソード

ペット　ドリーはコンゴウインコを飼育していた。

記念銀貨　1999 年、没後 150 年を記念して財務省から記念銀貨が発行された。ファースト・レディのためにそうした記念銀貨が発行されたのは前例のないことであった。また、ドリーは初めて写真に納まったファースト・レディである。

喜劇の題材になる　チャールズ・ナードリンジャー Charles Frederic Nirdlinger による喜劇『ファースト・レディ・イン・ザ・ランド First Lady in the Land』にドリーは登場している。1911 年 12 月 4 日、ニュー・ヨークのゲイエティ劇場 Gaiety Theatre で上演された。「ファースト・レディ」という呼称はすでに使われていたが、この劇によって一般に広まった。

10.　2　子ども

継子

ジョン・ペイン・トッド

マディソンには実子はなく、継子として夫人が前夫との間にもうけたジョン・トッド John Payne Todd（1792. 2. 29-1852. 1. 16）がいるのみである。1793 年に夫人はもう 1 人の子どもを前夫との間にもうけているが夭折している。

ジョンの学業成績が標準以下であったために、継父の母校であるカレッジ・オブ・ニュー・ジャージー進学は断念せざるを得なかった。ホワイト・ハウスでもこれといった仕事をするわけでもなく、養父の個人秘書が病になった際に一時的にその職務を代行した程度である。1813 年、ロシア皇帝の仲介でイギリスとの講和交渉にあたる使節団派遣が決定された際に、マディソンはジョンに随行員として同行するように命じた。ジョンに立身する機会を与えようと考えたためである。出発に際してマディソンはジョンに 800 ドルの銀行為替を用立て、さらに使節のギャラティンに、もしジョンがさらにお金を必要とするのであればマディソンの個人口座から引き出すように委託している。

　異国の地で多くのことを学ばせるというマディソンの配慮は仇となった。ジョンは外交にはほとんど興味を示さず、サンクト・ペテルブルクの舞踏場に夢中になり「アメリカの王子 American Prince」という渾名まで付けられる始末であった。皇帝の娘と踊ったこともあったという。

　さらに使節団とともにパリに移ってからも、ジョンはダンスや飲酒、賭け事に溺れ借金を重ねた。マディソンは何度も継子に訓戒の手紙を送ったがジョンの放蕩を改めさせることはできなかった（see → 292 頁、巻末史料 10⁻⁴）。ジョンの負債を肩代わりした額は少なくとも 2 万ドルに及ぶ。それも息子の不行跡で妻を悲しませないように密かに支払いを済ませることが多かった。それにもかかわらず、ジョンは 1829 年と 1830 年の少なくとも 2 度にわたって債務者監房に収監されている。継父の死後、ジョンはモンペリエの経営に携わったが失敗した。また養蚕にも手を出したがうまくいかなかった。そして、1852 年に未婚で亡くなった。

11. 趣味／エピソード／宗教

11. 1　趣　味

ペット

　マディソンはペットとしてオウムを飼っていて「憲法」という言葉を覚えさせようとしたという。マディソンはあまり身体が強くなかったので激しい運動は避けていた。しかし、散歩や乗馬は医師の勧めもあって楽しんでいた。釣りや水泳やホイスト、チェスなどもあまりしなかったし、ギャンブルは避け、飲酒もほとんどしなかった。

抜粋ノート

　マディソンは、勉学の一環としてさまざまな書籍からの抜粋からなる「抜粋ノート Commonplace Book」をまとめていた。こうした抜書きを作ること自体は、ジェファソンも同じようなノートを残しているように、当時の学習方法としてはごく当たり前の方法であった。残念ながら抜粋ノートは大半が失われており、現存するのは 24 頁のみである。

　書かれた時期は少年期からカレッジ・オブ・ニュー・ジャージー在学時と考えられる。5冊の著作からの抜書きが記されている。その5冊とは、ド・レッス枢機卿 Jean François Paul de Gondi, cardinal de Retz（1613. 9. 29-1679. 8. 24）の『ド・レッス枢機卿の回顧録 Mémoires du Cardinal de Retz』、モンテーニュ Michael Seigneur de Montaigne（1533 . 2. 28-1592. 9. 13）の『エセー Les Essais』、ジャン＝バプティスト・デュボ Jean-Baptiste Dubos（1670. 12. 14-1742. 3. 23）の『詩作と絵画に関する批評的考察 Réflexions Critiques sur la Poésie et sur la Peinture』、『スペクテイター誌 The Spectator』の551号、そして、『アメリカン・マガジン誌 The American Magazine』である。

　最も多くの部分が残っているのは『ド・レッス枢機卿の回顧録』である。この著作は、ルイ14世親政以前のフロンド派時代（1648-1652）を描写している。権力闘争の中で枢機卿がどのような役割を果たしたか。また枢機卿が人間や社会の本質をどのようにとらえていたか。そうした点にマディソンは注目し、以下のような抜粋をしている。

　　　「優柔不断な精神は、まさに行動という時に最も揺れ動く」

　　　「私は生涯の中で人を、何してきたかということよりも、何をするのを差し控えてきたかということで評価してきた」

　　　「何かを暗示する才能は、説得することよりも有用である。前者はしばしば成功するが、後者はほとんど成功しない」

　さらに枢機卿は、人民の暴動に対して臆病な助言者が何もするべきではないと言う一方で、過激な助言者が厳しく弾圧せよと言う場合、どちらも実は火に油を注ぐようなものだと述べている。こうした見解に対してマディソンは以下のように記している。

　　　「無分別と過度の臆病は、危険が分からない場合、同じ効果をもたらす。というのは両方とも危険が現実的ではないと納得しようとしているだけだ」

　モンテーニュの『エセー』については以下のように記している。

　　　「評判に関して敏感過ぎたり、中傷に対して過度に腹を立てたりする人々は、何らかの内的欠陥を自覚している」

　他にもマディソンはラテン語による引用句や古代の歴史からの教訓を随所に書き加えている。

　デュボの『詩作と絵画に関する批評的考察』に寄せてマディソンは各国の国民性について述べている。フランス人は見た目よりも賢明である一方、スペイン人は実際よ

りも賢明に見える。イギリス人は真意が分かりにくい一方、イタリア人はちょっとしたことでも心を動かす。イギリス人は発明の才能をほとんど持たないが、他者の発明を活かす才能を持っている。

科学的関心

　ジェファソンがヨーロッパに滞在している間、マディソンは北アメリカとヨーロッパの動物の関係を解明しようとしている。特に、北アメリカに見られる動物は、その気候のために、ヨーロッパで見られる同種の動物よりも小型であるというビュフォンの理論に反駁しようと試みた。

　マディソンは、モンペリエで見つけた33匹の雌のイタチを計測した結果とヨーロッパの同種の動物を測定結果を比較した表をジェファソンに送っている。測定は「重さ」「鼻面から尻尾の先までの長さ」「首の長さ」「首の周り」「歯の数」など17項目にも及ぶ。アメリカのイタチのほうがヨーロッパのイタチよりも大きいことをマディソンは示し、ビュフォンの理論が間違いであると主張している（see → **292頁、巻末史料11⁻¹**）。その他にもマディソンは、モグラの測定結果やさまざまな四肢動物の皮、そして20種類ほどの樹木の苗や種を送っている。こうした活動が実を結んで、1785年1月22日、マディソンはアメリカ哲学協会 American Philosophical Society の一員に選ばれている。

11. 2　エピソード

機転

　1812年戦争の最中、修復されたフリゲート艦アダムズ号 Adams の進水式が行われた。困ったことにアダムズ号の進水はなかなかうまくいかなかった。その様子を見ていた1人の連邦党の下院議員は、マディソンに向かって「この船のように国家という船も滑らかに航路に就けないのは何とも残念なことです」と皮肉を言った。そう言われたマディソンは、「もしある乗組員［連邦党］がその義務を同じく果すのであれば［国家の運営が］うまくいくでしょう」と答えたという。

死馬を売る

マディソンはモンペリエからモンティチェロへ帰るジェファソンに馬を貸したことがあった。ジェファソンは帰宅後、その馬を買い取りたいとマディソンに手紙を送った。しかし、2人で旅をした時に、どちらがより多く勘定を払うか揉み合いに何度もなった経験があるので、他の誰かに馬の適正価格を決めてもらうことになった。

しかし、支払いが済む前に馬は死んでしまった。ジェファソンは、取引は誠実なものであったのでマディソンには過失がなく、自分が馬の代金を支払うべきだと言った。しかし、マディソンは代金の受け取りを拒んだ。マディソンが言うには、自分はそのような無価値の動物を売り付けるような悪徳商人ではない。またその馬は自分の所にいる時からすでに弱っていた。それゆえ、代金は受け取れない。それにもかかわらずジェファソンは代金を、しかも多く送ってきたので、マディソンは多く送られてきた分だけを返し、残りは素直に受け取った。

盗まれた自分の帽子を買う

晩年、マディソンは次のようなエピソードを自ら語っている。盗まれた自分の帽子を買ったという話である。

「私はウィリアムズバーグの［ジェームズ・］マディソン師のもとにいたが、窓の外に置いた帽子が盗まれた。知事官邸から1マイル［約1.6キロメートル］ほど離れた家だったが、その帽子を見つけることができなくて2日間、知事官邸に行くことを避けた。しかし、遂に私は粗悪な嗅ぎタバコを売っているフランス人から頭部がとても小さく広いつばの帽子を入手した。それは友人達の笑いの種になった」

また1779年10月にはいなくなった12歳の栗毛の馬を探す広告を出している。その馬は迷っているか、それとも盗まれたかしたとマディソンは述べている。帽子の件も馬の件も盗まれたのではなく、単にマディソンが置き忘れた可能性がある。

マディソンの暗号

マディソンは手紙の内容を秘密にしておきたい時にさまざまな暗号を使って手紙を書いている。初期の暗号では鍵となる言葉を使った複合アルファベット方式を使っている。つまり、予め決めておいたパターンにキーワードとともに数字とアルファベットを当てはめる方式であった。それは大陸会議のマサチューセッツ代表ジェームズ・

ラヴェル James Lovell（1737. 10. 31-1814. 7. 14）が考案した方式であった。

　その後、独立戦争が終わり、手紙が敵の手に落ちる危険性がなくなってもマディソンは暗号を使っている。モンロー宛ての手紙では 600 のキーワードを使って解読する暗号が用いられている。さらに解読用のキーワードの数は 1,500 語まで増やされた。さらに 1,700 語のキーワードを使った「ジェファソンの 3 番目の暗号」も使用している。

ネイティヴ・アメリカン観

　地理学者ジェディダイア・モース Jedidiah Morse（1761. 7. 23-1826. 6. 9）は、ネイティヴ・アメリカンを文明化するための全国的な協会を作ろうと、大統領経験者をはじめ連邦政府や州政府の公職者、インディアン管理官、軍部の士官、教職者、そして、聖職者などに参加を呼びかけた。

　ネイティヴ・アメリカンの文明化は政府が追求するべき目標であり、またそうした巨大な組織を作ることは政府を脅かす原因になりかねないとしてジェファソンは参加を拒み、マディソンにも同調するように求めた。しかし、マディソンはすでに参加に同意していた。

　「ウィグワム［ネイティヴ・アメリカンの小屋］の無気力な怠惰と文明化した生活の慣習と快適さを追求する物資の供給の不安定さを解消できない限り」ネイティヴ・アメリカンの状態を改善することは不可能であるとマディソンは述べている。また「この素朴な人種の見解、政治、社会状況など」を調べる必要があるとも勧めている。マディソンにとってネイティヴ・アメリカン問題は奴隷制と並んで「わが国の政策を最も困惑させる」問題であった。

奴隷制観

　マディソン自身、農園主として奴隷を所有していたが、独立戦争が唱える自由の原理に奴隷制がそぐわないことは理解していた。兵士達の報奨として奴隷を与えるという案に対してマディソンは自らの考えを 1780 年 11 月 28 日付の手紙の中で以下のように明らかにしている。

　　「黒人自身を解放して即座に兵士にすることと、彼らを白人兵士を召集する手段とすることは同じでしょうか。黒人自身を解放して兵士にするほうが、自由をめぐる戦いの中で決して見失ってはならない自由の原理に確かに調和しています」

　また 1783 年にフィラデルフィアからヴァージニアに戻る際に、マディソンはフィラデルフィアに連れて来た自分の奴隷が「ヴァージニアの同僚の奴隷とうまくやっていくには完全に［自由な気風に］染められている」ことに気が付いた。そこでその奴隷はフィラデルフィアで売却されることになった。当時、ヴァージニアの農園主が「生意気になった」奴隷を西インド諸島に売り飛ばすことは珍しいことではなかったが、マディソンは、いつか自由を与えられると考えてフィラデルフィアで奴隷を売却することにしたのである。

　マディソンの考えは 1783 年 9 月 8 日付の父に宛てた手紙の中で如実に示されている。その手紙によると、「我々が多くの血の代価を払い、たびたび、正しいと宣言され、すべての人間が追い求める価値があるとした自由を単に待望しただけ」で奴隷を罰するべきなのかとマディソンは問うている。またマディソンは自分の農園で所有する奴隷を「必要な服従と仕事に矛盾しなければ、できる限り人道的、かつ親切に黒人を扱う」ように監督者に指示している。

　マディソンの収入はその大半をモンペリエに依存していたが、それはすなわち奴隷労働に依存することであった。そのため農園以外からの収入源を確保する必要があった。土地投機が 1 つの手段であったが、そうしたマディソンの試みは必ずしもうまくいかなかった。

　1785 年にマディソンは、ジェファソンが提案した段階的な奴隷制廃止法案に賛意を示した。その法案は否決されたが、個人による奴隷解放を違法とする法案の成立を妨げることには成功した。

　憲法制定会議上でマディソンは、憲法で人間が人間を所有することを認めることは間違いだと指摘している。マディソンは、「我々は、最も啓蒙化された時代において、単なる［肌の］色の違いが、かつて人間が人間に対して行った支配の中でも最も抑圧的な支配の根拠とされるのを見てきました」と述べ、さらに「奴隷制が存在するような三流の場所では、共和制の理論はより誤りが多いものとなるでしょう」と断じていた。

　連邦下院議員としてマディソンは奴隷制廃止を求める多くの請願を奴隷制廃止論者から受け取っている。それに対してマディソンは奴隷解放の条件として社会に黒人を統合する必要があるが、黒人に対する白人の根強い偏見があるので不可能であるとしている。そして、解放した奴隷をアフリカ海岸に入植させる措置が最も妥当な措置であると主張している (see → 293 頁、巻末史料 11^{-2})。こうした考えはジェファソンも構想していた考えであった。

　1791 年にマディソンはニューヨーク州中東部にあるジョージ湖 Lake George を訪れた時に 250 エーカー（約 100 ヘクタール）の農園を持つ「自由黒人」にあったと書き記している。その農園は、その黒人によって「白人の雇用人とともに耕され、彼の勤勉さと良い管理によって立派なものとなっていた」と驚きをマディソンは示している。マディソンによれば、その自由黒人は「知的で読み書きができ、勘定を理解することができ、いろいろなことを器用にこなした」という。

　こうした見解に加えて、地理学者ジェディダイア・モースの照会に回答した 1823 年 3 月 28 日付のマディソンの手紙は当時の奴隷制の実情を知るうえで非常に参考になる。モースは、イギリスから寄せられたという奴隷制に関する質問票をマディソンに送ったのである。

　例えば「勤勉さと秩序に関して解放奴隷の一般的な性質は奴隷と比較してどうでしょうか」という問いに対して、マディソンは「一般的に無気力であり堕落しています。彼らが関わり続ける奴隷達の悪い性質を保持する一方で、彼らの肌の色や特徴に対する偏見によって隔てられるので白人の良い性質を何も得ていないように思えます」と見解を示している。

　他にも、「もしある男奴隷が異なる、もしくは遠くの農園の女奴隷と交際した場合、男女の所有者の間で彼らが一緒に住めるように何らかの協定がなされるのが一般的な慣習でしょうか」という問いに対して、「非常に離れた農園の間でも協定がまったくないわけではありません。奴隷は異なった農園にいる妻を好みます。外に出る機会と口実になりますし、家庭内の責任があるので休日のちょっとした呼び出しから除外されるからです」と具体的な回答を与えている（see → 294 頁、巻末史料 11-3）。

　1825 年、社会改革家として知られるフランシス・ライト Frances Wright（1795. 9. 6-1852. 12. 13）が奴隷が共同で働いて自由を取り戻せるような集団農場を作る計画を持ってマディソンのもとを訪れた。マディソンはライトの提案を聞いたが、その実現性については疑問を抱き、積極的な支援は行わなかった（see → 294 頁、巻末史料 11-4）。

　マディソンの最晩年にはナット・ターナーの反乱 Nat Turner's Rebellion が起き、反動として奴隷制の強化が進んだ。しかし、マディソンは奴隷制を悪弊と見なす信念を変えず、アフリカへの入植によって奴隷制を廃止する計画の有用性を強く信じていた（see → 296 頁、巻末史料 11-5）。

世界政府の構想

1817 年頃に書かれた「憲法に関する覚書 Memorandum on Constitution」の中でマディソンは以下のように世界政府を樹立する構想を述べ、その利点を挙げている。国際連盟が発足する 100 年以上も前である。

> 「人間の工夫によって、地球のあらゆる場所の交流を促進することで、地球のすべての住民を世界的な議会の指導管理の下に統合することは可能だろうか。もしそうすれば人間の悪弊の多くが避けられるだろう。戦争や飢餓はいずれかの所産である疫病とともに存在しなくなり、戦争のために支払われる税や戦争遂行のための税は必要なくなり、すべての者に恩恵をもたらす交流を困難にして犠牲するような地域的な束縛が社会を圧迫することはもはやなくなるだろう」

合衆国の将来の人口を予測

マディソンは 1829 年に書いた「ヴァージニア州憲法修正会議の覚書 Note During the Convention for Amending the Constitution of Virginia」の中でアメリカの人口が将来どのように推移するか次のように予測している。

> 「ここには良い例がなく、他の場所の例から導いた想像でしかないが、人口の過密状態が注意を引くのははるかに先のことだと仮定することはできない。合衆国の人口増加率は今後、以下のようになるだろう。1,200 万人が 25 年で 2,400 万人になる。2,400 万人が 50 年で 4,800 万人になる。4,800 万人が 75 年で 9,600 万人になる。9,600 万人が 100 年で 1 億 9,200 万人になる」

ちなみに 1829 年から 25 年後の 1854 年の実際の人口は 2,685 万 6,000 人、その 50 年後の 1904 年の人口は 8,216 万 6,000 人、さらに 75 年後の 1979 年の人口は 2 億 2,505 万 5,000 人となっている。マディソンは人口増加率が徐々に鈍化すると予測していたが、実際の増加率は予測を上回っている。

帽子の謝礼

夫人の姪の夫から帽子を贈られたマディソンは以下のようなユーモアに富んだ謝礼の手紙を送っている。

> 「2、3 日前に無事に私の手元に届いた暖かい帽子へのお礼を返します。それは流行を取り入れながらも快適であり、言ってみれば、すべての流行に優るもの

でしょう。同時に私は、スティーヴンソン夫人［夫人の姪］の手袋と同じく、私の従姉妹のサリーから1対の素晴らしい手袋を受け取りましたが、それがとてもお気に入りです。彼女自身の手作業は私の手にさらに暖かさを伝えてくれるようです。贈り物は［決闘の意思を示す］篭手ではないので、彼女の夫を通じて心に感じる礼状を贈ることができればと思います。またマディソン夫人は私の足に良いものをあてがってくれました。したがって私は、頭の先から爪先までボレアス［北風の神］とその同盟者である寒気と雪に対抗する作戦のための装備を整えたわけです」

ロバート・オーエン評

1825年、社会改革家として知られるロバート・オーエン Robert Owen（1771. 5. 14-1858. 11. 17）はジェファソンとマディソンを訪れている。オーエンがマディソンとどのようなことを話し合ったかはほとんど知られていない。しかし、オーエンのニュー・ハーモニー New Harmony の建設について友人から知らされたマディソンは、1828年1月29日付の手紙で以下のように述べている。

　「オーエン氏のこうした社会の変動に対する救済策は、労働が通常の動機付けを伴わずに楽しむものであること、平等への愛好が区分への欲求に取って代わること、そして、機械の改良によって増加する余暇が、いかなる悪行も無為による怠惰もなく知的育成、道徳的な喜び、そして、無邪気な楽しみを促進することを暗示しています。慣習は適切にも第2の自然と呼ばれています。オーエン氏は慣習を自然そのものにしています。それにもかかわらず、彼の計画は興味深いものです。［中略］。オーエン氏の仕組みでさえも、たとえ彼が意図する成功をすべて収めたとしても、疑問から免れることはできません。たとえ結婚を禁じたとしても何も得るものはないので結婚は認められていますが、私は彼に、土地の区画が生み出し得るすべての食糧に対して人口がいっぱいになった後はどうするのかと聞きました。彼の答えは、大地はより深く耕作すればするほど、無限に生産が向上するというものでした。この誤りは容易に認識し得るので、彼の頼みの綱は空き地に入植することでした。あなたの計画では、共同体が繁栄すればすべての土地が急速に覆われてしまいます。そうなれば増大した人口にどのような結果が生じるのでしょうか。これは非常に遥か先のことなので現在の注意を必要としない考えであるという答えは賢明ですが、断固たる

ものではありませんでした」

ジェームズ・マディソン記念堂

記念堂に据えられた
マディソン像

　連邦議会図書館のマディソン・ビルディング Madison Building の一角にジェームズ・マディソン記念堂 James Madison Memorial Hall が設けられている。1783年1月23日、連合会議の一員としてマディソンは議会図書館創設を考案し、議員にとって有用な書籍のリストを提出している。連邦議会図書館が設立される17年前のことである。そうした事績から連邦議会図書館内に記念堂が設けられたのである。

　マディソン像は30代の姿を模したもので、右手に『系統的百科全書 Encyclopédie Méthodique』の第83巻（歴史分野）を持っている。壁面には以下のような8つの言葉が刻まれている。

　1822年8月4日付の手紙から「学術機関はすべての自由な人々にとって好ましいものです。それは、人々の自由への狡猾で危険な侵害に対する最善の防衛手段である人々の精神に光を投げ掛けます」という言葉がとられている。

　1829年9月の「概略 Outline Notes」から「諸州による幸福な連邦は驚異である。憲法は奇跡である。そうした模範は世界中の自由の希望である」という言葉が選ばれている。連邦法無効問題をめぐって州政府と連邦政府が衝突すれば連邦の解体を招くと危惧しながらマディソンはこの言葉を書いている。

　1829年12月2日にヴァージニア憲法修正会議で行った演説の中から「統治の本質は権力であり、もし権力が他ならぬ人間の手に委ねられたならば、必ず濫用されるだろう」という一文が抜粋されている。これは、君主制において専制君主に大きな権力を持たせるように、権力を特定の個人に持たせるべきではなく、政治体制そのものに権力を内包させるべきだという考えを表している。

　1820年8月の手紙から「平等の権利を擁護する平等な法律は、国への愛と忠誠を

最も約束するものです」というフレーズが選ばれている。

1792年3月29日の『ナショナル・ガゼット紙』に掲載された小論から「もし人が彼の財産 property に関して権利を持つと言えるのであれば、同じく彼独自の特質 property を持つことも彼の権利だろう」という言葉が選ばれている。マディソンは「財産 property」という単語を「より広く正しい」意味で使っている。それは、つまり、単に土地やお金のことだけではなく、独自の意見を持ち、それを自由に伝える「特質」も含意しているという。

同じく1792年1月31日の『ナショナル・ガゼット紙』から「戦争は多くの愚行と邪悪を含むので、理性の進歩から多くのことが望み得る。そして、もし何かが望まれるのであれば、すべてを試してみるべきだろう」という一文が抜粋されている。マディソンはルソーの平和論を引き合いに出しながら、恒久平和は「空想的な哲学者、もしくは博愛的な熱狂者の想像の中にしか存在しない」と述べている。

1826年1月23日の手紙から「我々が打ち立てた自由な政治の仕組みはとても理に適い、常識に合い、世界の風潮に沿っているので、諸国民の知識に真実が行き渡る道が見いだされたならば、それは賞賛され模倣されるでしょう」という文章が刻まれている。

そして最後に、1788年1月の『フェデラリスト』第43篇から「社会の安全と幸福はすべての政治制度が目指す目標であり、そうしたすべての制度が献身しなければならない目標である」というフレーズが選ばれている。

栄誉

全米で19郡がマディソンに因んで命名されている。ワシントンとジェファソン、そして、ジャクソンに次いで4番目に多い。またモンタナ州にはマディソン川 Madison River がある。

マディソンの肖像画は高額紙幣の一種である5,000ドル紙幣で使われていた。またマディソンは1905年に「偉大なアメリカ人 Great Americans」として栄誉の殿堂 Hall of Fame にジョン・クインシー・アダムズとともに加えられている。

11. 3　宗　教

マディソンはその教育の大部分を牧師から受けているが、宗教的教育をそれほど熱心に受けたわけではなかった。マディソンにとって信教の自由は非常に重要な概念であったが、1785 年 6 月 20 日に「宗教は政府の基礎であり基盤である」と記しているように反宗教的、もしくは反キリスト教的な立場であったわけではない。それは1825 年 11 月 20 日にペンシルヴェニア大学 University of Pennsylvania の道徳哲学教授に宛てた手紙の中で次のように言っていることからも分かる。

　　　「須らく賢明で善良な神を信じることは、世界の道徳的秩序にとっても、人類の幸福にとっても不可欠であるので、それを補強する論議はあまりに多くて引用もできませんし、あまりに性質がさまざまなゆえに配慮できないので適用することもできませんし、それを銘記することもできません」

しかし、国家と宗教の結び付きに対してマディソンは生涯にわたって強い警戒感を抱いていた。宗教は国家の支援を必要とせず、むしろ国家の支援を受ければ純粋性が損なわれ宗教自体に害を及ぼすというのがマディソンの信念であった。こうした信念は若い頃にヴァージニア植民地における監督派教会の支配体制を経験したことが大きい（see →**297 頁、巻末史料 11**$^{-6}$）。

マディソン自身の世界観は純粋なキリスト教的な世界観ではなく、宇宙は驚くべき調和に満ちており、人間と社会に関する事実を発見することで進歩と啓蒙がもたらされるという理神論的な観点に基づいていた。神が司る宇宙の秩序は、人間の限りある能力では完全に理解することができないとマディソンは考えていた（see →**298 頁、巻末史料 11**$^{-7}$）。

マディソンは聖書の随所に書き込みを残している。例えば使徒行伝 19 章には、「黙示録は、形式ではなくその実質においてキリストよりも大いなる奇跡に満ちている」と記され、さらに「恩寵を受けている信仰者は、教示と決意のために神の言葉を必要とするが、それは同時に堕落の可能性を暗示している」と記されている。

12. 演　説

第2次就任演説（1813.3.4）より抜粋

　マディソンがこの第2次就任演説を行った時はまさに1812年戦争の最中であった。そのためマディソンは戦争教書と同じく、強制徴用やネイティヴ・アメリカンの扇動などイギリスの行為に対して強く非難し、アメリカが開戦に至った理由を説明している。これまで就任演説が行われた日はあまり天候に恵まれることはなかったが、1813年3月4日はまるで「早春の朝の溌剌とした美しさ」のような天候に恵まれた。それはこれから待ち受ける戦争の先行きからすればまったく正反対の雲行きであった。

　議会で演説する機会を除けば、マディソンは公衆の面前での演説が決して得意なわけではなかった。第2次就任演説を聞いたある者は、マディソンの声が「非常に低い」ために、「彼の話す声はほとんど一言も判別できない」くらいであったという。しかし、拡声器がなかった時代は、いくら大統領が大きな声で演説を行っても直接聞くことができるのは近くにいた者に限られていたので、大部分の者は演説の文句を複製した大判や新聞で演説を読むより他なかった。

It was not declared on the part of the United States until it had been long made on them, in reality though not in name; until arguments and postulations had been exhausted; until a positive declaration had been received that the wrongs provoking it would not be discontinued; nor until this last appeal could no longer be delayed without breaking down the spirit of the nation, destroying all confidence in itself and in its political institutions, and either perpetuating a state of disgraceful suffering or regaining by more costly sacrifices and more severe struggles our lost rank and respect among independent powers.

On the issue of the war are staked our national sovereignty on the high seas and the security of an important class of citizens, whose occupations give the proper value to those of every other class. Not to contend for such a stake is to surrender our equality with other powers on the element common to all and to violate the sacred title which every member of the society has to its protection. I need not call into view the unlawfulness of the practice by which our mariners are forced at the will of every cruising officer from their own vessels into foreign ones, nor paint the outrages inseparable from it. The proofs are in the records of each successive Administration of our Government, and the cruel sufferings of that portion of the American people have found their way to every bosom not dead to the sympathies of human nature.

As the war was just in its origin and necessary and noble in its objects, we can reflect with a proud satisfaction that in carrying it on no principle of justice or honor, no usage of civilized nations, no precept of courtesy or humanity, have been infringed. The war has been waged on our part with scrupulous regard to all these obligations, and in a spirit of liberality which was never surpassed.

How little has been the effect of this example on the conduct of the enemy!

They have retained as prisoners of war citizens of the United States not liable to be so considered under the usages of war.

They have refused to consider as prisoners of war, and threatened to punish as traitors and deserters, persons emigrating without restraint to the United States, incorporated by naturalization into our political family, and fighting under the authority of their adopted country in open and honorable war for the maintenance of its rights and safety. Such is the avowed purpose of a Government which is in the practice of naturalizing by thousands citizens of other countries, and not only of permitting but compelling them to fight its battles against their native country.

They have not, it is true, taken into their own hands the hatchet and the knife, devoted to indiscriminate massacre, but they have let loose the savages armed with these cruel instruments; have allured them into their service, and carried them to battle by their sides, eager to glut their savage thirst with the blood of the vanquished and to finish the work of torture and death on maimed and defenseless captives. And, what was never before seen, British commanders have extorted victory over the unconquerable valor of our troops by presenting to the sympathy of their chief captives awaiting massacre from their savage associates. And now we find them, in further contempt of the modes of honorable warfare, supplying the place of a conquering force by attempts to disorganize our political society, to dismember our confederated Republic. Happily, like others, these will recoil on the authors; but they mark the degenerate counsels from which they emanate, and if they did not belong to a sense of unexampled inconsistencies might excite the greater wonder as proceeding from a Government which founded the very war in which it has been so long engaged on a charge against the disorganizing and insurrectional policy of its adversary.

To render the justice of the war on our part the more conspicuous, the reluctance to commence it was followed by the earliest and strongest manifestations of a disposition to arrest its progress. The sword was scarcely out of the scabbard before the enemy was apprised of the reasonable terms on which it would be resheathed. Still more precise advances were repeated, and have been received in a spirit forbidding every reliance not placed on the military resources of the nation.

—Second Inaugural Address 1813. 3. 4

〈邦　訳〉

　長きにわたって合衆国に戦争——現実には戦争と呼ばれていたわけではない——が仕掛けられるまで、議論と忠告が尽きるまで、戦争を引き起こした不正行為が止むことはないという確実な言明を受け取るまで、また国の精神を崩壊させることなく、国自体とその政治機構に寄せられた信頼すべてを損なうことなく、そして、不名誉な被害を受け続けるか、それともさらなる犠牲と厳しい戦いによって独立国家の間における我々の失われた威信と尊厳を取り戻すかの瀬戸際で、最後の訴えをもはや遅らせ

ることができなくなるまで合衆国側は宣戦布告しませんでした。

公海上の国家主権とその他の階層の市民の生業と同じく適切な価値を与えるべき生業に就く重要な階層の市民［水夫］の安全に対する脅威が戦争の事由になっています。そうした脅威に対して何も主張しないことは、すべての国に共通する点において他国と平等であることを諦めることであり、社会のすべての構成員がその庇護を受けるべき神聖な権利を侵害することです。わが国の水夫が、［イギリスの］あらゆる艦船の士官の意のままに、自船から外国の船に移るように強いられた行為の不法性を検討する必要はなく、それと不可分の怒りに言及する必要もないでしょう。わが政府の歴代政権の記録に証拠はありますし、アメリカ市民の一部が受けた甚大な被害は、死者以外のあらゆる者の胸中に人間的な同情を呼び起こすでしょう。

戦争がその原因において公正であり、必要であり、かつその目的において高潔であれば、我々は戦争を行うにあたって、正義や名誉の原理、文明国の慣習、そして、礼節や人間性が命ずるものに違反することはないと我々は誇らしく満足して思うことができます。こうした義務に細心の注意を払いつつ決して揺るがない公平無私の精神で我々は戦争を行っています。

残念ながら、それは敵の行いに対してほとんど模範的な行いとして影響を及ぼしていません。

彼らは、戦争における慣習の下で戦争捕虜と見なされない合衆国市民を戦争捕虜として拘留しています。

彼らは、合衆国に思い切って移民して帰化によって我々の政体の一員となって、第2の祖国の権威の下、その権利と安全を維持するための公然とした名誉ある戦争に従事している者を戦争捕虜として扱わずに、反逆者または脱走者として罰しようと脅迫しています。

彼らは、実際は自ら斧やナイフを取ってはいないが、未開人を残虐な道具で武装させることで無差別殺戮に没頭しています。未開人を唆して味方につけて戦闘を行わせ、敗者の血に対する渇望で彼らを満たし、重症を負った無防備な捕虜に拷問と死を与える所業を完遂しようと望んでいます。さらに今まで見られなかったことですが、イギリスの指揮官は、未開人の殺戮にさらされる捕虜に同情するふりをすることによって我々の軍隊の挫かれざる勇気に対する勝利を掠め取りました。そして、今や我々は、彼らが、我々の政治組織を解体し、連邦共和制を分断するような征服軍の立場を取ることで、名誉ある戦争形態をさらに侮辱していると理解しました。

　幸いにも、他の事例と同じく、こうした行いは張本人に跳ね返るでしょう。しかし、彼ら自身が発する堕落した考えに注意を払ってそうした考えに服さなければ、前例のない矛盾の感覚が生じ、解体と暴動を招こうとする敵対者［イギリス］の政策に対する［アメリカの］非難を知ることで［自国の矛盾が分かり］長期間にわたる戦争を行っている［アメリカ］政府から却って恩恵がもたらされるという大いなる驚きが喚起されるかもしれません。

　我々の側の戦争の正義を考えることはより簡明ですが、開戦が不本意であったことは、戦争の進行を食い止めようとする考えを当初、強く表明していたことから明らかです。剣を鞘に収めるに足る条件を敵に告げる前に、剣が鞘から抜かれることは滅多にありません。もっと正確な文句で繰り返せば、国の軍事力に何でも頼ることを禁じる精神を受け入れることです。

13.　日本との関係

初期の言及

　初期の言及として正木篤による『美理哥国総記和解』（1854）に「遮費遜［ジェファソン］位に在ること八年遂に馬底遜［マディソン］に伝与す。嘉慶十七年［1812年］に至るに迄で欧羅巴の内の列国合戦いまだやまず。時に英吉利の梢人用るに足らず。そこで新国船上の梢人をとりて以てそれを補ふ。［中略］。両国またぞか相闘ふ。二年の後に始めて靖り嘉慶二十二年［1817年］馬底遜位に在ることこと八年にて満羅［モンロー］に伝与す」という記述がある。

福澤諭吉による言及

　さらに福澤諭吉（1835. 1. 10-1901. 2. 3）は『西洋事情』（1867）の中で次のようにマディソンの業績を紹介している。。

　　「ゼッフェルソン［ジェファソン］在職の間、盛大の政を施し貿易を勉め外交を修め合衆国の威名欧羅巴諸国に轟くに至れり然る所、先きに亜米利加騒乱のとき英人大敗を取て既に其勇気を失ひ加之国建国の後は亜米利加の貿易次第に盛なるを見て嫉妬の意を生じ力を以て敵対すること能はざれども窃に之を忿怒して屢

亜米利加人を凌辱せることあり。亜人之に堪えす遂に千八百十二年大統領マヂソン［マディソン］在職のときに至て兵を挙て英国と戦ひ千八百十五年再び和睦して条約を結ひたり。此戦争にて合衆国の軍費凡一億「ドルラル」兵士を失ふこと三万人許りなり。英国との戦争終らんとするの時に当てアルゼリー［アルジェリア］国の海賊亜米利加の貿易を妨げ商船を掠奪したるに付き千八百十五年第五月水師提督デカチュール［スティーブン・ディケーター］軍艦を卒ひて地中海に入りアルゼリー国の罪を罰したりしに不日にして罪に伏し償金を出して和睦を為したり。マヂソン在職の間にヲハイヨ［オハイオ］及びインヂヤナ［インディアナ］の二州版図に入る」

14. 参考文献

マディソンが没した翌年、夫人は1780年代以降の文書類の出版権を国に3万ドルで売却した。連邦議会の監督の下、3巻のマディソン関連文書が編まれ1840年に公刊された。さらに主に1787年以後の文書からなる憲法上の問題を取り上げた4巻目が1853年に出版された。1848年、夫人は所有するすべての未刊行文書を2万5,000ドルで国に売却している。しかし、未刊行文書の中から数百の貴重な文書が継子ジョン・トッドによって持ち出され負債を弁済するために売り払われていた。しかし、その多くが収集家の手に渡り、後にウィリアム・リーヴスの文書の中からその他のマディソン関連文書とともに発見され、最終的に政府に買い戻された。一部の例外を除きマディソン関連文書の大部分は連邦議会図書館によって保管されている。

マディソン関連文書は連邦議会図書館サイト（http://memory.loc.gov/ammem/collections/Madison_papers/）で閲覧することができる。またヴァージニア大学出版部は、マディソン文書デジタル・エディション The Papers of James Madison Digital Edition（http://rotunda.upress.virginia.edu:8080/founders/default.xqy?keys=JSMN）を発表している。さらにオンライン・ライブラリー・オブ・リバティ Online Library of Liberty（http://oll.libertyfund.org/index.php?option =com_staticxt&staticfile=show.php%3Fperson=3861&Itemid=27）で、1900年から1910年にかけて編まれた『ジェームズ・マディソン著作集 The Writings of James Madison』を閲覧することができる。

マディソン、ジェイムズ『ザ・フェデラリスト』（アレグザンダー・ハミルトン、ジョン・ジェイとの共著）福村書店、1991 年。

Madison, James. *Letters and Other Writings of James Madison Fourth President of the United States.* Philadelphia: J. B. Lippincott & co., 1865.

Madison, James. *The Papers of James Madison: Congressional Series.* 17 vols. Chicago: University of Chicago Press, 1962-1991.

Madison, James. *The Papers of James Madison: Secretary of State Series.* 4 vols. Charlottesville: University Press of Virginia, 1986-contd.

Madison, James. *The Papers of James Madison: Presidential Series.* 3 vols. Charlottesville: University Press of Virginia, 1984-contd.

Madison, James. *The Papers of James Madison, purchased by order of Congress; being his correspondence and reports of debates during the Congress of the Confederation and His Reports of Debates in the Federal Convention.* 3 vols. Washington: Langtree & O'Sullivan, 1840.

Madison, James. *Selections from the Private Correspondence of James Madison from 1813 to 1836.* Published by J. C. McGuire, exclusively for private distribution, 1853.

Madison, James. *The Writings of James Madison.* 9 vols. New York: G. P. Putnam's Sons, 1900-1910.

Brant, Irving. *James Madison.* 6 vols. Indianapolis: Bobbs-Merrill, 1941-1961.

Ketcham, Ralph. *James Madison: A Biography.* New York: Macmillan, 1971.

McCoy, Drew R. *The Last of the Fathers: James Madison and the Republican Legacy.* Cambridge: Cambridge University Press, 1989.

Rutland, Robert Allen. *James Madison: The Founding Father.* New York: Macmillan, 1981.

Rutland, Robert Allen. *The Presidency of James Madison.* Lawrence: University Press of Kansas, 1990.

Wills, Garry. *James Madison.* New York: Times Books, 2002.

五十嵐武士「アメリカ的政治観の成立—ジェイムズ・マディソンの連邦共和国観」『アメリカ独立革命：伝統の形成』（所収）東京大学出版会、1982 年。

中野勝郎「ジェイムズ・マディソンの共和制観」『共和主義の思想空間—シヴィック・ヒューマニズムの可能性』（所収）名古屋大学出版会、2006 年。

巻 末 史 料

巻末史料 3⁻¹

マディソンからジェファソンに宛てた手紙（1801 年 2 月 28 日付）
「私の父の健康は最近、数週間は持ち直すように思え、私達は暖かい季節がやって来たらもっと父とともに過ごせるはずだと望んでいました。しかし、2、3 日経って急に体調が悪くなり、昨日の朝、突然、穏やかに命の炎が消えてしまいました」

巻末史料 4⁻¹

マディソンからトマス・マーティン Thomas Martin に宛てた手紙（1769 年 8 月 16 日付）
「私は完全に今の状況に喜んでいます。そして、3 年間の監禁［大学生活］を前にして、いかにそれが恐ろしく聞こえても、恐れるべき見込みは何もなく、それから得たいと望んでいる利益によって大いに［恐れは］軽減されます。［中略］。試験の機会が近付くことで、すべてにわたって驚くくらいに集中することができますし、到着後すぐに入学できたことをとても幸運に思います。いかにももっともと思えるような手掛かりを私が得る危険はまったくないと思いますが、それは幾分か私の将来の勉強を易しくするように思えますし、私はそうした方法でホラティウスの半分以上を読破し、韻律についてかなり詳しくなりました。両方ともこの 2 年間、ほとんど無視してきたものです」

巻末史料 5⁻¹

マディソンからウィリアム・ブラッドフォード William Bradford に宛てた手紙（1772 年 11 月 9 日付）
「私自身に関して、この世で特別なことを見いだすには不活発で虚弱すぎるのです。というのは、これまでの年月に対する私の見解からすると、長く健康な人生を送れないだろうという考えが浮かびます。暫くすれば改善するかもしれませんが、それはほとんど期待できそうにありません。したがって、達成することが難しいことやある者が時間を永遠に変えた［死んだ］後で持っていても無用な何かに取り掛かるつもりもありませんし、その気力もありません」

巻末史料 5⁻²

マディソンからウィリアム・ブラッドフォード William Bradford に宛てた手紙（1773 年 12 月 1 日付）
「そうした科学［法律］に言及する時に、私の気分を害さないようにあなたが気に掛けないで済むように、私は時々、法律を読むつもりですし、その目的のために本を調達しています。あなたに付随するどのような意見も、私にとって楽しみとなり教訓となるでしょう。探究心に富む精神にとって、政治の諸原理と形態は無視できないほど重要なものですし、健康で余暇を持つすべての学徒が批評を試みるには十分に価値があるものだと私は思います。あなたが立てた勉学の案、つまり、読む本とその順番はとても満足のいくものでしょう。そして、あなたがあなたの植民地［ペンシルヴェニア］の政体について十分な洞察を得れば、あ

なた自身にとって楽しみになるでしょう。私にその起源や法律の根本的な原理、特に宗教の寛容の広がりについて概要を送って下さい。ここで私に質問をさせて下さい。最高の政治において、市民社会を支えるために階層的な教会制度は絶対に必要でしょうか。そして、それは従属的な国家に対してどれほど有害でしょうか。私は直接的な回答を求めているわけではなく、あなたの読書や経験ある法律家や政治家に諮った場合、それは注意を向ける価値があることなのかを聞きたいのです。あなたがそうした点について満足できた場合、その調査の結果を聞ければ幸いです」

巻末史料 5⁻³

マディソンからウィリアム・ブラッドフォード William Bradford に宛てた手紙（1774年1月24日付）
「ボストンが大胆に事を運ぶのと同じくらい十分に慎重に事を運ぶように願っています。総督の強情さと役人根性のせいで彼らは多くの試練と困難を経験すると思います。しかし、軍隊と同じく、政治的衝突は鍛錬を提供し、自由と財産を守る術を学ぶために時には必要です。アメリカ、特にボストンに対して行われた攻撃は最終的には真に価値を持つものになると信じています」

巻末史料 5⁻⁴

マディソンからウィリアム・ブラッドフォード William Bradford に宛てた手紙（1774年7月1日付）
「この［ヴァージニア］植民地の人々のボストンの人々に対する感情に関してですが、ヴァージニアの人々がボストンの人々を温かく支持しているようだとあなたに請け合うことができます。植民地人は全会一致で毅然とした態度を持ち、ほとんどすべての郡で決議がなされました。私が思うに、彼らは、たとえ交易が全面的に禁止されることになっても、あらゆる便宜的な手段で他の植民地と協力し合うでしょう。しかし、ヨーロッパ人、特にスコットランド人と植民地人の中で私利に動かされた商人が、植民地内の寛大な債権者に債務を支払うことを拒否するという背信と不公平を行うことで、できる限りそうした進行を妨害しようとするのを阻止しなければなりません。こうした考えから、実直で穏健な人々の中には、物品の輸入だけを禁じる部分的な禁止を好む者もいます」

巻末史料 5⁻⁵

マディソンからウィリアム・ブラッドフォード William Bradford に宛てた手紙（1775年1月20日付）
「我々は現在、突然の侵略に備えて、人々を召集し、我々自身と友人を防衛するために必要な物資を供給することで非常に忙しいです。［イギリス］議会の要求が多岐にわたること、そして、イギリスの国家としての誇りは、現在の内閣の悪行とともに、我々の政治家の判断からすれば、極端な事態に対して備えが必要なようです。私が思うに春までには、よく訓練された高い士気を持つ兵士が、いつ危難が起きても、その危難に立ち向かう準備を整えるでしょう。彼らは傭兵が持つような原理にまったく影響されず、自分で費用を賄い、郷里の安全と名誉以外に何の報酬も得ません」

巻末史料 5⁻⁶

マディソンからウィリアム・ブラッドフォード William Bradford に宛てた手紙（1775年6月19日付）

「この［ヴァージニア］植民地の強みは、主に高地諸郡のライフル銃兵にあります。我々はライフル銃兵をたくさん抱えています。この技術がもたらす完璧さにあなたは驚くでしょう。100 ヤード［約 91 メートル］離れた人の顔の大きさぐらいのものを外すことは素人からしても不注意な射撃に思われます。私は最良の者とは言えませんが、公正な機会があれば、その距離ならそれほど打ち損じることはありません。もし我々が戦闘に従事すれば、敵の士官達は 150 ヤード［約 140 メートル］か 200 ヤード［約 180 メートル］の距離に入る前に崩れ落ちるでしょう。私が思うに、実際、我々の中には 250 ヤードの距離［約 230 メートル］で的にたびたび当てるような者がいます」

巻末史料 5⁻⁷

ヴァージニア権利章典修正第 1 稿（1776 年 5 月 27 日付）

「我々が創造主に捧げる信仰と礼拝及びその実践方法は、理性と罪の自覚によってのみ定められるのであって、強制と威嚇によって定められることはない。したがって、すべての人々は、良心が命じるままに、信仰の実践において完全なる寛容を享受し、何人も平安、幸福、そして、社会の安全を乱さなければ、宗教の別に基づいて処罰されたり、自由を奪われたりすることはない。すべての人々が互いに、キリスト教の自制、博愛、そして、慈善を実践しなければならない」

巻末史料 5⁻⁸

「貨幣」（1779 年 9 月〜1780 年 3 月）

「お金の量をその価値の基準と考える者は、流通に必要だと仮定される量を総量で割ることによって我々の通貨の本質的な下落を計算する。したがって合衆国に必要だと仮定される量を 3,000 万ドルとし、流通に放出された量を 2 億ドルとすれば、紙幣と正貨の本質的な違いはほぼ 7 対 1 になる。もしその価値が償還時によるのであれば、上述の通り、実際の差はかなり少ないと分かる。もし必要な償還期間が大陸会議が理解しているように 18 年であれば、100 ドルの価値の紙幣は今から 18 年で価値において 100 ドルの正貨と等しくなる。償還期間の終わりに 100 ドルの正貨が必要とされる。紙幣は結果的に複合的な利子でもって同じ量の正貨と等しくなり、年数を経れば 100 ドルになる。もしお金の利子が 5 パーセントだとすれば、当にその正貨の合計は約 41 と 2 分の 1 ドルになる。しかし、お金の使用を 6 パーセント［の利子］に値するとすれば、約 35 ドルが 18 年で 100 ドルになる。したがって 35 ドルの正貨はこの時、100 ドルの紙幣と等しくなり、この割合で机の中に 18 年間入れておいた正貨を紙幣と交換する者はお金に 6 パーセントの利子を得ることができる。100 の 35 に対する割合は 3 対 1 以下である。それゆえ、紙幣の本質的な下落はこの計算法則によって、流通量による計算に基づく 7 対 1 でもなく、もしくは市場に出回っている通貨によって、30 対 1 か 40 対 1 でもなく、3 対 1 以下である。もし前述の原則と論理が正しければ、我々の国内の公債に対して行われる計画は、その意図していることに直接反しているようなやり方で行われていることになると結論付けられる。［中略］。公債が莫大な負債の重みの下

に沈んでしまわないように、我々は新しい手段を考案しなければならない。償還の時期に依存するお金の価値を引き上げるために、我々は償還期日を先延ばしする手段に頼らなければならない。公債の保有者に資本を支払う代わりに、我々はその総額を示す紙の名義を変えるために彼らに莫大な利子を与えなければならず、公債証書を発行する必要性を回避するために公債応募取扱所の証書を発行することは財政において小手先の技のように思われる」

巻末史料 5^{-9}

マディソンからジェファソンに宛てた手紙（1780 年 3 月 27 日付）
「わが軍は解散するか、それとも［敵の］寛大な処置で生きるか、すぐに選択を迫られています。国庫は空です。公的信用は疲弊しています。物資を購入する職員の個人的信用ももはや使えません。大陸会議は人民に強要することについて不平を言い、人民は大陸会議の軽率さについて不平を言い、軍隊は両方に不平を言っています。我々の問題［を解決するため］には、最もよく練られた組織的な方策が必要であり、状況の緊急性のために、一時的な方策のみが取られ、そうした方策が困難を生じています。［中略］。古い財政制度を我々の必要に適さないものとして廃棄すれば、まだ試されていない不安定な制度がそれに代わるでしょうが、前者の終焉と後者の始動の間で完全な停滞が生じることが予見されます。これが我々の公的な状況の真相です。そうした真相を埋めるのはあなたの想像力に任せます。今や状況は瀬戸際だと信じて下さい。まだ我々は取り掛かっていませんが、もし諸邦が古い紙幣を集めることにも、新しい紙幣を発行するための資金の設立することにも熱心でなければ、そして、諸邦に迅速にそうさせなければ、その間にあるわが軍の苦しみや公務の滞りが憂鬱な省察の対象となるでしょう。ワシントン将軍はパン［軍需物資の供給］の失敗は、すでに軍で出始めていて、彼が見るところ何であれ、それが増えることは避け難いと書いています。肉類はわずかな期間しかなく、今や全体として、その目的のための 1 シリングもなく、1 シリングの信用もないままに調達される食べ物に依存していますが、それが最も際立った不安であればと私は期待しています」

巻末史料 5^{-10}

マディソンからジェファソンに宛てた手紙（1780 年 5 月 6 日付）
「大陸会議はもともとの形態から完全なる変化を経ていると思われます。大陸会議はその構成員の信用で紙幣を発行する無制限の権限を行使しながら、その管轄下にある大陸のすべての富と資源を持ち、彼らが思うように独立して物事をどんどん進めることができました。［大陸会議の］紙幣発行を停止する決議が通過して以来、この権限は完全に放棄され、大陸会議は、イギリス国王が議会に依存するように今や諸邦に依存しています。大陸会議は、彼らの手近にある手段を使っても兵士を召集することもできませんし、1 人の兵士を養うこともできませんし、その他のいかなる目標も遂行できません。もし立法府が十分に状況の変化に対応できず、一致団結して行動できなければ、必然的にすべてがうまくいかないか、または完全な停滞に陥るでしょう。将来、大陸会議ができることは、せいぜい、慎重かつ活発、そして、経済的に公事を管理することでしょう」

巻末史料 5⁻¹¹

マディソンからモンローに宛てた手紙（1786 年 10 月 5 日付）

「ある方策［ジェイの協定案］の進行は、我々の中で誇るべきであり、連邦の持続的な繁栄を可能にする公正で拡大した政策の原理に対して、気紛れで不公平な利害が支配を及ぼすことへの警鐘となっているようです。もしそうした方策が 9 邦、もしくは 13 邦すべての支持で勝利を収めても、私はそれが公正であると思えないので便宜的手段だと納得できないでしょう。私の意見では、現在の原理以上に誤用されがちで多数者の利益が政治的な善悪の基準となっていると解明しなければならない原理はありません。『利害』という言葉を『究極の幸福』という言葉と同義だと考えれば、その意味はあらゆる必然的な同義的含みで限定されますし、そうした傾向が明らかに認められるでしょう。しかし、それを一般的な意味でとらえて、財産と富の早急な増大という意味とすると、それ以上の誤りはないでしょう。後者の意味では、あらゆる社会で少数者を隷属させて貶めるのはまさに多数者ということになります。そして、連邦においては、少数の加盟邦を同じように犠牲にすることになります。実際、力を正義の手段とすることは別の名前ともっともらしい形態で再解釈することに過ぎません。そして、必ず西部の住民はこうした観点で［ジェイの協定案を］見るでしょう」

巻末史料 5⁻¹²

連合規約修正に関する報告（1781 年 3 月 12 日付）

「連合規約の第 13 条で『すべての邦は、この連合によって提案されるすべての問題に関して合衆国連合会議の決定を遵守しなければならない。そして、連合規約は、すべての邦によって神聖に遵守されなければならない』と規定され宣言されている。その条項によって、連合会議の決定を遵守することを怠ったり拒絶したり、もしくは何らかの条項に違反する邦に対して上述の連合のすべての条項を執行する一般的かつ黙示的権限が合衆国連合会議に与えられている。しかし、その目的のために明確な特別な条項は設けられていない。そのような条項を欠くことは、連邦の取り決めを完全に遂行する諸邦に対する公平な扱いに必要とされるだけではなく連合の権威を保持するために必要とされる手段の合法性に問題を提起する口実となる。そして、さらにそれは自由な制度に最も調和する。一方で権力のすべての行使が明示的かつ正確に認められているが、その一方で義務違反の処罰結果も明らかに公示され理解されなければならない。［中略］。連合の 1 つかそれ以上の邦が合衆国連合会議の決定を遵守することを怠ったり拒絶したりする場合、第 13 条によって規定されているように連合規約のすべての条項を遵守させるために、上記の合衆国連合会議は、合衆国の力を完全に行使する権限を持ち、海上でも陸上でも、そうした邦、もしくは諸邦に連邦の取り決めを満たすように強制することができる」

巻末史料 5⁻¹³

マディソンからジェファソンに宛てた手紙（1781 年 4 月 16 日付）

「連合会議を強制力で武装する必要性は、割り当てられた物資を供出する能力があるいくつかの邦の恥ずべき欠陥と他者に対する軍事的な取立ての強要が敵軍とわが軍によってすでに使い尽くされて結果的に［連合会議が］無防備になっていることから生じています。そのような権限なしでは、連邦政府、ひいては連合全体が最も小さな邦にさえ侮られ、最も健全

な方策は頓挫させられるでしょう。すべての他の邦が輸出品の出港禁止の損失や不便さに耐えている中で、デラウェア邦はそうした方策に徹底的に反対し、その全体的な目的を損なっているだけではなく、義務を守っている邦を犠牲にして自邦を富ませています。諸邦へ条項を適用することが適切か否かは、諸邦がそれに従うかどうかにかかっています。もし諸邦が拒絶すれば、連合会議は今よりも状況が悪くなるでしょう。というのは今、連合が拠って立っているように、本質によれば、最も緊密ではない連合でさえ、不服従の邦に対して強制する黙示的権限を持ち、連合会議によるそうした権限の行使は、明白な必要性がある時はいつでもおそらく黙認されるでしょう」

巻末史料 5⁻¹⁴

公職にある 1 人の紳士からの手紙 A Letter Written from Philadelphia, by a Gentleman in Office to One of the Principal Officers in the State of New Jersey（1782 年 6 月 9 日付）
「我々とフランスを結び付けた幸福な同盟の日から 4 年が経ちました。我々が味気の無い感謝の他に何も見返りをフランスに与えていないのにもかかわらず、我々は、毎年、新たな利益をフランスから受けています。そして、見返りを与える力を持たない友［アメリカ］に忠実な友［フランス］に対して我々は心に刻み付けられた愛情と感謝の告白を示す機会を待ちきれないのです。［中略］。このようにして両国に敬意を表することは適切な行いなのです。［中略］。［イギリスは］警戒と不信の種を蒔くことで我々の間を裂こうとしています。イギリスは、両同盟国が、もしくは少なくともその一方が誘い掛けに応じるように媚び諂っています。他方はそれによって不信を抱くでしょう。不満を抱かせることに成功すれば決裂が生じます。［中略］。イギリスの計画はうまくいっておらず、その狡猾さは見抜かれています。［中略］。それは同盟国の相互信頼と愛着、そして、無限の信頼と相互の利益に関するすべてのことにわたる絶えざる通信の必要性を明らかにするのに役立つだけです」

巻末史料 5⁻¹⁵

マディソンの議事録（1782 年 12 月 24 日付）
「［［ミシシッピに関する］アメリカとスペインの領有権と見解が［講和の］妨げとなるでしょう。イギリスがスペインに単独講和するように誘えば、まだスペインは戦争に巻き込まれることになった繋がりをフランスと持っているので、少なくともアメリカを犠牲にしてスペインに好意を示す必要があります。そうすればイギリスは利益を得るでしょう。もしフランスがスペインと固く結び付けば、イギリスはアメリカの見解を支持するか、スペインをフランスから引き離そうとするでしょう。もしフランスがアメリカと固く結び付けば、イギリスはスペインの見解を支持し、イギリスとフランスの間で亀裂が生じて、いずれの場合もイギリスは敵を分断することになります。もしフランスがこの板挟みの中で賢明に行動すれば、スペインとの友誼よりもアメリカとの友誼を大事にするでしょう。もしアメリカが賢明に行動すれば、アメリカは国益の点で、フランスによって犠牲にされるよりもイギリスよって惑わされる危険が高くなります」

巻末史料 5⁻¹⁶

> マディソンの議事録（1783 年 2 月 21 日付）
> 「第 1 に、歳入に関する連合会議の権限は立法府と関係が無く、それは専ら行政府の権限であるという意見、そして、第 2 に、恒久的な歳入を徴収し、割り当てられた負債を弁済するために歳入を使用する権限を行政府に認めることは、行政府の本質にそぐわないか、もしくは共和国の自由にとって危険であるという意見がもっともであることを考えなかったわけではないと彼［マディソン］は言った。最初の見解に対して、彼は、連合規約によって、連合会議は明らかに公的使途に要する歳入の量を定める権利、それをそれぞれの土地価格に基づいて諸邦に求める権利を持つと述べた。それに従ってなされた要請は諸邦にとって法であり、要請を遵守するための後者の行動は、各邦にとって法である。連合規約は諸邦の憲法と同じく神聖であり義務的なものである。諸邦が連合会議によって認められた法を遵守しないのは、連合会議が前もって何らかの違反や濫用をする場合を除いて、何ら正当化し得ない。［中略］。第 2 の点に関して、彼は再びイギリス憲法と公債に関する規定の形態について言及した。行政府は負債を契約する権限はないが、議会によって負債が認められれば、恒久的かつ覆されることのない歳入が立法府によって認められ、行政府がそれを徴収し使用する権限が認められると述べた。こうした慣行は決して憲法を覆すものではないし、財源を握る権限が剣を握る権限と危険に結び付くものでもない。もしこうした見解が彼が思うように公正であれば、想定上の権限ではなく連合会議の推奨に基づく諸邦の権限で恒久的な財源を確立し、連合会議が公債を弁済するために歳入を徴収して使用するのであれば、それは連合規約の精神に矛盾したり、自由の諸原理を覆すものとして見なされることはないだろう。そして、そのような憶測から生じる反対はすべて撤回されるだろう」

巻末史料 5⁻¹⁷

> 諸邦への挨拶（1783 年 4 月 18 日付）
> 「連合会議は、連合規約によって規定される国庫を補充する方式について看過することはできません。その方式について最も率直な考慮の後に、それが不適切であり、公債を投入する方式として適用できないと見なさざるを得ません。13 の独立した権限によって、時々、歳入の確立と徴収にあたって遅延と不確実な出来事が起きますが、それは一見すると、公債の利子支払いにおいて不可欠な正確性と相容れないものです。［中略］。消費に税を課すことは、まったく負担を感じないので負担者は気軽に払うことができるので必ずしも厄介なことではないと総括すれば十分です。消費や外国貿易に課するすべての税は、自由な諸邦の本性と政策に最も合致します。［中略］。諸邦へのこうした提案を新たに行うことにおいて、我々は、これまで全会一致の採択を妨げてきた反対に無頓着なわけではありません。我々は、歳入の期間を 25 年に制限して諸邦自体に税を徴収する役人の任命を委ねます。［中略］。こうした提案の最後の目的は、分担金の割り当てが決定される規則の制度的変更です。試みがなされるすべての邦の土地価格の見積もりから生じる地域の不公平と不満によって、そうした変更の適切性と必要性を十分に強く主張できます」

巻末史料 5⁻¹⁸

> マディソンからケイレブ・ウォレス Caleb Wallace に宛てた手紙（1785 年 8 月 23 日付）
> 「第 1、立法府は、私が思うに、叡智と安定性を立法府に与えるという原則に基づいて構成された上院を必ず含まなければなりません。こうした性質が欠けていることは我々のすべての共和政体で不満の種となっています。権限の執行において忠実さが欠けていることは、大部分の政府の下で感じられてきた不満であり、アメリカの各邦もイギリス政府の下で感じてきた不満です。この主要な特性に対して彼らが大いに注意を払うことは当然でしょう。[中略]。第 2 に、行政府について、それに関する主張は 2 番目になりましたが、私の評価では、連邦政府に適切に移管される行政上のすべての権限の重要性によって 2 番目になったわけではありません。首長が議会によって選ばれるべきか人民によって広く選ばれるべきか、または権限が評議会に支えられた 1 人の人物に委ねられるべきか、議長が同輩中の第一人者となる評議会に委ねるべきかについて私はまだ最終的な意見を決めていません。それぞれについて合衆国の中にいろいろな例があるでしょうし、おそらくそれぞれに利益と不利益があるでしょう。構成員は少数にするべきであり、彼らの給料は議会によって変更できなくするか、どのような人物が就任しようが影響しない方法で変えられるようにするべきだということが重要だと思います。我々 [ヴァージニア邦] の行政府は悪い憲法の最悪の部分です。その構成員は立法府に、彼らの給料だけではなく彼らの評判についても依存し、それゆえ、立法府の権力簒奪に抵抗しようとしないでしょう。さらに彼らは数が多過ぎて高くつき、彼らの組織は曖昧で混乱を招くものであり、愚の骨頂で、構成員の中には新規の任命なしで生涯就任し続けることができますが、それは [ヴァージニア] 権利宣言の条項の 1 つに反しています。第 3 に、司法府はあらゆる配慮に値します。イギリスにおいてその有効性は発揮されていますし、司法府はその他の 2 府の腐敗に対して独自の立場を維持できますし、政府全体にそれ自体には与えられない名声を与えます。挙げられるべき主な点は以下の通りです。第 1 に、判事は非行なき間その職を保ちます。第 2 に、判事の給料は議員の給料のように固定するか、現職者に影響しないように変えられなければなりません。第 3 に、彼らの給料は高くなければなりません。第 1 の点は明白です。第 2 の点なしでは、第 1 の点の目標である独立は理念でしかありません。第 3 の点なしでは、裁判官よりも弁護士がはるかに優位であれば、司法の組織的な管轄に対する安全保障が損なわれるでしょう。[中略]。すべての邦は、弾劾という手段を提供する必要性を認識しているようですが、非の打ち所がない弾劾裁判を思いついた邦はありません。邦の中には、弾劾が上院に委ねられ、別の邦では行政府に委ねられ、また他の邦では司法府に委ねられます。各府の構成員からなる弾劾裁判はどれよりもよいと示唆されますし、私はそうした意見に完全に同意しています」

巻末史料 5⁻¹⁹

> マディソンからラファイエット Marie-Joseph-Paul-Yves-Roch-Gilbert du Motier, Marquis de Lafayette に宛てた手紙（1785 年 3 月 20 日付）
> 「自然は、ミシシッピ水系に住む者にその使用権を与え、合衆国に独立を与えています。スペインの不適切な政策は、イギリスがスペインを妨害したようにイギリスを妨害しています。しかし、イギリスはスペインを打ち負かすことはできませんでした。スペインもイギリスを打ち負かすことはできないでしょう。すべての面において、専制や頑迷な行いによって長い間踏みにじられてきたそうした権利を再度主張することが当然だと思われます。哲学と

通商がそうした自明の原理に勝利を与える助けとなるでしょう。そうした国々が、その傾向を確認し、その効果を期待して現在の流れを不自然な方向に向けようとする代わりに最大の栄誉を獲得するのと同時に最大の叡智を示すだろうと言うことはおこがましいことでしょうか。もし合衆国がミシシッピ川の閉鎖の当事者になれば、国家の存在を維持するという真の法則に対する裏切りの罪を犯すことになるでしょう」

巻末史料5⁻²⁰

マディソンからモンローに宛てた手紙（1786年6月21日付）
「しかしながら、私はさしあたって、ミシシッピ川を譲ってアメリカ大陸のスペイン領を保障するという考え方に驚きを表すのをこらえることはできません。まずヴァージニア邦も連合会議自体もそして、連合会議の使節も命令によって、ミシシッピ川流域に住む者がそれを自然によって与えられた海に至る道として使う権利を自明のものであると表明することさえできないのではないでしょうか。このような場合、連合会議は、東部の住民がヘンリー岬とチャールズ岬の間を通ってはならないと言う権利を持っていないのと同じく、ヴァージニア邦西部の住民がミシシッピの岬を通ってはならないと言う権利を何ら持っていないのではないでしょうか。[中略]。問題となっている方策は、真の平和時に、帝国のある一部の権利を別の部分の権利に自発的に交換する試みです。マサチューセッツ邦はイギリスから漁業権に関して譲歩を得るために、タバコにとって有利な条項を犠牲にして何を提案しようとしているのでしょうか」

巻末史料5⁻²¹

宗教のための課税に対する抗議と請願（1785年6月20日付）
「我々は上述の［ヴァージニア］邦の市民として、邦議会の命令によって印刷された『キリスト教の指導者達のために給費をもうける法案 A Bill Establishing a Provision for Teachers of the Christian Religion』と題する法案について真摯に考慮し、もし最終的にキリスト教の指導者が法の支持でもって武装されれば、それは権力の危険な濫用となるであろうから、自由な邦の誠実な構成員としてそれに抗議しなければならず、我々がそうする理由を明らかにしなければならない。我々は上述の法案に抗議する。なぜなら我々は、『我々が創造主に捧げる信仰と礼拝及びその実践方法は、理性と罪の自覚によってのみ定められるのであって、強制と威嚇によって定められることはない』という根本的かつ紛れもなく明白な真実を堅持しているからである。したがって、あらゆる人々の信仰は、その罪の自覚と良心に委ねられている。そして、罪の自覚と良心が命じるままに信仰を実践することは、あらゆる人々の権利である。この権利は本質的に不可侵の権利である。ある者の意見は、自分自身の精神で確かめた証によってのみ定まるのであって、他者の命じるままに定まるのではないという理由をもって、それは不可侵である。現世での人間に対する権利よりも創造主への義務が優先される理由をもって、それは不可侵である。彼自身にとって受け入れることができるような形においてのみ創造主へ敬意を払うことはあらゆる人々の義務である。この義務は、時間的順序においても義務の程度においても、市民社会で必要とされる義務に先立つものである。何人も市民社会の構成員である前に、万物の支配者である神の僕だと見なされなければならない。もし市民社会の構成員が何らかの組織に入って従属させられれば、神に対する義務を怠ることになる。[中略]。なぜなら同法案によって提案されたような給費は、キ

リスト教を支援するためには必要ではない。つまり、キリスト教それ自体に矛盾している。というのはキリスト教のあらゆる書物が、現世の権力に依存することを否定しているからである。[中略]。場合によっては、キリスト教の指導者達は俗世の権限を崩壊させたうえで精神的専制を築いてきた。多くの場合、キリスト教の指導者達は政治的専制である王権を擁護してきた。キリスト教の指導者達が、人々の自由の擁護者となった例はない。人民の自由を覆そうとした支配者達は、既存の聖職者を便利な補助装置として見なしていた。人民の自由を永続させ保全するために樹立された公正な政府はそのようなものを必要としないであろう。[中略]。それから我々は言わなければならない。立法府の意思は、キリスト教の指導者達が権限を行使する唯一の手段である。この権限を完全に手中にすれば、彼らは我々すべての基本的権利を撤廃しようとするかもしれないし、その特権を手付かずで神聖なものにきっとしようとするだろうと。また我々は言わなければならない。指導者達は出版の自由を統制し、陪審による裁判を廃止し、邦の行政府と司法府を呑み込もうとするかもしれないと。さらに彼らは我々から選挙権を剥奪し、彼ら自身を独自の世襲制による議会に選出するかもしれない。もしくは、我々は、彼らには検討中の法案を成立させる権限などないと言わなければならない。わが邦の議会はこのような権限など持っていないと我々邦民は言う」

巻末史料 5[-22]

マディソンからジェファソンに宛てた手紙（1785 年 8 月 20 日付）
「宗教のための一般課税への反対は固まっています。そうした反対の事例は、同封した抗議声明で示しています。それは多くの北部諸郡内の人々の手を介して送付され、署名が非常に広まるだろうと私は聞きました。長老派の聖職者は長らく反対を支持してきましたが、平信徒の恐れか、もしくは監督派に対する警戒によって動かされてきました。こうした宗派同士の憎悪は、後者の法人化を認める先の法律によって燃え立ちました。私はそれをまったく残念に思いません。というのはそうした宗派が連携すれば、我々の宗教的権利を危うくするだけであり、そうしたことが起こる傾向があるのではないかと考えられてきたからです」

巻末史料 5[-23]

マディソンからジェファソンに宛てた手紙（1786 年 1 月 22 日付）
「わが議会は昨夜、97 日間の会期を終えました。その間、最初の 7 日間を除いて、私は議会に缶詰になりました。同封した法案の一覧表は、法改訂委員会からの法案がどれだけ採択されたかということを示しています。こうした法案の中で最も追求された唯一の法案は、信教の自由に関する法案です。一般課税法案を挫くための邦を挙げての措置は願い通りの効果を生みました。テーブルは、宗教問題に介入しようとする議会に反対するすべての者からの請願と抗議でいっぱいになりました。長老派教会の総会は、邦憲法では欠けている彼らの宗教的権利を守るための盾となる法改訂委員会の法案が成立することを願って真摯な祈りを捧げました。邦下院は修正なしに法案を通過させました。邦上院は前文に反対を唱え、［ヴァージニア］権利章典の第 6 条を代わりとする提案を送達しました。下院は同意しませんでした。上院は立場を変えず協議を行うことを求めました。そうした反対は微々たるものです。[中略]。成立した条項は 1 つの修正もなく通過し、わが国で人間の精神に対する法律を作るという野心的な望みは永久に絶たれました」

巻末史料5⁻²⁴

> マディソンからワシントンに宛てた手紙（1787年4月16日付）
> 「3月31日のあなたの手紙を受け取りました。憲法制定会議によって追求されるべき改革に関するあなたの見解が私の抱く見解と一致しているのを知って喜ばしく思います。一時的な措置を提案するだけでは憲法制定会議にとって不名誉なことになるだけではなく、内憂を助長することになり、同時に見せ掛けの緩和策にしかなりません。たとえ成功の見込みが薄くても、抜本的な改革こそ構想者を正当化するでしょう。憲法制定会議で論じられると思われる課題について、かねてより考えを巡らしてきました。私の心中にある新しい制度の概要をご覧に入れたいと思います。各邦が個々に独立していることは、一体的な主権とは相容れないと考えられますが、一方で全体を単一の共和国に統合することは不適当であり実行不可能だと考えられます。それゆえ、私は中道を模索したいと思います。当面は国家権限の正当な優位性を支持し、地方権限はそれが従属的に有用である限りは除外しません。私は、土台として、代表方式の変更を提案するつもりです。現行の連邦制度によれば、重要な問題において連合会議の施策を達成するために各邦の仲介が必要ですが、各邦が同数の票を与えられているので重大な不均衡を是正できません。ヴァージニア邦やマサチューセッツ邦が、連合会議の内外において、デラウェア邦やロード・アイランド邦よりも影響力を持っていることは誰もが否定できないでしょう。多くの重要な点において諸邦議会の介入なしで働く制度の下でそうした問題は著しく緩和されることになるでしょう。連合会議におけるデラウェア邦の1票は、連邦の中で最大の邦の1票と同じ効力と価値を持つようになります。そうした改革にはそれほど困難を伴わないと私は信じています。大きな影響力を持つ邦の大部分は改革を好ましいものだと見なすでしょう。北部諸邦に対しては現在の人口密度の高さによって、そして、南部諸邦に対しては想定される利益によって改革が推奨されます。小邦も最終的には趨勢に従わなければならないでしょう。しかし、代表方式の変更を促すように考えることによって、必要な権力を［連邦に］移譲することへの大邦の反対を未然に防ぐことができるでしょう。現在、持っている権限に加えて、連邦政府は、統一性が必要とされるすべての問題に対して統制的かつ完全な権限を付与されるべきです。例えば、通商の規定、輸出入品に対する課税、帰化の条件や形式を定める権限などです。こうした統制的な権限だけではなく、これまで国王の特権として行使されてきたように、いかなる各邦の立法に対しても行使できる拒否権が絶対に必要なように私には思われます。邦の管轄領域が侵害される可能性はとても低いでしょう。［拒否権という］こうした防衛的な権限がなければ、書面上で与えられるあらゆる統制的な権限は、巧みに回避され、遂には反故となってしまうでしょう。各邦は連邦の管轄領域を侵害し続け、条約や国際法に違反し、利害に基づく誤った観点から編み出された敵意と悪意ある方策で互いに苦しめ合っています。この［拒否権という］特権のもう1つの好ましい効果は、邦の政策による内変を抑制できること、そして、私利に動かされた多数者が少数者や個人の権利に対して攻撃を加えるのを制御できることです。共和政体にまだ存在していませんが絶対に必要な存在は、邦間で起こるさまざまな激情や利害の衝突を公正かつ冷静に裁定する審判です。決定権を独占する多数者はしばしば私利私益を現実のものとするだけではなく決定権を濫用しがちです。君主政において異なる党派の利害や見解に対して国王は比較的中立ですが、全体の利益を損なってしばしば私利私益を追求します。地方の政策の決定に関して国家主権は十分に公平無私でしょうか。その一方で国家主権は社会全体の利益に反するような利益を追求することはないのでしょうか。平和の到来以来、連合

会議の代表達は紙幣の発行やその他の善良な性質の方策に同意を与えてきましたが、そのようなことはまったくありませんでした。連邦の至高性は司法府にも適用されなければならないと私は考えています。もし法律の解釈を行う者達がその利害や忠誠を連邦ではなく邦に結び付ければ、法律を作るために連邦に参加することはおそらく無駄になってしまうでしょう。判事達が邦憲法だけではなく連邦憲法に忠実であることを誓うこと、外国人と他邦の住民が関係する事例を連邦裁判所に上訴できるようにすることが少なくとも必要です。海事裁判所は完全に連邦政府の管轄下に置くべきです。もし連邦政府が行政官を任命することができなければ、行政府における連邦の至高性を保つことは難しいでしょう。全体の防衛を委託された当局の下に民兵を何らかの形で置くべきです。そのような広範な権限を与えられて構成される政府はよく組織され均衡を保たなければなりません。立法法を二院に分割します。一方［下院］は［空欄］年ごとに人民、もしくは邦議会によって選ばれます。もう一方［上院］は少数で構成して任期を長くして古い議員が大幅に去ることになるような入れ替え方式を採用します。おそらく［邦が制定した］法律に対する拒否権を最も有効に行使できるのはこの院［上院］でしょう。さらなる抑制として枢要な行政官を含めた審査院を付け加えます。国家行政首長も必要です。どのように構成するべきか、もしくはどのような権限を与えるべきかについて私の意見はほとんど定まっていません。国外からの脅威だけではなく内乱からの安全保障を明言する条文を含めるべきです。同様に強制する権限も明確に宣言されなければなりません。通商を統制する手段を与えられれば連邦政府は、陸上であれ海上であれ、それを行使する方法を見つけるでしょう。邦の意志に力ずくで働き掛ける難しさによって、強制する権限を使わずに済むようにしたいところです。おそらく［邦が制定した］法律に対する拒否権はそうした目的に応じた連邦と邦の相互の独立性を生み出すことになるでしょう。もしくは明確な目的の課税が通商の統制とともに連邦政府に提案されるかもしれません。新しい制度に適切な効力と活力を与えるためには、単に各邦の議会による通常の権限に基づいて批准を得るのではなく、人民から批准を得なければなりません」

巻末史料5[-25]

憲法制定会議に関する覚書前文（1830 年頃）
「私が負った仕事を追求するために、私は、中心的な代表達の前の席を選び、他の代表達は私の右手と左手にいた。このようにすべて［の討論］を聞くのに好都合な場所で、私は判読可能な言葉で、私自身に分かる略号と記号で、議長が読み上げること、そして、代表達が話すことを記録した。そして、会議の休会と再開の間に一瞬たりとも時間を無駄にせず、私は、会期中、閉会後 2、3 日以内の日誌を書き出し、私自身の手で私の文書の中にある程度の形式と程度で保存することができた」

巻末史料5[-26]

憲法制定会議に関する覚書前文（1830 年頃）
「憲法を作った人々の能力と知識、そして、議論などその過程は審査を受けなければならない。というのは、彼らの熟慮の産物の性質は将来の経験によって審査されなければならないし、ほぼ半世紀分の経験を加えなければならない。しかし、憲法を構成する技量についていかなる判断が下されようとも、彼らによって準備された制度の運命がいかなるものであっても、私は、憲法制定会議の様子を間近で観察した経験に由来する私の深い厳粛な確信を表明

することが義務であると思う。憲法制定会議は、集団としても一人ひとりの個人としても、そのような大きく骨の折れる信託に対して責任を持った集団はかつてなかった。1787 年の憲法制定会議の代表達よりも動機において純粋であり、託された目的に情熱と不安を持ってあたった者はいない。彼らは、置き換えるべきもの［連合規約］の欠点を最善を尽くして補い、恒久的な自由と国家の安寧を最も効果的に保障する憲法制度を提案する目的を持っていた」

巻末史料 5⁻²⁷

ヴァージニア案（1787 年 5 月 29 日付）

「1、連合規約 Articles of Confederation は、その制定目的、すなわち、『共同防衛、自由の保障、そして、公共の福祉』を達成できるように是正され拡張されるべきであると決議する。2、したがって、国民議会 National Legislature の投票権は、状況に応じて最善と思われるどちらか一方の基準、すなわち、分担金の割り当て、もしくは自由民の数に比して分配されるべきであると決議する。3、国民議会は二院から構成されるべきであると決議する。4、国民議会第一院の議員は、少なくとも［空欄］歳に達し、各邦の人民によって［空欄］年ごとに［空欄］年の任期で選出され、公務に彼らの時間を捧げる代償として十分な俸給を受け取り、特定の邦が設ける公職、もしくは合衆国の権限の下、第一院の権能に属する特別な公職を除いて、任期中、もしくは任期満了後［空欄］年は、いかなる公職に就く資格も有せず、任期満了後、［空欄］年は再選されることはなく、解職請求にも従うべきであると決議する。5、国民議会第二院の議員は、少なくとも［空欄］歳に達し、各邦議会がそれぞれ指名した適切な数の人々の中から第一院によって選ばれ、彼らの独立性を保つのに十分な期間その職を保ち、公務に彼らの時間を捧げる代償として十分な俸給を受け取り、特定の邦が設ける公職、もしくは合衆国の権限の下、第二院の権能に属する特別な公職を除いて、任期中、もしくは任期満了後［空欄］年間は、いかなる公職に就く資格も有するべきではないと決議する。6、各院は法律を案出する権利を有し、連邦によって連合会議に与えられた立法権を享受する権利を国民議会に与えるべきであり、さらに各邦が権能を持たないすべての場合、もしくは、各邦議会の行為によって合衆国の調和が乱される場合において法律を制定し、国民議会の調査において連邦規約 Articles of Union に違反する各邦によって制定されたすべての法律に対して拒否権を有し、連邦規約が規定する義務を果たさない邦に対して強制力を発揮するべきであると決議する。7、国家行政首長 National Executive が設けられ、［空欄］年の任期で国民議会によって選ばれ、定期的に規定された回数、決まった俸給を受け取り、増額や減額が行われる際に在任している行政首長職に影響を及ぼすような増額も減額もされず、再任する資格を有せず、国法を施行する包括的権限に加えて、連邦によって連合会議に与えられた行政権を享受するべきであると決議する。8、行政府と適当な人数の国民司法府 National Judiciary は、国民議会の発効する前のあらゆる法案と各邦議会の拒否権が確定する前のあらゆる法律を検査する権限を有する審査院 Council of revision を設立し、もし国民議会の法律が再可決されないか、もしくは各邦議会が各院の議員の［空欄］人によって再び拒否されなければ、審査院の異議は棄却に相当するべきである決議する。9、国民司法府は、1 人、もしくは何人かの最高裁判所判事、国民議会によって選ばれた下級裁判所判事から構成され、判事は罪過のない限り在職し、定期的に規定された回数、決まった俸給を受け取り、増額や減額が行われる際に在職している者に影響を及ぼすような増額も減額もされない。下級裁判所の管轄は、第一審で審理し裁定することであり、最高裁判所の管

轄は、最終審で審理し裁定することであり、公海上におけるすべての海賊行為や重罪及び敵による拿捕、そうした管轄にあてはまる外国人や他邦の市民が関係する事例、国税の徴収に関係する事例、すべての国家職員の弾劾、そして、国家の安全と調和に関わる問題に及ぶと決議する。10、合衆国の域内で、ある領域で自由意思に基づいて政府が樹立されるか、他の方法で合法的に樹立された諸邦が、全会一致ではなく多数決で決定される国民議会の同意をもって、加盟するための条項が規定されるべきであると決議する。11、各邦の共和政体と領土は、ある領域で自由意思に基づいて政府が樹立される場合を除いて、合衆国によって保障されるべきであると決議する。12、連合規約の改正後、特定の日まで連合会議の継続とその権限と特権を認め、すべての約定を完了するための条項が規定されるべきであると決議する。13、必要に応じて連邦規約を修正するための条項が規定され、それに国民議会の同意を必要とするべきではないと決議する。14、各邦内の立法権、行政権、司法権は連邦規約を支持する誓約をもって拘束されるべきであると決議する。15、憲法制定会議が連邦に提示する修正を、連合会議の承認を経た後、適切な時期に、それについて考慮し決定を下すために、各邦議会の勧めに従って人民によって特別に選ばれた各代表会議に提出すると決議する」

巻末史料5[-28]

憲法制定会議に関する覚書（1787年6月6日付）
「彼［マディソン］は、人民が直接、立法府の少なくとも1部門を選ぶことは、自由政府の明確な原理であり、適切な規定の下でのこうした形態は、連邦政府の中で代表が過度に邦政府の代理人になることを避けられるだけではなく、より良い代表を確保できるというさらなる利点が持っていると考えた。彼は、統一国家的政府に必要とされる主要なものすべてに対する反論を考察する際に、コネティカット代表（シャーマン氏）とは意見が違った。そうした反論は、確かに重要で必要な反論であるが、彼はそうした反論を、個人の諸権利の保障と安定した公正の分与をより効果的に行なう必要性と結び付けて考えた。それらへの妨害は、おそらく他の何よりも、この会議を開催させることになった悪弊である。［中略］。すべての市民社会は、異なった党派、派閥、そして、利害に分かれる。つまり、それらは、豊かな者と貧しい者、債権者と債務者、地主、製造業者、商業的利害、ある地方の住民と別の地方の住民、ある政治的指導者の支持者と別の政治的指導者の支持者、ある宗派の信者と別の宗派の信者などの間で構成される。多数者が共通の利益、もしくは感情で結び付いているあらゆる場合において、少数者の諸権利は危険にさらされる。多数者を抑制する動機は何であろうか。実直であることが最善の方策であるという格言に心を留める良識は、経験的に、群集によってほとんど見いだされることはなく、個々人によって見いだされる。個性の尊重は、非難や賞賛が分かれる間では数に比例して常に減じる。唯一残った絆である良心は、個々人にとっても無力なものであるが、多数者にとっては良心から期待できるものはほとんどない。さらに、信仰それ自体も、迫害や抑圧の動機となるかもしれない。このような考察は、古今東西の歴史で証明されている。［中略］。なぜアメリカは議会の不正を的確に理解することができるのか。なぜならイギリスは、現実的であれ想定的であれ、我々とはかけ離れた利害を持っていて、もし権威が認められなければ、我々を犠牲にしてでもその利益を追求できたからである。最も啓蒙された時代に我々は、単なる人種の違いが、人間が人間に対してかつて行なってきた中でも最も抑圧的な支配の根拠とされてきたのを知っている。我々自身の間で訴えられてきたこうした不公正な法律の源は何か。多数者の現実的、または想定的

な利害ではなかったのだろうか。債務者は債権者を騙そうとしてきた。地主の利害は商人の利害に重くのしかかってきた。ある種の財産を持つ者は、別の種の財産を持つ者に対して課税の不均衡を押し付けてきた。我々が全体から引き出せる教訓は、共通の感情で結び付いた多数者が機会を握れば、少数者の諸権利は保障され得ないということである。共和政治において、もし多数者が結託すれば常に機会を握ることになる。唯一の救済策は、階級を広げることであり、そうすることで社会を非常に多くの利害と党派に分けることである。そうすれば、まず多数者が、全体、もしくは少数者からかけ離れた共通の利害を同時に持つ可能性はないだろうし、さらに彼らがそうした利害を持たない場合でも、それを追求しようとして団結する傾向を示すことはないだろう。こうした救済策を試し、こうした観点の下で、今まで経験されてきたすべての悪弊を抑制できるような基準と形態で共和政体を形成することが我々に課された責務である」

巻末史料 5^{-29}

憲法制定会議に関する覚書（1787 年 6 月 6 日付）
「彼［マディソン］は［ジェームズ・ウィルソンの］動議に賛成する。世襲の首長に伴うような多くの財産や国益を裏切るような個人的な利益、そして、他の市民の中でも際立った注目を 1 人の市民に与えないようにしている共和政治の性質からすれば、行政首長［大統領］に自分自身を守る能力を与えることは難しいと彼は考察した。共和政体においては、個人の功績のみが政治的昇進の根拠であるが、功績がすべての人に黙認されるほど顕著な場合はあまりないだろう。行政首長は、［選ばれなかったことで］落胆した競合者から嫉まれ攻撃されるだろう。それゆえ、彼の地位を守るための支えが必要である。彼はその地位から大きな報酬を得ていないし、外国の買収から彼を遠ざけておくような公益に対する恒久的な利害関係もない。それゆえ、支えがないのにもかかわらず、制御されることに彼は困惑するだろう。［行政府が立法府に対する］審査権限を判事と共有することで、利点は倍増し、［立法府による権力簒奪の］危険性は減じるだろう。立法府の権力侵害に対して司法府はその身をより良く守ることができるだろう。［中略］。つまり、審査権限の目的は、立法府の他の部門に対する権力侵害、または一般人民の諸権利に対する侵害を抑制することであり、立法府が原理において賢明ではないか、形式において正しくない法律を定めることを抑制することである。司法府と行政府の叡智と影響力を一致させる効用は明白であろう」

巻末史料 5^{-30}

憲法制定会議に関する覚書（1787 年 6 月 7 日付）
「もしディキンソン氏の提議が認められるのであれば、我々は、議席の比例配分の原理を放棄するか、上院に非常に多くの議員を迎えなければならない。前者は、明らかに不公平であるから認められない。後者は不都合である。上院を設立する利点は、立法過程において下院よりも冷静である点、整然としている点、見識がある点にある。［中略］。上院議員の影響力は、その数に反比例すると彼［マディソン］は考えた。ローマの護民官の例が丁度あてはまる。護民官は増員されればされるほど、その影響力と権限を失っている。その理由は明らかなように思える。ローマにおいて、庶民の利益と権利に配慮するために護民官が任命されたが、その数の多さのために、一致した行動を取れず、彼ら自身の間に派閥を作りがちになり、貴族の対抗者の餌食となった。したがって、人民の代表が増えれば増えるほど、有権者

の欠点をますます帯びるようになり、彼ら自身の無思慮、もしくは反対党派の策略によって分裂するようになり、信任に耐えられなくなる。ある集団の影響力が単に個々人の性質による場合、数が多くなるほど影響力は増す。それが、その集団に与えられている政治的権威の程度による場合、数が少なくなるほど影響力は増す」

巻末史料5[-31]

1787年の議論における選挙権についての注釈の覚書（1821年以後）

「選挙権は共和主義憲法の根本的な条項である。その規定は同時に特別な注意を必要とする骨の折れる仕事である。専ら財産に対する権利だけを認めれば、身体の権利は抑圧されるかもしれない。封建的な政府がそれを十分に証明している。それをすべてに等しく適用すれば、財産権や公正を求める主張は、財産を持たない多数者によって圧倒され、不公正な手段の動機とされるかもしれない。その他の大衆的な政府によってこのような例は豊富に示され、我々自身においても特に契約の義務を損なう法律において例がないわけではない。文明化した社会では、その成果の享受を保障することで勤勉さを促進する財産と身体の権利は法律の本質的な目的である。勤勉さの結果である財産とその享受は、その即座の使用だけではなく、選択した者と親族を対象とした死後の用途からなる。したがって、公正で自由な政治において、財産と身体の権利の両方は、効果的に守られるべきである。普通選挙権を与えた場合、前者は守られるだろうか。財産の所有者に選挙権を限った場合、後者は守られるだろうか。財産の所有者は財産を持たない者に共通する他のすべての権利に利害を持つので、権利侵害を控え、後者の権利を侵害しようと誘惑に駆られることはあまりないかもしれない。それにもかかわらず、富める者が貧しい者を抑圧するさまざまな方法、つまり、財産が自由を抑圧することがあり、世界がそうした例で満ちていることは確かである。貧しい者はそうした危険に対する防衛策を持つことが必要である。その一方で、もし富める者が財産を持たない多数者に対して無防備であるなら、彼らに対する危険を隠蔽することはできない。群衆は個人よりも利害に動かされ難いということはなく、個人が感じるようなその他の動機や懲罰の恐れによって統制されることはあまりない。それゆえ、財産権の不利な点とそれに影響を与える法律の公平性の不利な点は、現実であれ仮定であれ、不公正に関与する議会の多数者によって侵害されやすい点にある。その結果が、土地を解放する法律やその他の平等を目指す試みである。その結果は債務の帳消しや回避、その他の契約の違反である。我々は人間の本質に目を瞑ることはできないし、経験の光に目を瞑ることもできない。もし2人の人間が3人目の権利に反する利害を持っている場合、3人にとって公平な判断を誰に頼ることができるだろうか。あなた達が思うように数を多くしても、多数者の意思を統一するというより大きな困難から生じる結果によって、公平は増すことはなく、不公正に対するさらなる安全保障を得ることもできない。［中略］。この問題のすべての観点の下、多くの市民は、彼らが従うべき法律を作る際に、そして、彼らを統治する行政官を選ぶ際に投票権なしで済ませてはならないのが当然であり、もし唯一の選択肢が、政府のそれぞれの部門に対する平等な普通選挙権と一部の市民に限られた選挙権の間にあれば、あまり大きな利害、つまり、身体の権利のみを持つ者がすべてを奪われるよりも、より大きな利害、すなわち財産と身体の両方を持つ者がその利害の半分を政府に剥奪されるほうがましである」

巻末史料 5⁻³²

> 憲法制定会議に関する覚書（1787 年 6 月 8 日付）
> 「完全な制度には、各邦の立法を拒否する無制限の権限が絶対に必要であると見なさざる
> を得ない。各邦が、条約に違反し、互いに権利と利益を侵害し合い、それぞれの管轄内で弱
> 者を抑圧するなど、連邦の権限を侵害する一定の傾向があることは経験によって証明されて
> いる。[邦の法律に対する] 拒否権は、こうした危害を防止するために考案された穏健な手
> 段である。こうした抑制手段があれば、悪弊を行おうとする試みを阻止することができる。
> こうした予防措置を付け足さなければ、唯一の救済手段は強制に訴える他ない。そうした救
> 済措置は可能だろうか。それは実行可能だろうか」

巻末史料 5⁻³³

> 憲法制定会議に関する覚書（1787 年 6 月 19 日付）
> 「パターソン氏の案について考慮を進め、彼 [マディソン] は適切な案が持つ二重の目的
> を示した。第 1 に、連邦を保持すること。第 2 に、各邦が全体的、かつ個々の立場で感じて
> いる悪弊を解決する手段を政府に与えること。パターソン氏の案を検証して [マディソン
> は]、それがこうした点を満足させることができるだろうかと述べた。第 1 に、それは国際
> 法や条約の侵害を防止できるだろうか。もし防止できなければ、外国との戦争に巻き込まれ
> る恐れがあるに違いない。各邦がこうした侵害を行う傾向は多くの例で明らかにされてき
> た。[中略]。第 2 に、それは連邦の権限に対する侵害を防止できるだろうか。そうした侵害
> の傾向は、古今の他のあらゆる連邦共和政体と同じく我々自身の間で十分に例証されてき
> た。連合規約によって、インディアンとの交渉は連合会議に属する。しかし、いくつかの例
> において、各邦はインディアンと条約を結んだり戦争を行ったりした。同じく、連合会議の
> 同意なしで、2 邦かそれ以上の邦の間で条約を締結することはできない。しかし、ヴァージ
> ニア邦とメリーランド邦はある例で、またペンシルヴェニア邦とニュー・ジャージー邦は別
> の例で、事前の申請も事後の弁明もなく協定を結んでいる。同様に同意なく平和時に軍隊を
> 持つ権利はない。盟約のすべての場合において、最も良心的な遵守が必要なように思われ
> る。それにもかかわらず、すでに軍隊を設けているではないか。連合会議に通知することさ
> えなく、軍隊を増大させないということがあり得るのか。また我々は、ペンシルヴェニア邦
> の領域に対して立憲的に連合会議に与えられた裁定を連合会議が見過ごすようにさせるため
> に、連合会議の外で公有地が扱われるのを見ずに済むのか。もし我々が他の [古今の] 連邦
> の例に倣うのであれば、我々はそうした例のすべてにおいて、各部が全体の権限を侵害する
> という同じ傾向を見いだすだろう。それから彼 [マディソン] は、古代の例の中でアンフィ
> クチオン同盟とアカイア同盟、近代の例の中でスイス、ドイツ、そして、ベルギーを挙げ、
> 憲法とその連邦の権限の範囲、こうした権限を侵害しようとする個々の構成員の傾向につい
> て合衆国と似ている点を示して、それが混乱と全体の破滅をもたらしたことを示した。彼
> [マディソン] は、さらにパターソン氏の案は、連邦の特権の一般的防護として邦に対する
> 統制を欠き、特に次の 2 つの点で欠陥があると述べた。第 1 に、その批准が広く人民によっ
> て行われず、各邦議会によって行われること。したがって、それは、連合会議の法律を履行
> させるものではなく、法的に諸法の法律に優越するものでもない。第 2 に、連邦裁判所に控
> 訴審の権限のみが与えられ、該当する犯罪の例が列挙されている。そうした規定を必要とす
> ることは、各邦の裁判所において不適切な無罪放免の危険性を生じる。無罪放免の後で控訴

審ができるだろうか。さらにすべての邦ではないにしろ大部分の邦で、首長は各邦憲法によって恩赦権を与えられている。邦議会による批准のみでどのようにしてこの権利を首長から取り上げることができるだろうか。第3に、それは各邦が互いに権利を侵害し合うのを防止することができるだろうか。こうした例はすでに十分に見られる。彼［マディソン］は、ヴァージニア邦とメリーランド邦の法律を例に挙げ、連合規約によって平等な特権が与えられている筈の他邦の市民よりも自邦の市民に優遇を与えている例があることを示した。［中略］。第4に、それは各邦内部の静謐を保つことができるだろうか。マサチューセッツ邦の反乱は、同じような危険にさらされるとすべての邦に警告した。パターソン氏の案はこの点に関して連邦の欠陥を補う規定を何ら含んでいない。共和主義の理論によれば、多数者に授与された権利と権限は同義である。事実と経験によれば、少数者が武力に訴えれば多数者を圧倒することもある。［中略］。第5に、それは、個々の邦に対して邦内における善良な立法と管理を保障できるだろうか。合衆国の政治制度を損なう悪弊が発展した際に、各邦でそれぞれそうした悪弊が広がるのと同じく、悪弊が全体として各邦に影響を与えることを考慮に入れることは適切である。前者は間接的に全体に影響するので、そうした悪弊の圧力が完全に共有されたゆえをもって現在の会議が開催される動機となったと思われる大きな理由がある。［中略］。第6に、それは、連邦がその構成員を外国の影響から守ることを保障できるだろうか。彼［マディソン］は、これまでどのような影響があったか敢えて言及しないが、そうした影響が生み出される可能性がある。［中略］。第7に、パターソン氏の案を最も支持している小邦に彼［マディソン］は、彼らに委ねられた状況を考慮するように求めた。第1に、連合会議で代表達を維持し続ける総費用を負担し続けなければならない。もし喜んでこの重荷を担うとすれば、他者が不満を言う権利があるとは言えない。しかし、代表を維持することが小邦にとって重荷になる限り、公務は遅らされ、明らかに共通の懸念となる。［中略］。第8に、彼［マディソン］は、受け入れ難い案に小邦が頑迷に固執し続けた結果、あらゆる案が採択されなければどのような状況になるかを考慮するように求めた。そのような出来事を予想することは苦痛に満ちたことだが、それから逃れる手段を容易に採用できるように、少し離れてそれを検証する作業を行うことは分別のあることである。合衆国を解体させれば、2つの結果が起きるだろう。諸邦は個々に独立を維持するか、それとも、2つかそれ以上の邦が連合を形成する。まず、帝国のあらゆる部分に同じ活力を行き渡らせ、あらゆる部分で相互の等しい利害を守ろうとする連邦政府の下に大邦が置かれるよりも、小邦は大きな隣人の野心と権力に対して安全だろうか。次に、大きな隣人と現在の連邦と同じく各構成員に等しい選挙権を認めるような原則で連合できると期待できるだろうか。また大邦は、ランドルフ氏の提案における仕組みよりも、小邦にそれほど厳しくない譲歩しか強要しないと期待できるだろうか。最大の困難は、投票権の問題にあり、もしそれがうまく調停されれば、他のすべての問題は克服できる。デラウェアより16倍も大きいヴァージニアに同じ投票権しか与えないことは不公正だとニュー・ジャージー代表の2人も認めている。同時に彼らは、ヴァージニアに16倍の投票権を与えることはデラウェアにとって安全ではないと言っている。したがって、彼らが提案する手段は、すべての邦がいったん1つにまとまってそれから新たに13邦を平等に区分するというものである。そのような案ははたして実行可能だろうか。そして、もしこの問題が調停されれば、他のすべての点は克服できるだろう」

巻末史料 5⁻³⁴

憲法制定会議に関する覚書（1787 年 6 月 21 日付）

「彼［マディソン］の意見は、第1に邦政府からの侵害よりも連邦政府による侵害の危険性のほうが低いこと、第2に、もし前者が侵害行為を行ってもその危害は、後者が行うよりも致命的ではないことである。第1に、その他の連邦のすべての例は、そうした制度が専制に至るよりも無政府状態に至り、連邦の長が権限を剥奪するよりも構成員が従わない傾向のほうが大きいことを立証している。我々自身の経験はこの傾向を完全に例証している。しかし、提案されている連邦の原理と形態に関する変革はそうした傾向を変えるだろうし、連邦政府が真に大きな権限を持ち、少なくとも1つの部門が各邦政府ではなく人民に由来するということが言えるだろう。［中略］。街の人々を代表する邦議会の代表達は、彼らの街が持つ地方の権限を損なおうとするだろうか。地方の権限が人民にとって有益である限り、人民はそれに愛着を持ち、人民によって選ばれた代表達は、当然、人民に従順であり、人民のその他の利害や権利に対する愛着と同じく街に対する愛着を尊重するだろう。連邦政府と邦政府の関係もそれと同じである。第2に、邦政府の連邦政府に対する侵害に対する防御が、後者の前者に対する防御よりも必要とされる。各邦政府を廃止することに対する強い反論として、連邦政府が地元の管轄下にあるすべての些細な問題に配慮することができないという論がある。反論は、連邦の権限の濫用の可能性に対してではなく、多くの目的で広大な国土にわたって連邦の権限が不完全に行使されることに対するものである。そうした反論が有効性を持つ場合、その点に関しては不適切ではない。そうした反論が有効性を持たない場合、連邦政府自体の有益性は各邦政府を人民が維持する有益性とともに生じるだろう。もし連邦政府が各邦政府と協調することなく、必要とされるあらゆる目的にその配慮を広げることが可能になっても、人民が、13 の小さな共和国の構成員として自由であれば、同じく1つの大きな共和国の構成員として自由である。デラウェア邦民がヴァージニア邦民より自由ではないとすれば、アメリカ市民より自由ではないということになる。したがって、邦政府を連邦政府に取り込む体質は、致命的な結果をもたらすことはない」

巻末史料 5⁻³⁵

憲法制定会議に関する覚書（1787 年 6 月 26 日付）

「この憲法に与えるべき形態を判断するために、それによって果たされる目的を見ることが適切である。第1の目的は、人民をその支配者達から守ることである。第2の目的は、惑わされやすい移り気から人民自身を保護することである。他国の経験を参考にして人民の幸福を最もよく保障する政府案について落ち着いて熟考する人民は、人民の幸福を託されたた者が彼らの信任を裏切ることがあると最初に気付くだろう。こうした危険に対する明らかな予防措置は、互いに監視し合い抑制し合う異なった人々の集団に信任を分けることである。そうすることで濫用されがちなすべての事柄が別々の手によって扱われ、ある者が別の者を抑制するという邦政府の部門を組織する上で広まっている原理と同様の思慮分別によって統制される。次に人民は本当の利益に関する情報を欠き、一時的な間違いを犯しがちだということが思い浮かぶ。そして、短期間しか選ばれず、公務についてわずかなことしか知らない者は同じ事柄で間違いを犯しがちだということが思い浮かぶだろう。こうした省察によって、当然、政府の1つの部門が人民の利益に関する完全な知識を得る機会を持つように構成されるべきであると考えられる。人々が等しく陥りがちな事態について考えれば、数の多い

代表の集団と同じく人民自身が移り気や情熱から間違いを犯しがちであることが分かる。こうした危険に対する必要な防護策は、衝動に駆られがちな議会を適切に抑制することができる堅固さを持った啓蒙された限られた数の市民の集団を選ぶことである。自分達自身で政府について考えようという人民にとって、保障される筈の自由は必然的に異なった利害を生じるので、多数者の利害は突然の衝動で少数者に対して不公正を強いるという誘惑に駆られやすいという考え方が最終的に思い浮かぶだろう。すべての文明化した諸国の中で、人民は異なった階層に分かれ、現実の、もしくは想定された異なった利害を持つ。債務者と債権者、もしくは農民、商人、そして、製造者がいる。特に富める者と貧しい者の区別がある。[ピンクニー氏]が述べたことは本当であり、我々には、古代の政府と同じくヨーロッパの近代国家においても主な紛争の種だった生得的な階級の区別はなく、後者を特徴付ける貧富の極端な差もない。しかしながら、我々は、この時点において、一部分に対する影響がすべて同じように全体に影響するようなある1つの均質な集団として等しく見なされているわけではない。我々が長い年月にわたって持続させたいと望む制度を構築するにあたって、我々は年月が生み出す変化を見逃すべきではない。人口の増加は、必然的に生活のすべての苦難の下で労苦する者の割合を増やす。そして、彼らは密かにその恩恵の平等な配分を希求するようになるだろう。こうした者達は時が経てば、貧しさを感じずに済んでいる人々に対して数で優るようになるだろう。選挙権の平等な法則に従って、権力は前者の手中に滑り落ちるだろう。わが国で農地解放の試みは今、行われていないが、我々が理解するところ、平準化の精神の兆候がある部分に表れていて、将来の危険を告げている。共和主義の原理に基づいて、この危機に対してどのように防御すべきだろうか。利害の連携によってあらゆる場合に守られるべき少数者が抑圧される危険はいかなるものだろうか。その叡智と美徳を十分に尊重できる組織を政府の中に樹立する他に手段はないだろう。公正の秤で公正が適切な重みを持つことができるようにしよう。それが提案された第二院の目的であれば、彼[マディソン]はかなり長い任期を与えるべきだと考えた。彼[マディソン]は、9年間の任期は何ら現実的な危険をもたらすことはないと考えた」

巻末史料5[-36]

憲法制定会議に関する覚書（1787年6月28日付）

「どうして同じ邦の諸郡が人口に応じて代表されるのか。それは代表達が人民自身に選ばれているからだろうか。連邦議会の代表達もそうだろう。小さな郡よりも大きな郡のほうがより危険にさらされるからだろうか。大邦でも小邦でも事実は同じだろう。法律が直接、人民の身体や財産に作用するからだろうか。それは連合規約でもある程度、完全に同じようにあてはまる。連合規約に代わるべく提案されている[憲法]案の下でもより大きな程度で同じようにあてはまる。[中略]。小邦を大邦に対して保護する必要性はないと彼[マディソン]は同じく明らかに考えていた。大邦の連携を恐れるべきだろうか。それは、他の諸邦から際立っているヴァージニア邦、マサチューセッツ邦、そして、ペンシルヴェニア邦に何らかの共通の利益がある場合、もしくは偶然、規模が同じ程度であった場合にしか起こり得ないだろう。どのような共通の利益が存在するのだろうか。その状況を見ると、そうした邦は、最も警戒心のある邦の最も警戒心のある市民によって相互に効果的に切り離されているとは言えないかもしれない。その様態を見ると、宗教とその他の環境は時に異なった社会に親密感を生じさせるかもしれないが、その他の邦よりも類似しているとは言えない。主要な

産物を見ると、連邦の別々の3つの邦は似ていない。マサチューセッツ邦の特産物は魚であり、ペンシルヴェニア邦の特産物は小麦であり、そして、ヴァージニア邦の特産物はタバコである。単に規模が同等であるという状況から連邦が成立すると考えられるだろうか。経験によればそのような危険は考えられない。連合会議の議事録にはこうした邦が特別に連携して投票を行ったという記録はない。同じ邦の異なる郡がある程度は一致できても別の状況では一致できないように、そうした連携に伴う傾向が裏切られることは決してない。また経験は正反対の教訓を教えている。社会で際立った重みを持つ個々人の中では、連携よりも競争のほうがしばしば起こりがちである。カルタゴとローマは、彼らの力を合わせて地球上の弱小国家を滅ぼそうとする代わりに互いに最後の一片まで滅ぼし合った。オーストリアの王家とフランスの王家は、彼らがヨーロッパの大国である限り敵対関係にあった。イギリスとフランスは角逐と敵対を続けた。こうした原理によっておそらく我々の自由も恩恵を被っている。そうした諸国の間の連携は我々にとって致命的であった。古今の連邦の主な構成員の間で、我々は同じような結果が同じような原因から生じたことを知っている。スパルタ、アテネ、そして、テーベの連携ではなく競合が、アンフィクチオン同盟の小さな構成員にとって致命的であった。ロシアとオーストリアの連携ではなく競合が、ドイツ帝国を混乱させ抑圧した。大邦は、その小さな隣人にとって扱い難いものなのだろうか。この仮定に基づけば、後者［小邦］は連邦政府が前者［大邦］に彼ら自身と同じく熱心に影響力を及ぼす筈だと願うべきである。連邦の箍が緩めば、大邦が強い力を利用する自由がより大きくなる。［中略］。つまり、我々の前には、13邦の完全な分離と完全な統合という2つの極端な選択肢がある。前者において諸邦は、それぞれ国際法の他に従う法律を持たない独立した国家である。前者において小邦は大邦を恐れなければならない。後者において小邦は恐れる必要は何もない。したがって、小邦の［選ぶべき］真の方策は、そうした原理を促進することであり、諸郡の状況と最も似たような状態に諸邦を置く政体を採用することにある。さらなる考慮が付け加えられる。もし連邦政府が弱体であれば、大邦はその継続を危ぶみ、彼らの重要性と安全保障は彼ら自身の規模と強さにあると予見して［自邦の］分割に応じなくなる。連邦政府に十分な活力と恒久性を与えるために反対を撤回しようではないか。大邦の分割と小邦の合併が徐々に進めば、時間の経過によって、小邦が今、望んでいるような平準化がなされるだろうが、すぐにそれを達成することはできない」

巻末史料5⁻³⁷

憲法制定会議に関する覚書（1787年6月29日付）

「彼［マディソン］は、明らかに不公正で、決して認めることができず、もし認められれば、我々が永続させたいと願っている憲法に致命的な欠陥を持たせることになる方針を放棄するように小邦の代表達に嘆願した。彼［マディソン］は、連邦の瓦解によって生じる結果について彼らがよく考えるように願った。大邦における活力の不足は小邦に対する安全保障となると言われている。こうした活力の不足は、すべての外国の危険に対して想定された諸邦の安全保障について失念している。安全保障を各邦自体に委ねてみて、遠く離れた諸国、もしくは近隣の諸邦からの危険に伴う不安が生じれば、大小を問わず、困難な状況に置かれたすべての邦は強硬で傲慢な政府にすぐに取って代わられるだろう。彼［マディソン］の大きな恐れは、諸邦の政府がありあまる活力を持ち、大邦が小邦に対して手に負えなくなるだけではなく、すべての邦の内部で致命的な結果を自由にもたらすことである。旧世界を絶え

間のない戦場にしてその表面から自由を消し去ったのと同じような原因は、わが国でもすぐに同じ結果をもたらすだろう。警戒心を抱いた弱い小邦は、すぐに強力な隣人からの突然の脅威に対抗するために正規軍をすぐに導入することになるだろう。他邦も同じくその例に倣うので、［正規軍の導入は］すぐに全体に広まるだろう。実際に戦争になれば、大きな自由裁量権が絶えず首長に与えられる。戦争に対する絶え間のない恐怖は、組織にとって首長［の権限］を大きくし過ぎる傾向を助長する。［権限が］大きくなり過ぎた首長とともに常備軍は、自由の安全な同胞とは言えなくなるだろう。外国の危険に対する防衛手段は、常に国内の専制の手段であった」

巻末史料5⁻³⁸

憲法制定会議に関する覚書（1787年7月5日付）
「憲法制定会議は、小邦と合衆国の少数の人民に妥協するために公正から逸脱するか、それとも大邦と合衆国の多数の人民を公正に満足させるかという選択に集約されると彼［マディソン］は考えた。彼［マディソン］は、自身がなすべき選択について躊躇することはできない。憲法制定会議は公正であり、多数の人民の側に立っているので恐れるべきことは何もない。不公正と少数の側に立っている場合は、あらゆるものを恐れなければならなくなる。憲法制定議会で妥協を行うことは、構成員の間で継続的な不安を残すので無用である。憲法制定会議は、［人民による］審査に耐えられ、アメリカの啓蒙された無私公平の一翼によって支持され、それ自体で正当化できる案を追求するべきである。推奨された制度を多くの者が最初は憲法制定議会で示された意見によって判断するだろうが、最終的にはすべての者が憲法制定をその制度によって判断するようになるだろうと考えられた。制度の利点のみが最終的、かつ効果的に人民の賛意を得ることができる」

巻末史料5⁻³⁹

憲法制定会議に関する覚書（1787年7月14日付）
「彼［マディソン］は、もし、人口比に基づいた代表制の代わりに平等な代表制を採ることによって政府の適切な基礎が破壊されるのであれば、適切な連邦制度が築かれることはないという見解を表明した。もし小邦が彼らの自由を保障するのに必要な権限で武装し、彼ら自身と同じく大邦に服従を強いることができる［連邦］政府を本当に望むのであれば、彼［マディソン］は彼らが極度に誤った手段を選ぼうとしていると考えざるを得ない。不適切な原理に基づく現在の連邦に課せられた結果を彼［マディソン］は小邦に思い出させた。その編成に関わった主な当事者達は、それ［連合規約］に託されたあらゆる望みを落胆させるようなやり方で、すぐに政府を骨抜きにして束縛することに関与した。彼［マディソン］は前者の機会で彼ら自身が使った主義や議論に訴えかけた。代表制は人民自身が集まることが不必要な場合の手段であるから、集合的な選挙民が個々に持つ票に応じた比率を保つべきだとパターソン氏が述べたことは非常に適切である。一院の代表制にこの見解が適用されているのに、どうしてもう一院には適用できないだろうか。しかし、政府はその作用において、部分的にフェデラル［連邦］であり、部分的にナショナル［統一国家］であると言われ、後者の場合、人民の代表は人民に比例しなければならないと言われているが、前者の場合、邦の数によるとされている。もしこうした区別が確定しているのであれば、彼［マディソン］はそれを甘受するが、もし何も確定してないのであれば、それは放棄されるべきである。連邦政

府が人民に対して行動するあらゆる場合に、人民が人口比に応じて代表され、投票権を得られるようにしよう。連邦政府が諸邦に対して行動するあらゆる場合に、連合会議が今、諸邦に対して行動しているのと同じようなやり方で、諸邦が平等に代表され、投票権を得られるようにしよう。もし何らかの根拠があるとすれば、これが妥協の真実の根拠である」

巻末史料 5⁻⁴⁰

憲法制定会議に関する覚書（1787 年 7 月 17 日付）
「彼［マディソン］は、諸邦の法律に対する拒否権が連邦政府の効力と安全にとって不可欠であると考える。連邦政府の必要性は、全体の利益に反して個々の利益を追求しようとする諸邦の傾向に由来する。こうした傾向は、もし効果的に抑制されなければ、［連邦］制度を阻害し続けるだろう。諸邦の法律に対する拒否権を欠けば、何もそうした傾向を抑制することはできない。諸邦は、連邦議会によって廃止されるか、連邦裁判所によって斥けられるかする前に、有害な目的を達成しようとする法律を通過させることができる。国家の威信と利益の守護者として邦の裁判所を信頼することはできない。多かれ少なかれすべての諸邦はその議会に依存している。［中略］。諸邦の不適切な法律を拒否する権限は、この［連邦］制度の調和を保持する最も穏健で確実な方法である」

巻末史料 5⁻⁴¹

マディソンからジェファソンに宛てた手紙（1787 年 10 月 24 日付）
「［諸邦の法律に対する］拒否権に関する問題は繰り返し議論の対象となりましたが、最終的に僅差で否決されました。以前にこの点を支持する私の見解をあなたに知らせるつもりだったので、この機会を活かしてこの問題について私自身の見解を説明したいと思います。そのような抑制が必要であると考えられます。第 1 に、連邦政府の権威に対する侵害を防止するために、第 2 に、諸邦の不安定で不公正な立法を防止するために必要です。第 1 に、ある部分［邦］に対する抑制力が全体［連邦］になければ、我々の［連邦］制度は主権の中に主権を持つという悪弊を含むことになります。もしどこかに完全な優位性を与えることがあらゆる社会で必要でなければ、上位の権威が下位の権威の侵害から守られることによって、そして、後者が相互の侵害から抑制されることによって、少なくとも統制的な権限も必要ではないでしょう。強く主張されているように、帝国の調和のためにもしイギリス議会の優位性が必要でなければ、私が思うに、国王の拒否権なしでは、もしくは同等の統制なしでは、制度の統一性が損なわれることは明らかだと思います。そうした対策が欠如していることは古代の連邦においても致命的でしたし、近代の連邦の病でもあります。［中略］。第 2 に、諸邦の法律に対する憲法上の拒否権は、個人の権利侵害に対する保障として同じく必要であると考えられます。諸邦の法律の変わりやすさは深刻な悪弊であることが分かっています。諸邦の法律の不公正さはよくあることであり、明白なので、共和主義の不変の友人にとって警鐘を鳴らすものとなっています。こうした原因から生じた悪弊は、創設目的を果たすことができない連合会議のせいで国家に生じた悪弊よりも、憲法制定会議を生み出した不安の一因となり、抜本的な改革を受け入れることができるように人心を準備させたと言っても間違いではないと確信しています」

巻末史料5[-42]

> 憲法制定会議に関する覚書（1787年7月17日付）
> 「もし自由を保持するために、立法府と行政府、そして、司法府の権限を分けることが必要であれば、三権が互いに独立することが三権分立の維持には不可欠である。もし［大統領の］再選が立法府の関心を買うことによって可能になれば、行政府は立法府から独立することはできない。どうして判事達がそのような［決まった］任期でのみその地位を保つことができる形式に決定されなかったのか。なぜなら彼らは不当な従属によって、議会と縁故を作ろうとするからであり、議会を法律の制定者だけではなく実質的な法律の解釈者にするからである。同じような方法で、行政府が立法府に依存するようになれば、立法府は法律の制定者だけではなく執行者となる。モンテスキューの見解によれば、専制的な法律は専制的な方法で執行されるようになる。［中略］。行政府と立法府が距離を保って互いに独立していることは、よく構成された共和国にとって絶対に不可欠であると考えられる」

巻末史料5[-43]

> 憲法制定会議に関する覚書（1787年7月19日付）
> 「もし自由政府の根本的な原理が、立法権、行政権、そして、司法権が別個に行使されることにあるならば、それらが独立して行使されることも等しく自由政府の原理である。行政府が司法府よりも立法府から独立するべき同様の理由、おそらくより大きな理由がある。前者の2つの権限［立法権と行政権］の連携は、人民の自由に直接的かつ確実に危険を及ぼす。他の拠り所から行政府の長の任命を行い、ある程度の在職期間を決め、立法府に対して自由な作用を与えることが必要である。たとえ行政府の長を任命することがしばしばできたとしても、立法府はそうするべきではない。まずそうした任命は後に不適格になるとしても、2つの部門の間に不適切な繋がりを生まないと確認されているわけではない。［立法府による］任命が無用な陰謀や競合を伴うことは確かである。こうした理由によって彼［マディソン］は、その他の拠り所に任命を委ねたいと思った。彼［マディソン］の意見では人民一般に［任命を］委ねることが最適である。行政府の長に際立った特徴が生じるように工夫することは十分に有望なことである。一般的に人民はその功績が一般的な関心と評価の対象になるような市民しか知らないし、そうした市民にしか投票しようとしない。しかしながら、人民による直接選挙に付随する1つの深刻な性質の困難な問題がある。有権者は南部の諸邦よりも北部の諸邦に多く分布し、後者は多数が黒人奴隷であるために選挙に影響力を及ぼすことができない。選挙人を代用することがこの困難を未然に防ぎ、全体として最も反対が少ないように思われる」

巻末史料5[-44]

> 憲法制定会議に関する覚書（1787年7月21日付）
> 「彼［マディソン］は、［司法府に違憲審査権を与える］動議の目的が憲法案に大きな重要性を与えると考えた。それは、立法府の侵害に対して防御する機会を司法府に与える際に有用だろう。それは、［司法府が］審査権限を行使する際に自信と堅固さを励起する際に有用だろう。それは、一貫性、良心、明晰さを［司法府に］保持させるようにし、法律に技術的な妥当性を与える有益な支えになることによって立法府にとっても有用だろう。さらにそれ

は、我々の災厄の大きな部分をなす賢明ではなく不公正な方策の追求に対する抑制として社会全体にとっても有用だろう。もしその動議に強硬な反対が唱えられるのであれば、それは行政府、もしくは司法府に大き過ぎる力を与えるのではないかという仮定によるものだろう。彼［マディソン］はこうした見解に対してまったく根拠がないと思ったわけではない。2府［行政府と司法府］の協調にもかかわらず、立法府は2府に対して依然として優勢であることは非常によく理解されている。すべての邦で経験によって、立法府がその渦の中にすべての権限を吸収してしまおうとする強い傾向があることが示されている。これこそアメリカの諸邦の憲法に対する現実の危険の源であり、その他の部門に、共和主義の原理に一貫したあらゆる防衛の権限を与える必要性が示唆された」

巻末史料 5[-45]

憲法制定会議に関する覚書（1787年7月25日付）
「提案されているか、もしくはおそらく提案され得るあらゆる形態に対する反対がある。連邦、もしくは邦の制度の下にある現行の組織によって選挙が行われるか、もしくは、人民に由来する特別な組織によって選挙が行われるかしなければならない。連邦制度の下にある2つの現行の組織は立法府と司法府である。彼［マディソン］は後者は問題外であると見なした。前者は彼［マディソン］の判断によれば克服できない反対がある。行政府の独立性に対するそうした方法の一般的な影響に加えて、第1に行政府の長の選挙は立法府を非常に興奮させ分裂させることになるので、人民の利害がそれによって大きく損なわれるだろう。人民の組織は常に論争に陥りがちであるが、他の主体がそのような機会を持てばさらに暴力的な議論に陥るであろう。第2に、立法府と通謀する候補者は支配的な党派から指名を受け、彼の統治をその見解に従属させがちである。第3に、外国の公使達は、彼らの陰謀と影響を選挙に混入する機会を利用するだろう。行政府の権限が制限されれば、それはアメリカに領土を持つヨーロッパ列強がわが国の政府の長を彼らの個々の政治や利害に結び付かせる絶好の対象にする。立法府から彼らの希望に好意的な任命を得るためにはそれほど面倒も費用もかからない。［中略］。諸邦の現行の組織は立法府、行政府、そして、司法府である。邦の立法府が国家の行政首長を任命することには多くの点から反対である。その多くはすでに言及されている。意見を決定した1つの点について彼［マディソン］は言及した。諸邦議会はさまざまな有害な方策を選択する強い傾向を示してきた。連邦の立法府の1つの目的はこの傾向を統制することであった。法律に対する拒否権を持つ限り、連邦の行政府の1つの目的は、連邦の立法府が同様の傾向に侵されている限り、連邦の立法府の統制にあった。国家行政首長の任命を邦議会に委ねることは、この統制という目的を損なうことになるだろう。邦議会はある種の定まった計画でもって行動し、邦議会が好ましく思う目的に反対しない人物の任命を推進するだろう。もし邦議会の多数が選挙時に同じ目標を持つか、もしくは同じような種類の異なった目標を持てば、国家行政首長は彼らに従属させられることになる。邦の行政府による任命は、その他の反対の中でも特に克服できないものであり、現行の組織があることで、彼らは候補者達や党派、そして、外国の公使達の機嫌を伺い、通謀するだろう。邦の司法府は、適切な任命の拠り所として提案することはできないと彼［マディソン］は見なした。したがって、我々の前に置かれた選択肢は、人民によって選ばれた選挙人による任命と人民による直接の任命の間にある。彼［マディソン］は、前者の方法が、それに対して駆り立てられる多くの反対から免れていて、連邦の立法府による任命よりもずっと好ましいと考えた」

巻末史料 5⁻⁴⁶

> 憲法制定会議に関する覚書（1787 年 8 月 7 日付）
> 「選挙権は確かに共和政府の根本的な条項の 1 つであり、立法府の規定に委ねられるべきである。こうした権利の漸進的な削減は、貴族制が民衆的な制度を破滅させる手段である。憲法で選挙資格を［土地の］自由保有権にするか否かは、今、あらゆる種類の人民によって行使されている権利が存する諸邦でそうした変化がどのように受け取られているかによる。いくつかの邦では、自由保有権が今でも選挙資格である。その利点のみで問題を見ると自由保有権者は共和国の自由の安全な受託者である。［中略］。ここで検討されている連邦政府の任命が部分的に邦政府によって行われるとすると、選挙権が財産の所有で制限されない諸邦の住民は間接的に連邦政府での代表権の一部を持っていることになる。しかし、これは、人間は、彼らが関係しない法律によって公正に拘束されることはないという基本原理を満たしていない。身体と財産［の保障］は 2 つとも政府が樹立される本質的な目的であり、どちらかが主張できれば、もう一方に対して十分な保障が残される。こうした二重の性質における最も明確な対策は、財産の所有者にのみ与えられる選挙権を二院のうち一院だけに限ることであり、そうでなければその目的は民衆的な政府ではほとんど保障されないように思える」

巻末史料 5⁻⁴⁷

> マディソンからジェファソンに宛てた手紙（1787 年 9 月 6 日付）※太字部分は暗号
> 「おそらく政府は、**行政権を持つ大統領**、**立法権を持ち、各邦議会によって選ばれる上院**と各邦の人民によって選ばれる下院、そして、恒常的な**司法府**からなる案を各邦の人民に提出するでしょう。行政府を規定する方式のうち何点かはいまだに決まっていません。**上院**は**各邦 2 人ずつの議員からなり、6 年に 1 度、指名**されます。もう一方の議員は **2 年に 1 度、各邦の人民によって**、人口に比例して指名されます。立法権は、**貿易への課税**の他、諸々の事柄に拡張されるでしょう。連邦政府の権限は、**各府の性質**に応じて**分与**されるでしょう。**各邦は紙幣発行**と他の少数の事例において**規制**を受けるでしょう。これらは**概要**です。それが及ぶ範囲はおそらくあなたを驚かすかもしれません。それでも私は敢えて、国家の目的に効果的に応じることができず、**邦政府に対する反感**を励起させるようなあらゆる地方の**厄介事を防止**することもできない**憲法案が万が一採択**されるかもしれないという意見を敢えて示します」

巻末史料 5⁻⁴⁸

> 憲法制定会議に関する覚書（1787 年 9 月 17 日付）
> 「最後の面々が［憲法案に］署名しようとしていた一方で、フランクリン氏は議長が座る椅子のほうを見つめていた。椅子の背後には偶然にも昇る太陽が描かれていた。彼の近くにいた面々が見たところ、どうやら絵師はその腕では昇る太陽と沈む太陽を描き別けるのが難しかったらしい。彼が言うには、会期中、何度も［憲法制定会議の］成果についてあれこれ希望を持ったり失望を感じたりしながら、議長の椅子の背後を眺めていて、太陽が昇るか沈むか、どちらの様子なのかが分からなかった。しかし、今、ようやく、幸いにもそれは沈む太陽ではなく昇る太陽だと分かった。憲法は、署名に同意しなかったランドルフ氏、メイソン氏、そして、ゲリー氏を除くすべての代表によって署名され、憲法制定会議は解散して閉

会した。これらの議論における若干の変更や修正は、私の手によらないものは、私の立会いの下、ジョン・ペインに口述させたものである」

巻末史料5-49

『ザ・フェデラリスト』の執筆（1819年）
　「『ザ・フェデラリスト』と題された論稿は、1787年後半と1788年の前半に、アレクザンダー・ハミルトン、ジョン・ジェイ、そして、ジェームズ・マディソンによって書かれた。それらのもともとの直接的な目的は、強硬な反対があるだけではなく、批准の成功が非常に重大性を持つと見なされていたニュー・ヨーク邦による新憲法の批准を促すためであった。もともとの計画によれば、初期の論稿はあるニュー・ヨークの市民によるものとして発表されることになっていた。しかし、それらが他の邦で再発表されることを考え、さらに一般の印象を憲法に好意的にするために、そうした限定的な性質は脇に置かれた。[中略]。論稿が初めて刊行されたのはニュー・ヨーク市の新聞であった。それらの大部分は非常に急いで書かれ、話題の異なった部分を何人かの書き手に特別に割り当てることもなかった。ジェームズ・マディソンはその時、連合会議の一員であり、アレクサンダー・ハミルトンも同じくその一員であるだけではなく彼の仕事の大半は弁護士業に占められていた。それぞれがそれぞれの状況が許す限り書き、できる限り続けて発行される論稿に秩序と繋がりを持たせようとしていたと考えられる。[中略]。最初から、特にアレクザンダー・ハミルトンとジェームズ・マディソンが原稿を印刷に送る前に互いに連絡を取り合ったのは書き手の慣行であった。与えられた時間が短かったのでこれは非常に不便であり免除されるようになった。別の理由は、相手のすべての主義や見解について明確に同意していたわけではないが、互いに[それぞれの意見に]賛同し合っていることが分かったからである」

巻末史料5-50

『ザ・フェデラリスト』10篇「派閥の弊害とその匡正策」（1787年11月22日付）
　「私は、派閥という言葉を、全体中の多数であれ少数であれ、ある一定数の市民が、他の市民の権利あるいは共同社会の永続的・全能的利益に敵対するような感情または利益といった、ある共通の動機により結合し行動する場合をさすものと理解している。[中略]。派閥の原因そのものは除去し得ないものであり、したがって[派閥の暴威に対する]対策はただその効果を抑制する方法の中に求められるべきだということである。もしある派閥が全成員の過半数以下で構成されている場合には、派閥の暴威に対する匡正は共和主義原理によってなし得る。つまり、多数者が通常の多数決で派閥の邪悪な見解を敗北せしめ得る。[中略]。これに反して民主政治の下で多数者が1つの派閥を構成する時には、派閥が、公共の善と他の市民の権利のいずれをも、その圧倒的な感情や利益の犠牲とすることが可能になる。それゆえ、民主政治の精神と形態を保持しつつ、このような派閥の危害から公共の善と個人の権利の安全を図ることが、我々の探究すべき重要な課題となる。[中略]。私は共和政という言葉で、代表制を持つ統治構造を指しているが、このような共和政こそまったく異なった1つの展望を開き、かつ我々が探し求めていた匡正策を約束するものである。[中略]。[共和政においては]一方では世論が、選ばれた一団の市民達の手を経ることによって洗練され、かつその視野が広げられる。その一団の市民達は、その賢明さのゆえに、自国の真の利益を最もよく認識し得るのであり、また、その愛国心と正義心のゆえに、一時的なあるいは偏狭な考

え方によって自国の真の利益を犠牲にするようなことが、最も少ないと見られる。このような制度の下では、人民の代表によって表明された公衆の声のほうが、民意表明を目的として集合した人民自身によって表明される場合よりも、よりいっそう公共の善に合致することが期待される。[中略]。いずれか1つの党派がその党派に属していない人々を数で圧倒したり、抑圧したりする結果になるのを防ぐためには、党派の数を多くすることによって、より大きな安全性が確保されるという利点はないであろうか。連邦に包含される党派の多様性が増大すれば、それだけこの安全性は増大することになるであろう。要するに、不正な利益を目指す多数派が一致協同してその密かな願いを達成するのを防ぐためには、より大きな障害を置くことが役立つであろう。[中略]。かくして、広汎な地域と適切な構造を備えた連邦こそ、共和政府に伴いがちな病患を処置する共和主義的な匡正策に他ならないのである（齋藤眞・武則忠見訳――一部改変）」

巻末史料 5⁻⁵¹

『ザ・フェデラリスト』14 篇「広域連邦に対する反対論の検討」（1787 年 11 月 30 日付）
　「共和政国家の自然的限界は、公務の処理に必要なたびごとに、人民の代表が何とか参集できる中心地からの距離ということになる。合衆国の限界は、この距離を越えていると言えるだろうか。連邦の最長距離は大西洋岸の側であるが、この 13 年間にわたり、各邦代表はほとんど間断なく集会しているし、しかも、連合会議の開催地に近い諸邦の代表よりも、遠隔諸邦の代表のほうが出席率が悪かったためしはないという事実を想起する人々ならば、このようなことは言えないだろう。[中略]。ほとんどどの邦も一側面か、それ以上の側面で外国と境界を接する状態にあるから、その安全上、全体防衛のために何らかの犠牲を払うことは止むを得ないことは分かっている。ただ、連邦の中心から最も遠く離れた邦は、連邦の通常の諸利益にあずかることは当然、少ないだろうが、そのことはとりも直さず、直接外国と接触しているということであるから、いざという場合には、連邦の力と資源を最大限に必要とする状態にある。[中略]。広大な共和国というこの実験が、何か新しいものを含むかもしれないというただそれだけの理由で、なぜ拒否されねばならないのか。アメリカ人は、過去の歴史に現れた意見や他国民の意見にはかなりの考慮を払いつつ、古いもの、習慣、名声に対しては盲目的崇拝に囚われることなく、アメリカ人自身の良識による示唆、自分の置かれた状況についての知識、自分の経験から学んだ教訓を無視しないことこそが、アメリカ人の誇り得るものではないのだろうか。この雄々しい精神に対して、後世のアメリカ人は恩恵を受けるだろうし、全世界もまた、個人の諸権利と公共の福祉のために、アメリカという舞台で演じられた数々の新機軸の先例に恩恵を受けることになるだろう（齋藤眞・武則忠見訳――一部改変）」

巻末史料 5⁻⁵²

『ザ・フェデラリスト』18 篇「古代ギリシア諸同盟の考察」（1787 年 12 月 7 日付）
　「古代の連邦の中で、最も考慮に値するものは、隣保同盟会議［神殿同盟］に加盟したギリシア諸共和国の連邦である。この賛美された制度について伝えられている最もよく記録された史料から見て、この連邦は、現在のアメリカ諸邦の連合に、大いに教訓を与えるような類似性を持っている。[中略]。隣保同盟会議代表達は、同盟規約に列挙された権限以上の権力を行使している。彼らは、当時における政府維持に重要な原動力の1つであった迷信に基

づいた習慣を利用していたし、反抗する都市国家に対し、強制力を行使する明文上の権限も有しており、しかも、この権限を必要に応じて行使することを宣誓によって義務付けられていたのである。それにもかかわらず、実際はこの理論とすこぶる違っていた。これらの権限は、現在の［アメリカ］連合会議の権限と同様に、それぞれの都市国家の統治能力において、各都市国家が独自に任命した代表達によって運用され、しかも、都市国家と同じ統治資格において、これらの権限を各都市国家に対し行使したのである。隣保同盟の弱点、秩序の乱れ、そして、最終的に同盟の崩壊の根源はここにあった。強力な都市国家は、［同盟に対する］畏敬と服従とを維持し続けないで、その代わりに、他のすべての都市国家に対し、次々に専制的支配を行っていった。［中略］。ギリシアの運命についてのある賢明な観察者は、もし、ギリシアがもっと厳密に規定された連邦制によって結合しており、その連合を維持し続けていれば、決してマケドニアの鎖に縛られることはなかっただろうし、ローマの大計画に対しても、それを阻止できたかもしれないと述べている。いわゆるアカイア連盟は、ギリシアの諸共和国のもう1つの連邦組織であって、我々に役立つ教訓を与えてくれる。この連邦体制は、前述の例よりもはるかにいっそう緊密で、その組織もいっそう賢明なものであった。［中略］。アベ・マブリは、彼のギリシアに関する省察において次のように述べている。すなわち、民主政治というものは、いずれの場合においても、まことに騒乱の生じやすいが、アカイア共和体制の構成諸国においては、何ら無秩序を生じなかった。その理由は、アカイア体制の下で全体的権力と連盟法によって民主政治が調整されていたからである（齋藤眞・武則忠見訳――一部改変）」

巻末史料5[-53]

『ザ・フェデラリスト』19篇「ドイツ、ポーランド、スイスの連邦原理とその傾向」（1787年12月8日付）

「何らかの危機が発生し、ドイツ国民が自衛の必要から、たとえより緊密に団結した場合であっても、ドイツ帝国の状態は嘆かわしいものであった。主権を有する諸邦の猜疑心、誇り、見解の相違、相反する主張から、すこぶる煩瑣な討論が生じ、帝国議会が対策を決定できるよりも先に、敵は戦場に現れ、連邦軍が迎撃態勢を整える前に、さっさと冬の宿営地に引き上げるという状況であった。［中略］。この支離滅裂なドイツ帝国組織が、非常に長期間、完全にばらばらに解体もせず維持されてきたのはなぜかとおそらく尋ねるだろう。その回答は明白である。すなわち、大部分の帝国構成員が弱体であり、しかも、外国列強の勢力下に入るのを好まなかったこと、主要構成員のほとんどが、彼らを取り巻く恐るべき列強に比べて弱体であったこと、各地に散在する皇帝の世襲領による大きな勢力と影響力、ならびに、家系の誇りと結び付いて彼を引き続きヨーロッパ第1の君主たらしめている組織を維持しようとする皇帝自身の関心、これら諸原因が、弱体で不安定な帝国を支えていたのであり、他方では、主権の性質に付随する曖昧な資格が、時の経過とともに絶えず強化されていき、適切な一体的統合に基づく組織にしようとするいかなる改革も阻止していたのである。もし、もっと直接的な参考例を望むのならば、地方主権者の上に1つの政府を作っているポーランドに注目するのが適当だろう。さまざまな［連邦］制度に由来する弊害について、これ以上の顕著な証明を他に求めることはできない。ポーランド中央政府は、自治にとっても自衛にとってもともに不適当であったので、長い間、強力な隣国の犠牲となり、最近でも、ポーランド国民と領土の3分の1を失うに至っている。スイスの諸州を結び付けている

関係が、連邦制度の安定性についての実例として時々、引用されるが、スイスを連邦と呼ぶことはできない。というのは、スイス諸州は、共通の国庫を持たず、戦時ですら共通の軍隊もなく、共通の通貨もなく、共通の裁判所やその他の共通の主権を特徴付けるようなものを一切持っていないからである。スイス諸州は、次のような原因によって結合しているのである。すなわち、スイスの地形的位置の特殊性、個々の州が弱体で取るに足りないこと、かつていずれかに服従していた強力な隣国に対する恐怖、スイスのような単純で同一化した生活態度の人々の間では紛争の原因がほとんどないこと、各州に属する領土については利害が一致していること、騒動や反乱の鎮圧に必要な場合の相互援助、しかも、この援助は明文で契約されていて、これまでしばしば援助を要請したり提供したりしてきたこと、また、州間の紛争を調停するための正規の恒久的機関を当然のこととして有してきたことである（齋藤眞・武則忠見訳――一部改変）」

巻末史料 5[-54]

『ザ・フェデラリスト』20 篇「ネーデルランド連合の原理と傾向」（1787 年 12 月 11 日付）
　「ネーデルランド連合は、諸共和国の連邦というよりは、そのすこぶる顕著な政体から見れば、むしろ貴族政国家の連邦と言ったほうがふさわしい。しかし、そうであっても、我々がすでに検討してきた連邦制度に由来するあらゆる教訓を確認させるものである。[中略]。この連合体の現実上の特徴はどうであろうか。それは、[中央] 政府の弱体、州間の不和、外国勢力の影響と軽蔑、平和時の不安定、戦争によるひどい惨禍といったものである。[中略]。弱い政府組織は、適切な権力を欠いているか、公共の安全にとって不可欠な権力の濫用かの理由により、必然的に解消する結果とならざるを得ない。いったん、権力の濫用が始まると、[権力行使の] 有効限界に留まるか、それとも危険な極限まで突っ走ってしまうかは、ひとえにその時の状況にかかっている。おそらく専制政治は、憲法上の最大限の権力を完全に行使するところから生ずるよりも、非常時局の重圧の下で、不完全な憲法のために要請されることになる権力の僭取から生ずる場合が多い。[中略]。当面の問題について経験が明白に告げている重要な真理は、諸主権者に優る 1 つの主権、諸政府の上位にある 1 つの政府、個々の利益からかけ離れた共通の利益のための立法が、理論的に言葉の誤用であるだけではなく、それらを実践した場合、法の代わりに暴力を用いることによって、もしくは行政官による温和で有益な強制の代わりに剣による破壊的な強制を用いることによって、市民政治の秩序と諸目的を覆すことになるということである（齋藤眞・武則忠見訳――一部改変）」

巻末史料 5[-55]

『ザ・フェデラリスト』37 篇「憲法会議が直面した困難」（1788 年 1 月 11 日付）
　「憲法会議が直面した困難の中でも特に重要であったのは、いかにして自由と共和政体とを十二分に尊重しつつ、しかも政府に必要な安定性と活動性を確保することができるかという点であった。[中略]。政府が活動力を持つということは、外国からの危険、また国内の危険に対する安全保障にとって不可欠であり、またおよそ良い政府であれば当然、持つべき法の迅速かつ有効な執行にとっても不可欠である。政府が安定性を持つということは、国民の品性を涵養し、それに伴う利点を育成するためにも不可欠であり、またおよそ市民社会の大きな利点とも言うべき人心の安定と満足を確保するのにも不可欠である。朝令暮政は、国民にとって疎ましいものであるだけではなく、それ自体悪である。[中略]。中央政府の権能と

各州政府の権能の間に適当な分割線を引くという課題は、これまた少なからず困難な仕事であったに違いない。［中略］。右に述べてきたような困難に加えて、大邦と小邦の主張が相互に対立するということがあったに違いない。一方で大邦がその優越した富や重要性に完全に比例した政府内の発言権を獲得しようとし、他方で小邦が現在、享受している平等な発言権に固執して譲ろうとしなかったと考えて誤りなかろう。一方が他方に完全に譲るということはなく、したがって大邦と小邦の間の争いは結局、妥協によって収める以外になかったと考えて然るべきであろう。［中略］。それにさまざまな点で各邦を相互に対立させることになったのは単に大邦と小邦の関係だけではない。その地方的立場や政策に由来する他の結び合わせが、さらに憲法会議に困難を加えたに違いない。［中略］。こうした強い困難の下にあった以上、憲法制定会議としては、もし独創的な理論家が書斎に閉じ籠もって、想像力豊かに、抽象的な見解をもって計画した憲法案ならば当然、持っているような巧妙な構造と精緻な均整から少々逸脱せざるを得なかったとしても、それは別に驚くことはないであろう。むしろ、真に驚くべきことは、このように多くの困難が克服されなければならなかったことであり、しかも、それが、とても予期されえなかったような一致、ほとんど歴史にその比を見ないと言ってよいほどの一致をもって克服されたことである。［中略］。我々としては必然的に2つの重要な結論に到達せざるを得ない。第1の結論は、憲法制定会議は、党派的敵対感情の持つ危険な影響力を、ほとんど完全に免れることができたということである。ちなみに、この党派的敵対感情たるや、およそ合議体には必ず伴い、その議事過程を必ず汚す病弊である。第2の結論は、憲法制定会議を構成した各邦代表は、憲法案可決というその最終決定を満足をもって受け入れたか、あるいは個人的には反対であっても、私的な見解や党派的な利害はこれを公共の善のために犠牲にする必要があるという深い確信によってか、または、採択を遅らせたり、さらに新しい案を検討するなどということになれば、この私利私益を犠牲にする必要性が顧みられなくなることを恐れて、憲法案採択という最終決定に同意を表するに至ったということである（齋藤眞・武則忠見訳――一部改変）」

巻末史料 5[-56]

『ザ・フェデラリスト』38 篇「憲法案に対する批判の一般的検討」（1788 年 1 月 12 日付）
　「新体制に対して主張されている主な反対論のほとんどのものが、現存の連合規約体制について 10 倍もの偽りを語っていることは明らかではないだろうか。すなわち、金銭徴収の無制限の権限を連邦政府の手に任せては危険だろうか。現在の連合会議は、必要と認めるだけの経費を要求することができるし、また、各邦は憲法上、その要求を満たさなければならない。また、連合会議は、国債を償還していく限り、国債を発行することができるし、国の内外において 1 シリングでも貸し付けるものがありさえすれば、借り入れることもできるのである。軍隊を徴募する無制限の権限は危険だろうか。現在の連合は、連合会議にこの権限を与えていて、しかもすでに用い始めているのである。政府のさまざまな権力を同一団体に混合することは、不適当であり不安全であるだろうか。1つの団体である連合会議は、あらゆる連邦権力の唯一の保持者である。金庫の鍵と軍隊の支配を同一の手に与えることは特に危険であるだろうか。連合は、これら2つを連合会議の手に与えている。自由にとって権利章典は不可欠のものであるだろうか。連合は、権利章典を持っていない。新憲法案が上院に、行政府と協同して、国法たるべき条約を締結する法的権利を与えていることが、新憲法案に対する反対の根拠となるのであろうか。現存の連合会議は、このような規制を何も受け

ずに、条約を締結することができるし、その条約を国の最高法であると宣言し、それを邦の大部分も認めている。奴隷の輸入が新憲法案によって 20 年間許されているのは不適当であろうか。旧憲法［連合規約］では、奴隷の輸入は永久に許されているのである。［中略］。巨額の独立した歳入基金が、単一団体［連合会議］の手に握られていて、その団体は軍隊兵員を無制限に徴募でき、その維持のために無制限の期間にわたって金銭を充当することができる。それでも猶、この状況に黙っている傍観者がいるだけではなく、このような状況を呈している現制度の擁護者さえいる。また同時に、新制度に反対する議論を我々は聞いているが、なぜ彼らは、連合会議の現在の無能さによる危険な脅威から連邦を救う必要性とともに、現存の連合会議のような 1 つの構成団体の将来の権力と財源に対して、連邦を守る必要があるとして、新制度の樹立を主張することに、もっと首尾一貫した行動を取らないのであろうか（齋藤眞・武則忠見訳――一部改変）」

巻末史料5[57]

『ザ・フェデラリスト』39 篇「憲法案の共和主義的性格」（1788 年 1 月 16 日付）
「もし、異なった政治形態がそれぞれ拠って立つ、異なった原則について、1 つの基準を求めるならば、我々は共和政を次の如く定義することができよう。あるいは少なくとも次の如き政府に、共和政の名を与えることができよう。すなわち、その権力のすべてを、直接にであれ間接にであれ、大多数の人民から与えられ、その権力が、自己の好む間、あるいは一定の任期の間、あるいは罪過ない限り、その職にある者によって行使される政府機構を指して、共和政と呼ぶことができよう。何よりも共和政府にとって本質的なことは、政府が社会の特権階級や取るに足りない一部の少数者に基礎を置くものではなく、社会の大多数の人々に基礎を置いていることである。［中略］。政治機構の真の性格が何であるかを明確にするためには、まず、それが拠って立つ基盤と関連して考えなければならない。次に、その通常の権限が何に由来しているか、第 3 に、その権限がいかに行使されるか、第 4 に、その権限の範囲は何であるのか、そして最後に、将来、政治機構が改変される場合は、いかなる権能に基づいてなされるのかという諸点を検討すべきであろう。第 1 の側面について検討してみるならば、一方においてこの憲法案は、憲法制定という特別の目的のために選ばれた代表を通して与えられるアメリカ人民の同意と批准に基づいているものである。しかし他方、この同意と批准は、1 つの国民として固まっている個々の市民としてのアメリカ人民によってではなく、各自が、それぞれ属するところの独立したいくつかの邦を形成するものとしてのアメリカ人民によって、与えられることになっている。つまり、その同意と批准は各邦における最高権威であるところの人民の権威に基づいた各邦の同意と批准なのである。したがって、この憲法制定の行為は、統一国家［ナショナル］としての行為ではなく、連邦［フェデラル］としての行為と言うべきであろう。［中略］。第 2 は、政府の通常の権限が何に由来しているかという点である。連邦議会の下院は、その権限をアメリカ人民から引き出している。アメリカ人民は、各州の立法議会におけると同様の比率と原則に基づいて、連邦議会の下院に代表されることになろう。この限りでは、新政治機構は統一国家的性格のものであり、連邦的性格のものではない。これに反し、連邦議会の上院は、その権限を相互に平等な政治団体としての各邦から引き出している。この点に関する限り、新政治機構は連邦的性格のものであり、統一国家的性格のものではない。［中略］。新政治機構は、少なくとも統一国家的性格と同様に、多くの連邦的性格を持った一種の混合的な性格のように思われる。［中略］。［第

3に］政府の作用という点から見た場合、連邦的政府と統一国家的政府の相違は、次の点にあると思われる。すなわち、前者、連邦的政府にあっては、連邦を構成する政治体［邦］に対してその政治的統一性を認めて政府の権限が行使されるが、後者、統一国家的政府にあっては、国家を構成する個々の市民に対してその個人の資格において権限が作用する。［中略］。政府が、その通常の最も基本的な行為において、人民個々人に対して直接権限を行使することは、全体としてみればこの新政治機構が、統一国家的政府であることを示すものといえよう。しかし、この新政府は、その権限の行使という点からは統一国家的なものであるにせよ、［第4に］その権限の範囲という点から見れば、再びその様相を変えることになる。［中略］。前者、統一国家的機構の場合には、地方の官庁はすべて中央の最高官庁に従属していて、その意のままに支配、指導され、あるいは廃止され得る。これに対して、後者、つまり連邦的機構の場合には、地方の官庁が、部分的には独立した最高権を保有していて、その固有分野においては中央の官庁に従属するものではないことは、中央の官庁がその固有の分野において地方の官庁に従属するものではないのと同様である。したがって、この関係から言えば、新政府案は統一国家的な政府と見なされるべきではない。というのも、その管轄権は、憲法に列挙された一定の目的にのみ及び、その他の目的については各邦に対して侵すべからざる潜在主権を残しているからである（齋藤眞・武則忠見訳——一部改変）」

巻末史料5[-58]

『ザ・フェデラリスト』40篇「憲法制定会議の権限弁護論」（1788年1月18日付）
「この会議の目的は、諸邦の間に確固たる国家的政府を樹立すること。第2に、この政府は、統治上の緊急事態と連邦の存続に適切なものであること。第3に、連合会議の決議に表明されているように連合規約の修正ならびに追加規定によるか、あるいは、アナポリス決議の提案に示されているように必要と認められる諸規定によって、これらの目的が達成されるべきこと。第4に、これらの修正ならびに新規定は、連合会議の同意と各邦の確認を得るために、連合会議及び各邦に報告されねばならないことである。憲法制定会議の権限は、これらさまざまな表現法を比較して、公正に解釈することから導き出されるものであって、憲法制定会議の代表達は、統治上ならびに連合の緊急事態に対する適切な国家的政府を組織して、その目的を達成するような形に連合規約を修正したのである。［中略］。憲法制定会議がその権限を越えたことに対する攻撃は、反対論者によってそれほど主張されていない一点を除けば、何ら支持すべき根拠を持っていないこと、もし彼ら［憲法制定会議の代表達］がその権限を越えたとしても、人々の信任の厚い国の公僕としての立場によって、彼らが仮定した自由の行使は、保証されていただけではなく、必要とされたこと、また最後に、もし彼らが憲法案を提案したことで、その権限と義務に違反したとしても、それが、アメリカ人民の見解と幸福を達成するものであると評価されるならば、容認されるべきだということである（齋藤眞・武則忠見訳——一部改変）」

巻末史料5[-59]

『ザ・フェデラリスト』41篇「連邦政府の権限—軍事権、課税権、通商規制権など」（1788年1月19日付）
「中央政府の権限の総量は、本来付与されるべき総量よりも大きいだろうか。これが第1の問題である。選択というものは常に、たとえ悪がより小さいものではなくても、少なくと

も善がいっそう大きいものであれば、完璧な善ではなくても選ばなければならないことに気付くに違いない。また、あらゆる政治制度には、公共の福祉を増進すべき権力が誤用されたり悪用されたりするかもしれないという自由裁量権が含まれていることに気付くに違いない。だから権力を付与する場合、第1に決定すべきことは、その権力が公共の善にとって必要かどうかの問題である。この問題に肯定的判断が下された場合、次になすべきことは、この権力が公共の悪をもたらすような腐敗をきたさないよう、できる限り予防手段を講ずることである。［中略］。外国からの危険に対する保障は、政治社会の根本目的の1つである。これはアメリカ連邦の正当に認められた本質的な目的である。この目的を達成するために必要な権限は、連邦議会に有効に与えられなければならない。［中略］。我々が、敵対するすべての国家の戦備と常備軍を禁止できない限り、どうして平時におけるある程度の戦備を禁止しても安全であることができるだろうか。安全保障の手段は、攻撃の手段と攻撃の危険によってのみ図ることができる。安全保障の手段は、これからも長く、こうした原理によって決定されるだろうし、他の手段によることはないだろう。憲法の障壁で自己保存の衝動に対抗しようとしても無駄である。そうしようとするのは、無駄よりもいっそう悪い。なぜなら、障壁たらしめようとすることが、憲法そのものに必然的な権力簒奪［の機会］を植え付けることになるからであって、そのあらゆる前例は、不必要な多くの権力簒奪を繰り返す種を蒔くものであることを示している。もし、ある国が野心や復讐に備えて訓練された軍隊を常に維持していれば、その軍事行動の範囲にある限り、最も平和的な国家もこれに対応した準備をせざるを得ない。［中略］。アメリカ連邦を有効に樹立することに次いで、常備軍からの危険に対する最も可能性の高い予防措置は、常備軍の維持に充当される歳費割当期間を限定することである。憲法はこの予防措置を十分に講じている。［中略］。合衆国議員は、2年ごとに人民全体の自由選挙で選ばれ、軍事費支出についての自由裁量権は、はっきりと2年という短期に制約を課せられている（齋藤眞・武則忠見訳── 一部改変）」

巻末史料5[-60]

『ザ・フェデラリスト』42篇「外交権、邦間問題統制権など」（1788年1月22日付）
　「条約の締結、大使などの使節の派遣及び受理の権限は、妥当なものであり、とやかく言うべきことではない。これらの権限は連合規約の中にも含まれているが、ただ異なっている点は、憲法制定会議案による条約締結権が、各邦の取締規則によって、条約が事実上無効となるかもしれない例外に乱される懸念がないことである。［中略］。公海における海賊行為及び重罪、ならびに国際法違反行為の決定と処罰の権限は、同等な妥当性を持って中央政府に属するものであり、連合規約に大きい改善を加えたものである。［中略］。奴隷輸入禁止権限は、1808年まで延期されるべきではないこと、むしろ直ちに行使されるのが望ましいことは、疑いのないところであった。だが中央政府にこの制限を課したことに対する、または、この条項［第1条第9節第1項］全体の表現をこのような形式にしたことに対する理由を説明することは難しいことではない。すなわち、アメリカ諸邦においてその野蛮性が長年にわたり喧しく非難されてきた［奴隷］輸送を、あと20年で永久になくすこと、またこの期間内でも奴隷輸入は連邦政府から相当な妨害を受けることになること、さらに連邦の大多数の邦が取った禁止の実例に、現在もなお、この不自然な輸送を継続している少数の邦が協調することによって、奴隷輸入が完全に廃止されるかもしれないことなどからして、人類の幸福のために獲得された重大な成果と見なされるべきである。［中略］。各邦間の通商を統制する現

在の連合権限の欠陥は、経験によって明瞭に指摘されている欠陥の類いである。また、この問題について、これまでの論説［第11篇と第22篇］で行った検討ならびに注意を喚起した点にさらに付け加えたい点は、外国貿易を統制するという重大で不可欠な権限も、この補充規定なくしては不完全であり、効果が少ないということである。この権限の重要な目的は、他の邦を通じて輸出入している邦を、他の邦による不当課税から救済することにある（齋藤眞・武則忠見訳――一部改変）」

巻末史料 5[-61]

『ザ・フェデラリスト』43篇「その他の権限―非批准邦との関係」（1788年1月23日付）
「共和政原理に基づき、共和政の邦を構成員とする連邦においては、監督の地位にある政府が、貴族政的または君主政的改革に対して、共和政体を守る権限を持つべきことは明白である。このような連邦の性質が相互に緊密であればあるほど、その構成邦が相互の政治制度にますます大きい関心を持つことになり、また［連邦結成・加入］契約を結んだ政府の［共和］政体が実質的に維持されねばならないと主張する権利はますます大きくなる。しかし、権利とは救済の意味も含むが、この救済は憲法によって託されているところ［連邦政府］以外のどこに託すことができようか。いかなる連邦的結合にとっても、異なる原理と異なる政体の政府が同一原理と同一政体の政府に比べて不適当なことは発見されてきている。［中略］。1つの郡や1つの地方の［動乱の］場合に、邦権力がその地方行政当局を保護すべきであれば、邦の［動乱の］場合には、連邦権力が邦権力を支持すべきではないだろうか。さらに、諸邦憲法の一定部分は連邦憲法に密接に織り込まれているので、暴動が連邦を傷付けることなく邦のみに打撃を加えることはできない。邦における動乱は、動乱関係者の数が政府支持者数に比肩する数にならない限り、連邦の干渉を招くことはほぼあり得ない。連邦が干渉する場合の動乱とは［ある邦の］多数派が流血と不屈の抗争によって彼らの主張を守っていて、成り行きのまま［当該邦］に任せておくよりも、監督権力によって鎮圧するほうがはるかに良い場合である。一般的には、干渉権があることが、干渉権行使の必要性を阻止するだろう。共和政府において武力と正義が当然、同じ側に存在するものだというのは、はたして正しいのだろうか。少数派のほうが金蔓、軍事能力と軍事経験、そして、外国からの秘密援助において優越していて、武力に訴えるために有利な条件を持っているということがないだろうか。少数派のまとまりの良い有利な立場が、自己の力を迅速かつ組織的に行使し難い立場にある多数派に対して少数派を対等な立場に置くのではないだろうか。［中略］。どちら側が正しいのか疑わしい場合に、武力に訴え、邦を分裂させて闘争している2つの武闘派閥にとって、より良い審判者として地方的な激情に駆られていない連邦の代表者以上の存在をいったい望むことができるだろうか。公平な判定者によって、両派は友情の絆を結ぶことになるだろう。［中略］。憲法をあまりにも変更しやすくするような極端な安易さに対しても、発見された欠陥を長くそのままにしておくような極端な［修正上の］困難さに対しても、等しく警戒している。さらに誤りは邦政府か連邦政府かのどちらかの経験によって指摘されるだろうから、連邦政府と邦政府が平等に誤りの修正を発議できるようにしている。［中略］。明確な人民の権威だけが憲法に正当な有効性を与えることができる。13邦全部の一致した批准を求めることは、全人民の本質的利益をある邦の気紛れや腐敗に服せしめることになる。そのようなことは、憲法制定会議の先見性の欠如を意味するだろうし、そういうことは、我々自身の経験からして許し難いことだと言えよう。ところが、この件についてはすこ

ぶる微妙な性質の次の2つの質問が生ずる。1、いかなる原理に基づいて、諸邦間の契約という尊厳な形式に立脚している連合［規約］を、その契約当事者の全員一致の承認なく、取り替えることができるのか。2、憲法を批准した9邦ないしそれ以上の邦と、連邦に加入しない残りの少数の邦の間には、いかなる関係が存在することになるのかという質問である。第1の質問には、この場合の絶対的な必要性、すなわち、自己保存の大原則、社会の安全と幸福は、あらゆる政治制度が目的とする対象であって、その目的のためには、［目的を達成できないような］すべての政治制度は犠牲にしなければならないと宣言する自然と自然の神の超越的法則に立ち返れば直ちに答えは出る。［中略］。一般的に言えば、［憲法を］承認した邦と承認しない邦の間には、何らの政治的関係はないものと見られるが、道徳的関係は、猶、依然として残るだろう。双方に対する司法上の要求権は強制力を持ち続けるだろうし、果たされなければならない。人間としての諸権利は、あらゆる場合に完全かつ相互に尊重されなければならない（齋藤眞・武則忠見訳ー 一部改変）」

巻末史料 5[-62]

『ザ・フェデラリスト』44篇「必要かつ適当条項など」（1788年1月25日付）
「新制度の下で委任された権限は、いっそう広汎なものであるので、これを行使する政府は、何もしないで公益を裏切るか、それとも、必要不可欠で適切であるが明文で与えられていない権限を行使することによって憲法を侵すかの二者択一に直面して、いっそうの困難を感じるに違いない。もし、憲法制定会議が他の権限を有効なものとするため、必要にして適当な権限の肯定的列挙を試みたとすれば、その試みは、憲法に関係するすべての対象についての完全な法律上の摘要を作る作業に巻き込まれ、しかもそれは、現在の事情についてだけではなく、将来、生ずるかもしれない変化のすべてに適合するものでなければならない。なぜなら、一般的権限を新しく適用するすべての場合、一般的権限の目的を達成する手段である特定権限は、その目的とともに必然的に変化しなければならないし、目的はそのままであっても適当に変化しなければならないこともしばしばであるからである。もし憲法制定会議が、一般的権限を執行するうえで不必要であるか不適当な特定権限とか特定手段とかを列挙しようと試みたとすれば、この仕事もまた同じく馬鹿げたことであって、列挙されていないすべての権限は、肯定的に与えられたことに等しいといういっそうの反対を受けることになるだろう。もしこうした結果を避けるため、例外事項の部分的列挙を試みたり、あるいは、不必要ないし不適当という一般的語句で述べることを試みたとしても、わずかの例外的権限だけを列挙することになるに違いないし、その列挙も、当然、最も不必要なものか、最も不適当なものだけを選ぶに違いないから、最も規定できそうもないか、最も我慢できそうにないものとなりそうである。また、その他の中に含まれる不必要にして不適当な権限は、部分的列挙がなされない場合よりも例外的で、いっそう強制できないようなものであるだろう。［中略］。もし連邦議会が、憲法のこの部分を誤って解釈し、その正しい意味によっては保障されていない権限を行使した場合、その結果はどのようなものであろうかと質問されれば、私は次のように答える。すなわち、連邦議会に与えられた他の権限の誤解、あるいは拡大解釈の場合とか、一般的権限がさまざまな特定権限に分かたれ、その特定権限のどれか1つが侵害された場合と同じ結果であり、要するに、邦議会がその拠って立つ邦憲法の権威を侵害する場合と同じ結果であると答える。まず第1に、連続的な権力簒奪は、立法府の決議を解釈し、効力を与える行政府と司法府の出方にかかっているだろうし、最終的には、権力

篡奪者達の毎年の立法行為に対する救済は、いっそう忠実な議員を選出することのできる人民から得なければならないということである（齋藤眞・武則忠見訳――一部改変）」

巻末史料 5[-63]

『ザ・フェデラリスト』45 篇「連邦権限が邦権に危険でない理由」（1788 年 1 月 26 日付）

「公共善、すなわち、人民全体の真の福祉こそが、追求すべき最高の目的であること、およそ政府の形態というものは、この目的達成に適当であること以外には価値を持たないことを我々が忘れてしまったとでも政治家が想像しているのであれば、それはあまりにも早計である。もし、憲法制定会議の案が公共の幸福に反するのならば、私はこの案を拒否せよと叫ぶだろう。もし連邦それ自体が人民の幸福に一致しないのならば、私は連邦を廃止せよと叫ぶだろう。同じように、邦主権が人民の幸福に一致しないのならば、あらゆる善良な市民の声は、人民の幸福のために邦主権を犠牲にせよというにちがいない。[中略]。我々は、古代ならびに近代のあらゆる連邦制の例から、連邦権力を持つ中央政府を破壊しようとし、連邦そのものをも裏切る強力な傾向が、連邦構成邦の中で常に作用し、しかも、連邦政府は、この侵害に対して連邦を守るうえできわめて効果のない能力しか持っていないことをすでに知っている。[中略]。邦政府と連邦政府を、相互依存関係の点や、両政府が持つ各個人に与える影響力の点、両政府にそれぞれ与えられる権限の点、人民がどちらに愛着を傾け、どちらを支持する可能性があるかという点、ならびに、両政府の政策に対して相互に抵抗し合ったり打破し合ったりする傾向と能力の点について比較すると、邦政府のほうが連邦政府よりも有利な立場にある。邦政府は、連邦政府の構成分子であって必要不可欠の部分と見なされるだろうが、他方、邦政府の運用及び組織にとっては、連邦政府は何ら必要不可欠のものではない。邦立法府の仲介なくしては、合衆国大統領はまったく選出され得ない。大統領が任命を行うすべての場合に、邦立法府は大きく参与するに違いなく、その多くの場合に、おそらく邦立法府の意思が大統領の任命を決定するだろう。というのは、[連邦] 上院議員は、絶対的かつ独占的に邦立法府によって選出されるからである。人民から直接選出される [連邦] 下院でさえも、邦立法府選挙において人民からの支持を得る点で大きい影響力を持つ人々の、非常に大きい影響の下で選出されるだろう。このように、連邦政府の主要な各部門はいずれも、多かれ少なかれ邦政府の好意によって存在できるのであり、したがって、邦政府に依存しているという気持ちを持たざるを得ないのであって、邦政府に対する圧迫的傾向が過ぎるというよりは、むしろ、邦政府に追従的になり過ぎる傾向を生じやすいのである。提案されている憲法により、連邦政府に委託された権限は、数も少なく明確である。邦政府に残される権限は、多数であって確定され難いものである。連邦政府の権限は、主として戦争、講和、対外交渉、外国貿易といった対外的目的に行使され、[連邦] 課税権のほとんども外国貿易に関連している。各邦に保留される権限は、通常状態においては、人民の生命、自由、財産ならびに邦内の秩序、開発、繁栄に関するありとあらゆる目的に拡大するものである。[中略]。もし新憲法が、正確かつ公平に検討されるならば、その提案している [連合規約の] 変更というものは、連邦に新しい権限を付け加えることにさほどの重要性はなく、連邦本来の権限に活力を与えることにあることが見いだされるだろう。事実、通商規制は新しい権限であるが、これはほとんど反対されていない権限の追加であり、このことからは何の危険もない。戦争と講和、陸軍と海軍、条約と財政に関する権限は、他の重要な権限とともに連合規約によってすべて現在の連合会議に与えられている。提案されている変更は、こ

れらの権限を拡張するものではなく、ただこれらの権限な運用するうえでいっそう効果的な形に代えるだけなのである。課税に関する変更は最も重要なものと見られるかもしれないが、この点でも将来の連邦議会が、共同防衛と一般的福祉のための金銭の供出を各市民に要求しなければならないのと同じように、現在の連合会議は、その金銭を諸邦に対して無制限に要求する完全な権限を持っているのであるし、連邦議会が各市民に要求する場合も、各邦がこれまで邦に割り当てられた額を各市民に課税してきていた額以上の負担を、各市民が負わされることはない（齋藤眞・武則忠見訳――一部改変）」

巻末史料5⁻⁶⁴

『ザ・フェデラリスト』46篇「連邦政府より邦政府が有力な理由」（1788年1月29日付）
　「人民の大部分は、邦政府の職員と個人的親交や友情によって結ばれ、家庭的かつ集団的な愛着の結び付きを持つだろう。したがって、人民の愛着が、最も強く邦政府のほうに傾くことは十分に予測されるのである。［中略］。しかも、まったく別の非常に重要な見地に立ってみても、有利さは邦の側にある。［すなわち］連邦議員達自身が連邦政府に持ち込む先入観は、一般的には、邦に好意的なものであるだろう。それに反して、邦政府の議員達が、連邦政府に対する好意を邦議会に持ち込むようなことは滅多に起こらないだろう。特定邦の立法府に全国的精神が現れるよりは、間違いなく、連邦議会議員のほうに地方的精神がいっそう支配するだろう。邦立法府の犯す誤謬の大部分は、邦の議員達が、邦全般の永続的利益を、自分の出身郡とか出身地区の特殊な個別的な見解のために犠牲にする傾向から生じていることは、すべての人が知っている。また、もし邦議員達が、彼らの政策を邦全体の福祉を包含するほどに拡大することがないとすれば、連邦全体の繁栄ならびに連邦政府の威厳と尊敬とを、彼らの愛着と考慮の対象とするだろうなどとどうして想像できようか。邦議会議員が全国的目的にあまり頓着しないのと同じ理由で、連邦議会議員もまた、地方目的に執着し過ぎる傾向があるだろう。［中略］。しかし、連邦政府が、邦政府と同じく、限度を越えて不当にその権限を増大させようとすることがあったとしても、邦政府はそのような侵害を打破する手段において、やはり有利な立場にある。すなわち、特定邦の立法が、中央政府にとって友好的でないものであっても、その邦においては一般に好評で、邦職員の宣誓を甚だしく大きく犯すものでなければ、その邦だけの権限に基づく邦の手段で直ちに実行される。連邦政府の反対、もしくは連邦職員の干渉は、邦側のあらゆる党派の激情を高めるのみで、もしそれを押し切ろうとすれば、常に必ず抵抗と困難を伴う手段を取らずにその弊害を阻止することも匡正することもできない。他方、次のような場合は滅多にないだろうが、万が一にも連邦政府の手段が法的に保証されないものであり、そして、特定の諸邦で人気がなければ、あるいは、次のような場合はままあるかもしれないが、たとえ法的に保証された手段であっても、特定邦で不人気であれば、これに対抗する手段は強力であり、しかも、その邦の掌中に握られているのである。すなわち、人民の動揺、連邦職員に対する反感、おそらく協力拒否や邦行政官の渋面、このような場合にしばしば加わる立法的策略で作り出される妨害など、どの邦においても軽視できない諸困難を引き起こすし、大邦においてはすこぶる重大な障害を生ずる。しかも、隣接諸邦の気持ちがこれに一致するようなことが起これば、連邦政府がもはやこれに対抗しようという気持ちにもなれないほどの障害をもたらすだろう。［中略］。今回と前回の論説で述べた考察を要約すれば、連邦政府に与えられるよう提案されている諸権限は、連邦の目的達成に必要かつ不可欠のものであるから、個々の邦に保留される

権限にとって少しも恐るべきものではなく、意図的な、あるいは結果的な、邦政府の抹殺などという喧しい警告のすべては、最大限好意的に解釈してみても、それらの警告を発している人々の途方もない恐怖に基づくものに違いないということに帰する（齋藤眞・武則忠見訳——一部改変）」

巻末史料5[-65]

『ザ・フェデラリスト』47篇「権力分立制の意味」（1788年1月30日）
「立法・行政・司法の権限がすべて1つの掌中に帰することは、それが1人であれ、少数であれ、多数であれ、あるいは世襲のものであれ、自己任命のものであれ、選挙によるものであれ、まさしく専制政治の定義そのものであるといって差し支えなかろう。[中略]。邦政府が例証する多くの優れた原理の中にも、それらの邦憲法が制定される際に、やはり拙速に走り、非常に経験が不足していることを示す痕跡が顕著に認められる。各部門の混合が甚だしいために、時には各部門の権限が事実上、統合されているために、権力分立の基本原則が侵されている邦があることも、あまりにも明らかである。紙の上に記述された権限の分離を、実際に維持するための十分な規定が設けられている例のないことも、また、きわめて明白である自由な政府の神聖なる公理である権力分立の原理を、憲法案は侵害しているという非難に対し、この公理の創始者によって付与され真の意味から言っても、またこの公理が従来、アメリカにおいて理解されてきた意味から言っても、その非難が当を得ていないことを、私は明らかにしたいと望んできたのである（齋藤眞・武則忠見訳——一部改変）」

巻末史料5[-66]

『ザ・フェデラリスト』48篇「立法部による権力簒奪の危険性」（1788年2月1日付）
「政府の3部門のいずれかに当然に属すべき権限は、いずれにせよ、他の部門がこれを直接かつ全面的に行使してはならないことについては、すべての人の間で意見の一致を見ているところである。また、政府のいずれの部門にせよ、その権限を行使する場合に、直接的にせよ間接的にせよ、他の部門に対して圧倒的な影響力を持つようなことがあってはならないことも、これまた等しく明白である。権力は、本来、他を侵害する性質を持つものであり、したがって、それに与えられた限界を越えないように、効果的にこれを抑制しなければならないものであるということは、何人も否定し得ないであろう。それゆえ、まず理論的に権力を、本来、立法、行政、司法に属するものに従って、それぞれ3部門に分類した後、次になすべき極めて困難な仕事は、各部門に他部門からの侵害に対する一定の具体的な保障を与えることである。この条件がいかなる形で与えられるべきかということが、解決すべき大問題なのである。[中略]。立法府の憲法上の権力は、他の部門と比べてより広汎であり、特に厳格な制限も加えられていない。その結果、複雑で間接的な方策によって、立法府は他の部門に対する権力簒奪を比較的容易に行うことができるわけである。ある特定の方策を遂行することが、はたして立法府の管轄内のことなのかどうかは、立法府にとってまことに微妙な問題となることが少なくない。これに反して、行政府の権限はより狭い管轄に限定されていて、その性格においてより単純なので、また司法府もやはり同じくかなりはっきりした境界線で規定されているので、行政府や司法府が権力簒奪を行おうと計画しても、それは直ちに暴露され、自ずから破綻を生ぜざるを得なくなるであろう。それだけに留まらない。立法府のみが人民の財布の紐を解くことができ、また他の部門に従事する人達の金銭的報酬に対し

て、いくつかの邦憲法では絶対的な裁量権を持ち、あらゆる邦憲法では、大きな影響力を持っていることからして、行政、司法の２部門はどうしても立法府に依存しがちになり、その結果、ますます立法府は他の２部門の権限を侵害しやすくなっているのである。[中略]。以上の観察からして、私としては正当な結論として、確かに次の如く言えると思う。すなわち、いっさいの政治権力を同一の掌中に圧制者の如く集中してしまうことになる権力簒奪に対しては、単に政府各部門の憲法上の境界線を紙の上で宣言しただけでは、有効適切な保障とはなり得ないということである（齋藤眞・武則忠見訳── 一部改変)」

巻末史料5[-67]

『ザ・フェデラリスト』49篇「権力簒奪防止策」（1788年2月2日付）

「ジェファソンの提案というのは『政府３部門のうち、いずれの２部門にせよ、それぞれその全員の３分の２の多数決をもって、憲法を改正するために、あるいは憲法の侵犯を匡正するために憲法制定会議が必要であるという点で意見の一致を見た場合には、その目的のために憲法制定会議が召集されるべきである』というものである。[中略]。確かに、この理屈は強い説得力を持っている。一定の例外的な大事件の場合に、人民の決定に直接委ねるという憲法上の道が定められ、開かれていなければならないということは、これを認めなければならない。しかし、政府の各部門をそれぞれの憲法上の境界内に留めておくための方法として、提案されているような常に人民に訴えるということに対しては、否定し難い反対もあるように思える。[中略]。すなわち、およそ人民に直接訴えるということは、本来、政治機構そのものに一定の欠陥が有することを意味しているとも思われるので、人民に頻繁に訴えるということは、元来、時間とともに育まれる尊敬、それなくしてはおそらくどのような賢明かつ自由な政府と雖も必要な安定性を保有し得なくなる国民の尊敬を政府が失うことになろう。[中略]。憲法上の問題をあまりに頻繁に、社会全体の決定に委ねることは、人民の感情を強く刺激し過ぎて、公共の平穏を揺さぶる危険性があるというのが、さらに重大な反対論である。[中略]。しかし、反対論の中でも最大のものは、直接人民に訴えてみたところで、そこから出てくる決定は政府各部門の憲法上の均衡を保つという目的には役立たないであろうという反対論である。共和政治の一般的傾向として、立法府が他の部門の犠牲において、その権力を拡大しやすいことはすでに見てきた如くである。したがって、人民に直接訴えることは行政府や司法府によってなされるというのが通常であろう。しかし、この２部門のいずれによってなされるにせよ、およそ決定に際してどの部門も平等の立場に立つということがあり得るであろうか。ここで、それぞれの異なった立場について検討してみたい。行政府および司法府の成員は、その数において少数であり、人民のごく小部分に個人的に知られているに過ぎない。後者、すなわち司法府の成員は、その任命の仕方からしても、また任期の性格及び長さからしても、およそ人民一般からは隔絶しており、人民の好感を得ることは難しい。前者、すなわち行政府の成員は、一般に人民の猜疑心の的であり、その行政は常に色眼鏡で見られ、不評判になりやすい。これに対して、立法府の成員は多数であり、広く一般人民の間に分散して居住している。彼らは血縁関係、友人関係、知人関係によって、社会で最も有力な部分と結び付いている。彼らの公共の仕事の性質上、彼らは人々の間で個人的な影響力を持ち、人民の権利と自由との信頼のおける守り手であるというように思われている。こうした利点を持っている以上、立法府と反対の立場に立つ当事者が、同じ有利な解決を得る機会があるとは、およそ考えることはできない（齋藤眞・武則忠見訳──一部改変)」

240

巻末史料 5⁻⁶⁸

『ザ・フェデラリスト』50篇「違憲に対する監察」（1788年2月5日付）
　「憲法違反を予防し匡正する適当な手段として、ことあるごとに人民の審判に訴えること
に対しては反対論が生じやすいだろうが、その代わりに、定期的に人民の審判に訴えること
こそ、憲法違反の予防と匡正のための適当にして十分な手段であると主張することもできよ
う。[中略]。一定期間をおいて人民に訴えることは、特殊状態が生じたと思われる場合に人
民に訴えるのと同様、さほど意味のあるもののようには思えない。[というのは] もし、そ
の期間が短期間に区切られるならば、検討し是正されるべき施策というものはごく最近のも
のであり、その時々に是正された結果を再び修正したり歪めたりするようなあらゆる状況と
結び付くことになろう。また、もし[違憲審査]の期間が毎回長期に隔たっていると、最近
のあらゆる施策については、先のものと同じ注意事項が適用できるし、かなり年月の経過し
た施策に対しては、冷静に検討できる利点はあるが、この利点は、年月が経過していれば経
過しているほど、利点を相殺する不便さを伴うのである。[というのは] 第1に、審査にお
ける遠い将来の見通しというものは、現在の動機という力に動かされている権力の行き過ぎ
に対しては、きわめて弱い抑制にしかならないだろう。すなわち、ある種の目的を熱心に追
求し目的追求のため憲法の制限枠を破っている100人ないし200人で構成されている立法府
が、10年、15年ないし20年後に彼らの行為を是正するために行われる違憲審査に対する配
慮から、在職中に[権力の濫用を]差し控えるというようなことが想像できるだろうか。次
に、権力の濫用は、しばしば、その是正措置が取られる以前にその悪影響を完全に及ぼして
いるということである。そして最後に、たとえ悪影響が完全に行き渡っていなくても、その
影響は長く続き、深く根を下ろし、容易には除去できないだろうということである（齋藤
眞・武則忠見訳― 一部改変）」

巻末史料 5⁻⁶⁹

『ザ・フェデラリスト』51篇「抑制均衡の理論」（1788年2月6日付）
　「憲法案に規定されているように、政府各部門の間に権力を配分することは不可欠である
が、それを実際に維持していくためには、いったいいかなる手段方法に訴えればよいのであ
ろうか。これに対して与え得る唯一の回答としては、外部からの抑制方策はすべて不適当で
あることが判明した以上、政府を構成する各部分が、その相互関係によって互いにその然る
べき領域を守らざるを得ないように、政府の内部構造を構成することによって、欠陥を補う
以外に手段はないと言わざるを得ない。[中略]。数種の権力が同一の政府部門に次々に集中
していくことを防ぐ最大の保障は、各部門を運営するものに、他部門よりの侵害に対して抵
抗するのに必要な憲法上の手段と、個人的な動機を与えるということにあろう。防御のため
の方途は、他の場合におけると同様、この場合も、攻撃の危険と均衡していなければならな
い。野望には、野望をもって対抗せしめなければならない。人間の利害心を、その人の官職
上の地位の持つ憲法上の権利と結合せしめなければならない。政府の権力濫用を制御するた
めに、かかるやり方が必要だというのは、人間性に対する[性悪説的な]省察によるものか
もしれない。しかし、そもそも政府とはいったい何なのであろうか。それこそ、人間性に対
する最大の不信の現れでなくして何であろう。万が一、人間が天使であるならば、政府など
もとより必要としないであろう。またもし、天使が人間を統治するならば、政府に対する外
部からのものであれ、内部からのものであれ、制御など必要としないであろう。しかし、人

間が人間の上に立って政治を行うという政府を組織するにあたっては、最大の難点は次の点にあるのである。すなわち、まず政府をして被治者を支配し得るものとしなければならないし、次に政府自体が政府自身を制御せざるを得ないようにしなければならないのである。[中略]。さらに、アメリカのような連邦制度について考える場合、特にあてはまる2つの点がある。この考察によれば、連邦制は非常に興味深いものであることがわかる。第1点、単一の共和国にあっては、人民が委譲した権力はすべて、単一の政府の運営に委ねられる。そして、権力簒奪に対しては、政府を、明確に区別された政府各部門に分割することによって対抗する。これに対して、アメリカのように複合的な共和国にあっては、人民によって委譲された権力は、まず2つの異なった政府[中央政府と地方政府]に分割される。そのうえで、各政府に分割された権力が、さらに明確に区別された政府各部門に分割される。したがって、人民の権利に対しては、二重の保障が設けられているわけである。異なった政府がそれぞれ相手方を制御しつつ、同時にその各政府が内部的に自分自身によって制御されるようになっているわけである。第2点、共和国においては、単に社会をその支配者の圧制から守るだけではなく、社会のある部分を他の部分の不正から守ることも大切なのである。市民の間に異なる階層が存在すれば、必然的に異なる利害関係もまた存在する。もし多数が共通の利害関係で統一されれば、少数者の権利は危険になる（齋藤眞・武則忠見訳――一部改変）」

巻末史料5[-70]

『ザ・フェデラリスト』52篇「下院議員選挙規定」（1788年2月8日付）
　「選挙権の規定が、共和政治の基本的事項と見なされているのはまったく正しい。したがって、憲法制定会議は、憲法にこの権利を規定し確立する義務があった。この権利を連邦議会がその時々に規定するのに任せることは、今、述べた理由により不適当であるだろうし、これを邦の立法裁量に委ねることも同じ理由で不適当であろう。しかも、そうすることになれば、本来人民にのみ依存すべき連邦政府の立法部をして、各邦政府に過度に依存せしめる恐れがある。[中略]。下院に関する第2の問題は、選ばれた議員の任期に関してである。この条項の適切さを決定するには、次の2つの問題を考えてみなければならない。第1に、2年ごとの選挙はこの場合安全であるかどうか。第2に、2年ごとの選挙が必要なのかどうか、あるいは有用なのかどうかである。まず第1に、一般的に言えば、政府が人民と共通の関心を持つことが自由にとって不可欠であるように、今、検討している政府部門[連邦下院]が直接人民に依存し、人民と密接な共感を持つことが、特に必要である。再三選挙を行うことは、この依存と共感とを有効に得られる唯一の方策であることに問題はない。だが、そのためには、どの程度しばしば選挙を行うことが絶対に必要なのかという点は、明確に計算できないのであって、まったくのところ、関係するいろいろな事情によって決定しなければならない（齋藤眞・武則忠見訳――一部改変）」

巻末史料5[-71]

『ザ・フェデラリスト』53篇「下院議員の任期」（1788年2月9日付）
　「正直な意図ならびに正確な判断に加えて、法津を制定しようとする問題に関するかなりの知識がなければ、誰しも有能な立法者になることは決してできない。この知識の一部は、その人物が公私の立場で関係している範囲内の情報入手手段によって得られるだろうし、他の部分は、その知識を駆使する必要のある他位にあって、実際に経験してみて初めて得られ

るか、あるいは、少なくとも初めて完全に得られるのである。したがって、このような場合についてはすべて、その任期は、職務の適切な執行に必要な実際的知識の範囲と何らかの比例関係があるべきである。多くの邦においては、議員数の多い部門の立法職務の任期は、我々がすでに知っているように1年である。そこで問題は次のように簡単になる。邦立法に必要な知識のために1年の任期が必要であれば、連邦の立法に必要な知識は大量なので、2年の任期を必要とするのではないだろうか。［中略］。猶、各邦からの連邦議員は、すべての邦の政務や法律についても何らかの知識を持ち合わせていなければならない。すなわち、異なるそれぞれの邦における商業、慣習ならびに取締規則に関する何らかの知識がなくては、外国貿易をどうして画一的法律により適切に統制することができようか。これらの諸点や他の点について相対的に異なっている状態に関して何らかの知識がなくては、各邦間の通商をどうして適切に統制することができようか。各邦の課税対象に関するいろいろな法律や地方的事情に通じていなくて、どうして適当に［連邦税を］課税し、有効に徴税することができようか。他邦となる個々の邦の多くの内部事情について同様な知識がなくては、民兵に関する画一的規則をどうして適切に制定できようか。以上の事柄は、連邦立法の主要対象であって、［連邦］下院議員が広汎な情報を持たなければならないことを、最も強く示唆するものなのである。［中略］。連邦下院議員の持つべき知識の一部で、これまでに言及しなかったのは、国際関係についての知識である。我々自身の通商を取り締まるには、合衆国と外国との条約に通暁していなければならないばかりではなく、諸外国の通商政策ならびにその法律に通じていなければならない。また、国際法についてもまったく無知であることは許されない。なぜなら、国内法の適切な立法対象となる限り、国際法は連邦議会に提出されるからである（齋藤眞・武則忠見訳――一部改変）」

巻末史料5[-72]

『ザ・フェデラリスト』54篇「下院議員数の各邦割当基準」（1788年2月12日付）
「我々は、奴隷は単なる財産と見なされていて、どの点からも人間として見なされていないと申し立てられている事実を拒否しなければならない。実情からすれば、奴隷はこれら2つの性質を持っているのであって、我々の法律によれば、ある点では人間と見なされ、他の点では財産と見なされている。すなわち、本人自身のためではなく、主人のために働くよう強制され、ある主人によって別の主人に売られ、他人の気紛れな意志によって常に自由を制限され、肉体的懲罰に服せしめられているため、奴隷は人間の地位から引き下げられて、法律上財産と呼ばれる地位に落とされ、理性のない動物と同じものと見なされるかもしれない。だが他方では、彼の労働と自由を支配する主人も含むあらゆる他人の暴力に対しては、彼の生命も肉体も保護されていて、他人に加えたあらゆる暴行に対しては、彼自身が罰せられる。すなわち、奴隷は法律により明らかに社会の一員と見なされ、理性のない動物の一部とは見なされていないし、また、単なる財物としてではなく、道徳的人格と見なされているのである。したがって、連邦憲法が、奴隷に関しては、人間と財産との混合性質を持つものと見なしたことは、きわめて妥当な決定をしたものといえる。［中略］。奴隷の場合は、実際に特殊な場合として考えることにしよう。つまり、奴隷はその強制労働によって、自由な住民の標準以下の住民として見なすこと、すなわち、奴隷を人間の5分の2が剥奪されたものと見なす憲法の妥協的便法を互いに採用しようではないか。憲法のこの条頃が立脚している立場の他に、もっと確固として擁護できるような立場は結局ないのではないか。ところで、

我々はこれまで、代表は人間にだけ関係し、財産にはまったく関係ないのだという考えに基づいて論を進めてきたのだが、これはまったく正しい考えなのであろうか。政府は、人の身体の保護と同様に財産の保護のためにも組織されたものである。したがって、政府の運営を委ねられた人々によって、人の身体と財産の両方が代表されるものと見なされよう（齋藤眞・武則忠見訳――一部改変）」

巻末史料5[73]

『ザ・フェデラリスト』55篇「下院議員総数の適否」（1788年2月13日付）
「決定すべき本当の問題とは、暫定的規定として議員数の少ないことが、公衆の自由にとって危険であるかどうかということ、すなわち、数年間は65人、その後の数年間は100人ないし200人の議員では、権限が制限され、十分に用心されている合衆国立法権を委託するうえで安全な受託者であり得ないのかということである。[中略]。アメリカ人民の現在の気持ちにおいても、あるいは、急激に起こり得るいかなる状況の変化においても、専制支配ないし反逆計画を作ったり、その計画を推進しようとする傾向を持つ65人ないし100人の人物をアメリカ人民が選挙し、2年ごとにそのような選択を繰り返すものとは、私には考えられないのである。また、諸邦議会は、間違いなく連邦議会を監視しようとする多くの動機を抱くものであるし、連邦議会に対抗する多くの手段を持っているので、諸邦議会の共通の選挙民［アメリカ人民］の自由に反する連邦議会の陰謀を、摘発し打破しないとは私には考えられないのである。また、現在ならびに近い将来の合衆国において、人民全体の選択に自ら立候補できるような65人ないし100人の人々が、たった2年という短い期間内で、彼らに与えられた重大な信頼を裏切ろうとしたり、また、現実に裏切るとは、私には考えられないのである。わが国の事情や時代の変化、全体の人口増加による変化がどのような結果をもたらすかについては、それを述べたいと思わせるような予言者的精神がなければできるものではなく、私はそういう気持ちを持ち合わせていない。けれども、我々のおかれている現在の状況とある適当な期間内に予想される事情から判断して、アメリカの自由は、連邦憲法［案］で提案されている議員数で不安はないと私は断言せざるを得ない（齋藤眞・武則忠見訳――一部改変）」

巻末史料5[74]

『ザ・フェデラリスト』56篇「各種利害把握に適当な下院議員数」（1788年2月16日付）
「連邦下院に対する第2の攻撃は、下院議員数が少な過ぎて、選挙民の利益について適当な知識を持ち得ないという点である。この反対は、提案されている議員数と合衆国の広大な地域、住民数及び利害の多様性を比較しているだけで、その比較と同時に、連邦議会が他の立法機関［邦議会］とは異なる事情にあることも考慮すべきであるのに、それを考慮に入れていないところから生じていることが明瞭である。したがって、この攻撃に対して与え得る最良の回答は、連邦議会のさまざまな特殊性を簡単に説明することだろう。議員が、自分の選挙民の利害と状況について熟知していなければならないということは正しいし、しかも重要な原則である。しかし、この原則は、議員の権限と配慮すべき事項に関する限りの状況と利害についてであって、それ以上に拡大することはできない。立法範囲に入らない細々した特定目的の諸々の事柄については無知であっても、立法上の信託を正当に果たすうえで必要なことと両立しないわけではない。そこで、特定の権限を行使するうえで必要な情報の範囲

は、その権限範囲内の諸目的に従って決定されるべきである。[中略]。各邦議員は、もう1つの別の邦の法律について相当の知識とその選挙区の地方事情についての知識を持っているだけではなく、おそらくほとんどの場合、邦議会議員であったことがあるだろうし、現職の邦議会議員であることもあるだろうが、邦議会には、邦の地方的なあらゆる情報と利害が集まっているゆえに、それらが彼ら少数者によって合衆国議会に容易くもたらされるだろう。[中略]。たった1人の議員が2万8,670人の選挙民の権利を守り、これら選挙民の状態を行政府の影響力にさらされている議会で説明し、また、問題が最高度に多様化し入り組んでいる国家のあらゆる立法対象に、その権限を及ぼしているわけである。それにもかかわらず、このような事情の下でも、自由の多くの部分が維持されているだけではなく、イギリス法典の欠陥で、人民の事情に議会が無知であることに帰せられる部分は極めて小さい。この例に、それにふさわしい重要性を与えるとすれば、また、これまで説明したわが国の下院の場合とイギリス庶民院を比較すれば、3万人の住民につき1人の議員は、議員に託された諸利益の安全で有能な保護者となり得ることを住民に保障しているものと考えられる（齋藤眞・武則忠見訳——一部改変）」

巻末史料 5^{-75}

『ザ・フェデラリスト』57篇「少数者支配説に対する反論」（1788年2月19日付）
　「およそ憲法を作るにあたって目的とすべき点は、まず第1に、社会共通の福祉を判別する最も優れた英知を持ち、それを実現していくうえでの最も優れた能力を持つ統治者を得られるようにすることであり、そうあるべきである。それに次いで、これら統治者が市民の信託を受けている間は道徳的であり続けるように万全の措置を講ずることである。統治者を選挙で決定する方法は、共和政体の特質的な政策である。この共和政体では、統治者の堕落を防ぐために取られる方法は数も多く種類もさまざまであるが、最も効果的な方法は、人民に対する責任感を維持するように適切に任期を制限することである。[中略]。第4に、下院は、議員が人民に依存していることを絶えず想起するように作られている。すなわち、議員に当選したことにより印象付けられた議員達の気持ちが、権力を行使するにつれて消え去る前に、彼らの権力が停止し、その行使が検討され、議員になる以前の地位に戻らなければならない時が来ることを、予想せざるを得ないようになっている。しかも、彼らに与えられた信頼を忠実に実行し、再選されて議員の身分を取得しない限り、その地位に留まり続けることはできない（齋藤眞・武則忠見訳——一部改変）」

巻末史料 5^{-76}

『ザ・フェデラリスト』58篇「人口増に応ずる下院議員増」（1788年2月20日付）
　「私は、すこぶる重大な注意を要すると信ずる点について1つの観察を付け加えねばならない。すなわち、あらゆる立法議会で、構成人員が多いほど、その議事を事実上指導する人はより少なくなるということである。第1に、議会の議員数が多ければ、その構成者がいかなる性格のものであろうと、情念が理性を支配しやすいことはよく知られているところである。次に、人数が多いほど、知識が限られ能力の乏しい者の割合が増えるということである。少数の者の雄弁と演説が強い力を発揮するのは、このことを物語っている。古代の共和国においては人民全員が直接に会議に参加したが、1人の雄弁家、あるいは術策に長けた政治家が、あたかも彼の手に王杖を持って支配するかの如く、完全に会議を支配するのが普通

であった。同じ原理で、代表者の会議であっても、構成人数が多ければ多いほど、集会につきものの不安定さをますます示すようになるだろう。無知は狡猾さにまんまとかつがれ、感情は詭弁と非難の餌食となる。ある限度以上に議員を増加し、これをもって少数者支配に対する障壁を強化するものだと考えることは大きな誤りである。むしろ逆に、安全、地方の事情に関する知識、全社会に対する広汎な共感を確保する感性という目的を達成するのに十分な議員数を確保した後は、代表の増加によって、代表達は彼ら自身の見解とは逆の行動を取るだろうということを経験が常に警告しているのである。政府は外面的にはいっそう民主的になるかもしれないが、政府を動かす精神は、より寡頭政治的になるだろう。政府機構は拡大されるだろうが、政府の活動を方向付ける中心的部分は、ますます少数となり、しばしばいっそう秘密的となるだろう（齋藤眞・武則忠見訳――一部改変)」

巻末史料5-77

『ザ・フェデラリスト』62篇「上院の組織」（1788年2月27日付）

　「上院における代表権の［各邦］平等は、明らかに大邦と小邦の対立的主張の妥協の結果であって、さほどの議論を必要としない。1つの国家に完全に統合された国民の間において各地域は［その人口に］比例して政府に参与すべきであり、1つの単純な連盟を結成している独立した主権国家の間では、加盟各国の大きさがいかに不同であっても、連合の会議には平等に参与すべきであるということがまったく正しいとすれば、国家的性格と連邦的性格の両方を兼ね備えている複合共和国においては、政府は比例代表の原則と平等代表の原則の混合の上に作られるべきだということには、相当の理由があるものと思われる。［中略]。まず第1に、政府を運営する人々が、その選挙民に対する義務を忘れ、重要な信託に対して不忠実となることは、他の形態の政府の場合より程度は低いとはいえ、共和政府に伴う不幸の1つである。この見方に立つと、上院は立法議会の第二院として、第一院［下院］と区別され、権力を分かつものであるから、あらゆる場合に政府に対する有益な抑制となるに違いない。権力奪取や人民を裏切る計画に、2つの別々の議院の同意を要することによって、一院の野心ないし腐敗だけでは足りないので、上院は人民の安全を2倍にしているわけである。［中略]。第2に、上院の必要性を少なからず示すものは、一院制で、しかも多数議員で構成される議会はすべて、突発的で激越な感情による衝動に支配され、党派的指導者に迷わされて、途方もない有害な決議をしてしまう傾向があるということである。［中略]。第3に、上院が補うべきもう1つの欠陥は、立法目的と立法原則についての適切な知識の不足という点である。主として私的な性質の利益追求のために集まっている人々の議院、すなわち下院は、その任期も短く、公職の余暇を法律研究に当てようとする永続的動機に導かれることはないので国家の政務や全体的利益は、もし全面的に下院議員だけに任せるとすれば、下院に信託された立法権の行使における重大な過誤を免れることはできない。［中略]。良い政府は、次の2つの点を含んでいるものである。すなわち、第1に、人民の幸福という政府の目的に忠実であること、第2に、この目的を最もよく達成し得る手段に関する知識を持っていることである。［中略]。第4に、新議員がいかに有能であっても、急速に次々と新議員と入れ替わることから、議会が安定性を欠くことになっているのは、政府内に何らかの安定した制度が必要なことを最も強力な方法で指摘している。各邦では選挙の度に、議員の半数が入れ替わっている。この議員の交替から［議会の］意見の変化が生ずるに違いなく、意見の変化から政策の変化が生ずることになる。しかし、たとえ立派な政策であっても、たえず変化

することは、慎重という原則と成功のあらゆる見通しに反するものである。この点は、個人生活においても証明されることであるが、国政においてはいっそう該当しかつ重要なことなのである。不安定な政府がもたらす有害な結果を検討すれば、ゆうに1冊の分厚い書物を著すことになるだろう。私は、その多数の有害な結果の原因と認められるものの数点のみを示唆するに留めたい。まず第1に、他国の尊敬と信用を失い、かつ、国家の名声に伴うあらゆる利点を失うということである。[中略]。不安定な政策のもたらしている国内的結果は、さらにいっそう不幸なもので、自由そのものの恵みすら毒している。人民自身の選んだ人々によって法律が制定されても、もし、その法律があまりにも大部過ぎて人民が読むこともできないとか、理解もできないほど不統一であれば、また、法律が公布される前に廃棄されたり、修正されるようでは、あるいはまた、その法律が今日は法律であることが分かっていても、明日も法律であるとは誰も推測できないほど間断なく変化するようでは、人民にとって何にもならないのである。法律は行動の規準であると定義されているが、ほとんど知られてもいず、しかも一定不変でもない法律が、ほとんど知られてもいず、しかも一定不変でもない法律がどうして行動の規準となり得るだろうか。政策の不安定性のもう1つの結果は、勤勉で世情に疎い多くの大衆以上に、利口で企業的で金持ちの少数者に不当な利益を与えるということである。通商とか国家歳入に関する規制とか、各種の財産価値に何らかの形で影響する新しい規制はすべて、その変更に注目し、その結果を推測できる人々に、新しい収穫を提供するが、その収穫は、彼ら自身によって育成されたものではなく、多数同胞が汗水垂らして世話をすることによって生みだされたものなのである。法律は多数者のためではなく少数者のために作られると、ある程度の真実さをもって語られるような状態が、今のアメリカの状態なのである。もう1つの見方をすれば、政府が不定安であることから大損害が生ずるということである。議会を信頼できないならば、その成功と利益とが、現在の方針を継続することにかかっている有益な事業のすべては停頓する。すなわち、分別のある商人は、その計画を実施する前に違法とされるかもしれない場合、どうして新しい通商部門に手を広げて資産を危険にさらすようなことをするだろうか。農民や製造業者は、その準備の労力と投下資本が、不安定な政府によって無益になってしまうことはないという保証がないのに、どうして特定の作物または事業に着手することができるだろうか。一言で言えば、国家政策の堅実な体系という支えを必要とする大開発事業とか、称賛すべき企業とかは、1つも前進しないということである。だが、とりわけ最大の悲しむべき結果は、すこぶる多くの不安定さを示し、人民が何とか望みを託そうとしている数々の夢を失わせるような政治組織に対しては、人民の心中に育まれている愛着も敬意も消滅してしまうということである。政府というものは、個人の場合に倍して、真に尊敬に値するものでなければ、長くは尊敬されないだろうし、一定の秩序と安定性がなければ真に尊敬するに値しないだろう（齋藤眞・武則忠見訳――一部改変）」

巻末史料5[-78]

『ザ・フェデラリスト』63篇「上院議員の任期の長さ」（1788年3月1日付）
　「選抜された身分の安定した政府構成員がいなくては、すでに述べた諸原因からする不見識で変わりやすい政策によって諸列強の評価を失墜させるのみならず、議会は、国際世論に対する感受性を持ち合わすこともないだろう。この感受性こそ、国際世論の尊敬と信頼を得るためにも、おそらくそれに劣らず、その尊敬と信頼に値するためにも必要なものなのであ

る。[中略]。多数の議員を擁する議院においては、選挙民に直接作用し、他の政策と切り離され、また、身近に感知される作用をするような立法に対してすら、個々の議員が責任を持ち続けることは、とにかく至難の業なのである。この欠陥を適切に匡正するためには、継続的注意を必要とするような［責任］対象に応じ得るだけの十分な継続性を持つもう1つの議院［連邦上院］が、立法府に存在しなければならない。それが存在していれば、一連の方策が、これらの目的達成に対して正当かつ有効に責任を持ち得るようになるだろう。[中略]。［上院という］制度が、人民自身にとっても、その一時的過誤や謬見に対する1つの防御策として必要な時が往々にしてあり得るという点である。住民の冷静で思慮深い感覚が、あらゆる政府において、現に自由政府では特にそうなのだが、最後には統治者の見解を支配する筈だから、問題が紛糾した特殊な時期には、人民は何らかの異常な衝動に駆られたり、何か不法な利益に刺激されたり、または、利害関係のある人々の政略的虚説に迷わされたりしても、後になると大いに後悔し、責任を問う手段に訴えようとするものである。このような危機に際して、理性、正義及び真理が再び公衆の心中にその力を取り戻すまでの間、誤った方向を匡正し、人民による人民自身に対する打撃を抑制するために、思慮深く尊敬に値する市民によって構成された議院が介在することは、いかに有益なことであるだろうか。[中略]。人民は決して故意に自己の利益を裏切ることはないが、人民の代表によって人民の利益が裏切られることはあり得るし、全立法権が一院の人々の掌中に委ねられている場合には、あらゆる法律が別の異なる議院の同意を必要とする場合よりも、その危険は明らかにいっそう大きい（齋藤眞・武則忠見訳──一部改変）」

巻末史料 5⁻⁷⁹

　マディソンからエリザ・トリスト Eliza House Trist に宛てた手紙（1788 年 3 月 25 日付）
　「私の友人すべてが私の到着を歓迎してくれたことを知って満足しましたが、合衆国憲法に対する最も馬鹿げた根拠のない偏見で［オレンジ］郡が満たされているのを知って悔しく思いました。それゆえ、私は到着の日に続いて行われた選挙で、人生で初めて大勢の人々を前に論壇に上がり、野外で風の強い日に熱弁を振るいました。その効果がどれくらいあったかは私が言うことはできませんが、その試みか、もしくは憲法支持派の尽力か、それともその両方によって、政府に対する誤解は非常に正され、2 人の憲法支持派、そのうち 1 人は私自身ですが、ほぼ 4 対 1 の大差で選出されました」

巻末史料 5⁻⁸⁰

　ヴァージニア憲法批准会議での演説（1788 年 6 月 6 日付）
　「彼［パトリック・ヘンリー］は我々に、彼の意見の中でたびたび、この［新たな］憲法［案］は人民の自由を脅かすので否定されるべきだと言っています。そうした見解について私に 1 つ回答させて下さい。この［憲法による］制度が多く持っているという危険を明らかに指摘して下さい。もし何らかの危険で不必要な権限が邦議会に与えられているのであれば、それらを明らかに示して下さい。そして、検証を伴わずに、危険が普くあると断言することで我々を満足させようとしないで下さい。もし権限が必要であれば、明白な危険でさえもそうした権限を持つことを譲歩する十分な理由とはなりません。彼は、放縦は滅多に自由の喪失を招くことはなく、支配者による専制政治のみが自由の喪失をほぼ常にもたらすのだと示唆しています。人類が文明化して以来、権力を持つ者によって、暴力的で突然の剥奪よ

りも徐々に静かに人民の自由が剥奪されている事例がもっとあると私は思います。しかし、歴史が明らかにするところによれば、多数者が少数者を踏み付けることによる混乱、暴力、そして権力の濫用は、派閥と騒動を生み出します。それは共和国では、他のどのような原因よりも、しばしば専制政治を生み出します。もし我々が古今の共和国の歴史をすべて顧みれば、その破滅は概ねそれ自身の原因によるものだと分かるでしょう。もし我々が合衆国の特殊な事情を考えれば、住民の間で広まっているさまざまな見解の源が何であるかを考えれば、我々は、さまざまな共和国で生み出されてきたのと同様の原因がわが国で同じ致命的な効果を及ぼすことを危惧しなければなりません。こうした危惧は賢明にも阻止されています。おそらく、この議論が進む中で、こうした悪弊を正す唯一の可能な救済策、そして共和主義の原理を保全する手段は、抑圧の生みの親として非難されている［新しい憲法案による］制度にこそ見いだせるのではないでしょうか」

巻末史料 5[-81]

ヴァージニア憲法批准会議での演説（1788 年 6 月 12 日付）
「邦政府が便宜的に人民に課税するのと同じく、邦の課税制度を模倣することによって、連邦政府が人民に課税できることは十分に証明されています。もし連邦政府が自身の歳入を徴収できる権限を持たないのであれば、まず連邦政府は何らかの手段で邦政府に依存するでしょう。そして、こうした権限の行使は、拒否された後、もしそれを引き受けるように駆り立てられる前に部分的な遵守がなされても必然的に不公正と混乱を生じます。それゆえ、提案されたような人民を少しも救わない選択肢は、政府の効率を損ない、恒久的に連邦の静謐を脅かすでしょう」

巻末史料 5[-82]

マディソンからジェファソンに宛てた手紙（1788 年 10 月 17 日付）
「合衆国憲法が、列挙に含まれない権限を暗示するように規定されているのであれば、私自身の意見では、権利章典に常に賛成しています。同時に権利章典を省略することは実質的な欠陥になるとは決して思いませんし、他者が切実にそれを望む他のどのような理由があっても後の修正によって権利章典を補いたいとも思いません。私が権利章典に賛成しているのは、それが有用であり、もし適切に実行されれば、ひどいことにはならないだろうと思うからです。私は権利章典を重要な点だとは見ていません。第 1 に、私は［中略］問題となっている諸権利が連邦の権限によって与えられる方法で留保されていると思うからです。第 2 に、最も本質的な権利のいくつかを積極的に宣言することは、必要とされる含みで獲得されることはないと恐れる大きな理由があるからです。特に良心の［自由の］権利は、もし一般的な定義がなされれば、想定された権利よりもずっと偏狭なものになると私は確信しています。ニュー・イングランドでの反対の 1 つは、宗教審問を禁じることによって、憲法はユダヤ人やトルコ人、そして異教徒のために扉を開いたというものです。第 3 に、連邦政府の制限された権限と従属下の諸政府の警戒によって、諸邦政府やその他の場合には存在しない安全が確保できるからです。第 4 に、経験によれば、権利章典による抑制が最も必要な時に、権利章典が役に立たないからです。あらゆる邦で威圧的な多数者によって、羊皮紙の上に書かれた障壁は繰り返し侵害されてきました。［中略］。本当の権限が政府にあるところはどこであろうと抑圧の危険があります。我々の政府の場合、本当の権限は共同体の多数者にあ

り、個人の権利の侵害は、選挙人の感覚に反する政府の諸行為ではなく、主に、政府が選挙民の多数者の単なる道具となっている場合の諸行為から生じるのです。これは大きな重要性を持つ真実であり、いまだに十分に示されておらず、それらによって示唆される事実や省察——まったく異なる部分から生じる権力の濫用に対する熟慮——はおそらくあなたの心よりも私の心により強く刻まれています。[中略]。大衆的な諸政府に権利章典はどのような有用性を持つのかということが問われるかもしれません。他の諸政府ほどに権利章典は不可欠ではありませんが、十分な予防措置を勧めるものとして私は以下の2つを答えます。第1に、厳粛な方法で宣言された政治的真実は、徐々に自由政府の基本的な原理の性質を獲得し、国民の感情を組み入れるようになり、利害と激情の強い欲求に対抗するようになります。第2に、抑圧の危険性は、政府による剥奪的な行為よりもむしろ利害によって動かされた人民の大多数にあるという上述の事柄は一般的に真実ですが、政府の行為からも悪弊が生じる場合があります。そして、そのような場合、権利章典は共同体の理性に訴え掛ける良い根拠となるでしょう。[中略]。権利章典が適切だとすると、それに含まれる条項について多くの議論が認められなければなりません。疑問の余地がある場合やそれらが却下されるかもしれない緊急時に、絶対的な制限は避けるべきだと私は考えています。制限はいかに紙の上に明記されていても、人民の決定的な感覚に反する場合は決して考慮するべきではありません。そして、特別な場合に侵害が繰り返された後では、通常時の効果も失われるでしょう。もし冒頭や判断が人民や政府に警戒感を抱かせた時、そして、警戒感から人身保護律が差し止めが決定されれば、いったいどのような明文化された禁止がそうした方策を妨げることができるでしょうか。もし平和時に我々の近隣でイギリスやスペインによって徐々に軍隊が形成されれば、紙の上での宣言は、人民の安全のために常備軍の設立を妨げようとしてもほとんど効果を持たないでしょう。こうした悪弊に対する最善の安全策は、それらに対する口実を取り除くことなのです」

巻末史料5[-83]

ヴァージニア憲法批准会議での演説（1788年6月13日付）
「私は、旧連合規約にも新憲法にもミシシッピ川の自由航行権を放棄する権限はないと率直に言えます。それは諸国の法律にそぐわないものです。私はずっとそのように考えてきましたし、そう言ってきました。[権利を] 規制する必要がある緊急事態が起こった時に、その権利が否定されるかもしれません。しかし、戦時に安全が危険にさらされた場合と単に通商規定に関連する場合の間には実質的な違いがあります。[中略]。ミシシッピの自由航行権を25年にわたって放棄するという権利について考えた7邦がありました。そのいくつかの理由は言及した通りです。私が思い出せる限りでは、それは私の誉れある友 [モンロー] が言っているのとほぼ同じです。しかし、彼らはそれを絶対的に除外する考えを持っていませんでした。[中略]。一時的な譲歩は、幸運にも恒久的な権利を定めるものになったかもしれませんが、その危険な [イギリスとスペインの] 連帯を防いだでしょう。いかに一時的な譲歩を促す理由がもっともであっても、その有用性について私を納得させることは決してできなかったと言うことは公正であるように思われます。私は一貫してそれに反対していましたし、今もそうです。[中略]。7邦がその目的を放棄するにおいて何ら決まった傾向があったわけではないという考えに導かれました。なぜならニュー・ジャージー邦はその問題をさらに考慮して、その代表にそれに反対するように指示しました。この根拠はいったい何でしょ

うか。その指示の犯人や特別な理由については分かりません。しかし私が覚えていることでは、ミシシッピ川を譲歩することは、合衆国の共有財産である西部地方の価値を下げ、その結果、国庫を貧しくする傾向があるというのが実質的な考えでした。[中略]。一般人民は大統領を選出する者を選びます。もし我々が西部地域を含めるのであれば、人口の重心は南にあります。そうなると人民の大多数は自由航行権に賛同していることになります。大統領は選挙人の犠牲と利益に影響を受けるので、大統領がそれに依存する限り、自由航行権を譲歩することに反対するでしょう。下院の影響力がある限り、自由航行権に対して有利に働きかけるでしょう。条約を締結する権限は特定の邦の上院に付与されているわけではありません。すべての邦が等しく重みを持っています。もし10人の上院議員が条約を締結することができるのであれば、10人の上院議員がそれを防ぐこともできるでしょう。[中略]。弱体な制度がこの計画を生み出したのです。強力な制度は[スペインによる買収の]誘いかけを排除するでしょう。我々はそれが制度の変更によって覆されると考えられるでしょうか。[中略]。私の[連合会議での]任務に絶えず関係していた状況を隠そうとは思いません。事実上、矛盾するだろうと思われることは何も進めていません。見解に関しては我々は異なるかもしれません。もし私が自由であれば、この[ミシシッピ川の自由航行権を放棄するという]計画は連邦議会で決して復活させられることはないでしょうし、したがって何の危険も恐れることはないというこの会議を納得させる証を展開することができます」

巻末史料5[-84]

ヴァージニア憲法批准会議での演説（1788年6月24日付）
「わが政府について考える際に、我々は大いなる許容を認めるべきでしょう。すべての邦の願望を満足させること、ましてすべての個人を満足させることは不可能だと我々は思わなければなりません。今、検討中の憲法案に好意的な人々は、それが欠陥を持たないと思っているわけでは決してないでしょう。しかし、何らかの現実的な危険を孕むとは思っていません。あり得るすべての欠陥は、経験が示す必要に応じて取り除かれていると彼らは思っています。この問題を熟慮している方々に、2つのうちどちらかを選んでいただきたい。9邦による批准か否か。もし9邦が憲法案を承認すれば、この問題を自由に十分に考慮して肯定的な結論に至った9邦が、たった1邦の要求で、彼らの行為が誤っていて、その欠陥が分からなかったと認め、彼らが進んだ歩みを踏み戻り、連邦制度を承認すべきかどうか、はっきり分からなくなってしまうということが当然視されるのでしょうか。ヴァージニアはこれまで常に他邦に対して敬意ある言葉を語り、また他邦から敬意を払われてきました。あなた達は間違っていると大多数の邦に認めさせるような言葉は敬意ある言葉でしょうか。彼らが諸邦の共通の自由と利害を保障するための修正に同意するとは思わないという言葉は我々が言うべき信頼ある言葉なのでしょうか。これは信頼ある言葉でも敬意ある言葉でもありません。ヴァージニアは、このような言葉が語られるまで敬意が払われてきたように、敬意を抱いて語れば敬意を払われるでしょう。まさに13邦が、共通の幸福と自由を保全するために自由意思で平和裡に、そして、全会一致で連帯できるか、またはすべてが混乱と無秩序の中に投げ込まれるかが我々の決断1つにかかっているとは非常に恐ろしいことです。[中略]。ここにいらっしゃる方々は前もって修正を提案することが適切であると考えています。20項目の権利章典とその他20項目ですが、そのうちのいくつかは不適切で認められるものではありません。すべての邦が、自邦も同じくらい多くの修正を提案する権利を与えられていると

思わずに済ませるでしょうか。［中略］。憲法案に反対している方々は、前もって修正を加えるべきだと主張していますが、それはまるで人民の自由と幸福のためにはすべてが必要だと言わんばかりです。この問題に関して敢えて意見すれば、さらなる修正を招き得る長々とした変更を導入した後よりも現状のままで明らかに安心だと言えます」

巻末史料 5[-85]

マディソンからジョージ・イヴ George Eve に宛てた手紙（1789 年 1 月 2 日付）
「憲法は 11 邦の批准と大多数のアメリカ人の支持で成立するでしょう。もし修正が適切な節度と適切な方式で追求されるのであれば、まったく問題はないでしょうし、善意ある反対者の心を満足させ、自由のためのさらなる防壁を提供するという二重の目的を果たすのに役立つでしょう。こうした状況の変化の下、憲法が改正されるべきであり、その下での連邦議会の最初の会期で、すべての本質的な権利、特に良心の完全な自由、出版の自由、陪審による裁判、一般的逮捕に対する保障などを最も満足させる条項を準備して諸州に批准を勧めるべきだというのが私の真摯な意見です」

巻末史料 5[-86]

連邦下院での演説（1789 年 4 月 21 日付）
「我々の交易は［イギリスによって］長い間独占され、イギリスの通商規制はそれを保持できるように計算され、言語や風習が似通っていること、法律やその他の環境が一致していることなど、これらすべてが合わさってイギリスの我々との商業を、自然状態が求めるよりも大規模にしているのです。したがって、私は、本来、認められる分け前よりも多くを得ている国から諸国が我々との直接貿易による分け前を得られるように、そうした国々に政治的利益を与えるように願っています。この問題に関するこうした観点から、私は、諸国の間に提案されたような差別を行うことが良い政策であると思うに至りました。我々と条約を結んだ諸国が我々の同盟から何らかの利益を引き出すようにすること、そして、それによって、これまでは我々と条約を結ぼうとはしなかった国々に、互酬的な友情によって利益が得られるという考えを抱かせることはそれほど重要ではないのでしょうか。もし我々が平等な条約を結んでいる国と結んでいない国の両方にすべてを与えれば、きっと我々は諸国に我々と交わりを持つ動機を持たせることはできないでしょう」

巻末史料 5[-87]

連邦下院での演説（1789 年 5 月 11 日付）
「私は称号が与え得る権力の危険性を恐れているだけであって、称号自体を恐れているわけではありませんが、称号に反対しています。なぜなら称号は我々の政府の本質や人民の性質にそぐわないからです。たとえ称号がそれ自体適切であっても、現時点ではそうではありません。私の強硬な反対は原理に基づいています。称号は共和国の重要性や真の尊厳を増すどころか減じるでしょう。特にこの場合、大統領自身の心の尊厳を減じることになります。もし我々が称号を与えれば、我々はそれらを借用するか発明するかしなければなりません。もし我々が豊富な思い付きの肥沃な大地をあてにすることができ、我々自身の創造による取り止めのない存在を飾り立てることができるのであれば、空想的な性質が虚ろな幻影を嘲笑

を買うような馬鹿馬鹿しく思われるものとする好機となるだけです。もし我々が［称号を］借用すれば、卑屈な模倣は憎むべきものとなるでしょうし、言うまでもなく嘲笑を買うものとなるでしょう。［中略］。我々は作法においてより簡素で、より共和的であるべきで、より理性的な尊厳を我々は得るべきでしょう。したがって、私は下院によって採択された報告を他のどのようなものよりも喜んで受け入れます」

巻末史料5[-88]

連邦下院での演説（1789年5月19日付）
「任命権を持つ者が罷免権を持つことは当然のことであると言えるでしょうが、この見解が憲法によって保証されているとは私は思いません。それは実質的に非常に不都合であると私は思います。［中略］。今、もし行政諸部門の長が大統領のみによって罷免されるのであれば、我々は彼に役人の精励を保証させることができます。もし彼が行政的な職責を実行する際に大統領の判断と一致しないのであれば罷免されます。そうすれば大きな行政権限に対して彼に責任を負わせることができ、行政部門の管理を支援させるために指名し任命した者の行いに対して大統領に人民への責任を負わせることができます。しかし、もし大統領がその役人と馴れ合い、悪い人物を職務に留め続ける場合、弾劾が元凶に及ぶでしょうし、彼を裁きの前に引きずり出すことになります。しかし、もしあなた達が別の解釈をして、上院の助言と同意によってのみしか役人が罷免されないと言うのであれば、大統領はもはや役人の行いについて釈明することはできず、すべては上院のせいになるでしょう。［中略］。しかし、上院は何の責任も持たないのに、なぜ大統領とともに役人を任命するのかと問われるかもしれません。単に助言の目的はその性質から、上院の同意で指名し任命してその責任を大統領が取るにしても、1人の個人よりも［上院が］候補者の性質をよく知っているからだと私は答えます。誰も彼を政府の他の部門の助手になるように強いることはできません」

巻末史料5[-89]

マディソンの修正原案（1789年6月8日付）
「第1点、憲法本文の前に前文として以下の言明を挿入する。すべての権力は本来、必然的に人民に由来する。政府は人民の福利、すなわち生命と自由の享受、財産を獲得し使用する権利、普く幸福と安全を追求するために設立され、運営されるべきである。人民は、政府がその設立目的に反するか、不適切であると見なされる場合、彼らの政府を改革して変更できる疑う余地のない不可侵にして取り消されることがない権利を持つ。第2点、憲法第1条第2節第3項の『下院議員の数は、人口三万人に対し一人の割合を超えることはできない。ただし、各州は少なくとも一人の議員をもつことを要する。上述の算定がなされるまで』という条文は削除すべきである。その場所に以下の条文を挿入する。最初の実際的な算定の後、［空欄］の数に達するまで、人口3万人に対し1人とし、その後は議会が割合を規定するので、最初の算定後、下院議員の数は1州あたり［空欄］人を下回ることなく［空欄］人を超えることはない。それに先だって少なくとも2つの議席を持つ。第3点、憲法第1条第6節第1項の最初の文の後に以下の条文を加える。しかし、最後に確定された報酬を変更する法律は、次期議員の選出が確定するまで発効しない。第4点、憲法第1条第9節の第3項と第4項の間に以下の項を挿入する。何人も信教のゆえをもって市民権を制限されることはなく、いかなる国教も樹立されず、完全かつ平等な宗教の権利は、いかなる形態であろうと

も、またはいかなる口実があろうとも侵害されない。人民は自らの意見を話す権利、書く権利、または出版する権利を剥奪されることも制限されることもない。そして、自由の大いなる防壁の1つである言論の自由は侵害されない。人民は平穏に集会し、公共の善を図ることを抑制されることはない。議会に対して請願することも、彼らの苦痛事を解消するために抗議することも抑制されることはない。規律ある民兵は自由な国家に対する最善の保障であるから、人民が武器を保有しまた携帯する権利は侵してはならない。しかし、宗教上の理由で武器を携帯できない者は、自ら民兵として軍役に服すように強制されることはない。平時においては、所有者の承諾を得なければ、何人の家宅にも兵士を宿営させることはできない。いかなる時も、法律の規定によるのでなければ、宿営させることはできない。何人も、弾劾の場合を除いて、同一犯罪において重ねて刑罰や審判を科されることはない。また何人も自己に不利益な供述を強制されることはない。また正当な法の手続きによらずに、生命、自由または財産を奪われることはない。また正当な賠償なしに、私有財産を、公共の用途のために、譲渡するように強制されることはない。過大な額の保釈金を要求し、または過重な罰金を科することはできない。また残酷で異常な刑罰を科してはならない。不合理な逮捕、捜索、もしくは押収に対し、身体、住居、書類及び所有物の安全を保障される人民の権利は、宣誓もしくは確約によって支持され、信頼に足る原因なしで発行され、かつ捜索される場所及び逮捕押収される人、あるいは物件を特に指定していない令状によって侵害されることはない。すべての刑事上の訴追において、被告人は、公平な陪審によって行われる、迅速な公開の裁判を受け、かつ起訴の性質と原因についで告知を受ける権利を有する。被告人はまた、自己に不利な証人との対審を求め、自己に有利な証人を得るために強制的手続きを取り、また自己のために弁護人の援助を受ける権利を有する。本憲法中の各所で特定の権利のために設けられた排他的権限をもって、人民の保有する他の諸権利の重要性を軽視したもの、もしくは憲法によって与えられた権限を拡大するものと解釈することはできない。しかし、そうした権限を実際的に制限するもの、もしくは単に強い警告を挟むものとして解釈される。第5点、憲法第1条第10節の第1項と第2項の間に次の項目を挿入する。州は信教の平等の権利、出版の自由、刑事上の訴追において陪審による裁判を受ける権利を侵害することはできない。第6点、憲法第3条第2節第2項の終わりに以下の条文を付け加える。しかし、係争の金額が［空欄］ドルを超えない場合はいかなる上訴審も行われない。また、普通法上の訴訟において、陪審により審理された事実は、普通法の規則による他、再審されることはない。第7点、憲法第3条第2節第3項を削除して、その場所に以下の条文を挿入する。すべての犯罪（弾劾と陸海軍または戦時もしくは公共の危険に際し、現に服役している民兵の間に起こった事件を除く）は、近隣の土地自由保有権者による公平な陪審によって審理され、有罪判決に全会一致を要し、控訴する権利やその他の慣例的な要件を要する。また大陪審の告発または起訴によって、死刑または身体に刑罰を与えられるべきすべての犯罪は、予審を必要とする。もし敵軍が占有する郡や反乱が広まっている郡で犯罪が行われた場合、違法行為が行われた場所に近い同州の他の郡で裁判を行うことは法令によって正当と認められる。ある郡の外で犯罪が行われた場合、裁判を法によって規定される郡の中で行うことは法令によって正当と認められる。普通法上の個人間の訴訟において、陪審による裁判は、人民の権利の最善の保障として侵害されることはない。第8点、憲法第6条の直後に第7条として以下の条文を挿入する。本憲法によって委任された権限は、それぞれ管轄を持つ各府に分与される。そのため立法府は行政府や司法府に与えられた権限を決して行使することはできない。また行政府は立法府や司法府に与えられた権限を行使することはできない。

また司法府は立法府や行政府に与えられた権限を行使することはできない。本憲法によって合衆国に委任されず、また各州に対して禁止されなかった権限は、各州それぞれに留保される。第9点、憲法第7条を第8条とする」

巻末史料5⁻⁹⁰

連邦下院での演説（1789年6月8日付）
「この議会は、憲法が合衆国の人民の多数に受け入れられてきたように、憲法を合衆国の人民全体に受け入れられるようにするために、憲法に組み入れるべき何かを邦議会に提案することなく最初の会期を過ぎないようにするあらゆる思慮分別の動機を義務付けられていると思われます。何かがなされなければならないその他の理由の中で、この憲法の採択に友好的であった人々が、憲法に反対していた人々に、この憲法の採択は貴族制と専制の基礎を築くためだと彼らを非難したのと同じく、彼らが真摯に共和主義政府に献身したことを示す機会を持てるようにしたいと思います。社会のあらゆる構成員の胸の中から、その同胞が勇敢に戦い誉れ高き血を流して獲得した自由を奪おうとしているという誤解を取り除くことが望まれます。もし、憲法を損なうことなく、我々の同胞市民の疑念を抱いている人々に満足を与えるように付け加えられるような性質の望まれた修正があれば、連邦政府の友人達は、これまで際立ってきた敬意と譲歩の精神をはっきり示すでしょう。この議会の紳士諸君に、この政治制度の批准が13州のうち11州によって行われたのにもかかわらず、ある場合には全会一致、その他の場合には多数決であったことを秘密にすることはできません。彼らの才能と愛国心が尊重される者の中で依然としてそれに不満を抱く多くの我々の選挙民がいますし、自由に対する彼らの警戒心は尊重すべきであり、その目的が誤っていたとしてもその動機は称賛すべきです。こうした特徴の下に非常に多くの人々があり、もしこの1つの点について満足できれば現在では連邦主義への支持に加わろうとしています。我々は彼らの意向を否認するべきではなく、友愛と宥和の原理に基づいて、彼らの願いに従って、この憲法の下で人類の偉大な権利が保障されることを明らかに宣言すべきでしょう。[中略]。しかし、すべての以上の考慮において、憲法を修正してもよいと思ったことを私は率直に認識するでしょう。つまり、もしすべての権力が濫用されることになっているのであれば、連邦政府の権限の濫用は現在行われているよりも安全な方法で守られるべきであり、その一方でその権限の行使から生じる利益は何も損なわず、それによって脅かされることがないようにすることが可能です。我々はこうした方法で何かを得ますが、もし我々が慎重に進むのであれば、何も失わなくて済むでしょう。そして、この場合、慎重に進むことが必要です。というのは我々は憲法を修正することに至るこうしたすべての動機を感じていますが、我々は憲法自体を模索しなければなりませんし、その修正を穏健なものにしなければなりません。政府の構造全体や権限が与えられている実体と原理を再考する扉が開かれるのを見るのは不本意です。なぜなら、もしそうした扉が開かれれば、政府自体に安全な視点に我々が踏み止まることができる見込みがあるかどうか疑わしいからです。[中略]。こうした修正の最初の部分は権利章典と呼ばれるものに関連付けられます。こうした規定が合衆国憲法に不可欠であるために、そうした修正が加えられるまで、その批准が不適切であったと私は決して思っていないと認めます。同時に私は、ある形式で、そして、ある程度の範囲で、そうした規定は不適切であり、完全に無用であるとずっと思っていました。[中略]。権利章典に対する反対の途上で、議場の外にいる多くの尊敬すべき紳士達から、そして、私も同じ原理に基づいていますが、

この議場の紳士達から人民はその権利を彼ら自身の手に握っていて適切な場所にそれらは託されているという仮定に基づいて権利章典は共和政府の条項として不必要であると言われています。こうした反対は州政府と同じく連邦政府の下におけるそうした規定に対して行われていると言うことは十分な回答となるでしょう。そして、そうした場合に理論を押し通して、権利章典が無効であり不適切であると敢えて言う紳士達はほとんどいないと思います。権限が列挙されているので連邦政府では権利章典は不要であると言われています。憲法によって与えられていない権限は［州と人民に］留保されると続きます。憲法は権限の章典であって、その残りの大部分は人民の権利であり、したがって、まるで残りの権限が政府の手中にあるようになるので、権利章典はそれほど必要ではないと言われています。こうした議論にまったく根拠がないわけではないと認めますが、それは思われているほどには決定的ではありません。連邦政府の権限が制限され、特定の目的に向けられていることは本当です。しかし、たとえその制限が守られていたとしても、連邦政府は手段に関してある程度の自由裁量権を持ち、州憲法の下で州政府の権限が無限の程度に拡大されるようにある程度の濫用が許されるかもしれません。なぜなら合衆国憲法には、合衆国を政府に付与されたすべての権限を執行するために必要にして適切なすべての法律を作る権限を政府やその部門や役人に与えている条文があるからです。これは政府が樹立されたあらゆる目的を叶えることを可能にします。［中略］。合衆国政府よりも州政府による立法権限の濫用のほうがより危険であると私は考えています。州政府が持つその他の権限についても同じことが言えるかもしれません。もし一般的な原理によって統制されないのであれば、共同体の権利を損なうような法律は違憲です。したがって、私はこうした禁止を拡大し、私が第5の決議で述べたように、いかなる州も、良心、出版の自由、もしくは犯罪において陪審を受ける平等な権利を侵害することはできないと付け加えたいと思います。あらゆる政府からそうした特別な権利を侵害しようとする権限を取り上げることが適切だからです」

巻末史料5[-91]

連邦下院での演説（1790年2月11日付）
　「公債に関して4種類の人々に分けることを認めることがここでは適当かもしれません。第1に、公債を譲渡しなかった原保有者。第2に、公債を譲渡した原保有者。第3に、譲渡された公債を持つ現保有者。第4に、公債を流通させている仲介者。それぞれの主張に関する決定を支配することができる唯一の原理は、私が挙げるに、第1に公正、第2に公的信義、第3に公的信用、第4に世論です。第1の人々に関しては何も難点はありません。公正は彼らの味方です。というのは彼らが主張する価値を高めることができるからです。公的信義は彼らの味方です。というのは明文化された約束が彼らの手元にあるからです。公的信用の尊重は彼らの味方です。というのは主張は神聖なのでもし侵害されれば、すべての信用は終わりを迎えるからです。世論は彼らの味方です。というのはすべての正直な市民は彼らの弁護人にならざるを得ないからです。最後の人々、公債を流通させている人々については、彼らの主張は、もし彼らが何らかの主張を持つのであれば、我々は迷宮に誘い込まれることになるでしょう。というのは手掛かりを見つけることができないからです。この人々は完全に自由意思で債権者になることも債権者を辞めることもできますし、一般的に投機によって利益を得ることができるので不平は少なくなる筈です。唯一の競合する主張は、償還を受ける原保有者の公債と現保有者の公債です」

巻末史料5⁻⁹²

> マディソンからエドモンド・ペンドルトン Edmund Pendleton に宛てた手紙（1792年6月22日付）
>
> 「州の負債の問題は、遅延と困惑の大きな源になっていて、その擁護者の情熱と忍耐強さから、もしくは和解がなされなければ議会における最も憂鬱な問題への脅威となります。政府の首座を決めるという仕事は迷宮になっています。というのは、印刷された投票結果は何の手掛かりにもなりませんし、手紙であなたに示すこともできません。我々はポトマック川を視野に入れるという提案を維持しようとしています。そして、それに好影響を起こすような状況をすべて活かそうとしています。我々の願いに応じる調停がなされれば、それは僥倖と神の慈悲が同時に効果を及ぼしたものでしょう」

巻末史料5⁻⁹³

> 連邦下院での演説（1791年2月2日付）
>
> 「憲法によって与えられた権限の中で特許銀行を設立する権限が合衆国議会にあるのでしょうか。これは検証すべき問題です。すべての政治的権力の限界について一般的な意見をいくつか述べた後、彼［マディソン］は、連邦政府が立憲政体という特有の方法を取っていることに注意を促します。特別な権限を除いて憲法は一般的に［権限を］授与しているわけではありません。憲法は特別な権限のみを授与しています。その他の多数の権限はその他の者の手中にあります。憲法はその友、そして、その敵によってそのように理解され解釈されてきました。正しい解釈の準備として、彼［マディソン］は以下の原則を提示しました。政府の原則を破壊するような解釈は公正ではありません。意義が明確である場合、その結果は何であれ認めることができます。［意義が］疑わしい場合、その結果は公判に付すべきでしょう。議論の余地がある場合、派閥によって与えられる意義は便宜的なものになりますが、もし理性的な証拠が集められるのであれば、それは適切な導きとなります。それらを同時に示すことは、派閥によって与えられる意義が理性的であることの証拠となります。広義の解釈を認めるにせよ否定するにせよ、解釈を表明する妥当性の程度だけではなく、その重要性の程度も見なければなりません。なぜなら、それに解釈の余地があるか、もしくは可能性があるか否かがかかっているからです。こうした観点から解釈を見ると、銀行に特許を与える権限を憲法に見いだせる可能性はありません。もしそのような権限があるとすれば、次のような条項にあるのかもしれません。第1に、『合衆国の債務の支払い、共同の防衛および一般の福祉の目的のために、租税、関税、間接税、消費税を賦課徴収すること』。第2に、『合衆国の信用において金銭を借り入れること』。第3に、『合衆国政府またはその官庁もしくは官吏に対して与えられた他のいっさいの権限を執行するために、必要にして適当なすべての法律を制定すること』。この法案は第1の権限の範囲内ではありません。債務を支払うための税を設けるわけではありませんし、一般の福祉に貢献するわけでもありません。いかなる税金も設けません。対象から完全に外れています。『共同の防衛および一般の福祉』という条項から何の議論も引き出せません。こうした一般的な目的に関する権限は、税を設ける法案にのみ制限されます。そして、一般的な目的自体が制限され、特別に追加された列挙によって説明されます。どのような意味でこうした条項を理解しても問題となっている権限を正当化することは、議会に無制限の権限を与えることになります。特別に列挙された権限を無価値なものとし、州政府に留保されたすべての権限に取って代わるものとなるでしょう。こう

した条項は連合規約の条項から移されたもので、ここで説明されるのとはまったく違うように敢えて理解されることがあるのでしょうか。『一般の福祉』は、州の権限に介入することなく、議会によって行使され得る一般的な権限の場合に意味を持ちます。そして、合衆国銀行を設立することはこの種の［州の権限に介入する］ことなのです。彼［マディソン］は、この斬新な考え方に対していくつかの回答があると言いました。第1に、提案された銀行が介入することによって、同じ立場にある州法銀行を間接的に阻害します。第2に、州が銀行を設立し、廃止する権限、そして、銀行券を流通させる権限に直接介入しています。彼［マディソン］は、ヴァージニア州の法律は、実際に持参人に支払い可能な銀行券の流通を禁じていると言及します。第3に、州の権限に介入することは議会の権限に関する憲法的な基準に合いません。もし権限が与えられていなければ、議会はそれを行使することができません。もし与えられているのであれば、州の法律、もしくは憲法に介入することになっても議会はそれを行使するでしょう。第4に、もし議会が、単にその法案が諸州にも自由に銀行を設立するに任せている理由で、特許を与えることができるのであれば、その他の特許も議会によって与えられるでしょう。［中略］。議会にお金を借りる権限を与える第2の条項について検証します。この法案はお金を借りるための法案でしょうか。お金を借りるわけではまったくありません。この法案をお金を借りる権限を行使していると見なすことができる公正な解釈はあり得るのでしょうか。［中略］。第3の条項は、特定の権限を行使するために必要にして適切なすべての法律を制定する権限を与えています。この条項の意味が何であれ、議会に無制限の裁量を認めているわけではありません。その条項と文脈の力によると、その目的に必要な手段に限定され、特定の権限の本質に付随しています。［中略］。［広義の解釈による］暗黙の考え方はずっと薄弱なものです。その他の政府では暗黙の危険性が感じられています。我々自身の政府にも微妙なものが採用されていて、もし我々が我々に与えられた権限に留まっていない限り、危険が感じられます。その法案が拠って立つ妥当性の論旨に注意を払って下さい。お金を借りることが目的であり、資本の蓄積は手段であると暗示されます。資本の蓄積が目的であれば、銀行は手段であると暗示されます。銀行が手段であれば、特許、独占、そして、極刑さえ手段であると暗示されます。もしそうした異なる多様な暗黙が結び付けば、あらゆる目的の法律、政治経済の全体の指針にあるすべての目的を達成する鎖を形成します。その法案が求める解釈の含みは、憲法自体が与える法則によって非難されます」

巻末史料5-94

「合衆国政府」（1792年2月6日付）

　「普遍的な経験から権力は濫用されがちであることが見いだされており、別々の部門に権力を分配することは、自由政府の第1の原則となっている。こうした仕組みによって、同じ手に委ねられる権限は小さくなり、授与された権力が濫用される余地が少なくなる。そして、異なった手がそれぞれの権力を維持することに関心を抱けば、授与されていない権限を剥奪する機会はほとんどない。それゆえ、権力を立法府、行政府、そして、司法府に分配し、立法府を両院に再分割することは政府の当然、称賛されるべき形態である。合衆国の政治制度は高い称賛を求めることができる。人民によって委託された権限は、最初に連邦政府と州政府で分かたれ、それぞれが立法府、行政府、そして、司法府に分かれている。こうした政府の一方でも分立し安全であれば、それぞれの防壁によって、そうあって欲しいと望まれるが、2つの政府はそれぞれ互いの憲法に反するような侵害を防止し是正する手段を持っている。［中略］。国家、安穏、そして、共和主義を愛する者は、2つの政府を規定する制限

を解明し擁護することによって、両方の権力の行使に穏健さを叩き込むことによって、そして、特に現在の警戒、もしくはより強い警戒を生み出すような相互の節制によって、その代替物の選択を避けるように努めるべきである」

巻末史料5⁻⁹⁵

「世界平和」（1792年2月2日）
「これまで世界に提案されてきたさまざまな改革の中で、世界平和を目指した計画は人心の大きな栄誉となってきたが、著述家の理解の栄誉にはほとんどなっていないように思われる。ルソーはこうした博愛主義者の中で最も有名な1人であり、代理人の評議会の下での主権国家の連盟を推奨している。その2つの目的は、国家間の対外的な論争を調停することであり、国内の革命に対して各政府に対して保障を与えることである。彼の平和的な案を戦争の多くの誘惑に乗りやすい諸政府の間で実行することが不可能であるとも気付いていないし、さらに異常なことに、被抑圧者に唯一残された慰めの源を断つために、いつの日にか抑圧の終わりを見ることができるという希望を消すことによって、希望が見いだされる時がいつであろうとも彼の計画が専横的な権力を恒久化させることに気付いていない。世界的、かつ恒久的な平和は、空想的な哲学者達の想像の中でしか起こらず、博愛的な熱狂者の胸中でしか起こらない出来事ではないかと懸念される。戦争が多くの愚行と悪行を含むことは依然として真実であるので、多くを望めるのは理性の進歩からであり、もし何かが望めるのであれば、何でも試してみるべきである。戦争は2種類に分かれる。1つは単に政府の意思から発生し、もう1つは社会自体の意思に基づいて発生する。第1の種類の戦争はそうした政府を社会の意思に一致するように変えるしか防ぐ手段はない。ルソーの計画は結果的に本末転倒であり不可能である。国外に適用しようとして国内の救済策を除外するのではなく、ルソーは後者の処方箋に頼るべきであり、それから始めるべきである」

巻末史料5⁻⁹⁶

「連帯」（1792年4月2日付）
「連邦の真の友は誰か。理不尽にも敵を増やすような行いをする一方で、友になってくれないからといって他者を攻撃するような者ではないだろう。連邦の最良の友を毛嫌いし、政府の内外で投機精神を大切にする方策に賛成するような者ではないだろう。連邦が負債を償還する最良の方法を模索するどころか、不必要な負債を抱えるように促し、それによって政府内に腐敗をもたらすか、新しく課税する口実とするような者ではないだろう。前者は人民の信頼を損ない、後者は人民の愛着を遠ざける。[憲法の]恣意的な解釈や狡猾な先例によって、人民の意思に反するだけではなく、人民の権威を損なって、制限された連邦政府を無制限の裁量を持つ政府に変えようとするような者ではないだろう。連邦の共和主義や人民の共和主義の精神に反して、君主主義や貴族主義を認めたり、身を売ったりする者ではないだろう。我々の特質よりも、堕落の典型である世襲的な形式を受け入れる制度を支持する者ではないだろう。さらに、連邦自体を失うか、それとも連邦が保障しようとしたものを失うか選択しなければならないという憂鬱な義務を果たすように人民に強いるような者ではないだろう。連邦の真の友は次のような者である。人民の権威、すなわち連邦が依拠する礎の友である。自由、すなわち連邦が樹立された大きな目的の友である。世襲政治に至る道を開くようなあらゆる公的な施策の敵である。連邦が形成されたのは第1に世襲政治の専制に抵抗し、

現在の政体から世襲政治に移行する可能性をより効果的に除外するためであった。公債を人民の利益を害するものと見なし、政府の効能を損なうものと見なす者である。不必要に公債の額を増やそうとし、償還期間を延ばそうとし、その影響を強めようとするあらゆる謀略の敵である。つまり、連邦の真の友とは、徹頭徹尾、共和主義的な政策の友である。それは、連邦を解体させ得る契機となる簒奪と君主主義の精神に反対し、共和主義的な人民の連邦の唯一の絆である」

巻末史料5[-97]

マディソンからジョージ・ニコラス George Nicholas に宛てた手紙（1793年3月15日付）
「我々の外国からの報せは最新のものではありませんし決定的な性質のものでもありません。またイギリスとフランスの間で戦争が起こるかどうかという問題もあります。後者が現在行っている戦争は、引き続く軍事行動の間、その敵によって押し付けられたもののようです。今までのところフランスの行いは、自由で勇ましい国として偉大なものです。我々はそれが続くように願い、最終的に、すべての敵、実質的に人間の真の敵を撃退できるように願っています。人類の自由に対する全般的な愛着からだけではなく、我々自身の自由に特別に関わっているという感覚から、アメリカにはフランスの成功を祈るすべての動機があります。共和政府に対する離反の兆候がありましたが、それは、フランス革命の相反する成功した報せと明らかに一致するかのように我々の間で静まりました。フランス革命の失敗は、わが国の政府の現在の形態と原理に対する最も深刻な危険でもって我々を脅かすでしょう」

巻末史料5[-98]

マディソンからジェファソンに宛てた手紙（1793年6月19日付）
「私が見たすべての新聞（合衆国の新聞を抜粋すれば）は、イギリスの影響を受けた行政府の政策に対する批判的精神を表しています。大統領が取った立場を私は非常に残念に思っています。不人気な親英主義が彼のものだと公然と主張されています。彼の敵は、人気のある親仏主義の装いの下、集中砲火を彼に浴びせています。中立宣言は事実、最も不運な過ちでした。それは、フランスに対する規定された義務を放棄することによって国家の威信を傷付けました。それは、自由の大義に無関心であることを示すことによって人民の感情を傷付けました。そして、それは、政府の他の府［立法府］に帰属する戦争と平和の問題に関して、行政府の長を国家の意思、義務、そして、利益を示す機関にすることによって憲法の形態と精神を侵害していると思われます。大統領の真の友にとって、彼の名声と影響力が地球の外国のある部分での政治的な出来事にある程度、左右されることは、特に他の国での自由の成功に彼が何らかの理解を示すゆえに、そして、祖国で自由の成功に彼が傑出した業績を持つがゆえに口惜しいことです。もしフランスが勝利すれば、悲運な宣言は、他ならぬ品性を損なう重荷となり、祖国でさえも争いを生むものとなるでしょう」

巻末史料5⁻⁹⁹

「ヘルヴィディウス」1篇（1793年8月24日付）
「パシフィカスの名で最近発表された数篇は、共和政治とフランス革命を憎む外国人や我々の中の堕落した市民が読んで喜んだり賞賛したりするに過ぎない。一方でそれは、共和政治とフランス革命の忠実なる友によって、ほとんど注意を払われないか、大いに軽蔑されるかである。執筆者が編み出した諸説は、包み隠さず人民に公表されたわけだが、当然の結果として、それにふさわしい扱いを受けている。その本質はすべての人々の耳目をそばだたせるが、すべての人々の心情はそれを拒絶するだろう。[中略]。暫時、宣戦布告と条約の締結という2つの権限の本質と機能を考えてみると、それらが適切な行政権の範疇に属さないと理解せざるを得ない。大統領の本来の範疇は法を執行することであり、立法府の本来の範疇は法を作ることである。それゆえ、大統領の行為はまさに執行でなければならず、執行すべき法が存在することを前提としなければならない。条約は法の執行ではなく、法の存在を前提としない。むしろ条約は、それ自体、法としての強制力を持ち、その他すべての法と同じく、大統領によって執行されるべきものである。明らかに法である条約を締結する権限が法を執行すべき行政府に本来、存すると言うことは、すなわち行政府が立法権を併せ持つと言うことに等しい。それは理論上、荒唐無稽であり、事実上、専制である。宣戦布告の権限も同様に論じられる。戦争状態が存すると宣言することは、法の執行ではない。執行すべき既存の法がない。どのような観点からしても、宣戦布告は単なる執行ではない。むしろ宣戦布告は、行い得る行為の中では最も熟慮を要する行為である。宣戦布告を行えば、平時に機能している法が、戦時に適合しない限り、すべて無効になる。執行のための規定が制定され、社会とその外敵との間に適用される新しい規定が制定される。同様に、平時に戻れば、戦時の特別法は無効となり、平時の一般法が復活する。このような意見は、条約、特に講和条約が、時に社会の外部と関わる法だけではなく、立法府が管轄すべき純粋に国の内部に関わる法も変える効力を持つという考え方によってさらに強化される。こうした観点から、行政府が外国政府と予備的な交渉を行うのに便利な機関であり、申し分のない根拠を持つ最終決定を実行に移す適切な機関であるが、行政府に委託されている権限の特質と条約と戦争に関する特質を比較すれば、行政府には、そうした決定に正当性を与える実質的な機関になる権利がないことは明白であるに違いない。[中略]。本論において、条約を締結する権限が立法的な性質を持つことが正しいのは、いかなる疑いも挟めない。そうした権限は明らかに行政府の権限ではないと強く確信して断言できる」

巻末史料5⁻¹⁰⁰

マディソンからジェファソンに宛てた手紙（1793年9月2日付）
「ジュネの行いは新聞で説明されているように展開されているわけですが、それは悩みの種であり、訳の分からないものです。フランスの大義に愛着を持つ者に対して与えた驚きや嫌悪といった効果はここ［オレンジ郡］でも強く感じられるようになり、この公使は2つの共和国を結び付けるよりも遠ざける道具として見られるようになりました。こうした見解は一般的かつ慣習的な大統領に対する敬意によって非常に強められています。親英派は、あなたが思うように、すべてを［我々にとって］最悪のものとなるように、そして、人民の感情をフランスから背かせイギリスに近付けるために忙しくしています。彼らの毒に対する唯一の救済策は国［フランス］とその代理人［ジュネ］を区別することです。原理と出来事を区

別することです。そして、フランスと自由の敵が人民をそれらとの栄誉ある繋がりからイギリス政府の腕の中に最終的に導こうと励んでいるという事実を［を示す］とともに［フランスの］良い印象を与えることです。もし人民の本物の良識を機会を捉えていくつかの点で正すことができれば、困難は大いに軽減されますし、絶対的に統制されることはないでしょう」

巻末史料 5⁻¹⁰¹

「政治的見解」（1795 年 4 月 20 日付）

「読者は自分自身でこの［中立宣言の］問題を判断すべきである。憲法は明らかに排他的に議会に戦争状態を宣言する権限を与えている。中立宣言は、大統領が議会の休会中に合衆国が戦争状態にあることを宣言することを認めるものである。憲法は明らかに排他的に議会に官職を設ける権限を与えている。中立宣言は、大統領が議会の休会中に官職を設けるだけではなく、1,000 人、1,500 人、もしくは 2,500 人の兵士のために士官を任命することを認めるものである。そのような権限の移譲は、我々の憲法の仕組みを損なうだけではなく、よく組織され、よく抑制されたすべての諸政府の基礎を損なうだろう。戦争を指揮する権限から宣戦布告の権限が分離されているのは、戦争を行うために宣戦布告する危険を除外するための工夫である。官職を設ける権限が官職を充当する権限と分離されているのは、従属者を増やし、お気に入りの者を喜ばせるために官職を設ける誘惑に対する不可欠な防御手段である。議会の権限の一部を大統領の手中に譲渡することによって、こうした相容れない権限を混ぜ合わせることと大統領の権限の一部を議会の手中に委ねることによって、こうした相容れない権限を混ぜ合わせることの間に違いはあるだろうか。どちらの場合でも、原理が等しく破壊されるであろうし、その結果は等しく危険である」

巻末史料 5⁻¹⁰²

マディソンからモンローに宛てた手紙（1795 年 12 月 20 日付）

「大統領が［ジェイ条約に］承認を与えたことが知れ渡れば、すぐに親英派は当局の名に盲従する者や大統領に絶対に服従する者によって強化されるでしょう。フィラデルフィアの主な商人やその他、約 400 人ばかりが承認を請願する際に主導的な役割を果たしました。イギリスの資本家の影響と銀行の理事の懇願によって多くの署名が集められたと信じるに足る理由があります。ボルティモアやチャールストン、その他の商業地は、フィラデルフィア、ニュー・ヨーク、そして、ボストンを除いて類似の過程を辿ったわけではありません。好都合な面を人民に誇張することによって、戦争の恐ろしさや大統領の人気に訴えかけることに成功を収めるとともに黙従が通用しています。しかしながら、大衆は本心ではジェイ条約［の締結］に敵意を抱いていることはほとんど疑いありません。［中略］。あなたの手紙で、ジェイ条約にもかかわらず、フランスが友好的な態度を続けていることを知れて喜ばしく思います。寛大な行いは、我々の利益になるだけではなくフランスの利益にもなるでしょう。それは我々の名誉と貿易をイギリスの体面と独占のために売り渡す陰謀を挫くに違いありません」

巻末史料 5⁻¹⁰³

ヴァージニア決議原案（1798 年 12 月 21 日付）

「ヴァージニア州議会は全会一致で以下のように決議する。国内外のあらゆる攻撃から合

衆国憲法とわが州の憲法を擁護する固い決意を表明し、あらゆる手段で前者によって保障された合衆国政府を支持する。本議会は、諸州の連帯に温かい愛着を抱き、そのすべての権限を賭けてそれを維持すると誓うと厳粛に宣言する。それは、この目的を果たすために、連帯の唯一の礎となる原則に対するあらゆる侵害に目を光らせ反対することが諸州の義務であり、原則の遵守こそ連帯の存在を保障し、公共の福利を保障するものだからである。本議会は、連邦政府の権限を、諸州が加盟する契約から生じるものであり、契約を規定する方法が持つ意義によって制限されるものであり、契約によって列挙されて認められた以上の権限は何ら効力を持たず、また、契約によって認められていない権限の故意による明白かつ危険な行使だと見なし、諸州は契約に加盟することで、悪弊の進行を阻止し、各々の分限の中で権利と権限、そして、自由を保持するために異議を唱える権利と義務を有すると断固として宣言する。また本議会は、さまざまな事例において、連邦政府が、その権限を規定している憲法を強引に解釈することによって権限を拡大しようとする傾向を明らかにしていることについて、また、一般的条項を必然的に説明し限定する権限の列挙の効果の意義と効果を損なうために、さらに徐々に諸州を1つの主権に合併させるために―それは明らかな傾向であり、必然的に、現行の合衆国の共和政体を絶対君主制、よくても混合君主制に変容させる結果を招く―、一般的条項（連合規約の中の限定された権限の認定から複写されたもので誤って解釈する余地はほとんどない）を支持する徴候があることについて深い遺憾を表明する。本議会は、連邦議会の近日の会期で通過した『外国人・治安諸法』に関して憲法の明白な警戒すべき2点の侵害に対して特に抗議する。第1点として、連邦政府にまったく委託されていない権限を行使すること、すなわち立法権と司法権を併せて行政府に与えることは、自由な政府の原則、ならびに連邦制度の特別な成り立ちと肯定的な規定を覆している点である。もう1点として、憲法によって委託されていないどころか、明らかに修正条項によって禁止されている権限を行使している点である。また、あらゆる権利を効果的に守るものと公正に見なされている公的な手段を自由に駆使する権利と人々の自由な意志疎通の権利を標的にしているがゆえに、すべての人々に警戒感をもたらすのに他ならないような権限を行使している点である。わが州は、憲法批准会議において、『その他の基本的権利の中でも、信教の自由と出版の自由は、合衆国のいかなる権限によっても、改悪されず、制限されず、抑制されず、また修正され得ない』と明白に宣言し、詭弁や野心のありとあらゆる攻撃からこうした権利を守ることを希求したことから、そうした目的を叶えるための憲法修正を諸州に推奨した。適切な時期に修正が憲法に加えられたが、もし今、明言され保障された権利の1つに対する最も明白な侵害と他の権利にとって致命的となる先例の確立に対して、無関心であることが示されれば、憲法に咎めるべき矛盾や重要な欠陥があることになる。諸州の同胞に最も真摯な愛着をずっと感じ、これからも感じ続けると思われるわが州の善良なる人民は、すべての連帯の確立と永続を真に希求し、相互の友好と相互の幸せの手段を保障する憲法に心から忠実であり、本議会は、諸州が同様の考えを持ち、わが州とともに、前述の行為が違憲であり、わが州と協調して、人民と諸州それぞれに留保された権限や自由を無傷で保つために各州が必要にしてかつ適切な手段を取ると宣言することを厳粛に訴える。以上の決議の写しを州知事は各州の当局に伝達し、同上のものを州議会に伝達するように要請しなければならない。さらに写しは、連邦議会でわが州を代表する上院議員と下院議員にもそれぞれ配布しなければならない」

巻末史料 5[-104]

　マディソンからロバート・リヴィングストン Robert Livingston に宛てた訓令（1802 年 5 月 1 日付）

　「［スペインから］フランスへのルイジアナ割譲は日増しに苦痛に満ちた不安の源になっています。1801 年 3 月の条約にもかかわらず、そして、サント・ドミンゴからの説明で同島に送られた軍隊の一部が最終的にルイジアナを目指すことが一般的にフランスで信じられているにもかかわらず、あなたとタレーラン氏の以前の会話から、フランス政府はその目的を追求するつもりはないという希望を依然として引き出せるでしょう。あなたから前の通信を受け取って以来、フランスと合衆国の関係の変化に即時に大きな影響を与えるに違いないとあなたが［フランス政府に］印象付けることができるかもしれないという確信とあなたが積み重なる困難があっても責務をやり遂げること以外に希望は残っていません。変化は明らかですから、アメリカはフランス政府の考えに対してより率直で友好的な訴えかけを展開し、その計画を放棄するように求めるでしょう。両国は大切に思う利害を多く持つうえで、単なる隣人は友好的に調和を保つことはできませんが、もしミシシッピ川河口の所有権がさらに不和の種となるのであれば、最悪の事態が予期されます。したがって、深慮と品位を保ちながら、フランス議会にこの問題について適切な観点を持たせるために、そして、現在の目的を放棄させるために努力を惜しまないで下さい。また慎重な手段によって、割譲の範囲、特に両フロリダとニュー・オーリンズが含まれるかどうかを照会し、もしそれらが割譲に含まれるのであれば、合衆国に割譲する場合の価格を確かめるよう努力して下さい」

巻末史料 5[-105]

　マディソンからロバート・リヴィングストン Robert Livingston に宛てた訓令（1802 年 12 月 16 日付）

　「ミシシッピ川河口の所有者が誰であれ、合衆国西部の市民への正義、十分な正義がわが国との平和を維持する唯一の条件です。今、もしくは 2 年以内に、少なくとも 20 万人の民兵—そのすべての者が水源から海までの障害物を排除するように警告を受けた時に行軍し、そのすべての者がその川の自由な使用を自然にして譲ることのできない権利と見なし、いかなる時でもそれに影響を与える実行力を持つことを認識している—がミシシッピ水系に勢揃いするでしょう。こうした動きは、フランスによって見過ごされるべきではありませんし、もしルイジアナを切望する熱狂を冷ます適切な重みがあるならばそれのみで十分です」

巻末史料 5[-106]

　マディソンからロバート・リヴィングストン Robert Livingston に宛てた訓令（1803 年 1 月 18 日付）

　「新聞における議論や示唆から、あなたが容易に推測していた［スペインから］フランスへのルイジアナ割譲がニュー・オーリンズにおける問題とともに大きな心配の種となっていることは分かっている筈です。こうした出来事が人心に与えた衝撃が非常に大きかったために、わが国の現在の権利を再び確立するだけではなく、わが国の権利が拡大され最も効果的に保障されるような協定を促すような最も確実な方策を採用することが政府のあらゆる部門の義務です。この問題に関する熟慮において、この危機の重要性から大統領は、そうした方策の重要性

と政府の見解と人民の感情に関して違った方法で伝えられるよりも完全な知識を伝えるという利点を帯びた特別な任務を与えようと思い至りました。したがって大統領は、上院の承認を得てこの任務に適した人物として、以前、パリで全権公使を務め、元ヴァージニア州知事であるモンロー氏を選びました。モンロー氏は、フランス共和国と交渉する任務にあなたとともに当たり、ピンクニー氏とともに同じ任務でもし必要であればスペインと交渉します」

巻末史料 5-107

マディソンからモンローとロバート・リヴィングストン Robert Livingston に宛てた訓令（1803 年 3 月 2 日付）

「この機会で見られるわが国の感情と団結は、ミシシッピ川が合衆国とルイジアナの境界と認められるまでは、我々との友好と平和は非常に危ういものであるとフランスに納得させるに違いありませんし、結果的にあなたが今、果たそうとしている目的にとって有利に働くでしょう。またその他の重要な考慮によって、その試みのために選ぶべき機会が指摘されます。ヨーロッパの平和が不安定であること、イギリスが取る態度、フランス財政の悲惨な状態、そして、西インド諸島を放棄するか、それともそこへ大規模な軍隊を大きな犠牲を払って派遣するか選ぶ必要性が絶対にあること、現在の危機において、そうしたことすべてはフランス政府が、国外での争いの種を即座になくし、国内紛争に取り組むうえで何らかの助けとなる申し出に耳を傾ける気にさせるでしょう。[中略]。計画されている買収においてフランスにはその他の目的もあるかもしれませんが、おそらくそうした目的はミシシッピ川の右岸をフランスの領域として留保することで満足させられるかもしれませんし、付属的な事柄であるがゆえに我々が視野に入れている調整案に優るものではないかもしれません。いずれにしろ過程にあるその他の困難は克服されるでしょう。この計画の概要と原理は以下の通りです。第 1、フランスは合衆国に永久に、両フロリダ、ニュー・オーリンズ諸島、そして同河川の水路の東側と北側にある通常、ミシシッピと呼ばれる島とともに、西フロリダ、もしくは東フロリダに付随するすべてのその他の島からなるミシシッピ川の東側の領域を割譲する。フランスはミシシッピ川の西端にある領域を確保する。第 2、割譲される領域とフランスに留保される領域の境界は、すでに決められているように北緯 31 度、南部水域から海に至るまでミシシッピ川の水路もしくは河床の真ん中で継続される。水源から海に至るまでのすべての範囲におけるミシシッピ川の航行、そして同河川のすべての通行は合衆国とフランス共和国の両市民に平等に自由であり当然でなければならない。第 3、フランス共和国の船舶と市民は上述の各岸の北緯 31 度以南でそれぞれの市民と船舶が両国によってその使用が許されている場で通商を行うことを認める。そして、その他の国は、上述の北緯 31 度以南の岸にあるその他の場所や同じ場所で通商を行うことは許可されないと同意する。[中略]。第 4、フランス市民は 10 年間、公正な倉庫保管料以外に課金されることなく、ニュー・オーリンズと合衆国との交易が許されたミシシッピ川の割譲された岸のその他の場所で資産を置く権利を認められる。第 5、西フロリダ、もしくは東フロリダの諸港における通商に関して、フランスは最恵国よりも悪い待遇を得ることはなく、10 年間にわたって、フランスの船舶と商品は合衆国とその割譲された領域における船舶と商品に支払われる関税、フランスの船舶で西フロリダ、もしくは東フロリダに輸入される商品よりも高い関税を課されることはなく、合衆国の船舶がこうした免税を享受する限り関税を免除される。第 6、合衆国はこの条約によって行われる領土割譲を考慮するにおいて、フランスに以下の方法で何百万リー

ヴルを支払う。[中略]。第7、割譲された領土の住民を合衆国市民として平等な立場で組み入れ、規定はまだ作成されていないが、合衆国の性質と政策から、そうした組み入れは、不必要な遅滞なく行われることが予期される。さしあたって、彼らは彼らの身柄と財産、そして信教の自由な享受が保障される」

巻末史料5-108

マディソンからモンローとロバート・リヴィングストン Robert Livingston に宛てた訓令（1803年4月18日付）

「もしフランス政府が友好的な協定の代わりに、敵対行為を目論んでいる様子があるか、合衆国に敵対行為に訴えざるを得ないように強いる計画を考案しているようであれば、イギリスと意思の疎通を図り、戦争の際のその意向を探り、協力を取り付けるようにして下さい。あなた自身の考えでは、フランスに敵対行動を取らせないようにするために［イギリスと］意思疎通を図る一方で、戦争が合衆国の選択によるものであり、戦争という選択がイギリスの参戦の是非にかかっていると思わせないようにしなければなりません。［中略]。現行の条約によって保障されている範囲を越えるミシシッピ川での商業的な利益に関する規定が必要であることはおそらく確かでしょう。この点に関しては、合衆国が獲得するすべての港で自由貿易を享受でき、合衆国全般の港での最恵国待遇が認められるとすぐに回答することができます。もしさらに条件が必要であれば、ミシシッピ川の領域内で獲得される港でイギリス臣民が貿易を行う場合、約10年間、わが国の市民と同じ条件を与えることを認めてもかまいません」

巻末史料5-109

マディソンからモンローとロバート・リヴィングストン Robert Livingston に宛てた訓令（1803年7月29日付）

「ルイジアナ全体に対するフランス政府の処置の意向を是認するにおいて、その西側の部分はあなた達の権限には含まれていませんでしたが、あなた達が示した確固とした理由によって正当化されますし、あなた達の行いに完全な承認を与えるという大統領の意向を示す責任を私は負っています。この承認はあなた達が任務と訓令を黙殺したとしてもまったく除外されるわけではありません。これらの任務と訓令が準備された時、最も見込みある目標はミシシッピ川をわが国の境界とすることに限定されていたからです。貪欲な野心を持っていると疑われることなく、ニュー・オーリンズの島と両フロリダを得るよりも合衆国がさらなる成功の見込みを得ることは分かりませんでしたし、後者がスペインからフランスに割譲されているかどうかもほとんど信用できなったからです。したがって、ニュー・オーリンズと両フロリダの獲得についてその規定は容認できるものです」

巻末史料5-110

マディソンからジェファソンに宛てた手紙（1801年1月10日付）

「フランスは、十分に友好的な性質を示していますし、さらに我々と平和を保つことで得る利益について非常に感銘を受けているように思われます。その一方でイギリスは海上での優位性に甘んじて、その資源を日常的に我々との交易に頼るようになっていますが、かなり

長い間、本国のパンのために、そして［植民地の］島々のすべての必需品のためにわが国に多くの関心を向けてきました。北方の中立国連合が将来、さまざまな観点から、特に戦時やバルト海との交易が妨害された場合、合衆国に対する関心を喚起するのであれば、必要な海軍軍需品はここ［アメリカ］でしか求められないでしょう。こうした納得し得る平穏な動機に加えて、イギリスの臣民は、必ず彼らがわが国で所有している巨額の担保を思い出し、平和や通商が阻害されれば、最悪でも大きな困難となることを思い出すでしょう」

巻末史料 5[-111]

マディソンからモンローに宛てた訓令（1804 年 1 月 5 日付）

「合衆国とイギリスの間で規定が必要と思われる多くの重要な目標がありますが、その本質においてあまり緊急性のないことやその調停があまり困難ではないことを後の考慮に委ね、そうすることで、両国の相互理解を危険にさらすことなく先延ばしにすることができない目標に関する協定に至る道を平坦で短いものにすることは明らかに適切でしょう。こうした見解に基づいて、大統領によって、我々の海洋上の権利に影響するその他の事例とともに、わが国に対して公正であるようにイギリスに促すような脱走した水夫と兵士の引渡しに関する規定や敵国への禁制品の輸出を防止する規定も含めて、わが国の水夫の強制徴用、封鎖、わが国の船舶に対する臨検、輸出禁制品、そして、敵国の植民地との交易といった事例に限った協定案が考えられました。あなたの使用に供するために末尾に案の概要を付けています。［中略］。第 1 条、何人も公海上といずれの国の管轄に属さない海域において、もしその者がその国の敵国の軍務に従事していない限り、相手国に帰属するか、その任務に当たっている軍船によって臨検され、もう一方の国の市民、もしくは臣民に帰属する船舶から連行されることはない。第 2 条、どちら一方の臣民か市民で、もう一方の国の領土に赴いたり住んでいる者は何人も、いかなる場合も、公私を問わずもう一方の国に属する船舶で使役されることはなく、どちらの国であれ、現時点でもう一方の国の船舶で強制的に使役されているすべての臣民と市民は、直ちに解放され、母国に帰るために適切な手当てを与えられなければならない」

巻末史料 5[-112]

「イギリス海事政策の検証」（1806 年）

「イギリスの制度は、ごまかされることもなく、イギリス政府の最も偽りのない好意によって、全世界に表明されているように今、考えられている。イギリスの海軍は敵国の貿易や母国と植民地の貿易、前者と中立国の貿易を破壊し、自らの消費に足る分まで輸入品を減少させている。敵国のアメリカ植民地で積み上がった生産品の莫大な余剰は、それを積み出す自由港を通さなければ販路を見いだすこともできない。イギリス市場の他に市場はなく、流通はイギリスの利益になる物に限られている。そうした観点から、イギリスは敵国に［自国の］植民地と交易することを認めないばかりか、自国の臣民に敵国と貿易することを認めている。したがって、国際法の下での反逆法、貿易法、中立国の権利などをイギリスが無視しているので、大統領の公正で明白な言葉によれば、イギリスは『理性に反する矛盾によって自分自身を偽り、戦争中に敵国を支援することになるという根拠で中立国がイギリスの敵国と貿易をすることを拒んでいる』。［中略］。イギリスの軍隊が海で優勢であるという理由だけで、平和時に敵国によって認められない敵国との中立貿易をイギリスが咎めて拿捕を実行

することが正しいとされる。そして、イギリスに海軍力で劣っているという理由で敵国がイギリス植民地との中立貿易を咎めて拿捕を実施することは間違いだとされる。問題はもはや貿易自体が正しいか間違っているかではなく、どの陣営が優勢か否かという問題なのだろうか。国際法、中立国の権利、海洋の自由、世界貿易は、何らかの公正な定理によるのではなく、［中略］、海軍力の相対的優位による。諸国の中でそのような行動原理を公然と認める政府は、自身の力の優位を信じ、その行動に大きな自信を持っているに違いない。物事の盛衰を顧みて、事態の推移においてもし海軍の優位性が覆れば、そうした原理の適用をどのくらい享受できるのかと素直に自身に問いかけることはどのような国であれ愚かなことではない。もしイギリスが事態が逆境になることを悟れば、イギリスはおそらく無益であることを理解して、1778 年の戦争で行われたように、その主張を静かに中止しようと願うだろう」

巻末史料 5-113

　マディソンからモンローとウィリアム・ピンクニー William Pinkney に宛てた訓令（1806 年 5 月 17 日付）
　「1804 年の訓令で示された案の第 1 条は、水夫の強制徴用に関するものです。この慣行に対する効果的な救済策の重要性は、いまだに続行されている放縦とその下で高まっているわが国の苛立ちから差し迫った状態から生じています。この問題に対して適切な条項が不可欠であるため、大統領は、特定のイギリスの製造業に対して合衆国の市場を遮断する法案の撤廃を求める規定の準備にそれが必要だとしています。同時に、大統領はあなた達に、上記の条項について最終通告がなされた場合、イギリス政府が以下の条項を何らかの条項で代えようとするのを受け入れないことを認めています。すなわち『いかなる水夫も海に関係する者も公海上といずれの国の管轄に属さない海域において、公私の軍船、もしくはもう一方の国に所属するか軍務に服している兵士達によって臨検され、もう一方の国の市民、もしくは臣民に帰属する船舶から連行されることはない。そして、この取り決めの遵守のために厳格な命令が与えられる』という条項です」

巻末史料 5-114

　マディソンからモンローに宛てた訓令（1807 年 7 月 3 日付）※太字部分は暗号
　「まずこの**極悪非道な行為**は論議の対象にもなりません。国家の軍船が公海上における臨検を目的としたあらゆる種類の事柄から免除されることは、いかなる国からの異議も受けることはありません。もしそうした権利が侵害され国旗に侮辱が加えられれば、イギリスはどのような国よりも憤慨するでしょう。わが国の水夫を強制的にその軍船で働かせることを慣習的に要求する代わりに、わが国の軍船が優位を占めて［イギリス艦船を］取り押さえる見込みがある時はいつでも、同様に彼を救う機会を持つと考えることによって、イギリスがこの事件を自らの感情に当てはめてみるように願います。［中略］。［イギリスの不当な］行動の正式な否認、そして、連行した 4 人の水夫を船に返還することがもちろん**不可欠**です。**将来の保障として合衆国の旗の下にある船舶からの強制徴用の完全な廃止**、もしそれが解決されない場合、**賠償の不可欠な部分**となります。廃止は、この問題に関するあなた自身とピンクニー氏に宛てた訓令に矛盾しない条件でなければなりません。そして、もしできれば、**合衆国で 2 年以下しか服務していないイギリス人水夫を公式に受け入れない**ことが望まれます。もし、**合衆国でこの部分に関して譲歩を避けることが不可能**であれば、それ自体で、過

去の負うべき賠償を広げるよりも、納得のいく**将来の保障の代価として認めるべきでしょう**」

巻末史料5[-115]

マディソンからウィリアム・ピンクニー William Pinkney に宛てた手紙（1809 年 1 月 3 日付）※太字部分は暗号

「東部海岸は活動と生計において窮乏していることに苛立ってきていて、東部諸州選出の連邦議員の中には同情を掻き立てられる者もいるので連帯のためにあまり反対を受けないような性質のものが必要です。我々を餌食にするような規制を持たない国との貿易に保護を与えるような全般的な通商の差し止めと戦争の間にある中道的な方針を求める者は少数です。しかし、直面する数千の反対に対してそのような方策を通すことはできません。[中略]。マサチューセッツのエセックス派と呼ばれる人々が**連邦解体を目論んでいる**と強く疑われます。**著述家の中には**［そうした動きを］促して説諭している者がいて、**召集されたばかりのマサチューセッツ議会がゲームで最初のカードを切ろうとしている**ことが示唆されています。**わが政権に対するそのような党派の憎悪**、そして、その**イギリスに対する傾倒は最も破滅的な計画**だと説明されるでしょう。その**指導者達とイギリス内閣**の間に黙契があるとも思われます」

巻末史料6[-1]

第 1 次就任演説（1809 年 3 月 4 日付）

「他国の権利と静謐を侵害するような情熱に恥じらず、公正を守ることによって平和を求め、最も慎重な公平さをもって中立国の義務を果たすことによって交戦国から敬意を得ることは合衆国の真の栄光です。もし世界の中に実直さがあれば、こうした主張が真実であることは疑問の余地のないことでしょう。少なくとも後世の人々はそれを公正だと見なすことができます。交戦国の不正と暴力に対してこの非の打ち所のない方針を利用することはできません。彼らの互いに対する怒りにおいて、もしくはより直接的な動機に強いられて、報復の原理が等しく導入され、普遍的な理性と一般的に承認されている法に等しく反しています。それらに対する弁解さえないという合衆国の意思表示やそれらを廃止するように促す公正で寛大な試みにもかかわらず、彼らの恣意的な法令がどれくらい続くかは予測できません。あらゆる変動の下で、決意と国家の統一した方針こそが、その名誉と本質的な利害を守るものとなると私は確信し、私自身が不適格である場合を除いて失望することなく私に託されたこの高邁な職務に邁進したいと思います。もし私がこうした深い信頼の重みに耐えることができるとすれば、それは、この大変な責務に私を就かせた目的意識と原理への確信の中に私が支えを見いだすからです。平和と一致する性質を持つすべての諸国との友好的な交流を愛好すること、交戦国に対して誠実な中立を維持すること、すべての場合において相違を武器に訴えて解決するよりも、相違について友好的な議論を行い、理性的な和解を行うことをすべての場合において好むこと、すべての諸国を悪化させ自由な諸国にとって致命的な外国の陰謀や外国の偏愛から免れること、独立の精神を育成し、あまりに厳正で他国の権利を侵害するようなこともなく、あまりに高慢で我々自身の権利を損なうようなこともなく、あまりに寛大でつまらない偏見に耽るようなこともなく、そして、あまりに高揚して他国の偏見を見下さないようにすること、諸州の連帯の維持を平和と幸福の基礎とすること、憲法を擁護して連邦の絆とするのと同時に権限に対する制約とすること、諸州と人民に留保されている権利

と権限を尊重すると同時に連邦制の成功に不可欠なものとすること、良心の自由や宗教儀式への最小限の干渉も避けることで国家の管轄から賢明に除外すること、個人の権利と出版の自由に益するその他の良好な規定が完全に活力を持つように保つこと、公費の支出において倹約を守ること、公債を公明正大に償還することによって公的財源を解放すること、常備軍を必要最小限の範囲に抑え、常に武器を持った訓練された民兵こそ共和国の最も堅固な防壁であり、常備軍がなくても自由は決して脅かされることはなく、大きな常備軍は安全ではないことを忘れないようにすること、農業、製造業、そして、国内外との交易の助けとなる改善手段が認められるように促進すること、科学の進歩と知識の流通を真の自由を養う最善のものとして支持すること、わが国の隣人である先住民を荒廃した悲惨な未開の生活から人間の精神と風習が文明化した状態に感化されるような改善に参加するように転換させる博愛的な計画を実行することは、こうした見解や意図が私の責務の遂行の助けとなる限り、私を誤らせない頼みの綱となるでしょう」

巻末史料7⁻¹

フランスとの禁輸令の差し止めに関する声明（1810年11月2日付）
　「合衆国の中立貿易を侵害するフランスの勅令が撤廃され今月1日に無効となることが公式にわが政府に知られたゆえに、今度、私、合衆国大統領ジェームズ・マディソンは、合衆国の中立貿易を侵害する上述のフランスの勅令が撤廃され今月1日に無効となること、そして、それが示された日から前述の法律によって課されたすべての規制を停止し、フランスとその属領に関して取り止めることをここに宣言する」

巻末史料7⁻²

西フロリダ占領に関する声明（1810年10月27日付）
　「遂に危機がスペイン政府当局下で秩序を破壊するに至り、そして、合衆国が上述の領域を領土に編入しないことで最終的に両陣営が見解において矛盾する事件を引き起こし、その一方で我々の隣接する領土の静謐と安全が危機にさらされる限り、我々の歳入と通商に関する法規と奴隷の導入を禁じる法規の違反に対して新たに便宜が図られるがゆえに、さらに、こうした特別で差し迫った状況の下で、合衆国が問題となっている領域を占領するのを差し控え、それによって、その領域を脅かす混乱と不測の事態を助長することは、所有権の放棄、もしくは利害関係の重要性に対して無関心であると解釈されることを考慮して、合衆国の手中で、それが公正で友好的な交渉と調停の対象であり続けることを考慮して、最後に、議会の法律は、外国当局による現在の所有について熟慮したうえで、合衆国による上述の領域の最終的な所有も熟慮し、それに従って、上述の領域に適用できるように制定されている。私、アメリカ合衆国大統領ジェームズ・マディソンは、こうした重大で緊急の考慮を行ったうえで、合衆国の名の下に上述の領域を所有することが正当であり必須であると見なすことを今、宣告する」

巻末史料 7-3

特別教書（1811 年 1 月 3 日付）
　「東フロリダの住民の安全と静謐、そして、もし他の場合に彼らがその命運において持つ特別な利害に関して、こうした数多くの通信、彼らに関わりがある事態、パーディド川の東側の合衆国に隣接する領域の緊密な関係を考慮して、［合衆国に］隣接する領域がスペインの手からその他の外国勢力の手に渡るという深く公正な懸念を彼らがさまざまな点で持っていることを合衆国が深刻な不安なく看過できないという声明に適した時期を考慮するように私は勧告します。私はまた、スペイン当局が求めるかもしれない協定を履行するために、そして、占領期間中、同地を統治するための規定を作るために、上述の領域の部分を一時的に占領する権限を大統領に認める便宜的手段を考慮するように勧告します。同時に問題となっている領域内のスペイン当局が転覆した場合に備えた便宜的手段をどのように決めておくか、そして、その他の外国勢力による占領の程度をどのように理解するかは議会の分別によります」

巻末史料 7-4

マディソンからウィリアム・ピンクニー William Pinkney に宛てた手紙（1810 年 10 月 30 日付）
　「パーディド川に至るまでの領域の占領は、そこでの危機によって必要になり、大統領の権限の範囲内であるように理解されます。東フロリダも合衆国にとって非常に重要で、議会が新たな手にそれを渡そうとすることはありえないでしょう。カディス［Cadiz: スペイン独立戦争の拠点の 1 つとなった都市］の同盟者との黙契があろうがなかろうが、イギリスがそれを掌握することで我々に深く関与してこなければよいと思います。キューバの位置はその命運について合衆国に深い関心を与えるので、消極的であるとはいえ、合衆国の通商と安全保障に対抗する支点となるので、キューバがヨーロッパの政府の手に落ちれば、［アメリカは］傍観者でいることに満足できないでしょう。スペイン領アメリカ全体に関して、あなたも知っているように、イギリスは非常に熱心に関与しようとしていますし、もしカディスのスペイン当局と意見の一致を見なければ、最も非難すべき政治的影響力と通商上の特恵の掌握に乗り出すでしょう」

巻末史料 7-5

マディソンからジェファソンに宛てた手紙（1811 年 6 月 7 日付）
　「我々の外交関係が新しい形を取るのをあなたは見ることになるでしょう。［プレジデント号艦長ジョン・］ロジャーズとイギリスの戦艦の間で発生したような事件が再び発生することはないと見込むことはできないでしょうし、おそらく公然とした断絶で終わるか、もしくは、イギリス政府が戦争に向かおうとしているのか、もしくは思い止まっているのか、その考えをよく理解できるものとなるでしょう」

巻末史料 7-6

マディソンからジョエル・バーロウ Joel Barlow に宛てた手紙（1811 年 11 月 17 日付）
　「国内の規定によって 1 つの交戦国に対して責務を課し、もう一方の交戦国の製品に恩恵を与えるという中立国として合衆国が求めている主張は、反駁よりも嘲笑の格好の的になっ

ています。したがって、それは最も献身的なイギリスの擁護者の間でさえもここ［アメリカ］では支持されていません。［中略］。現在の敵意を形作っているイギリスの行為に対処する時期と方法に関して議会の認識を明かすようなものはまだ何も通っていません。おそらく実行に移せるかどうかは分からず、イギリス議会に効果を及ぼすかどうかも分かりませんが、すぐに手筈を整える意向があるようで、それは会期中に確定するでしょう。さしあたって、商船に自衛のために武装することを認めることが起こり得ないとは言えません。これで海上での報復的拿捕を行うことができないというわけではありませんし、もし事態の進展を阻止するべくイギリスの姿勢が変わらなければ全面的な戦争という結果にならないとは断言できません」

巻末史料 7⁻⁷

第3次一般教書（1811年11月5日付）
「私は今、国家の権利の正当な擁護から、そうした権利を維持する準備のための規定を主張する時期が来たことを付け加えなければなりません。良心的な正義、長期の穏健、そして、両国の平和に対して積み重なる危険をすべて友好と信頼の再建に基づく相互の利益に代えようとする合衆国側の多大な労力にもかかわらず、我々は、イギリス内閣が他の過ちを救済することを差し控えるだけではなく、それを長く声高に要求して実行に移し、現在の状況下では、我々の合法な通商に対する戦争となり得る性質と効果を持つ施策を我々の領域の玄関口で思い知らせようとしています。譲ることができない独立国家の権利を踏み躙るという［イギリスの］敵対的な頑迷さの証があり、議会は、国民の精神と期待に応じて、合衆国に武装させ、危機によって求められる態度を取らせる義務があると感じているでしょう。したがって私は、軍隊を補充し正規軍の兵籍編入期間を延長するための規定、より限られた期間で兵役に従事する予備軍のための規定、愛国的な情熱によって緊急の軍務に参加することを求められた志願兵を受け入れるための規定、他の部分での民兵の不足に応じた軍隊のための規定、そして、そうした全体の軍備を本来備わった実用性とうまく噛み合わせるための適切な規定を制定するように勧告します。あらゆる場合に我々の軍備の有益で慎ましい部分を構成する軍学校の重要性をあなた達に思い出させる必要はないでしょう。大砲と小火器の製造は適切にうまく進んでいますし、すべての必要となる弾薬の貯蔵は緊急事態に対して適切な分量があります。しかしながら、議会がその拡大を認めることは不適切であるとは言えません」

巻末史料 7⁻⁸

特別教書（1810年1月3日付）
「10万人の特別部隊を認める法律が3月30日に失効します。意図された法律を準備するための時宜に適った措置を取るために、その早期の再承認を推奨します。通商と航行を規制する法律の欠陥と効力の無さによって必要と思われる修正に干渉することなく、もしくは外国の武装船に我々の領海を使用することを認めないという政策をもって、その法律によって認められる予防策と新たに兵籍編入された法的手続きを遂行するための正規軍に加えて、2万人の募兵を行う必要なあらゆる規定を策定し、短期間の兵籍編入を行い、最短の警告で実戦配備できるように推奨することは私の義務の範囲内です。［中略］。もし必要になれば、今、使用することができない海軍の軍備を実戦配備するのに好都合な規定がどのようなものか決定することも望まれます」

巻末史料 7⁻⁹

> 戦争教書（1812 年 6 月 1 日付）
> 「合衆国上院及び下院へ。イギリスとの関係においてこれまで受けてきた一連の出来事を示す確かな文書を私は議会に伝達します。イギリスが今、従事している戦争は、1803 年の対ナポレオン戦争再開を越えるものではなく、あまり重要ではありませんが正されていない過ちを省こうとするものですが、イギリス政府は、独立国であり中立国である合衆国に対して一連の敵対行為を働いています。イギリス艦船は、国際法上、敵国に対して認められる交戦国の権利を行使するという名目ではなく、自国の臣民に対する国内の特権を行使するという名目の下、公海上でアメリカ船に対して侵害行為を続けていて、その下で航海する人員を拘束のうえ連行しています。したがって、イギリスの管轄権限は、国際法と船舶が所属する国の法律以外、適用すべき法律がない状況の下—もしイギリスの臣民が誤って拘束され、それのみに関するならば、自力更正が認められるかもしれないが—で、中立国の船舶にも拡大されていますが、主権国家に武力をもって訴えることはまさに戦争の定義に当てはまります。このような場合にイギリス臣民を拘束することは、交戦国の権利の行使と見なすことができるのか、また、効力ある法廷の前で行われる正規の調査なしで差し押さえた財産を付与する規定を禁じ、個人の神聖な権利が問題になった場合に公正な裁判を絶対に必要とする戦時法の行使として認めることができるのか。そうした裁判の場では、そうした権利はあらゆる指揮官の意思に委ねられます。イギリスの行いはイギリス臣民のみに影響を及ぼすわけではなく、イギリス臣民を捜索するという口実の下、公法と国旗の保護の下にある数千人のアメリカ市民が祖国と愛するものすべてから引き離され、外国の戦艦に乗せられ、過酷な規則の下、最も僻遠の地へ追いやられ、抑圧者の戦闘の中で命を危険にさらし、憂鬱にも同胞の命を奪う道具となっています。[中略]。またイギリス艦船は、我々の海岸における安全と権利に対する侵害を行ってきました。彼らは遊弋して我々の通商を妨害しています。最も侮辱的な口実で、彼らは我々の港湾に対して無法な行動を取り、我々の神聖な領域内で妄りにアメリカ人の血を流しました。[中略]。要するに、イギリス側が合衆国に対して戦争状態にあると我々は見なすのであって、合衆国側はイギリスに対して平和状態にあります。合衆国がこのままさらなる剥奪やさらなる不正行為に対して受け身であり続けるか、国の権利を守るために、武力に対して武力で抵抗するか、それとも他国の競合や思惑に関わるすべての繋がりを避けて神の手に正義を委ねるか、友好と平和の名誉ある再建にともにあたることを一貫して快諾するかは、憲法が賢明にも立法府に委託した厳粛な問題です」

巻末史料 7⁻¹⁰

> 宣戦布告に関する声明（1812 年 6 月 19 日付）
> 「合衆国議会が、彼らに与えられた指導的な権威という徳目によって、今月 18 日付の法律によって、グレート・ブリテン及び北アイルランド連合王国とその属領とアメリカ合衆国とその領土が戦争状態にあると宣告するがゆえに、今、私、アメリカ合衆国大統領ジェームズ・マディソンはここに、すべての関係者に対して同様に宣言する。そして、私は、合衆国の権限の下にある文武両官の公職者に、各人に付随する職責を謹厳かつ熱心に遂行するように特別に命じる。そして、さらに私は、合衆国のすべての善良な国民に、国を愛するように、父祖達の美徳と勇気に由来する大切な遺産を尊重するように、虐待された諸国民に最後の手段を強いる不正行為を感じるように、そして、神の祝福の下、惨禍を和らげる最善の手

段を考案するように、秩序を保ち、協調を促進し、法の権威と効能を維持し、そして、迅速で公正かつ栄誉ある平和を獲得するために指導的な権威によって採択されたすべての方策を支持し活発化させるために働くように訓戒する」

巻末史料 7[11]

『ナショナル・インテリジェンサー紙』に掲載された論説（1812 年 8 月 4 日付）

「日々、連邦の出版物で公開されている政府の見解について多くの誤解があることを我々は非常に遺憾に感じるだけではなく驚きをもって見てきた。あらゆる個人の尽力が効率的な戦争遂行に向けられるべきこのような時に、そのような誤解は致命的な影響をわが国の現在だけではなく、将来にも致命的な影響を与えざるを得ないことが法的な手順を守る当局によって厳粛に宣言されるべきである。我々の力が及ぶ限り、そうした誤解を終わらせるために、我々はイギリスとの戦争を最も効率的に行うように政府は最大限の努力をしているが、最も妥当な条件ですべての相違で和解するつもりである。我々の船舶から水夫を強制徴用させないようにイギリス政府に納得させるために、それは長く続けられてきたことだが、わが政府は依然として協定に進んで応じるつもりであり、互恵的であり、官民を問わずアメリカの船舶で行われるイギリス人水夫の強制徴用を防止するつもりである。そのような協定は、わが国の船舶から市民を強制徴用するというイギリス側のすべての口実を終わらせるものであり、イギリスはそれから大きな利益を得るであろうし、もしイギリスの目的が推測されるように自国の臣民を確保することのみであれば、イギリスに譲歩させるべきである。［中略］。等しく真実だと考えている別の事実を我々は喜んで言明する。すなわち、わが政府はいかなる状況下においても、フランスと政治的連帯を形成しないであろう。フランスから受けた被害に対して常に正当な感覚が感じられている。イギリスとの戦争はそれを和らげるものではないし、その賠償を得るための努力を弱めるものではないし、情熱を減じるものでもない。イギリスから公正を掠め取る手段としてフランスと政治的連携を図るという考え方は、政府と関連があるあらゆる者によって軽蔑をもって扱われている。2 つの大国を同時に交戦国とすることは望ましくないが、もしイギリスが賢明に行動し、フランスが不正行為と愚行の継続に固執するのであれば、こうした国々に対する態度が変化しても我々は驚かないであろう」

巻末史料 7[12]

マディソンからジョエル・バーロウ Joel Barlow に宛てた手紙（1812 年 8 月 11 日付）

「もしイギリスと和平に至った場合、この地［アメリカ］の人心で沸騰している怒りの矛先は、過ちを適切に償うことによって未然に防がれなければ、フランスに向けられるでしょう。ほとんど全会一致で国民はフランスに対する戦争を求めるでしょう。イギリスとの和平がなくても、フランスの賠償問題に対するさらなる拒絶とごまかしは、後の議会の会期でフランスに対する敵対手段を生むことが予期されます。こうした結果により、一般の憤激とともに、両面戦争が平和に至る最短の道であるという少なからぬ打算が出てくる可能性が高まるでしょう」

巻末史料 7^{-13}

一般教書（1812 年 12 月 4 日付）

「デトロイトでの悲劇は慰めとなるような影響がないわけではありません。国民の精神は困窮によって興起するという明らかな証を結果としてもたらしました。重要な拠点とそれとともに降伏した勇敢な兵士達の喪失は、あらゆる場所で新しい熱意と決意を喚起しました。ほとんど離れていない州や地方では、その報せが届くや否やすべての市民がすぐに武器に飛びついて、敵によって広大なフロンティアに解き放たれた血に飢えた野蛮人から同胞を救おうとし、一部の災難を活発な努力の源に変えました。愛国的な情熱は刺激するよりもむしろ抑える必要があるかもしれませんが、ケンタッキー州、オハイオ州、そして、ペンシルヴェニア州とヴァージニア州から多くの民兵という形で具体化しました。民兵は少数の正規兵に加えて、集まった兵士達に全幅の信頼を置いているハリソン陸軍准将の指揮下に置かれています。[中略]。デトロイトからカナダに侵攻することによって五大湖を制圧するという我々の目論見は裏切られてきましたが、敵軍の海軍力に優る海軍力を兵士達に与える方策がすぐに取られました。この目的を担う士官の才能と行動から、できることすべてがなされるだろうと期待されます。もし今季に完全な成功が認められないのであれば、野蛮人に対する統制と恒久的な平和に不可欠な海軍の優位によって進展が見込めるでしょう。戦争に関する方策に対する出来事の中で私は、メーン州とコネティカット州の知事が海岸部の国境の防衛に民兵の部隊を差し向けることを拒否したことについて注意を向けなければなりません。拒否は民兵に関する憲法の規定の斬新で残念な解釈に基づいています。この問題に関して必要な情報を含む書類があなた達の前に提出されるでしょう。もし人民の防衛のために民兵を召集し指揮する合衆国の権限が、戦時においてももちろん戦争に先立つ侵略の懸念の下で阻害されるのであれば、防衛はほとんどすべての者が必要とするでしょうが、もはや合衆国はその目的においては 1 つの国とは言えませんし、人民の安全は、我々の自由な政府の原則から禁じられている大規模な常備軍の他に頼るものがなくなり、憲法の擁護者としての民兵の必要性に反することになります。[中略]。わが国の能力に応じて戦争を精力的に遂行することが適切であるという観点から、軍備を充当するための現行規定の不備に議会の注意は特に向けられるでしょう。あらゆる種類の職業に対する高い賃金と暮らしやすさはわが国にとって幸いな状況ですが、前会期で誘因となるもの［報奨金］が増やされたのにもかかわらず、兵士の召集に関しては部分的な成功しか収めていません。軍事作戦が行われている間、正規兵とは別に、それらに伴う不便と費用とともにそうした不足が補われなければなりません。報酬と兵役期間の釣り合いが個々の兵士にとって好ましくなるような救済策を取る必要があり、それは即座に、そして、真摯に考慮に含めても行き過ぎではありません。[中略]。陸軍将官を増やす規定を定めるように私は勧告します。その不足は、戦争の推移と軍務の利益から個別の指揮権が必要とされることから示されてきました。[中略]。艦船建造の資材購入のための予算の大部分がすでにそうした目的に充てられており、購入は予算に従って継続されるでしょう。わが国の海軍とその成功を特徴付ける進取の精神は、わが国の海岸に加えられる侮辱と略奪を制止し、敵に対して報復的な拿捕を行っていますが、その拡大を勧告せざるを得ません」

巻末史料 7-14

特別教書（1813 年 5 月 25 日付）
「議会の前会期が終了した直後に、合衆国とイギリスの共通の友として両者の間の平和を促進することを目的にしたロシア皇帝による仲介の申し出が正式に伝えられました。アレクサンドル皇帝の高邁な性質はその申し出が真摯で公平無私であるという証を満足させるものであったので、それはすぐに受諾され、戦争を終結させる栄誉ある試みにおいて敵国と会談する意向が合衆国側にある証として、合衆国は、意図される交渉のための明確な規定［を定めようとすること］によって両陣営の相違を伴うような中途半端な遅滞を避ける決意をしました。［中略］。昨年の 3 月 31 日から 10 月 1 日までに国庫に入った額は、財務省証券や昨年と先の議会の法律で認められた借款も含めて 1,541 万 2,000 ドルにのぼります。同時期の歳出は 1,592 万ドルにのぼり、4 月 1 日時点で国庫には 185 万 7,000 ドルが残されています。2 月 8 日の法律によって認められた 1,600 万ドルの借款が成立しました。［中略］。我々の財政のこうした見通しからして、今年度の歳出に対して適切な準備がなされていることが示されているとはいえ、それは同時に、実際の歳入額が限られていることと借款への依存によって、将来、国庫を満たすためのより適切な手段が必要であることが示されています。それは、現行の税源を補う内国税収入の熟慮された制度によって最もよく適えられるでしょうし、それゆえ、同時に公的信用をより申し分のない基礎に置くことによって、得られる借款の条件を改善することができます。［中略］。連邦議会にさらなる課税を勧告するにおいて、すでに祖国の大義に断固とした態度と情熱を示してきた我々の選挙民が、必要とされる愛国主義の証をさらに喜んで与えてくれることを私は十分に確信しています」

巻末史料 7-15

ブレーデンズバーグの戦いに関する覚え書き（1814 年 8 月 24 日付）
「戦闘がまさに始まった時、私は、責任を担う軍人に今は軍事行動を委ねて、状況に応じて行動できるように後方に下がるべきではないかと陸軍長官と国務長官に述べた。我々はそのようにした。ラッシュ氏が我々に加わった。戦闘の敗北が明らかになった時、ラッシュ氏の同行で私はワシントンに至る道を下った。ワシントンが敵に占領された場合、どこか他の場所で行政上の協議を行う必要があるので、フレデリックタウンを閣僚の集合場所とすることを予め決めておいた」

巻末史料 7-16

大統領声明（1814 年 9 月 1 日付）
「敵軍は突然の侵入によって、彼らの軍よりもずっと少なくそのほとんどが民兵で構成される兵士達によって防衛された国家の首都の侵略に成功したが、占領は 1 日のみであったとはいえ、妄りに戦争の遂行とは何の関係もなく軍事的な防御に使われてもいない公共建築物を破壊した。それらの建築物の中には風格と技芸が多く費やされた記念的なものも含まれ、公文書を所蔵する建物も含まれ、それは国家にとってその起源の記憶と初期の記録として重要であるだけではなく、歴史的教訓と政治学の普遍的な蓄積としてすべての諸国に貢献する興味深いものであった。［中略］。こうした［イギリス軍の］行為や明言された目的は人間性の原則と文明化した戦争の規則を故意に無視するものであり、まさに和平交渉が行われてい

る時に現在の戦争に広範な荒廃と蛮行という性質を与えるものであり、敵自身によって、略奪的で煽動的な軍事作戦の及ぶ範囲で、侵略者を処罰し追放するという決然たる一般の決意を前にして安全の見込みはないという事態を招いた。それゆえ、今、私、アメリカ合衆国大統領ジェームズ・マディソンは、この声明を発し、そうした目的を果たすための多くの手段がうまくいくように心と手を合わせるようにすべての善良な人々に勧告する」

巻末史料 7⁻¹⁷

第 6 次一般教書（1814 年 9 月 20 日付）
「シャンプレーン湖に関して我々の優位は暫く疑いも無いでしょう。近日、イギリス艦隊がマクドナー艦長が指揮するアメリカ軍と交戦しました。多くの敵軍の船を拿捕する結果となりました。この士官とその恐れを知らぬ同志への最上の賛辞は、彼の勝利が別の士官［オリヴァー・ペリー］に不朽の名声を与え、もう 1 つの湖［エリー湖］において決定的な瞬間に収められた輝かしい勝利に比せられるでしょう。［中略］。我々の敵は人員と資金において陸上でも水上でも強力です。幸運な優位を利用してイギリスは大軍をもって我々の伸びつつある繁栄、そして、おそらく我々の国家の存立に致命的な一撃を与えようと目論んでいます。イギリスは文明化した戦争の慣習を踏み躙る意図を認め、個人の財産に対する妄りな破壊と略奪の証を示しています。イギリスは海上の支配を誇り、商業的独占を切望して、我々の海運業と製造業に対して激しい憎悪を抱いています。［中略］。敵によって採用された戦争の拡大と多角化に対応するために、国民の防衛のために大規模な民兵が軍役に就き、多額の費用を要しています。あらゆる場所の防衛を効率的かつ経済的にするために、議会は、騎兵であれ歩兵であれ、民兵よりも長期間の兵役に従事する臨時の兵団の配備を拡大し、正規軍の士官を充当する迅速な方策の必要性を検討して下さい。同時に私は、最も能力のある民兵に最も敏速で積極的な軍務に適した分類と訓練を行うことによる民兵制度の改革を新たに勧告します。それは、国民の安全に必要とされるすべての活力と効率性の源を与えることになるでしょう。［中略］。アメリカ国民はイギリスの敵意に対して、革命闘争でイギリスの不当な計画を挫いた不屈の精神で臨むでしょう。イギリスの脅威と蛮行は、狼狽の代わりにすべての者の胸中に消えることのない怒りを燃え立たせ、そうした災厄においてそのような残虐な侵略者を駆逐するようにさせるでしょう」

巻末史料 7⁻¹⁸

講和条約に関する教書（1815 年 2 月 18 日付）
「私は、両国の使節団によってガンで 1814 年 12 月 24 日に調印された合衆国とイギリス国王の講和友好条約の写しを議会に提出し、批准が正式に交わされています。この条約を施行するにおいて、私はあなた達と我々の選挙民に、国家にとって誉れ高く、最も輝かしい成功によって際立った軍事作戦を至福をもって終わらせることができたことを祝賀します。今次の戦争は、議会によって不本意にも宣戦布告されたものでしたが、国の権利と独立を主張するためには必要な手段でした。立法府の賢明な導き、人民の愛国心、民兵の公共心、そして、わが国の陸海軍の勇気の当然の結果として、成功裡に戦争は行われました。いかなる時も恩恵である平和は、戦争の原因がもはやなくなり、政府が防衛力の有効であることを示し、そして、国がその行いを後悔も非難もなく見直すことができる時にはとりわけ歓迎すべきです。［中略］。わが国の富はいつでもあらゆる国家的目標を達成するのに十分ですが、

今、それは平和によってもたらされる活動によって国内開発事業の場をさらに高めるだけではなく、活力を与えるでしょう。議会の今会期で公債の債権者のために制定された規定は、国内外で公的信用を樹立するにおいて決定的な効果を持つでしょう。商業の利益の回復は近い将来の機会に目を向けるように促し、合衆国に世界の海運の適切な分け前を確保するような規定が適切な時期に考案されると私は信じています。他国に対する最も自由主義的な方針は、もし天意に適えば、我々自身にとってこの点に関して最も利益をもたらす方針であることが分かるでしょう。しかし、ヨーロッパが戦争を行っている間、合衆国の至る所で芽吹き比類のない成長を遂げた製造業を保護し促進する手段を考案すること以上に議会の熟慮による大きな力と利益が必要な問題はありません。この国家の独立と富の源に対して議会が迅速で継続的な庇護を与えるように私は切に推奨します」

巻末史料7[19]

第7次一般教書（1815年12月5日付）
「アルジェリア候国によって合衆国に対して開始された戦争が成功裡に終結したことを今度、あなた達に伝えられることに満足しています。ディケーター提督の下、前もってその軍務に就いていた艦隊は地中海に到着後、時機を逸することなく敵の海軍を追尾してその海域で破壊し、2隻の艦船を拿捕することに成功し、そのうちの1隻はアルジェリアの提督によって指揮された旗艦でした。アメリカの指揮官の高邁な性質は、その船で敵対者と接近戦を行うような機会によって涵養され、実戦に参加したすべての士官達と兵士達の勇気が恒常的なものになります。アメリカ人の手腕と優秀な才能をこうして示すことによって、勝利に彩られた軍がアルジェリアの港に迅速に平和をもたらすように急き立てる道が開かれました。合衆国の権利と栄誉を規定する条項では、貢納金に対する太守のすべての主張を恒久的に放棄することが特に考慮に含められました。こうした［条約による］影響が強まったお蔭で、遠征隊の長であるベインブリッジ提督率いる大規模な部隊の出現によって、チュニス候国とトリポリ候国も引き続いて交渉に応じることを余儀なくされ、その地域に彼によって残された思慮深い予防的な協定によって、バーバリ国家の船舶の領域内でわが国の商船の大事な運命に対する将来の安全の確かな見通しが立ちました」

巻末史料7[20]

第7次一般教書（1815年12月5日付）
「恒久的な平和の確立による歳入と歳出という観点の下で行う財政の手配は、今会期において議会の熟慮を要します。歳入の状態の改善が債権者を裏切らず、最も自由な政策を成功裡に追求するという政府の信義を維持することを可能にするだけではなく、戦費によって課せられた重荷を迅速に軽減することを保証しているのは真実です。しかしながら、統一された連邦政府の通貨の利益を社会に還元するという財政のあらゆる改良は不可欠です。貴金属の不足は一時的な悪弊だと考えられていますが、しかし貴金属が一般的な交換の媒体に再びなるまで、国中の市民の不便を解消し同じく信用を得る代替物を提供することは議会の叡智に委ねられています。もし州法銀行の運営がこうした結果をもたらさないのであれば、国法銀行の操業の可能性は考慮の利点があります。そして、もしこうした手段が効果的でないのであれば、流通の共通の媒体という一般的な政策の目標に基づいて（もはや信用の手段としては必要とされていない）政府紙幣を発行する条件を確定する必要があるかもしれません」

巻末史料 7-21

第 7 次一般教書（1815 年 12 月 5 日付）
　「歳入の目的のために輸入品に関する関税を調整することについて、製造業への関税の影響を今、考慮する必要があります。産業と富にそうした［関税を賦課するという］理論を適用することは、個々の利害と賢慮に委ねられますが、［自由貿易という］一般的原則にとって例外的な事例がここにあります。理論自体が他国による互酬的な［関税の］採用を条件とすることに加えて、経験によると、非常に多くの状況が製造業の導入と育成を達成するうえで、特により複雑な種類の状況が同時に起こります。製造業がなければ国家を永らえることはできませんし、たとえ十分に［製造業が］進歩していても、成功を収めている製造業をある点において支えることも目的に適うことです。強力な振興策が製造業に対して行われている状況下では、今、利害関係を持っている行動力のある市民にとって適切な域を越えない保護とともに、それは時折ある外国との競争に対する安全策に早期になるだけではなく、国内の富と外部との交易の源にもなるという信念を正当化する進歩と効率が我々の間で示されてきました。特に公的な支援を与えるべき分野を選ぶにおいて、何らかの支障に影響されがちな外国製品の依存から合衆国を解放するような物、もしくは国民の防衛に必要な物や個人の主要な必需品に関わりがある物を優先すべきでしょう。特定の製造業がわが国の農業から広く原材料を得られるようにして、その結果、国家の繁栄と独立という巨大な資本を必ず報いられる振興に確実に振り分けられるようにすることが推奨されます。その他の公共の利益を増進する手段の中で、国中に道路と運河を建設することが国家の権限の下で最善に行われ得るという重大性に議会の関心を喚起することは適切な機会です。政財界の中に費やされる支出にこれほど豊かに報いる目標は他にありません。例外なく確実であり認められるような有益性は他にありません。その賢明かつ広がった愛国心によって高められることほど政府にとって栄誉となるものは他にありません。人間の便宜と利益のために自然の作用をまっとうするためにより人間の技量が必要とされるような場を提供する国は他にありません。こうした考察は、我々の拡大する連邦のさまざまな部分を緊密に繋ぐ交通手段の政治的効果によってさらに強められます。各州はそれぞれ健全な事業と競争によって、新しい道路、航行可能な運河、そして、航行を可能にするための河川改良などで地域的な利益を享受していますが、連邦政府は同様の事業を推進するだけではなく、計り知れない価値を持つ事業を体系的に完遂する見通しを持って、国家的な管理と方策を追求する必要があります。想定される憲法上の権限の不足は憲法自体が用心深く示している形式で埋め合わせることができると幸いにも考えることができます」

巻末史料 7-22

拒否教書（1817 年 3 月 3 日付）
　「議会に授与された立法権限は憲法第 1 条第 8 節に列挙され特定されており、列挙された権限の中には法案によって行使されることになっている権限は見当たりませんし、合衆国政府において憲法によって授与されたその他の権限を実行に移すために必要にして適切な法律を制定する権限の範囲内にいかなる公正な解釈によっても入っているとは見なされません。［憲法第 1 条第 8 節第 3 項の］『各州間の通商を規定する権限』は、道路や運河を建設し、そのような通商を容易にし、促進し、安全なものとする河川の航行を改良する権限を含み得ず、議会が改善しようとしている不便な状況によって正当化されている条項の一般的な意味

から逸脱するような勝手な解釈もあり得ません。今、問題となっている『共同の防衛および一般の福祉の目的のために』という条項について言及することは、その条項に基づく権限の特別かつ慎重な列挙を無意味で不適切なものにするので、確立し首尾一貫した解釈の原則に反するものになるでしょう。そのような憲法上の見解は、今まで議会に帰属してきたと考えられてきた明確で制限された権限の代わりに、一般的な立法権限を議会に与える効果を持ち、『共同の防衛および一般の福祉』という条項が立法府に信託された権限の範囲内にあるあらゆる目的と行為を受け入れることになるでしょう。［中略］。道路や運河を建設し、河川の航行を改良する一般的権限とそれに付帯する一連の権限を議会は持っていませんし、この法案で示された形式における諸州の同意は権限を与えるものではありません。特定の諸州の同意と譲歩によって議会の権限が拡大され得るという事例のみが憲法で特定され示されています。私は、道路や運河を建設し、河川の航行を改良する重大性を認識していないわけではありませんし、連邦議会にそうした権限を与えることは全体の繁栄にとって顕著な利益となることを認識していないわけでもありません。しかし、そのような権限は憲法によって明らかに与えられていないことが分かりますし、許容できない勝手な解釈や不適切な先例に頼らずに憲法のいかなる部分からも導き出せないと思われます。また憲法の恒久的な成功は、連邦政府と諸州政府の間の明確な権力分立によると思われますし、法案で提案されているような議会の権限の拡大解釈によって適切な指標は残されていないと思われるので、私は署名を控える他に選択肢を持ちません」

巻末史料7[23]

インディアンの代表達へ（1812年8月9日付）

「私の赤い子ども達［ネイティヴ・アメリカン］へのさらなる助言があります。18本の炎の国［州］がどのように人々で満たされたかあなた達は見てきました。彼らは地面に植えられたトウモロコシのように増えます。彼らは皆、すべての天候から身を守るための良い家、すべての季節に合った良い衣服、そして、すべての種類の食べ物を十分に分けられるくらい持っているのをあなた達は見ています。18本の炎の男性、女性、もしくは子どもは飢えて死ぬことはないのです。このすべてを赤い人々の状態と比べてみましょう。彼らはここかしこに一握りの数で散らばっています。彼らの家屋は冷たく、雨漏りしやすく、そして、煙たい。彼らは粗食を食べていますが、それもしばしば十分ではありません。どうして大きな違いがあるのでしょうか。私の赤い子ども達よ、その理由は簡単です。白人は牛と羊を飼育しています。彼らは大地を耕し彼らが望む物すべてを得られるようにしています。彼らは糸を紡いで布を織ります。彼らの頭と手は自然のすべての要素と産物を彼らにとって有用なものにします。つまり、18本の炎の人々は安定した平和と友好の中で暮らしています。ある者が別の者に対してトマホークを振り上げることはありません。彼らを1つの家族として結び付けている鎖には1滴の血も触れていません。彼らのすべての帯は白人の帯なのです。彼らと同じようになることはあなた達の力次第です。狩猟によって1つの家族を養うのに必要な地面は鋤と鍬によってもっと多くの家族を養えます。偉大なる精霊は、あなた達の白い同胞と同じように、工夫するための良い頭、力強い腕、そして、活動的な身体を与えました。あなた達の白い同胞と同じくそれらを使いましょう。それは難しいことで一気呵成にできることではありませんが、徐々にやれば簡単です。特に、あなた達の白い同胞である18本の炎のように、互いに平和に暮らしましょう。そして彼らのように、あなた達の小さな火花は大

きな炎になるでしょう。あなた達は良い食糧と良い衣服を得て、良い家に住み、幸福を享受するために、彼らと同じく創造されたのです。偉大なる精霊は、すべての人種の友人です。偉大なる精霊は人間を互いの友人にしました。人間が互いに友人になればなるほど、偉大なる精霊は人間の友人になるでしょう。これらはあなた達の父から赤い子ども達に対する言葉なのです。我々すべての父である偉大なる精霊がそれらを認めています。それらを耳に通し、心の中まで通して下さい。それらをあなた達の人民のもとに持ち帰って下さい。あなた達が 18 本の炎であるあなた達の父のもとを訪れたことを忘れない限り、あなた達に対する最後の最善の言葉としてそれらを忘れないで下さい」

巻末史料 7⁻²⁴

第 7 次一般教書（1815 年 12 月 5 日付）
「インディアンに関するガン条約の規定に従って、さらに西部と北西部の静謐の観点から、合衆国に敵対行為を取っていた諸部族と即時に和を講じる措置が取られました。デトロイトに招かれたいくつかの部族は快く以前の友好条約の更新に応じました。ミシシッピ川の宿営に招かれたその他の部族の大部分もまた友好条約を受諾しました。さらに遠くの部族など残りの部族についてはさらなる説明がありますが、最終的に開示される性質の事柄に適用できるような他の手法が取られるでしょう。南部辺縁のインディアン部族は、彼らの側にとって悲惨な戦争であったために我々は平和を願わざるを得ませんでしたが、近頃、不穏な情勢を示しつつあり、それを抑制する予防措置が必要であり、平和条約の規定を実行に移している使節を保護する必要があります」

巻末史料 7⁻²⁵

拒否教書（1811 年 2 月 21 日付）
「『コロンビア行政区アレクサンドリアの街にあるプロテスタント監督派教会を法人化する法案』を検討し考慮した結果、私は同法案を以下のような反対から下院に差し戻します。同法案は、政府と宗教儀礼の本質的な区分によって諸政府に制限が課される正当な権限を超えるものであり、特に『連邦議会は、国教の樹立を規定する法律を制定することはできない』という合衆国憲法の条文に違反しています。同法案は法律によって、組織化と教会に法人格を認める政策に主に関連するさまざまな規則と手続きを制定しようとし、教会の牧師の選挙と罷免さえ包含しようとしています。[中略]同法案はこの法人化された教会に、貧しい子ども達に支援を与える権限を与えています。そうした権限は、もしその規定が宗教の名の下での慈善という結果をもたらすのであれば完全に不要であり、宗教団体に公的、かつ市民的な責務を実行に移す合法的な力を与える先例となるでしょう」

巻末史料 7⁻²⁶

覚書断片（1817 年以後）
「監督派教会による秘かな危険の蓄積と侵害は合衆国で十分に注意を払われているとは思えない。監督派教会は、迫害的な法律から解放されることで、そして、宗教の海原の中で打ち立てられた法的な平等から最も多くの利益を得ている。もし適切な含みで公正で真正なキリスト教原理を受け入れていない州があれば、それらはすべて旧世界の中で最も啓蒙された

州によって示されるような模範となるかもしれない。そして、少なくとも1つの州、ヴァージニアでは信教の自由が真実の基礎の上に置かれており、その完全な含みでもって規定されている。ヴァージニア権利章典に含まれる一般原理は、州憲法に先立つものであるが、それは正当な解釈で、州議会の法律、いわゆる1786年に制定された信教自由法において展開され規定されている。人間の法の権威とすべての政治的権威が由来する人間自体の自然権の間には区別があり、それは言葉が明瞭であるのと同じくらい明らかに辿ることができるし、この権威に対する制限は、法制が示すと同じくらい十分な厳粛さでもって課された。信教自由法はさらに、共同体の感覚に訴えかけ、州のあらゆるキリスト教宗派からなる圧倒的多数者を意図的に認めることを正式に訴えかける効果をもたらす利点を持っている。この法律は信教の自由の真の基準である。その原理は、良心の［自由の］権利の剥奪に対する大きな障壁となる。信教自由法が尊重される限り、もうそれらは安全である。この原理を欠いたあらゆる規定は、少なくとも狂信が迫害を導くことを通じて裂け目を残すことになるだろう。自身の毒の上で繁栄し、蔓延する怪物は、徐々に大きくなり強くなって、神の法と人間の法を圧倒することになる」

巻末史料9[-1]

　マディソンからニコラス・トリスト Nicholas P. Trist に宛てた手紙（1826年7月6日付）
　「私は、人生を閉じるにあたって畏友の臨終が称賛に値するものであったことをまったく疑っていません。祖国と彼を愛する者達のために長い時間が与えられましたが、祖国と愛する者達のためにあと数年あればと望まれます。彼が恩寵を得ること、そして、賢者と善人の感謝と記憶の中に、科学の光として、自由の使徒として、愛国主義の模範として、そして、人類に恩恵を与えた者として生き続けることによって我々は慰められます。私は彼のこうした特質を50年以上も知っていましたが、それだけではなく社会生活では美徳も魅力も彼は持ち合わせていました。1度たりとも、相互の信頼と心からの友情は中断されることも減じることもありませんでした」

巻末史料9[-2]

　マディソンからウィリアム・バリー William T. Barry に宛てた手紙（1822年8月4日付）
　「ケンタッキー州議会が教育制度に与えた気前の良い予算はいくら称賛しても足りないほどです。人民が情報を持たないか、それを得る手段を持たない人民の政府は茶番か悲劇の前触れ、もしくは両方でしかありません。知識がきっと無知を永遠に支配するでしょう。自分自身の支配者たらんとする人民は知識が与える力で武装しなくてはなりません。［中略］。教育機関はあらゆる自由な人民にとって好ましい目標です。それは人民の精神に光を投じ、それは人民の自由に対する狡猾で危険な侵害に対する最善の安全策です。それは社会全体に散らばる有能な学校教師を育成する場になります。それ自体が人民の福祉をうまく図るために人民の信託を要する特別な才能を持つ者のための学校です。それは、あらゆる種類の多くの公職者を選ぶ人々の中で教育を受けた人々を増やし、その結果、明晰さ、一貫性、そして、安定性と同時に、大きな社会的目的に適う公正で平等な精神よって法律を制定する者を増やします。［中略］。文明化した世界の至る所で諸国は、科学技術を育成しているという称賛を得ようとしており、代議制政府の恩恵と原理に彼らの目を向けようとしています。アメリカ国民は、彼ら自身に、そして、自由政府の大義に、知識の進歩と普及を確立させることに

よって、あらゆる場所からの注目を引き付け、我々自身の半球の新生国家に模範として尊重されているアメリカの政治制度が人類の知的かつ道徳的改善にとって好ましく人類の個々の権利と社会的権利に適うものであることを証明する責任を負っています」

巻末史料9⁻³

マディソンからモンローに宛てた手紙（1819年2月18日付）
「南アメリカでの独立闘争に関する国民の実感は、私が思うに、誤解されているようです。その成功を強く望み、それらに対してあらゆる合法的な表明を行うことは、それがどのような結果になろうともすべての国民によって認められるでしょう。同じく国民は不必要に戦争の危険を含むような手段を認めないでしょうし、それは合衆国に有害であるばかりかスペインの愛国者にとって何の益にもならないでしょうし、またいかなる秘密の手段も国家の威信に傷を付けることになるでしょう」

巻末史料9⁻⁴

マディソンからモンローに宛てた手紙（1823年10月30日付）
「カニング氏の公表から、違ったようにも推測できるかもしれませんが、神聖同盟に引き続いてスペインに対して収めたフランスの成功から、スペインの革命に沸く植民地を以前の従属に戻そうとしているのではないかと考えられます。我々がこうした隣人に対して行う宣言は、彼らの自由と独立に対する我々の共感、彼らとの友好関係において我々が持つ密接な利害、そして、我々が際立った説得力のある模範を与えている権利と改革に連合して対抗している列強によって彼らの資源が抑えられることで脅かされる結果など、我々すべてが干渉的な軍事遠征を打ち砕く努力で連帯することを要します。我々とは異なった思想に導かれたイギリスの政策が、我々と目標を同じくする協調を申し出る契機になったことは特に僥倖です。そうした協調でもって、我々は他のヨーロッパ諸国を恐れる必要がなくなりますし、我々の称賛すべき展望の成功を最善に保証するものとなるでしょう。それゆえ、私が思うに、イギリスが提案する手段に応じることにいかなる尻込みもするべきではありません」

巻末史料9⁻⁵

マディソンからジェファソンに宛てた手紙（1823年11月1日付）
「戦争に至る道におけるあらゆる段階でわが国体を視野に含めようとしているイギリス政府の申し出に応じる政策に私が同意することを大統領に伝えました。イギリスの陸軍力と海軍力をわが国の軍事力に合わせれば、我々は世界の何者も恐れることはありません。そして、自由と専制の間の偉大なる戦いの時代において、我々は少なくともこの半球において前者を支える責任があります。『大きな善のために小さな努力をせよ』という原則をフランスによるスペイン侵略にともに適用し、ギリシアを好意的な配慮の対象にするようにイギリスに呼び掛けるように示唆しました」

巻末史料9⁻⁶

マディソンからジョン・キャベル John C. Cabell に宛てた手紙（1828年9月18日付）
「憲法は明らかに議会に、『租税、関税、間接税、消費税を賦課徴収する権限』［第1条第

8節第1項］と『通商を規定する権限』［第3項］を授与しています。もし特別に表明され
なければ、通商を統制する一般的権限の目的の1つとして後者に含まれると考えられる前者
の権限は、申し立てられているように表明されることによって必ずしも論難されるわけでは
ありません。こうした類の［解釈の］例は時には容易に回避できませんし、憲法のあらゆる
部分で見られます。したがって、『国際法に対する犯罪を定義し処罰する』［第10項］権限
は、特にその後に表明されている『捕獲に関する規則を設ける』［第11項］権限を含んでい
ます。また『貨幣を鋳造する』［第5項］権限は、明らかに『その価値を決定する』権限を
含みますが、後者は明記されているわけではありません。もし諸税［taxes］という言葉が
単独で成り立つのであれば、それは確実に関税［duties］、間接税［imposts］、消費税
［exercises］を含みます。別の条項では、『輸入される物品には、租税［tax］あるいは関税
［duty］を賦課することができない』［第9節第5項］とあります。ここでは2つの用語が
同意語として使われています。別の条項には『各州は輸入税［imposts］または輸出税
［duties］を賦課することはできない』［第10節第2項］とあり、輸入税［imposts］と輸
出税［duties］は同意語です。冗語、類語反復、そして、含蓄の異なる用語と言い回しの乱
用が（含蓄が見いだせる用語の明確な範囲と一般的な性質の統制の下で文脈に言及すること
によってたいてい説明される）、時にはより突飛な［解釈の］趣旨の原因となります。それ
は時には言葉が不完全であること、時には人間自体が不完全であることによります。こうし
た観点からすると、確かに通商を統制する一般的権限はそれに対して課税する権限を含むか
もしれませんが、憲法によって認められ列挙されたさまざまな歳入の方式を定める条項にお
いてそれを除外することはできないということはまことに当然です。［中略］。通商を規定す
ることによって製造業を保護し育成する議会の権限を支持するさらなる証拠があります。そ
れ自体が問題を解決する証拠は、統一的かつ実際的な同意がそうした［通商を統制する］権
限に与えられてきたことにあり、40年もの間、すべての州政府が同意か黙認をその期間中
ずっと連邦政府に与えてきたことによって示されています。［中略］。もしそれ［極端な州権
論］が実現すれば、善良な政府と善良な法律に必要不可欠な安定は終わりを迎えるでしょ
う。そうした安定を欠けば最も巧妙な敵対者によって最大限の効果を持つようなやり方で共
和主義が常に非難にさらされます。性急な嘆願や解釈の前例がないのにもかかわらず、解釈
を導入することで非難に答えるべきではありません。また新たに光を当てるべき事実に訴え
かけることなく、改善が必要なもともとあった悪弊や不都合な点に関するより良い知識を持
つことなく、そして、すべての法律や憲法の真意を十分に理解することなく非難に答えるべ
きではありません」

巻末史料9⁻⁷

「概要」（1829年9月）
「合衆国という憲法上の契約の真の当事者は諸州である。つまり、それにおいて人民が個々
に主権的性格を持ち、人民のみが［17］98年の決議［ヴァージニア決議とケンタッキー決
議］のような決議を宣言でき、［17］99年の報告［ヴァージニア決議とケンタッキー決議に
関する報告書］のような説明を行うことができる。［中略］。この場合において、合衆国憲
法は個々の州を構成する人民によって作られたということ、そして、彼らが、全体に対して
行使される特定の部分の権限を担う立法府、行政府、司法府を構成し、その他の権力を彼ら
自身にそれぞれ留保していることは明らかな事実である。こうした権力分立は連邦政府、そ

して、州政府によってそれぞれの領域内で行われ、彼らの権限の領域に関する紛争が起きた場合はもちろん、判事の責務と任命の形式によって公平無私であるように工夫された合衆国最高裁が境界を決定すべきである。合衆国最高裁が同意するような権利侵害に対する救済策はないのであろうか。効果が見いだせるような憲法上の救済策は、特に外国人・治安諸法のような場合、そして、選挙民に対する連邦政府の責任が継続する限り、すべての場合に効果がある。それは抗議と請願、選挙と弾劾の繰り返しである。第11条に示されている諸州に対する訴訟の制限が示されているし、それ自体で救済策となる憲法修正もある。[中略]。連邦政府と州政府の問題に対するすべての見解を考慮に入れると、連邦の最終的な分裂と解体という恐ろしい結果を一刻も見過ごすことはできないだろう。そのような見通しには反対しなければならないし、祖国、自由、そして、人類の幸福のあらゆる友を戦慄させるに違いない」

巻末史料9⁻⁸

　マディソンからエドワード・エヴェレット Edward Everett に宛てた手紙（1830年8月28日付）
　「わが国の際立った市民同胞によって憲法上の権限として提唱され、[17] 98年と [17] 99年の議会決議の手続きを擁護するものと見なす『無効主義』に言及し、そうした問題に関して私の考えを示すように願ったあなたの手紙を当に受け取りました。[中略]。第1に、憲法は構成諸州の政府によって編まれたのではなく、それに代わる連邦政府として編まれたわけですが、1つの主体として統一されたものとして合衆国人民の多数によって編まれたものではありません。[合衆国] 憲法は諸州によって、つまり、それぞれの州の人民によって編まれ、最高の主権として振る舞い、したがって州憲法を形成した同じ権限によって編まれました。したがって、州憲法は同じ源泉に由来しているのであり、それは各州の領域内でそれぞれ州憲法として同じ権限を持っています。そして、用語の厳密な意味において、州憲法が各々の領域内にあるのと同じく、[合衆国] 憲法もその規定された領域内にありますが、合衆国憲法が最高の主権という立場にある諸州の間の契約であり、それによって人々をその目的のために1つの人民と見なしているという明らかで本質的違いがあるので、個人の意思で州憲法を修正したり無効にしたりできないのと同じく、個々の州の意思によってそれを修正したり無効にしたりすることはできません。[中略]。憲法上の政府の違いとして、一方 [連邦政府] は諸州全体で運営され、もう一方 [州政府] は各州別々で運営されますが、政府の集合的権限は両者の間で分割されているので、管轄領域に関する紛争が起きるということ、そして、そうした紛争のために作られた規定があることに注意を払わずにはいられません。[中略]。憲法は、安全にうまく運用するためにいかなる優先的な修正にも拠っていませんが、以下のように明らかに述べています。第1に『この憲法、これに準拠して制定される合衆国の法律、および合衆国の権能をもってすでに締結されまた将来締結されるすべての条約は、国の最高の法である』、第2に『これによって各州の裁判官は、各州憲法または州法律中に反対の規定ある場合といえども、拘束される』[第6条第2項]、第3に『司法権は次の諸事件に及ぶ―すなわち、この憲法、合衆国の法律および合衆国の権能により締結されまた将来締結されるべき条約にもとづいて発生するすべての普通法ならびに衡平法上の事件』[第3条第2節第1項]。一方で、統合した立場にある政府の不適切な権限の優越に対して個々の立場で諸州が権利と権限を守る時に、憲法は、第1に合衆国の上下両院、諸州の議

会と人民の責任、第2に合衆国人民に対する大統領の責任、そして、第3に諸州の人民の代表、合衆国議会の一院で行われ、諸州の代表であるもう一院で審理される弾劾に対する合衆国行政府と司法府の職員の責任に拠っています。州の職員、立法府、行政府、そして、司法府は同時にその任務と責務において合衆国の権威や官庁から完全に独立しています。その目的に応じていかに合衆国政府の構造が適切で安全であるかは時のみが完全に決めることです。[中略]。憲法は諸州の人民の全体に提案され、諸州の全体によって全会一致で採択されたことが想起されますが、4分の3以上の州が同意すれば、これまで全会一致で同意されてきたことを修正することができます。この点に関して非常に注意を払わなければならないので、特別な利害が関係している2つの場合においては、4分の3の比率さえ疑わしく思われ、修正に全会一致を要するかもしれません。全体として憲法が採択された場合、もし別々に提案されていれば即座に拒否されていた多くの部分があったことは確かです。憲法のすべての部分が多数によって拒否されることもあり得ないことではありませんでしたが、全体として全会一致で認められました。自由憲法は、相互の譲歩なく、相互の均衡が取れるように定められた条項なしで編まれることはありません」

巻末史料9⁻⁹

> マディソンからニコラス・トリスト Nicholas P. Trist に宛てた手紙（1831年12月）
> 「憲法と連邦法の至高性は、その解釈と執行において至高性がなければ、兵士の手中の剣なき鞘と同じく侮りを受けるでしょう。そうした見解なくしては、憲法自体が国内の最高法規となり得ないでしょうし、憲法の下で団結することを通じて連邦の権威の不変性は保持できないでしょう。そして、不変性がなければ無政府状態や連邦の解体を防止することはできません」

巻末史料9⁻¹⁰

> 「多数者の政府」（1833年）
> 「すべての政府は悪であると言われている。何らかの政府が必要であることは不幸であると言うほうが適切である。しかしながらこの必要性は存在する。そして、問題の解決は、いかなる政治形態が完全であるかではなく、どの形態が最も欠陥が少ないのかという点にあり、ここにおいて一般的な問題は、多数者が少数派を支配するという共和主義政府と少数者、もしくはごく一握りの者が多数者を支配する政府の間にある。もし共和主義的形態が、我々すべてが同意しているように選好されるのであれば、最終的な問題は、どのような構造が、共和主義の根本的な原理を犠牲にすることなく、移り気な考えや不公正な目的を持つ党派的繋がりに対する最善の防御となるのかという点にある。多数者の政府を、権力の濫用に興味を抱いているかもしれないという理由で強く非難する者は、同時にすべての共和主義政府を非難しているのであり、少数者の政府は権力の誘惑、もしくは権力に対する関心を示す傾向があまりないと主張する」

巻末史料9⁻¹¹

> ヴァージニア州憲法修正会議での演説（1829年12月2日）
> 「政治の要は権力であり、人間の手に委ねられた権力は濫用されがちです。君主制では、

すべての者の利害と幸福は専制君主の気紛れと激情の犠牲になっています。貴族制では、多くの者の権利と福祉が少数者の誇りと欲望の犠牲になっています。共和政体では、多数者が少数者の権利を十分に尊重しない点に大きな危険があります。[中略]。しかし、人間は社会的存在であると同時に自己中心的です。こうした性質に配慮することは、たびたび有益な抑制となり得ますが、他の動機によってたびたび支配されます。人間が集団で行動する場合、こうした性質への配慮がたびたび失われがちで、相対的に、正しくないものを統制する必要があります。我々すべては、良心が十分な安全策にならないことを知っていますし、さらに良心自体も、無意識の偏見によって、啓蒙された良心が禁じる行いに誤って導かれることで惑わされるものだと知っています。[中略]。少数者の権利に対する最善の保護手段は、政府自体の構造と基盤にあり、それはある程度、直接的、もしくは間接的に少数者が拠って立つ権利を指示する擁護者となり得ます。[中略]。平明であること、確実であること、安定していること、そして、恒久的であることによって、代表制［の議席配分］の基礎を形成する際にいわゆる連邦が採用した［5分の3の］比率に特別に注意を払うことを勧めます。[中略]。［合衆国憲法の］場合とまったく同じではないのは本当ですが、初めに示唆したよりもさらに類似点があるように思えます。もし有色人種の人口が州内に等しく分布しているとすれば、こうした類比はうまくいかないでしょう。しかし、大多数がある特定の部分に集中している現状からすれば、州内の異なる地域の差異は、奴隷を保有する州と奴隷を保有しない州の間の差異と似ています。そして、もし我々が、他州との関係において我々の利益を主張する一方で、我々自身の州でこの原理を拒めば、一貫性がないという非難が、我々に向けられるその他の受け入れ難い結果に加えられるでしょう」

巻末史料 9⁻¹²

ヴァージニア州憲法修正会議期間中の覚書（1829 年）
「選挙権は非常に重要であり、家屋の所有者や家長に選挙権を拡大することを認めるべきであるので、この問題に関する私の判断を決定した考察を示す。[中略]。資産を持たない者、もしくは資産を得ようと望んでいる者の大多数は、彼らを覆う権力を安全に保持している者の権利にあまり共感を覚えないだろう。この社会の恵まれない層によって何がなされるのか。もし彼らに政治的権力の完全な分け前を認めないことが一方で危険であれば、もう一方で、数による実力を持つ社会の一部を除外することは共和政府を維持する手段とはなり得ず、彼らは共和政府を覆そうとしがちになり、それは常備軍の創設を招き、すべての人々と自由自体に対する危険になると思われる。この問題に関する見解によって権力に提携を容認することが適切であると考えられ、公的秩序と法の安定した執行にあらゆる市民、特に家屋の所有者や家長は深い関係を持っている。[中略]。もし社会国家が、あらゆる人々が従わなければならない法律を制定するうえで等しく投票権を持つように設立されれば幸福である」

巻末史料 9⁻¹³

マディソンからロバート・エヴァンズ Robert J. Evans に宛てた手紙（1819 年 6 月 15 日付）
「奴隷の全面的解放は第 1 に段階的に、第 2 に公平かつ直接関わる個人に満足のいくものとして、第 3 に現存する恒久的な国民の偏見と調和するように行うべきです。その他の深い根を持った広められた悪弊に対する救済と同じく、それは段階的に行うべきであり、その点

に関しては相違は明らかにないように思います。公平かつ満足のいくものという点ついて、奴隷主と奴隷の両方の同意が得られるべきです。奴隷主の同意を得るためには、法律によって保障され憲法によって認められた所有財産の損失を補償する案を制定しなければなりません。奴隷の同意を得るために、彼自身の評価で、彼が隷属状態に実際にあるよりも自由でいるほうが好ましく思えるようにしなければなりません。合衆国において現存する、おそらく変わることのない偏見との調和について、解放黒人は、白人に占められるか、または割り当てられた土地以外に恒久的に移送されるべきです。2つの人種の完全統合への反対は、大部分の白人にとって克服できないものでしょうし、彼らのすべてによって非常に強力であると認められるでしょう。もし黒人が身体的かつ継続する特質によって強く特徴付けられ、政治的、または社会的に平等な権利を著しく欠いた状態で白人の中に留まることになれば、彼らは常に彼らの状態に不満を抱くようになり、[抑圧される側の]ある人種から抑圧する側のもう1つの人種に変わるしかないと思うようになります。そうすると、常に秘密裡に支配的、かつ特権を持つ階層に対して共謀するようになり、道徳的で尊敬できる行いの最も説得力のあるいくつかの動機によって常に制御されることはなくなるでしょう。自由黒人の性質は、彼らの肌の色によってその法的地位がまったく影響されない場合でも、こうした事実を疑いのないものにするように思えます。黒人の移送は、彼らの特徴のために被ることが知られている軽蔑によって刺激された近隣の人々が抱く警戒や敵意から免れるような離れた場所に行うべきです。彼らの執念深い記憶について何も言えませんし、社会状態が助長する有害な傾向についても何も言えません。白人達との衝突の危険性を見積もる際に黒人側にその危険性の責任を負わせるのは公正ではありません。相互の反感が危険を倍加させるでしょう。できる限り幅広い植民化計画の着手は、市民的にも宗教的にも新たな祝福を最も必要としている地球のある部分にそれを与えるという目的に加えて、こうした要件に対して適切な配慮となるでしょう。[アフリカ植民]協会は、遠く離れた場所に移送されることを喜んで認めるすべての解放黒人をアフリカ海岸に移送すること、成功する見込みがあると思われますが、彼らを受け入れる適当な領域を公正な手段で提供すること、そして、段階的に無制限に入植地を拡大できるように彼らを入植することを提案しています。こうした考え方の下で、この試みは、奴隷制を悪弊と見なす者、平和的で公正な手段によって奴隷制が縮小され廃止されることを望む者、そして、より良い方法を自ら提案することができない者のすべてから激励を享受するでしょう。この試みの成功を疑っている者が、少なくとも自分が間違っていると悟ることを願います。しかし、協会の考え方はすでに自由であるか無償で解放された黒人の事例に限られます。悪弊に対して同様の救済を行う際に、非常に多くの黒人に計画を拡大しなければなりませんし、奴隷主と奴隷がそれに同意できるように促すことができる十分な資金が認められなければなりません。奴隷主の同意がない場合、黒人奴隷に関する場合、恩恵は非常に限られ、合衆国に関する場合、本質的に欠陥があるものとなるでしょうし、奴隷主の同意は大部分、[奴隷の]購入によって得られるに違いありません。幸運な始まりに適切かもしれませんが、[奴隷主からの]自発的な協力で、そうした救済策の拡大に必要な額を賄うことが望めるでしょうか。慈善と愛国心を示すことによって、個人に莫大な重荷を課すことは妥当なことでしょうか。達成されるべき目標は、人類の目標であり、すべての者に同じく訴え掛けるものであり、国家の目標として、国家の仲介が必要です。恩恵を得るのは国家なのです。それゆえ、国家が重荷を背負うべきです。奴隷主が彼らと喜んで別離することになっても、合衆国のすべての奴隷に関する［補償の］支払い、移送、そして、外国の土地への入植に要する莫大な額を、合衆国の善良な人々に課税すればよいのか、もしくは公

債を奴隷制自体の悪弊に次ぐ悪弊となり得る規模に増大させるような借入に頼ればよいので
しょうか。幸いにも、もし奴隷制が国家の悪弊として廃止されるべきであり、国費でそれを
達成することが公正であれば、費用の総額はそれほど重要な問題ではないと述べることでこ
の問題についてさらに答える必要はありません。人民に課税することなく、または公債を増
やすこともなく、この偉大な目標に適った財源を合衆国が持っていることは、特別な幸運と
いうよりもむしろ神の祝福です。非常に広大な未使用の領域があり、その売却し得る価値は
非常によく確かめられていることについて私は言及しています。奴隷の数を約150万人と
し、彼らの平均価格を400ドルとすると、総費用は6億ドルです。こうした見積もりはおそ
らく実際以上のものでしょう。第1に奴隷主と別離しようとしない者、第2に奴隷主によっ
て無償で自由にされる者、第3に諸州の解放規定の下で自由を得る者、第4にアフリカの入
植地で支援を得るよりは今の場所で奴隷であるほうがましだという者などそうした奴隷の数
が差し引かれます。一方で、移送と入植の費用は見積もり額に含まれていないこと、そし
て、計画の実行に要する期間に奴隷が増え続けることにも注目しなければなりません。全体
として必要とされる合計額は約6億ドルだと言えるかもしれません。これには1エーカー
［約0.4ヘクタール］につき3ドルとすると2億エーカー［約81万平方キロメートル］の土
地、もしくは1エーカー［約0.4ヘクタール］につき2ドルとすると3億エーカー［約120
万平方キロメートル］の土地が必要となるでしょう。その面積はそれ自体は非常に広大です
が、おそらくアメリカ合衆国に属する使用可能な領域の約3分の1にもなりません。そし
て、目的が非常に善良で、非常に偉大であり、非常に誉れあるものであるために、特別な財
源を割り当てることができないわけはありません。土地の販売が自由で文明化された人々に
よる不毛の地へ入植となる一方で、別の人々に自由を与えることになり、別の不毛の地は彼
らによって満たされることになります」

巻末史料 9⁻¹⁴

マディソンからからラファイエット Marie-Joseph-Paul-Yves-Roch-Gilbert du Motier,
Marquis de Lafayette に宛てた手紙（1826 年 11 月）
「部分的な方式について言うべきことは何もありませんが、議会に必要な権限を与えたう
えで、生まれた時にすべての女児を買い取り、基本的な教育を受けさせるという条件で妥当
な年齢まで所有者に奉仕させるよりも単純な方法があるでしょうか。女児の年間出生数は 2
万人と言われていますが、1 人につきせいぜい 100 ドルもかかりません。国家が被る総額は
国庫の範囲内に収まります。しかし、そうした試みがあるとは聞かれませんし、2 つの人種
が共存しても両方とも自由で平等になることはできないという見解は残るでしょうし、消す
こともできないと思われます。したがって、有色人種のための外部の避難所が絶対に必要な
のです」

巻末史料 9⁻¹⁵

マディソンからラルフ・ガーレー Ralph Randolph Gurley に宛てた手紙（1831 年 12 月
28 日付）
「現時点の多くの状況は、［アフリカ植民］協会の見通しを明るくすると同時に、わが国を
長い間苦しめ多くの者の心を絶望で満たしてきた恐るべき災厄が公正、平和、そして、全体
の満足と矛盾しない手段で徐々に取り除かれる時がやがて来るだろうという希望を抱かせる

ものです。したがって、わが国に自由の恩恵を完全に享受させ、世界にその偉大な模範の恩典を与えることになります。解放の欠点、人口の増大に対して避難所が不適切なこと、そして、新たな故国に奴隷を移転させるための莫大な費用などを大事業に関わる主な障害だと思ったことはありません。法が認めるような個人的な解放の精神と国外追放への同意は増していますし、これからも増すでしょう。そして、奴隷を所有する各州の当局が強い効果を及ぼすさまざまな方式で介入を行うつもりであることが十分に示されています」

巻末史料 9⁻¹⁶

巻末史料 9[-16]

マディソンからジェファソンに宛てた手紙（1826 年 2 月 24 日付）
「私が私的生活に戻って以来（そして公職にある間にも状況は悪化していましたが）、冷厳な季節と虫による惨害があったので、まずまずのタバコと小麦しか作れませんでした。両方の収益は売却における分で大いに減じました。私が当てにできる収入源はまったくありませんし、ほとんど借入という手段で暮らしています。必然的な結果として、私の負債額は膨れ上がっていて、もし現在を危機と呼ぶのであれば、私の状況はあなたの危機と同じ程度でしょう。幸いにも私は苛酷な困窮に脅かされていませんし、穀物の作柄が良くなって価格も上がれば、最後の手段である資産の処分に猶予が見込めるでしょう」

巻末史料 9[-17]

ハリエット・マーティノー Harriet Martineau の『西部旅行の思い出』（1838 年）
「彼は寄る年波でリューマチにひどく苦しめられるので、この冬の間、1 つの部屋に閉じ籠もって、9 時前の朝食後に起床し、それから夜の 10 時まで安楽椅子に腰掛けている。私が訪問している間、彼は非常に具合が良いようで、83 歳としては驚異的な男性であった。片耳がほとんど聴こえないと彼は文句を言っていた。視力についても文句を言っていたが、もともと完全ではなく、読書の妨げになっていたので、勉学が「ごく限られる」とのことだったが、マディソン夫人が読み上げるのを聞くことができるし、彼が会話を少しでも聞き逃すようなことはないように思えた。最初に私が彼を見た時、彼は枕を挟んで椅子に座っていた。彼の姿は、黒い絹のガウンで覆われていました。頭には暖かそうな灰白の帽子を被っていた。夫人は帽子がいつもきちんとなるように気を配っていた。そして、リューマチに悩まされている手には梳毛製の手袋がはめられていた。彼の声は明快で力強く、話し方はとりわけ活き活きとしていて、時には楽しげだった。顔が小さく、そして、年老いていることを除けば、一般に流布しているような彼の印象は完全であった。彼はまったく歯を失っていないようで、したがって、年齢の際立った特徴を除いて顔の形は保たれている。非常に楽しい出会いであった。［中略］。彼の性質の中で最も素晴らしいと私に思えるものは、彼の尽きることのない信念だとのみ私は言及したいと思う。我々の座右の銘のように、きちんと構築された国家は不滅であるという信念である。それは、国家を構成する人民は決して滅びることなく、そうした国家が生起するもとになった公正の原理は、決して人民の心と精神から消えることがないからである。1 つの問題［奴隷制］を除けば、マディソン氏の会話全体からこの信念が眩いばかりに輝いているようであった。奴隷制に関して、彼自身、奴隷を所有しているが、ほとんど絶望していた。彼は、［アメリカ］植民協会ができるまで本当にそうだった。彼の精神が、奴隷問題から生じる不安への慰めをいかに協会の設立から得たかは驚くばかりである。［中略］。彼は他の何よりも奴隷制について話したが、奴隷制に伴うすべての悪

弊は非難されるべきだと制約も躊躇もなく認めていた。ヴァージニアの黒人人口は、白人人口よりも速く増えると彼は私に語った。そして、性的放縦のために種［黒人］の絶滅までには至らない。つまり、すべての奴隷の少女は、15歳の時から母になることを期待されている。このことから彼は、私にはどうしてかは分からないが、黒人はどこかへ行かなければならないと考え、いかに自由州が黒人の移転を阻害しているかについて指摘した。そして、いかにカナダが黒人の移転に同意せず、いかにハイチが黒人を受け入れないかを指摘した。そのためアフリカが唯一の避難所である。彼は、黒人が解放された時にどうしてその場に留まることができないのか何ら理由を説明しなかった。彼の地所からの最新の報告によると、奴隷の3分の1が5歳以下だということが分かったそうである。増加する人口を養うために、彼は最良の土地を手離したが、それでもまだ足りずに先週、多くの奴隷を売らなければならなかった。黒人奴隷制は聖書に反しているが、聖職者はそれを説こうとせず、人々はその事実を見ようともしないと彼は述べた。［中略］。マディソン氏は、奴隷人口を抱える諸地方が、全体が自由な人民である諸地方と争う際に無力であることを強く主張した。そして、北部に対して優位を維持できるという南部諸州の考えを嘲笑した。また非常に簡単なことであるのに、どうして考える者すべてがそれに同意できないのかと不思議に思っていた。彼は、連邦議会が国内の奴隷貿易を禁止する権限を持っていると信じていた。［中略］。活動的な老人は、リューマチで不自由だと自分自身で言っていたが、朝食を食べて起床し、我々が朝食の席に着くまでに衣服を整えていた。手紙と新聞が届くまで彼はアメリカ大統領や現在の政治家について2時間程よく話した。［中略］。話が佳境に差し掛かっている中で我々はモンペリエに別れを告げなければならなかった。マディソン氏はきちんと別れを告げなかった。我々が南部と西部から帰って来た時に再び訪問するだろうと確信していたからである。我々も心からそう願っていると言う必要はなかった。しかし、我々は彼と2度と会うことはできなかった。その夏、我々の行路が彼の住まいの近くから逸れてしまったので、［訪問する］機会がなかった。我々は時々、活き活きとして愉快で素晴らしい報告や政治や文学の追究などの報告を彼から聞いた。しかしながら、翌春、彼は老衰で1836年6月28日に亡くなった」

巻末史料9[-18]

マディソンからジャレド・スパークス Jared Sparks に宛てた手紙（1831年6月1日付）
「［ジョージア邦代表ウィリアム・］フュー大佐が亡くなって以来、［私が］合衆国憲法の署名者の唯一の生き残りだということが確定しました。出席したが署名はしていない代表達、もしくは部分的に出席したが会議を去った代表達の中でも、少し前に［ニュー・ヨーク代表ジョン・］ランシング氏が奇妙にも姿を消して亡くなって以来［1829年12月12日に失踪後、消息不明になったが後に政敵に殺害されたことを示唆する証言が行われた］、誰も残っていないことが同じく確定しました。また私は戦争終結前の［ヴァージニア］革命協議会の代表の最後の生き残りになってしまいました。というのは私は何年かの間、ヴァージニアのための最初の議会として結成された革命協議会の一員だったからです。私の同時代の多くの人々よりも私は長生きしたので、あまりに私が長生きし過ぎていると思われているかもしれないことを私は忘れるべきではありません」

巻末史料 9^{-19}

マディソンからテンチ・リングゴールド Tench Ringgold に宛てた手紙（1831 年 7 月 12 日付）
「我々の素晴らしい友［モンロー］の死に関して私に届いた最初の詳報である 7 月 7 日と 8 日のあなたの 2 通の手紙を適切な時期に受け取りました。そして、私は、彼が生き永らえることができなかった長患いの間、あなたが示してくれた親切に、彼が最も愛した者達と同じく私が担うべき感謝を加えることなくこれらの消息に返信することはできません。彼について十分によく知っているあなたに、彼の気質と物分りの良さ、彼の原理の純粋さと気高さ、彼の愛国的な献身の重要性、そして、全生涯が手本となるような多くの彼の個人的美徳をいかに私が高く評価していたか、それゆえ、彼を失ったことを最も痛切に感じる者にいかに深く同情しているかわざわざ言う必要はないでしょう。緊密な友情が、非常に長い期間とさまざまな情景で続き、言葉で完全に言い表せないような愛情に育ちました。したがって私は、彼の臨終の時に相互関係が失われなかったという明白な証が示されたことを尊重したいと思います」

巻末史料 10^{-1}

ドリーからマディソンに宛てた手紙（1805 年 11 月 1 日付）
「スペインとの戦争やイギリスとの不和に関して何か情報を教えて下さい。というのはここではその情報が一般的に求められていて、私はどのような推量をすればよいか途方に暮れているのです。ご存知の通り、私は政治について詳しくはありませんが、（あなたが適当だと考える限り）この問題について閣内で何が進行しているかを聞きたいのです」

巻末史料 10^{-2}

ドリーからアンナ・カッツ Anna Payne Cutts に宛てた手紙（1814 年 8 月 23 日付）
「親愛なる姉妹へ。わが夫は、ウィンダー将軍と合流するために昨日の朝、私を残して行ってしまいました。夫は心配そうに、翌日かまたは翌々日に帰還するまで大統領官邸に留まる勇気や強さを持っているかと聞きました。彼を愛していることとわが軍の成功を信じていることを私が断言すると、夫は、身の安全と公私にわたる文書に配慮するように嘆願して私を残して去りました。それから夫から鉛筆書きの 2 通の急信を受け取りました。2 通目は警告でした。『危急の際には馬車に乗って街を去るように望む。以前の報告よりも敵は強力のようだ。敵は街を破壊するつもりで来ることが予期される』。それに従って私は準備をしました。1 台の馬車に載せられるようにトランクに文書類を詰め込みました。私達の個人的な文書を犠牲にしました。輸送するための馬車を手配することができなかったからです。夫マディソンの安全を確かめるまで、夫が私とともに行けるようになるまで出発しないように決心しました。夫に多くの敵意が向けられていることを聞いていたからです。不満が私達を取り巻いています」

巻末史料 10^{-3}

マディソンからドリーに宛てた手紙（1814 年 8 月 27 日付）
「敵がワシントンを出て船に向けて撤退中であり、我々はすぐにワシントンに帰還すべきだという助言を書いた報せをモンロー大佐から受け取ったばかりです。それに従って我々は

兵士達を出発させました。あなたももちろん同じように決心するでしょう。最初に我々がどこに身を落ち着けたらよいのかは分かりませんが、私の到着に合わせて［ふさわしい］場所を探しています」

巻末史料 10⁻⁴

マディソンからジョンに宛てた手紙（1825年11月13日付）

「あなたに私は何と言えばよいのだろうか。非難を口にするのは苦痛だが、どのようにしたらそれを避けることができるだろうか。あなたの母親への最近の手紙は、2、3日もすれば我々はあなたに会えると確信させるものでした。さらにあなたの長く不可思議な不在によって非常に心を痛めている最も優しい母親の不安を和らげ、期待外れを説明するような文言は1行もなく数週間が過ぎました。分かっているすべての用途を賄うのに十分な額が送金されていますが、このような不可解な状況下でのあなたの遅延は理解に苦しみます。その理由が何であれ、我々に対して責任があるように、あなたはあなた自身に、そうした理由をもはや使わない責任があります。最悪の状況が分かれば、まだそれは最善の状況になるかもしれません。この問題について長々と論じることは止めたいと思いますが、私はあなたに、両親を早く抱き締めて両親を苦しめている不安を終わらせてくれること、この手紙を受け取った後の最初の手紙で母親へ1行でも書くこと、そして、あなたがそうすることをすぐに保証してくれることを懇願し呼び掛けることなく話を終えることはできません。母親の今の気持ちに何らかの救いを与えるのに早過ぎることはありません。あなたの愛する父より」

巻末史料 11⁻¹

マディソンからジェファソンに宛てた手紙（1786年6月19日付）

「この前、あなたにわが国のモグラについて細目を送りました。私の文書の足りない部分を補うのに何かよいものはないかと探して、今回、私は、2日前にわが国の四肢動物、つまり、イタチで得られた検証結果を付け加えます。イタチは雌で私の手元に来た時は死んでいました。［中略］。［アメリカの］イタチの重さや寸法、そして、ビュフォンのイタチや白テンの重さや寸法との比較は次の通りです。［中略］。膀胱は空で、その膜はとても薄く、口蓋の2つの溝は途中で切れていますが、それは［ヨーロッパの］イタチで記録されているのと［アメリカの］イタチも同じであり、白テンで記録されているものとは異なります。［アメリカの］イタチの脾臓は両側で同じ色です。白テンでは、脾臓は［アメリカの］イタチと同じく片側は赤茶色で、もう一方はとても青白い色です。この事柄について［ヨーロッパの］イタチに関して言及すべきことはありません。［アメリカの］イタチの右の腎臓はちょっと左寄りであり、白テンと全長が違います。［アメリカの］イタチの仮肋の数が、［ヨーロッパの］イタチと同じく4本、もしくは白テンと同じく3本であるかどうかを確かめることはできませんでした。［ヨーロッパの］イタチと白テンの性質の差を考慮し、［アメリカの］イタチを両者と比較すると、以下のようなことが示されます。第1に、もしここで検証された個体が一般的な大きさである限り、［アメリカの］イタチは、大きさの点で両者の間に位置するが、後者と比べて前者とそれほどかけ離れてはいません。目に見える乳首がないことは、その個体が若いことを示しています。さらなる可能性のある示唆は、上顎と下顎の奥歯が小さいことであり、歌下顎の奥歯は小さな針の先ほど大きくなく、上顎の奥歯は隣接する歯と不均衡です。第2に、［アメリカの］イタチは、白テンと尻尾の長さとその先端が黒い点で

類似しています。しかし、［ヨーロッパの］イタチとも胴体の脊椎の数の点、そして、尻尾の先端の毛の短さの点で類似しています。第3に、［アメリカの］イタチは、白テンと足の色で類似していますし、［ヨーロッパの］イタチと耳の端の色が似ています。第4に、［アメリカの］イタチは、腎臓の相対的な位置に関して白テンではなく［ヨーロッパの］イタチに類似しています。第5に、［アメリカの］イタチは、白テンが温暖な気候に住むという点で異なっています。［アメリカの］イタチが、寒冷な気候に住まないという点で類似しているかどうかはまだ検証が必要でしょう。第6に、［アメリカの］イタチは、もし［ヨーロッパの］イタチが冬期に白くなることがよく確かめられているのであれば、冬期に白くならないという点で異なっています。ビュフォンはその例があると断言しましたが、それがその種の単にアルビノであるかどうかは疑問が残ります。［中略］。比較の結果、尻尾の先端の黒さと足の白さが白テンを［ヨーロッパの］イタチと対比区分する特徴と見なされるのにもかかわらず、わが国のイタチは、前者ではあり得ないでしょうし、後者の1種以外の何ものでもないでしょう。この結論は非常に強固であり、わが国のイタチの形態は、白テンの形態よりも、［ヨーロッパの］イタチの形態とほぼ対応しています。そして、もしその結論が正しいとすれば、両大陸に共通する動物の中でその気候に影響を受けない動物はいないというビュフォンが示した見解の例外となるかもしれません。この結論は、両大陸に共通する動物の中で新大陸の動物が旧大陸の動物よりもあらゆる事例で小さいというビュフォンの主張と確実に相容れません」

巻末史料11⁻²

奴隷制廃止論者に対する覚書（1789年10月）
「アフリカ海岸に自由黒人の入植地を建設する最も適切な手段やその実現可能性を問わなければ、そのような収容する場所が提供された場合、合衆国南部での解放を大いに刺激し、今や60万人を下らない不幸な黒人達が巻き込まれている奴隷制を終わらせることができる希望になるかもしれないという善意の試みに至る1つの原動力として認められるかもしれません。アメリカ南部のすべての州は、特定の但し書きの下で奴隷主にその奴隷を解放することを認めています。しかし、数州でのそうした認可の継続は、悪徳と奴隷の習慣を保持している解放された奴隷から被る悪い影響によって不安定になっています。同様の考えによって、多くの人道的な奴隷主が彼らの奴隷を解放する法的権利の実行に反対しています。彼らの状態をそのように変えることによって、自由を取り戻した個人の幸福も社会の善も推進されないという事実があります。こうした変化を社会だけではなく奴隷に実行可能なものとするために、後者を前者に完全に統合することが解放の結果として生じなければなりません。これは白人の偏見によって不可能です。主に［肌の］色の違いから促進される偏見は恒久的であり克服できないと考えなければなりません。残されている手段は、自由を獲得した奴隷達に適切な外部の避難所を提供することです。アメリカの内陸の荒野とアフリカ海岸は、最も明確な選択肢です。強硬な反対がなくても、前者は大掛かりになるでしょう。もし［解放奴隷の］入植が白人のフロンティアからかなり離れて行われることになれば、黒人に対して特に反感を持つ未開人によって入植地は破壊されるでしょう。もしそうした試みが白人の入植地の近隣で行われることになれば、彼らの特徴と抑圧者と被抑圧者という以前の関係が刺激する感情を保持することによって区別される2つの社会の間で平和は長い間維持されないでしょう。その結果、アメリカにおける奴隷制の廃止に向かって、奴隷主の人間性を引き出

し、そして、次第に諸政府の人間性と政策を引き出せるように黒人達に外部の入植地を与える試みは、アフリカ海岸か他の海外の場所で追求されるべきです」

巻末史料 11⁻³

マディソンからフランシス・ライト Frances Wright に宛てた手紙（1825 年 9 月 1 日付）
「我々の間におけるこの悪弊［奴隷制］の重大性は非常に深く感じられていますし、非常に広く認識されているので、そのための満足な救済策を考案する利益はどのような利益よりも優るでしょう。不幸にもその骨の折れる仕事は、その他の状況の下では簡単ではなく、奴隷の状態に置かれている者達の身体的特徴が彼らの白人社会への統合の障害となることによって、そして、彼らの追放で起こる広い分野での空白—そうした空白に白人労働者が流入することはなく、それは追放に続いて起こり、そうした流入なしでは土地所有者達の期待を挫く影響を与える—によって、ますます難しくなります。悪弊に対してあなた達が計画している救済策は、2 つの特徴に有望な配慮を与えることが推奨されます。第 1 に、金銭的な補償があってもなくても、奴隷主との自発的な意見の一致が必要です。第 2 に、解放された者を海外か遠く離れた地域に移送することを考えなければなりません。そして、もし［解放奴隷の］実験的な入植地が［解放されていない］奴隷が住んでいる地域の近隣を避けるのであれば、さらなる反対への予防策になるでしょう。こうした条件を適切に満たそうと考えれば、特に解放された黒人を移送することについて、奴隷が解放と移送に必要となる資金の全部か一部を稼がなければならない問題と同時に、自由な生活と社会秩序を十分に教える過程の適切さに関する問題が生じます。教育の適切な方針に関してはそれ自体に何も深刻な問題はありません。そして、彼らが準備の段階で奴隷状態を続け、彼らに対する十分な権限が認められている諸州の管轄に属していても、十分な訓育は実行不可能なわけではありません。そうした訓育がどの程度、必要とされる労働を強制することになるのか、そして、自発的な勤勉性がどの程度、強制的な労働の欠陥を補うのかは、実際的な試みから何らかの光を得ることなくして確かに肯定的であるとは言えない重要な点でしょう」

巻末史料 11⁻⁴

マディソンからジェディダイア・モース Jedidiah Morse に宛てた回答（1823 年 3 月 28 日付）
「1、［『農園主は一般的に彼ら自身の農園に住んでいるのでしょうか』という問いに対して］はい。2、［『10 人から 15 人の奴隷につき 1 人の監督者を農園主は雇っているのでしょうか、それとも奴隷を農園主自身で監督しているのでしょうか』という問いに対して］ごく少数の例外を除いてそうした数に応じて監督者を雇います。［中略］。4、［『奴隷の所有権を抵当に入れることは普通であり一般的な慣習なのでしょうか』という問いに対して］土地を抵当に入れることは一般的にありませんが、奴隷を抵当に入れることは時々あり、両方は滅多にありません。5、［『債務の履行の下で奴隷の所有権の売買は頻繁に行われるのでしょうか、そして、年間にその売買は全体でどれくらいの割合になるのでしょうか』という問いに対して］イギリスの一般法規が土地と負債の関係を規定しています。奴隷はしばしば債務の履行の下で売却されます。全体の比率は 1 年間において、債務の額や債権者の取り立てに対してそれほど大きなものではありません。［中略］。12、［『農産物用の容器を作ったり、奴隷のための衣服を作ったりする農園主はいるのでしょうか。そして、もしそうであれば、購入

される物よりも奴隷は良い衣服を着ているのでしょうか』という問いに対して〕一般的に奴隷は良い衣服を着せられていますし、家内での製造業は増しています。〔中略〕14、15、〔『特定の労働、もしくは日割りで奴隷を使役するのが一般的な制度でしょうか』という問いと『前者の例の場合一般的にどのくらいの時間働くのでしょうか。後者の場合はどのくらいでしょうか。主人はどちらの制度を好みますか。奴隷はどちらを好みますか』という問いに対して〕奴隷が定期的な特定の仕事で雇われることは滅多にありません。勤勉によって得られる余剰の時間を報酬として与えられる時のみ彼らはそれを好みます。16、〔『彼らに食料を与えるよりもある程度の時間を与えるほうが一般的でしょうか。その場合、どの程度でしょうか。奴隷の選択肢はどのようなもので、どちらが一般的なのでしょうか。どちらの制度が奴隷にとって最善で最も快適なのでしょうか』という問いに対して〕食料を与える代わりに時間を与えるという慣習はありません。17、〔『多くの小さな農園主は少数の奴隷のみを所有しているのでしょうか。このようなやり方で行われていると思われる者の割合は全体でどれくらいでしょうか』という問いに対して〕土地の細分化の進展によって非常に増えていますが、その割合は明記できません。18、19、〔『そうした場合、奴隷はほとんど家族の一部のように見なされ扱われるのでしょうか』という問いと『奴隷は、彼らの状況と主人の状況が近い場合、良い暮らしを送ることができるのでしょうか』という問いに対して〕奴隷の数が少なくなり、奴隷の所有者が少なくなればなるほど、寛大さと親密さは増します。大規模な奴隷の集団からなる地方では、数が多くても少なくても彼らの状態はあまり違いがありませんし、所有者の性質の違いにかかわらず、数が多ければ多いほど扱いは厳しくなります。20、〔『奴隷の宗教、もしくは宗教的指導に関する状態はどのようなものでしょうか』という問いに対して〕宗教的指導の一般的な制度はありません。宗教礼拝ができる場所が近くにほとんどありませんし、彼らはそれに頼ることがありません。多くの者は会衆派の構成員で主にバプティスト派であり、中には伝道者を務める者もいますがほとんど読むことができません。21、〔『奴隷が正式な結婚することは一般的でしょうか』という問いに対して〕一般的ではありませんが、そうした事例が増えています。22、〔『もしある男奴隷が異なる、もしくは遠くの農園の女奴隷と交際した場合、男女の所有者の間で彼らが一緒に住めるように何らかの協定がなされるのが一般的な慣習でしょうか』という問いに対して〕非常に離れた農園の間でも協定がまったくないわけではありません。奴隷は異なった農園にいる妻を好みます。外に出る機会と口実になりますし、家庭内の責任があるので休日のちょっとした呼び出しから除外されるからです。23、〔『アメリカ合衆国では、奴隷が年に約3パーセントで増加しているようです。同様のことが他の場所でも起こっているのでしょうか。もし何らかの統計があれば示して下さい。こうした増加の原因は何か、そして、それが起こっていない場所でそれをどのように防ぐかを示して下さい』という問いに対して〕統計によると奴隷の増加は顕著であり、性的交わりにおける道徳的かつ慎み深い抑制が比較的欠けている結果によります。そして、同時にそうした性的放縦を緩和するものがないこと、西インド諸島が男奴隷の数よりも女奴隷を少なくするような悪しき例がアフリカとの奴隷貿易で模倣されていることによります。24、〔『奴隷の子どもを育てる費用と子どもが何歳になったら所有者に利益をもたらすかさまざまな農園主の見積もりを得たい』という問いに対して〕子どもの奴隷を育てるためにかかる食料と衣服の年間費用は、約8ドルから9ドル、もしくは10ドルであり、所有者が利益を得られるようになる年齢は9歳や10歳くらいです。25、〔『奴隷による耕作を自由民による耕作と比較するとどれくらい安上がりになるかに関する情報を得たい』という問いに対して〕こうした2つの耕作方式の間でどちらが安価か比較するような資料はここにはあ

りません。26、[『自由黒人が農地で働くのは一般的なことなのでしょうか』という問いに対して]彼は時々雇われて収穫の時期やその他の特別な場合に農地で働きます。[中略]。29、[『自由黒人の奴隷に対する割合は増えていて、反乱の危険性は減少していると考えられるのでしょうか』という問いに対して]むしろ増えています。31、[『自由黒人は彼ら自身を奴隷、もしくは白人のどちらと緊密な関係を持っていると見なすのでしょうか。そして、反乱の場合、一般的に彼らはどちらに味方するのでしょうか』という問いに対して]奴隷とより緊密な関係を持っていて、反乱が起こった場合は奴隷の味方をする可能性が高いでしょう。32、[『勤勉さと秩序に関して自由奴隷の一般的な性質は奴隷と比較してどうでしょうか』という問いに対して]一般的に無気力であり堕落しています。彼らが関わり続ける奴隷達の悪い性質を保持する一方で、彼らの肌の色や特徴に対する偏見によって隔てられるので白人の良い性質を何も得ていないように思えます。33、[『特定の州で解放が行われたという事例はありますか、もしある場合、その結果はどうでしょうか』という問いに対して]州に委ねられた現在の法的地位において機会に応じて起こり得ます。34、[『進行中の全国的な奴隷解放の案はありますか、もしあればそれはどのようなものですか』という問いに対して]ありません」

巻末史料11[-5]

　マディソンからトマス・デュー Thomas R. Dew に宛てた手紙（1833 年 2 月 23 日付）
「国外追放と解放を合わせたいかなる計画も即座に、もしくは早期に実行できる可能性はなく、国外追放なしでの解放は受け入れられないと気付いています。しかし、二重の作用を与えることによって、段階的な救済策を試みる利便性に私は従います。もし解放が唯一の目的であれば、奴隷制の消滅は容易で安価でかつ完全でしょう。生まれた時にすべての女児を公費で購入し、養育費を支払えるまで奴隷状態に置くことは、限られた期間では最終的な手段です。国外追放の条件について、解放の費用、もしくは国外追放の費用や手段のいずれにも大きな困難はないように思えますが、第1に必要となる収容地の獲得、第2に移送される者の同意を得ること、第3に労働力の不足が生み出される点で大きな困難があります。費用に関して、第1に自発的な解放によって大部分は節減され、それは道徳心の影響と多くの奴隷達を改善するという見込みの下で増えるでしょう。第2に、豊かな者、慈善家、そして、良心的な者からの贈与や遺産によって多くが期待されます。第3にすでに示されている模範や徴候を促進する諸州による立法的な認可からさらに期待できます。第4に連邦議会に信託されている公有地の間接的、もしくは直接的な販売から支援を得る余地が絶望的にないわけではありません。十分な金銭的な手段とともに、追放者の海上輸送の便宜は、わが国の現在の船舶トン数とそれを拡大し得る敏速さによって、去年にヨーロッパから北アメリカに到来した移民の数によって、そして、アフリカ海岸から大西洋を渡って1年間で運ばれた多くの奴隷の数によって示されています。適切な収容地の獲得における困難について、それはかなりのものですが、落胆するほどではありません。アフリカは植民の対象として当に好ましい選択です。その地での見込みは前途洋々でしょう。第1にすでに領域が獲得されています。第2に海岸の広さはいまだに探索されていませんし、それは同じく好都合です。第3に、海岸の入植地を、新参者と先住民の間の身体的な親密性と前者の道徳的優越性という支えの下、隣接する内陸に拡大できます。第4に、広大な内陸地域は今や航行可能な水系によって入ることができますし、植民の試みに新たな地平を開きます。しかし、アフリカは主な候補

地ですが、検討されている唯一の収容地ではありません。補助的な収容地として、この大陸に隣接する有色人種がすでに支配的であり、革命の車輪が時々、同様の結果を生み出す諸島が挙げられています。解放奴隷のための他のまだ決定されていない収容地が見過ごされているわけではありません。それは合衆国の管轄下にある領域にあり、遙か遠方ではありませんが、ある程度の期間、身体とその他の特徴で互いに区別される人々が近隣することで生じる恐れがある衝突を避けることができると考えられます。個人の同意も移送計画のまたもう1つの前提です。現時点ですでに自由の状態にある者が彼らの故国を去ることに反感を示すことが知られています。そして、奴隷達の間には、見知らぬ遠い土地で自由の状態にあるよりも現在の状態をほとんど全般的に好むという傾向があるでしょう。しかし、両方の人々、特に奴隷達において、白人側を通じて彼らに与えられる好ましい説明に対する不信感から嫌悪感が生じます。徐々に真実は、彼らが信用する情報源から彼らに達し、移送に対する彼らの嫌悪感は、それを実現する手段が得られるのと同じくらい敏速に克服されるでしょう。奴隷の移送によって減退する労働力を置き換える困難は、そうした試みに対する克服できない反対を刺激しているようです。それに対する答えは、第1にやはり白人移民です。［アメリカに］残留する人々の余剰が年々、徐々に増えています。第2に、［労働］需要の増加は、どこか他所の人口に引き付けるだけの余剰ができれば、外部からの白人の引き付ける動機となるでしょう。第3に、タバコ栽培を利益が上がる範囲内に集約させる一方で、西部との引き続く競争で必要な貯蓄を減じることなく、種蒔きで労働力の一部を節減できる農業の仕組みが採用されています。第4に、進展は緩慢であり、多くの不便を伴っていて、その結果は確実ではありませんが、奴隷制を無気力に黙認したり、奴隷制自体よりもその性質と結果において破滅的な動乱によって奴隷制が消滅するのが望ましいわけではありません」

巻末史料11[-6]

マディソンからエドワード・リヴィングストン Edward Livingston に宛てた手紙（1822年7月10日付）

「信教の自由に好意的な一般的な進歩がなされたのにもかかわらず、わが国のある部分ではそれが完全に樹立された一方で、その他の場所では政治と宗教の連合、もしくは連携なしではどちらも真に支えられないという古い誤謬に向かう強い傾向があります。真にそのような連携への傾向は当事者両方に腐敗的な影響をもたらし、その危険に対してはいくら慎重に防護しても防護し過ぎることはありません。わが国のような世論の政治にあっては、この問題に関する一般的な世論の健全性や安定性にのみ最も効果的な防護策が見いだせます。したがって、教会と国家の完全な分離のあらゆる新しく成功した模範が重要なのです。あらゆる新しい模範が、あらゆる過去の模範と同じく、宗教と政治の両方がより高い純粋性を持って存在し、より混じり合わないようにすることで成功を収めることは疑いありません。法律による宗教の確立が正しく必要であるというのがかつてはすべての宗派の信念でした。真の宗教はその他のものを排除して確立されるべきです。そして、決めるべき唯一の問題は、どれが真の宗教かなのです。［中略］。我々は、王や貴族がいなくてもうまくやっているという偉大な真実を世界に教えています。その利点は、宗教が政府の支援がなくてもより高い純粋性の中で栄えているという教訓によって倍加します」

巻末史料 11⁻⁷

> マディソンからフレデリック・ビーズレー Frederick Beasley に宛てた手紙（1825 年 11 月 20 日付）
>
> 「すべての対象に対する人間の理解の有限性は人間自身をも裏切るものですが、無限に関して考える時は特にそうなります。言っても差し支えないと思いますが、無限の時間と空間はそれ自体で我々の観念に想像も及ばない制限を強います。原因と結果の無限の繋がりという考え方よりも原因が自ずと存在するという考え方を人間の精神はすぐに選択しがちですが、それは難題を避けるよりも増やすことになります。そして、見るからにそうした特質を欠き、それらの結果かもしれない宇宙が自ずと存在することを認めるよりも、無限の力、叡智、そして、美点を持つ隠れた原因が自ずと存在することを認めるほうが容易です。概念と信念が相対的に容易であることで、おそらくこの問題に関するすべての哲学的な推論は終わるでしょう」

総合年表

年	月日	できごと
1751	3.16	マディソン、ヴァージニア植民地ポート・コンウェイで誕生
	9.28	ワシントン、異母兄ローレンスに付き添ってバルバドスへ出発
	11	J. アダムズ、ハーヴァード・カレッジに入学
		フィラデルフィア・アカデミー（後のペンシルヴェニア大学）創立
		英議会、通貨法を制定、植民地の紙幣発行禁止
1752	6	フランクリン、雷を電気と確認
	7. 4	ジョージア、王領となる
	7.26	ワシントン、異母兄ローレンスと死別
	11. 4	ワシントン、フリーメイソンリーに加入
	11. 6	ワシントン、ヴァージニア植民地民兵の将校に任命される
		グレゴリウス暦が導入される
1753	8. 4	ワシントン、マスター・メイソン階位に昇進
	10.31	ワシントン、フランス軍への最後通牒送達の任務に出発
1754	1.16	ワシントン、最後通牒送達の任務から帰還
	3.15	ワシントン、ヴァージニア連隊の中佐に任命される
	4. 2	ワシントン、一隊を率いてオハイオ渓谷に向けて出発
	4.17	フランス軍、オハイオ川の要衝にデュケーヌ砦建設
	5.28	ワシントン、初陣でフランス軍の小部隊を破る
	6.19	オールバニー会議開催、7 植民地の代表集まる
	7.3-4	ワシントン、ネセシティ砦の戦いでフランスとインディアンの連合軍に敗退
	10.31	キングズ・カレッジ (後のコロンビア大学) 創立
	11. 5	ワシントン、ヴァージニア民兵を退役
	12.17	ワシントン、義姉からマウント・ヴァーノンを賃借
1755	4.19	フレンチ・アンド・インディアン戦争勃発
	5.10	ワシントン、英軍司令官エドワード・ブラドックの副官として復職
	6.19	ニュー・イングランド民兵、ボーセジュール砦占領
	7. 9	ワシントン、モノンガヒーラの戦いに参加
	7.16	J. アダムズ、ハーヴァード・カレッジを卒業
	8.13	ワシントン、ヴァージニア連隊の司令官に任命される
	8	J. アダムズ、教師を務める
	9. 8	ジョージ湖の戦い、植民地軍、フランス軍に勝利
1756	5.17	ヨーロッパで 7 年戦争勃発
	8.14	オスウィーゴ砦の戦い、イギリス軍、フランス軍に敗北
	8.21	J. アダムズ、法律を学び始める
1757	8. 9	ウィリアム・ヘンリー砦の戦い、イギリス軍、フランス軍に降伏

年	月日	できごと
	8.17	ジェファソン、父と死別
1758	4.28	モンロー、ヴァージニア植民地ウェストモーランド郡で誕生
	7. 8	タイコンデロガ砦の戦い、フランス軍、イギリス軍を撃退
	7.24	ワシントン、ヴァージニア植民地議会議員に選出される
	7.27	イギリス軍、ルイスバーグ要塞を奪取
	8.27	植民地軍、フロントナク砦を占領
	8	北米最初のネイティヴ・アメリカン居留地、ニュー・ジャージー植民地に設けられる
	11. 6	J. アダムズ、マサチューセッツの法曹界に入る
	11.14	ワシントン、デュケーヌ砦攻略に際し、民兵隊1個旅団を率いる
	11.25	イギリス軍、デュケーヌ砦を占領
	12. 5	ワシントン、ヴァージニア植民地民兵を退役
1759	1. 6	ワシントン、マーサ・ダンドリッジ・カスティスと結婚
	2.22	ワシントン、ヴァージニア植民地議会議員として登院
	7.25	フランス軍、ナイアガラ砦を放棄
	7.26	フランス軍、タイコンデロガ砦を放棄
	9.18	英軍、ケベックを攻略
1760	3.25	ジェファソン、ウィリアム・アンド・メアリ大学に入学
	9. 8	カナダのモントリオール陥落、フランス軍、全カナダをイギリス軍に引き渡す
	10.25	ジョージ2世没、ジョージ3世即位
	11.29	イギリス軍、デトロイト占領
1761	2.24	ジェームズ・オーティス、イギリス憲法の下の植民地の権利を主張
	3.14	ワシントン、義姉の死去に伴いマウント・ヴァーノンを相続
	5.15	J. アダムズ、父と死別
	12. 2	イギリス政府、植民地人によるネイティヴ・アメリカン領地への侵入を規制 英軍、五大湖周辺を支配下に置く
1762	1. 2	イギリス、スペインに宣戦布告しフロリダを攻撃
	11. 3	フランス、スペインにミシシッピ以西のルイジアナ割譲を約束
1763	2.10	パリ平和条約調印でフレンチ・アンド・インディアン戦争、7年戦争終結
	5. 7	ポンティアックの反乱
	10. 7	ジョージ3世、国王宣言でアパラチア山脈以西での植民地人の土地所有を当面禁止
	12.14	パクストン・ボーイズの虐殺
1764	2.15	フランス人、セント・ルイスを建設
	4. 5	英議会、砂糖条例可決
	4.19	英議会、通貨法制定、植民地の法定紙幣発行を全面的に禁止
	5.24	ジェームズ・オーティス、代表なき課税に反対
	10.25	J. アダムズ、アビゲイル・スミスと結婚

年	月日	できごと
		ロード・アイランド・カレッジ（後のブラウン大学）創立
1765	3.22	英議会、印紙条例可決
	3.24	軍隊宿営法発効
	5.29	ヴァージニア植民地議会、印紙条例反対の決議採択
	8.14	印紙条例に反対するボストン騒動始まる
	8	J. アダムズ、『教会法と封建法について』を発表
	8	植民地各地で「自由の息子達」が結成される
	9	J. アダムズ、「ブレインツリー訓令書」を執筆
	10. 7	植民地の代表者による印紙条例会議開催
	11. 1	ニュー・ヨークで印紙条例阻止の暴動始まる
	12. 9	ボストンの商人、不買協定に署名
	12	イギリス製品不買運動、全植民地に広がる
1766	2.13	フランクリン、イギリス下院で印紙条例反対について証言
	3.18	英議会、印紙条例撤廃、宣言法制定
	8	ニュー・ヨークで軍隊宿営法をめぐって市民とイギリス兵衝突
	11. 1	イギリス議会、通商法改正、アメリカ植民地が輸入するすべての糖蜜に課税
	11.10	クイーンズ・カレッジ(後のラトガース大学)創立
1767	3.15	ジャクソン、サウス・カロライナ植民地ワックスホーで誕生
	3	ジャクソンの父、ジャクソンの生前に亡くなる
	4.24	ジェファソン、ヴァージニアの法曹界に入る
	6.29	英議会、タウンゼント歳入法制定
	7. 2	イギリス議会、ニュー・ヨーク植民議会停止法制定
	7.11	J.Q. アダムズ、マサチューセッツ植民地ブレンツリーで誕生
	10.28	ボストンのタウン・ミーティング、タウンゼント歳入法に抗議して不買運動再開
1768	2.11	マサチューセッツ植民地議会、タウンゼント諸法反対の「回状」を各植民地議会に送達
	6.10	ボストンでリバティー号暴動発生
	8.28	ニュー・ヨークの商人、タウンゼント諸法の廃止までイギリス製品の輸入停止で合意
	10. 1	イギリス軍、ボストンに上陸
	11.15	イギリス、ネイティヴ・アメリカンとフォート・スタンウィクス条約締結
1769	3.10	フィラデルフィアの商人、イギリス製品の販売禁止に合意
	5. 8	ジェファソン、ヴァージニア植民地議会に初登院
	5.16	ワシントン、ヴァージニア植民地議会にタウンゼント諸法に反対する決議提出、採択される
	5.17	ヴァージニア総督、植民地議会を解散
	9	マディソン、カレッジ・オブ・ニュー・ジャージに入学
		ジェファソン、モンティチェロの建設を開始

年	月日	できごと
		ダートマス・カレッジ創立
1770	1.19	ゴールデン・ヒルの戦い、ニュー・ヨークでイギリス兵と市民衝突
	3. 5	ボストン虐殺事件起こる、J.アダムズがイギリス兵の弁護を担当
	4.12	イギリス議会、茶条項を除いてタウンゼンド諸法撤廃
	9. 7	J.アダムズ、プレストン大尉の弁護に成功
1771	5.16	ノース・カロライナ辺境民によるレギュレーターの反乱
	6	J.アダムズ、マサチューセッツ植民地議会議員に選ばれる
	9.25	マディソン、カレッジ・オブ・ニュー・ジャージーを卒業
1772	1. 1	ジェファソン、マーサ・ウェイルズ・スケルトンと結婚
	6. 5	ワシントン、渡し船の操業を始める
	6. 9	税関船ガスピー号襲撃される
	6.13	マサチューセッツ植民地総督、植民地議会から俸給を受け取らないと声明
	11. 2	ボストンのタウン・ミーティング、通信連絡委員会結成を承認
1773	2. 9	W.H.ハリソン、ヴァージニア植民地チャールズ・シティ郡で誕生
	3.12	ヴァージニア議会、植民地間通信連絡委員会を組織
	5.10	イギリス議会、茶法制定
	12.16	ボストン茶会事件起きる
1774	3.31	英議会、ボストン港閉鎖法制定
	5.20	イギリス議会、マサチューセッツ統治法、裁判管理法制定
	6. 2	イギリス議会、再度、軍隊宿営法制定
	6.20	モンロー、ウィリアム・アンド・メアリ大学に入学
	6	J.アダムズ、第1回大陸会議のマサチューセッツ植民地代表に選ばれる
	7	ワシントン、フェアファックス決議を主導する
	8. 1	ワシントン、ヴァージニア革命協議会に出席
	8. 5	ワシントン、第1回大陸会議のヴァージニア植民地代表に選ばれる
	9. 5	第1回大陸会議開催
	9.17	大陸会議、マサチューセッツのサフォーク決議を承認
	10.10	ダンモア卿戦争、ヴァージニア民兵、ネイティヴ・アメリカンを征伐
	10.18	大陸連盟結成
	10.26	大陸会議、散会
	12.14	ニュー・ハンプシャー植民地のポーツマスで最初の武力衝突発生
	12.22	マディソン、オレンジ郡の治安委員に選出される
		モンロー、父と死別
1775	1	J.アダムズ、「ノヴァングラス」を発表
	2. 9	イギリス議会、マサチューセッツ植民地が反乱状態にあると宣告
	3.23	ヘンリー、ヴァージニア植民地議会で「我に自由を与えよ、然らずんば死を」と演説
	3.25	ジェファソン、第2回大陸会議のヴァージニア代表補欠に選出される
	4.19	レキシントン＝コンコードの戦い、独立戦争の発端に

年	月日	できごと
	5.10	愛国派民兵、タイコンデロガ砦を攻略
	5.10	第2回大陸会議開催
	5.25	イギリス軍の援軍、ボストンに到着
	6.15	ワシントン、大陸軍総司令官に指名される
	6.17	バンカー・ヒルの戦い
	6.21	ジェファソン、大陸会議のヴァージニア代表として登院
	7.3	ワシントン、ケンブリッジに到着、アメリカ軍の指揮を開始
	7.5	大陸会議、オリーヴの枝請願を採択
	7.6	ジェファソンとディキンソンが起草した「武力抵抗の必要な理由の宣言」が採択される
	8.23	ジョージ3世、植民地は反乱状態にあると宣言
	8.28	フィリップ・スカイラー率いる大陸軍、カナダ遠征に出発
	9.28	モンロー、ヴァージニア第3連隊の少尉の辞令を得る
	10.2	マディソン、オレンジ郡の民兵隊の大佐に任命される
	10.13	ワシントン、漁船の武装化を指令、アメリカ最初の海軍となる
	11	モンロー、フリーメイソンリーの階位を得る
	11.17	ヴァージニア総督のダンモア卿、奴隷解放を布告
	11.29	大陸会議、外交を担当する秘密通信委員会を設置
	12.23	ジョージ3世、アメリカ植民地の海上封鎖を宣言
	12.31	ワシントン、自由黒人の軍隊参加を認める
	12.31	リチャード・モンゴメリー率いる大陸軍のケベック攻略失敗に終わる
1776	1.10	トマス・ペイン、『コモン・センス』を出版
	1	J.アダムズ、『政府論』を発表
	2.27	ムアーズ・クリーク・ブリッジの戦い、愛国派と王党派激突
	3.4	ワシントン、ボストン砲撃を開始
	3.17	英軍、ボストンから全面撤退
	3.25	モンロー、軍に入隊するためにウィリアム・アンド・メアリ大学を退学
	3.31	ジェファソン、母と死別
	4.6	大陸会議、アメリカの港をイギリス以外のすべての国に解放
	5.2	ルイ16世、アメリカへの秘密援助として100万リーヴルの支出を承認
	5.6	マディソン、ヴァージニア革命評議会に参加
	5.10	大陸会議、各植民地にイギリスから独立した新政府樹立を正式に勧告
	5.15	ヴァージニア議会、大陸会議の代表に独立宣言を提起するように訓令
	6.7	ヴァージニア代表のリチャード・リー、大陸会議に独立宣言の決議案を提出
	6.11	J.アダムズ、独立宣言起草委員に選ばれる
	6.11	ジェファソン、独立宣言起草委員に選ばれる
	6.12	J.アダムズ、戦争・軍需品局長に指名される
	6.21	ワシントンの暗殺計画、暴露される

年	月日	できごと
	6.28	ヘンリー・クリントン率いるイギリス軍、チャールストンの攻防で愛国派軍に撃退される
	6.29	ヴァージニア議会、急進的な最初の成文憲法制定
	7. 4	独立宣言採択
	7. 9	ワシントン、独立宣言を軍に読み聞かせるように指令
	8. 2	独立宣言調印
	8.27	ワシントン、ロング・アイランドの戦いで敗退
	9. 2	ジェファソン、大陸会議を辞す
	9. 6	J. アダムズ、英軍ハウ提督と和平交渉を行う使者の1人に指名される
	9.11	英軍ハウ提督との和平交渉決裂
	9.12	ワシントン、ニュー・ヨークからの撤退を決定
	9.15	英軍にニューヨークを占領される
	9.15	モンロー、ニュー・ヨークでワシントンの軍に入隊
	9.26	大陸会議、フランスとの通商・同盟条約締結交渉のための使節団派遣
	10. 7	ジェファソン、ヴァージニア邦議会議員に選出される
	10. 7	マディソン、ヴァージニア邦議会議員に選出される
	10.11	バルクァ島の戦いでアメリカ艦隊壊滅
	10.28	ワシントン、ホワイト・プレーンズの戦いで敗退
	11.16	ワシントン砦、陥落
	12.11	ワシントン、ペンシルヴェニアに後退
	12.25-26	ワシントン、トレントンの戦いで勝利
1777	1. 3	ワシントン、プリンストンの戦いで勝利
	1. 6	ワシントン、モリスタウンに冬営地を建設
	1.25	ワシントン、イギリスの支援者に対する布告を発令
	4.17	大陸会議、外務委員会を設置
	6.14	大陸会議、星条旗を制定
	7. 8	ヴァーモント議会、憲法を制定
	9.11	ワシントン、ブランディ・ワイン川の戦いで敗北
	9.20	パオリの虐殺
	9.26	英軍にフィラデルフィアを占領される
	10. 4	ワシントン、ジャーマンタウンの戦いで勝利
	10.17	ホレーショ・ゲイツ率いる米軍、英軍をサラトガで破る
	11.12	マディソン、行政評議会議員に選出される
	11.15	大陸会議、連合規約採択
	11.20	モンロー、少佐に昇進
	11	コーンウェイの陰謀、発覚
	12.17	ワシントン、ヴァリー・フォージの冬営地に入る
1778	2. 6	アメリカ、フランスと通商・同盟条約締結
	2.17	J. アダムズ、フランスへ向けて出港、J.Q. アダムズ、父に同行

年	月日	できごと
	4. 5	アダムズ父子、フランスに到着
	4.12	イギリスのカーライル使節団、アメリカに向けて出発
	4.23	ジョン・ジョーンズ海軍大佐、イギリス本土のホワイトヘイヴンを攻撃
	5. 6	ワシントン、米仏同盟締結を軍に布告
	5. 8	J. アダムズ、ルイ 16 世に謁見
	6.28	ワシントン、モンマスでイギリス軍と交戦
	7. 3	王党派、ペンシルヴェニアのワイオミング・ヴァリー襲撃
	7. 4	ジョージ・クラーク、民兵を率いてカスカスキア占領
	7.10	フランス、イギリスに宣戦布告
	8.29	米仏共同によるニューポート奪回作戦失敗に終わる
	11.11	王党派、ニュー・ヨークのチェリー・ヴァレー襲撃
	11.27	カーライル使節団、平和交渉に失敗し本国に向けて出発
	12.20	モンロー、軍を退役
	12.29	英軍にジョージア邦のサヴァナを占領される
1779	1	ジェファソン、ヴァージニア邦知事に選出される
	3. 3	ジョン・アシュ率いる米軍、ブライア・クリークの戦いでイギリス軍に大敗
	3.31	ワシントン、ネイティヴ・アメリカンの 6 部族連合への遠征を命じる
	6. 1	ジェファソン、ヴァージニア邦知事就任
	6.18	アダムズ父子、アメリカへ向けて出港
	6.19	ストノフェリーの戦いで英軍、ベンジャミン・リンカン率いる米軍を撃退
	6.21	スペイン、イギリスに宣戦布告
	7.15	アンソニー・ウェイン、ストーニー・ポイントの襲撃に成功
	8. 2	アダムズ父子、帰国
	8. 9	J. アダムズ、マサチューセッツ邦憲法制定会議の代表に選ばれる
	9.23	ジョン・ジョーンズ率いるアメリカ艦隊、イングランド沖でイギリス艦隊に勝利
	10	J. アダムズ、マサチューセッツ邦憲法を起草
	10. 9	米仏連合軍によるサヴァナ攻撃撃退される
	11.13	アダムズ父子、フランスへ向けて出港
	12. 8	アダムズ父子、嵐に巻き込まれスペインに上陸
	12.14	マディソン、大陸会議のヴァージニア代表に選出される
		モンロー、ジェファソンの下で法律を学ぶ
1780	2. 9	アダムズ父子、パリに到着
	3. 1	ペンシルヴェニア邦、奴隷制度の廃止を最初に決定
	3.14	スペイン軍、西フロリダのモービル占領
	5.12	南部の主要港チャールストンを英軍に攻略される
	5.25	コネティカットの 2 連隊、待遇改善を求めて示威活動を行う
	6.15	マサチューセッツ邦憲法批准される
	6	ジェファソン、モンローを中佐および軍監に任命

年	月日	できごと
	7.11	フランス軍の増援軍、ニューポートに到着
	7.27	J. アダムズ、オランダへ向けて出発、J.Q. アダムズ、父に同行
	7	ジャクソン、騎乗伝令として独立戦争に加わる
	8. 6	ジャクソン、ハンギング・ロックの戦いに参加
	8.16	南部でホレーショ・ゲイツ将軍率いる軍がキャムデンの戦いでイギリス軍に敗れる
	9.25	アーノルド将軍の反逆計画、発覚
	10. 7	愛国派、キングズ・マウンテンの戦いで勝利を収める
1781	1. 1	ペンシルヴェニア連隊、待遇改善を求めてフィラデルフィアへ
	1. 4	ジェファソン、リッチモンドに迫ったイギリス軍から逃れる
	1.17	ダニエル・モーガン率いる米軍、カウペンズの戦いで英軍を破る
	1.23	ワシントン、暴動を起こしたニュー・ジャージー連隊の鎮圧を命じる
	2. 6	大陸会議、財務局設置
	3. 1	連合規約成立
	3.15	グリーン率いる米軍、ギルフォード・コートハウスの戦いで英軍に大きな損害を与える
	4.10	ジャクソン、戦争捕虜になる
	4.25	ジャクソン、イギリス軍から釈放される
	6. 4	ジェファソン、モンティチェロから危うく逃れる
	7. 7	J.Q. アダムズ、ロシアのサンクト・ペテルブルクに向け出発
	8. 1	英将軍コーンウォリス、ヴァージニアのヨークタウン占領
	8.19	米仏連合軍、ヨークタウンを目指してニュー・ヨークを離れる
	8.29	J.Q. アダムズ、サンクト・ペテルブルクに到着
	9. 5	チェサピーク湾沖の海戦で仏艦隊、英艦隊に勝利
	9.28-29	ワシントン、ヨークタウン攻囲を開始
	10.19	ヨークタウンの戦い、英軍将軍コーンウォリス降伏
	11	ジャクソン、母と死別
	12.31	連合会議、ノース・アメリカ銀行に特許状を与える
		ジェファソン、知事への再々指名を断り、邦議会議員に選出される
1782	3. 7	グナーデンヒュッテンの虐殺
	4.12	パリで英米講和交渉開始
	5. 9	スペイン軍、ウェスト・フロリダのペンサコーラをイギリスから奪回
	6. 4	サンダスキ河岸の戦い、オハイオでのネイティヴ・アメリカンとの紛争が激化
	8.19	ブルーリックスの戦い、ケンタッキーにネイティヴ・アメリカン侵入
	9.27	英米講和交渉再開
	10. 7	J. アダムズ、オランダと通商友好条約締結
	10.21	モンロー、ヴァージニア邦議会議員に選出される
	10.26	J. アダムズ、パリに到着、対英和平交渉に加わる
	10	J.Q. アダムズ、サンクト・ペテルブルクを出発

年	月日	できごと
	11.30	対英和平交渉、まとまる
	12. 5	ヴァン・ビューレン、ニュー・ヨーク邦キンダーフックで誕生
	12.14	イギリス軍、チャールストンから撤退
1783	1.20	講和予備条約発効
	3.10	ニューバーグの檄文出回る
	3.15	ワシントン、ニューバーグの陰謀を阻止
	4.15	連合会議、講和予備条約批准
	4.26	多くの王党派がニュー・ヨーク港から亡命
	4	J.Q. アダムズ、オランダのハーグに到着、J. アダムズと再会
	6. 6	ジェファソン、連合会議のヴァージニア邦代表に選ばれる
	6.24	連合会議、兵士の反乱でフィラデルフィアからプリンストンに移動
	6	モンロー、連合会議のヴァージニア邦代表に選ばれる
	7. 8	マサチューセッツ邦最高裁、奴隷制度を違憲と判断し、奴隷制度を廃止
	9. 3	パリ講和条約調印、独立戦争終結
	11.25	イギリス軍、ニュー・ヨーク市を撤退
	12.23	ワシントン、大陸軍総司令官退任
1784	3. 1	ジェファソン、連合会議に「西部領地のための政府案に関する報告」を提出
	4.23	連合会議、ジェファソンの「西部領地のための政府案に関する報告」に修正を加えて受理
	6.26	スペイン、すべての外国人に対してミシシッピ川の航行禁止
	7. 5	ジェファソン、フランスへ向けて出港
	8. 6	ジェファソン、パリに到着
	8.30	米船、広東に到着、中国との貿易開始
	10.22	フォート・スタンウィクス条約、広大なネイティヴ・アメリカン領地が連合会議に割譲される
	11.24	テイラー、ヴァージニア邦オレンジ郡で誕生
	12.23	ニュー・ヨーク、臨時首都になる
	12	ジャクソン、法律を学び始める
		マディソン、再びヴァージニア邦議会議員に選出される
1785	1.21	マッキントッシュ条約、ネイティヴ・アメリカン、オハイオを連合会議に割譲
	2.24	J. アダムズ、駐英公使に任命される
	3.10	ジェファソン、駐仏公使に任命される
	3.28	ヴァージニア邦とメリーランド邦の間でマウント・ヴァーノン会議行われる
	5.17	ジェファソン、ルイ 16 世に謁見
	5.20	1785 年公有地条例制定
	5	J.Q. アダムズ、アメリカへ向けて出港
	6. 1	J. アダムズ、ジョージ 3 世に謁見
	7. 6	連合会議、新貨幣制度を採択

年	月日	できごと
	11.28	ホープウェル条約締結、連合会議、ネイティヴ・アメリカンから広大な土地を獲得
	11.30	J. アダムズ、イギリス政府とパリ条約の履行について交渉を開始
1786	1.16	ヴァージニア信教自由法成立
	2.15	モンロー、エリザベス・コートライトと結婚
	3.15	J.Q. アダムズ、ハーヴァード・カレッジに入学
	8. 7	連合会議に連合規約の改革案が提出されるが採択されず
	8. 7	連合会議、連合インディアン法制定
	8	シェイズの反乱
	9.11	アナポリス会議開催される
	10	モンロー、ヴァージニアの法曹界に加入
		J. アダムズ、『擁護論』の執筆を始める
		マディソン、再び連合会議のヴァージニア邦代表に選出される
		W.H. ハリソン、ハムデン・シドニー・カレッジに入学
1787	3. 3	ジェファソン、南仏と北伊の巡遊に出発
	5.25	フィラデルフィアで憲法制定会議開催
	5.29	憲法制定会議でヴァージニア案、提出される
	6.15	憲法制定会議でニュー・ジャージー案、提出される
	7.13	連合会議、北西部領地条例制定
	7.16	憲法制定会議でコネティカット妥協成立
	7.18	J.Q. アダムズ、ハーヴァード・カレッジを卒業
	8.22	最初の蒸気船、デラウェア川を航行
	9. 6	憲法制定会議で大統領の選出方法、選挙人方式で合意に達する
	9.17	憲法制定会議、合衆国憲法案をまとめ閉会
	9.28	連合会議、憲法案を批准を求めるために各邦に送付
	10.27	「フェデラリスト」の掲載が始まる
	11.21	ジャクソン、ノース・カロライナ邦ソールズベリーで法曹界に加入
	12. 7	デラウェア邦、合衆国憲法を最初に批准
	12.12	ペンシルヴェニア邦、合衆国憲法批准
	12.18	ニュー・ジャージー邦、合衆国憲法批准
1788	1. 2	ジョージア邦、合衆国憲法批准
	1. 9	コネティカット邦、合衆国憲法批准
	2. 6	マサチューセッツ邦、合衆国憲法批准
	3. 3	ジェファソン、フランス北東部とオランダ歴訪に出発
	3.21	ニュー・オーリンズ大火
	3.24	ロード・アイランド邦、憲法批准会議の招集拒否
	4.28	メリーランド邦、合衆国憲法批准
	4.28	J. アダムズ、アメリカへ向けて出港
	5.23	サウス・カロライナ邦、合衆国憲法批准

年	月日	できごと
	6. 2	マディソン、ヴァージニア邦合衆国憲法批准会議に参加
	6. 2	モンロー、ヴァージニア邦合衆国憲法批准会議に参加
	6.21	ニュー・ハンプシャー邦の批准によって合衆国憲法発効
	6.25	ヴァージニア邦、合衆国憲法批准
	6	J. アダムズ、帰国
	7.26	ニュー・ヨーク邦、合衆国憲法批准
	8	ノース・カロライナ邦、合衆国憲法批准を保留
	9.13	連合会議、新政府樹立の準備開始
	11	ジャクソン、検察官に任命される
1789	2. 2	マディソン、連邦下院議員に当選
	2. 2	モンロー、連邦下院議員に落選
	2. 4	ワシントン、選挙人投票で大統領に満票で選出される
	2. 4	J. アダムズ、副大統領に選出される
	3. 4	ニュー・ヨークで第1回連邦議会開催
	4. 1	下院、正式に発足
	4. 6	上院、正式に発足、選挙人の票が数えられ大統領選挙の結果確定
	4.14	ワシントン、大統領当選確定の報せを受け取る
	4.21	J. アダムズ、副大統領就任
	4.30	ワシントン、第1代大統領就任
	7. 4	連邦議会、保護関税法案を制定
	7.14	フランス革命勃発
	7.20	船舶入港トン税法成立
	7.27	国務省、外務省として発足
	8. 7	陸軍省、発足
	8.25	ワシントン、母と死別
	9. 2	財務省、発足
	9.22	郵政長官職、設置される
	9.24	1789年裁判所法成立によって最高裁判事職、司法長官職、設置される
	9.25	連邦議会、権利章典をまとめる
	10. 3	ワシントン、感謝祭を指定
	10.15	ワシントン、ニュー・イングランド地方巡行に出発
	10.22	ジェファソン、アメリカへ向けて出港
	11.21	ノース・カロライナ邦、合衆国憲法批准
	11.23	ジェファソン、帰国
	12.11	ノース・カロライナ大学、最初の州立大学として創設
1790	1.14	ハミルトン財務長官、公債償還計画を議会に提出
	2. 2	最高裁、ニュー・ヨークのロイヤル・エクスチェンジ・ビルで開廷式を行う
	2.14	ジェファソン、国務長官就任を受諾
	3. 1	最初の国勢調査の実施が決定される

年	月日	できごと
	3.22	ジェファソン、国務長官着任
	3.26	連邦議会、1790 年帰化法案を可決
	3.29	タイラー、ヴァージニア州チャールズ・シティ郡で誕生
	4.10	特許法制定
	4.10	コロンビア号、アメリカ初の世界一周を成し遂げて帰還
	5.29	ロード・アイランド邦、合衆国憲法批准
	5.31	ワシントン、最初の著作権法に署名
	7.15	J.Q. アダムズ、マサチューセッツの法曹界に加入
	7.16	恒久的な首都がポトマック河畔に決定される
	8. 4	ワシントン、独立戦争時の各州の債務を連邦が引き受ける法案に署名
	8. 7	クリーク族のマッギリヴレイ、連邦政府とニュー・ヨーク条約調印
	10.20	ジョサイア・ハーマー率いる部隊、ネイティヴ・アメリカンに惨敗
	11. 9	モンロー、連邦上院議員に選出される
	12. 6	ニュー・ヨークからフィラデルフィアに首都移転
	12.14	ハミルトン、合衆国銀行設立を提言、支持者達が連邦派形成
1791	1.10	ヴァーモント共和国が合衆国憲法批准
	2.25	第 1 合衆国銀行法成立
	3. 3	内国歳入法制定、ウィスキーを代表とする日用品に物品税課税、西部農民の不満高まる
	3. 3	コロンビア特別区設置される
	3. 4	ヴァーモント共和国が連邦加入
	3. 4	ワシントン、セント・クレアを遠征隊の長に任命
	4. 7	ワシントン、南部諸州への巡行開始
	4.23	ブキャナン、ペンシルヴェニア州コブ・ギャップで誕生
	4.24	W.H. ハリソン、父と死別
	8. 1	ジャクソン、レイチェル・ドネルソン・ロバーズと婚姻
	8. 7	ワシントン、南部諸州の巡行に出発
	8.16	W.H. ハリソン、第 1 歩兵連隊の旗手になる
	9. 9	コロンビア特別行政区内の名前がワシントンに決定される
	11. 4	セント・クレア将軍、ネイティヴ・アメリカンに敗北
	11.26	最初の閣議が開かれる
	12. 5	ハミルトン財務長官、「製造業に関する報告書」を議会に提出
	12.12	第 1 合衆国銀行、フィラデルフィアで開設
	12.15	権利章典成立
	12	連邦派に対して民主共和派形成され、党派的対立に発展
1792	1.12	ワシントン、トマス・ピンクニーを初代駐英アメリカ公使に指名
	3. 1	1792 年大統領継承法成立
	4. 2	合衆国造幣局、設立される
	4. 5	ワシントン、初めて拒否権を行使

年	月日	できごと
	4.20	フランス革命戦争勃発
	5. 8	議会、民兵法案を可決
	6. 1	ケンタッキー、連邦加入
	6. 2	W.H. ハリソン、少尉に任命される
	9.27	ウォバシュ族およびイロクオイ族と平和条約を締結
	10.13	ホワイト・ハウスの礎石が置かれる
	12. 5	ワシントン、大統領再選
	12. 5	J. アダムズ、副大統領再選
		W.H. ハリソン、母と死別
1793	1.21	ルイ 16 世、処刑される
	2.12	議会、第 1 次逃亡奴隷法可決
	3. 4	ワシントン、第 1 代大統領・第 2 期
	4. 8	駐米フランス公使ジュネ、チャールストンに上陸
	4.22	ワシントン、フランス革命戦争に関して中立を宣言
	5.18	ワシントン、駐米フランス公使ジュネを接受
	7.31	ジェファソン、辞表を提出
	7	黄熱病、フィラデルフィアで流行
	9.18	ワシントン、連邦議会議事堂の礎石を置く
	10.28	イーライ・ホイットニー、綿繰り機の特許出願
	12.31	ジェファソンの辞職成立
		W.H. ハリソン、アンソニー・ウェイン将軍の副官になる
1794	1.17	ジャクソン、レイチェル・ドネルソン・ロバーズと正式に結婚
	3. 5	議会、憲法修正第 11 条可決
	3.11	議会、6 隻の艦船の建造を認める
	3.26	議会、60 日間の出港禁止を決定
	4.16	ワシントン、米英関係の緊張を解決するためにジョン・ジェイを特使に指名
	4.19	上院、ジェイの特使指名を承認
	5.27	ワシントン、モンローを駐仏公使に指名
	5.29	ワシントン、J.Q. アダムズを駐蘭公使に指名
	6. 5	米議会、中立法可決
	7	ウィスキー暴動勃発
	8. 2	モンロー、パリに到着
	8. 7	ワシントン、ウィスキー暴動の暴徒に解散を命令
	8.20	W.H. ハリソン、フォールン・ティンバーズの戦いに参加
	9.15	マディソン、ドロシア・ペイン・トッドと結婚
	9.17	J.Q. アダムズ、オランダへ向けて出港
	9.24	ワシントン、ウィスキー暴動の鎮圧を宣言
	10.31	J.Q. アダムズ、オランダのハーグに到着
	11.9-13	ウィスキー暴動の暴徒を一斉検挙

年	月日	できごと
	11.19	イギリスとジェイ条約締結、対英関係改善
1795	1. 7	ヤズー・ランド詐欺事件始まる
	1.29	議会、1795年帰化法案を可決
	1.31	ハミルトン、財務長官を辞任
	2. 7	憲法修正第11条批准
	6.24	上院、ジェイ条約批准
	8. 3	グリーンヴィル条約締結
	8.19	ランドルフ国務長官、引責辞任
	9. 5	バーバリ国家と平和友好条約締結
	10.27	スペインとピンクニー条約締結、ミシシッピ川の自由航行権獲得
	11. 2	ポーク、ノース・カロライナ州メクレンブルク郡で誕生
	11.25	W.H.ハリソン、アンナ・タットヒル・シムズと結婚
1796	1	ジャクソン、テネシー州憲法制定会議に参加
	3. 8	最高裁、ハイルトン対合衆国事件で連邦法の乗用馬車税に合憲判決
	3.31	6部族連合との条約締結
	5.18	1796年公有地条例制定
	6. 1	テネシー、州に昇格
	7	仏政府、モンローにジェイ条約が米仏友好通商条約に違反しているとし差し止めを通告
	8.22	モンロー、駐仏公使を罷免される
	9.17	ワシントン、告別の辞
	11. 4	トリポリと平和友好航海条約締結
	12. 5	ジャクソン、連邦下院議員として登院
	12. 7	大統領選挙、J.アダムズ当選
	12. 7	ジェファソン、副大統領に選出される
		ワシントン、J.Q.アダムズを駐ポルトガル公使に指名
		ヴァン・ビューレン、法律を学び始める
1797	1	仏政府、モンローに代わるチャールズ・コーツワース・ピンクニーの受け入れを拒否
	3. 4	J.アダムズ、第2代大統領就任
	3. 4	ジェファソン、副大統領就任
	4. 5	タイラー、母と死別
	4.17	J.アダムズ、母と死別
	5.10	ユナイテッド・ステイツ号進水
	5.15	J.アダムズ、米仏関係の悪化を議論するために特別会期を招集
	5.15	W.H.ハリソン、大佐に昇進
	5.16	J.アダムズ、強くフランスを非難し、海軍の増強を求める教書を議会に送付
	5.19	J.アダムズ、ピンクニー、ゲリー、マーシャルを仏との交渉役に指名
	6. 1	J.アダムズ、J.Q.アダムズを駐普アメリカ公使に指名

年	月日	できごと
	6.14	武器輸出が禁止される
	6.24	議会、仏との戦争の場合に8万人の民兵を召集する権限を大統領に認める
	7.26	J.Q. アダムズ、ルイザ・キャサリン・ジョンソンと結婚
	9.20	コンスティテューション号進水
	10.18	WXYZ 事件で対仏関係悪化
	11.20	ジャクソン、連邦上院議員として登院
	12	モンロー、『合衆国外交における大統領の指導に関する考察』を執筆
		J.Q. アダムズ、駐普アメリカ公使としてベルリンに着任
1798	1. 8	憲法修正第11条の発効が宣言される
	4. 3	J. アダムズ、WXYZ 書簡を議会に提示
	4. 7	ミシシッピ準州、設置される
	4.30	海軍省、設立される
	4	ジャクソン、連邦上院議員を退任
	5. 3	J. アダムズ、ベンジャミン・ストッダートを初代海軍長官に指名
	5.28	議会、大統領に侵略の危険性がある場合に1万人を軍務に就かせる権限を与える
	6. 1	W.H. ハリソン、軍を退役
	6.18	1798年帰化法制定、外国人の帰化が困難に
	6.18	J. アダムズ、W.H. ハリソンを北西部領地書記官に指名
	6.25	外国人法制定
	7. 2	J. アダムズ、ワシントンを臨時軍の総司令官に指名
	7. 4	J. アダムズ、ワシントンを臨時軍の総司令官に任命
	7. 6	敵性外国人法制定
	7. 7	議会、米仏同盟を破棄
	7.11	合衆国海兵隊、設立
	7.14	治安法制定
	7.16	公衆衛生局創設
	7	フィラデルフィアで黄熱病が蔓延
	9.12	新聞編集者のベンジャミン・バーチ、治安法違反で逮捕される
	10. 2	チェロキー族と条約締結
	10	ジャクソン、テネシー州最高裁判事に指名される
	11.16	ケンタッキー決議採択
	11.20	リタリエーション号事件、事実上フランスと交戦状態に
	12.21	ヴァージニア決議採択
1799	1.30	議会、個人の恣意的な外交活動を禁止するローガン法可決
	2. 5	アダムズ、フリーズの乱の暴徒に解散命令
	2. 9	米艦コンステレーション号、仏艦ランスルジャント号を捕獲
	2.18	アダムズ、ウィリアム・ヴァンズ・マレーをフランスへの特使に指名
	2.25	アダムズ、ヴァンズ・マレーに加えてヘンリーとエルズワースを特使に指名

年	月日	できごと
	3. 6	フリーズの乱
	3.29	ニュー・ヨーク州、漸進的な奴隷解放法を制定
	7.11	プロイセンと友好条約締結
	10.26	トマス・クーパーが大統領に対する侮辱で治安法の下、有罪宣告を受ける
	10	W.H. ハリソン、連邦下院議員に選出される
	11.22	第2次ケンタッキー決議採択
	12. 5	モンロー、ヴァージニア州知事に選出される
	12.14	ワシントン、死去
		J.Q. アダムズ、プロイセンと通商友好条約締結交渉
1800	1. 7	フィルモア、ニュー・ヨーク州カユガ郡で誕生
	1. 7	マディソン、外国人・治安諸法に関する報告書を州議会に提出
	1.10	議会、1797年に交渉が行われていたチュニスとの条約を承認
	2. 1	米艦コンステレーション号、仏艦ラ・ヴァンジャンス号を破る
	4. 4	連邦破産法制定
	4.24	連邦議会図書館設立
	5. 7	インディアナ準州設置
	5.10	1800年公有地法制定
	5.12	J. アダムズ、W.H. ハリソンをインディアナ準州長官に指名
	6.15	ワシントンに首都移転
	8.30	ゲーブリエルの陰謀、黒人奴隷の蜂起失敗
	9.30-10.1	1800年の米仏協定締結
	10. 1	スペイン、秘密条約でルイジアナをフランスに移譲
	12. 3	J. アダムズ、大統領選挙で敗北
	12. 3	大統領選、ジェファソンとバーが同票のため未決
	12.15	J. アダムズ、米仏協定に関する特別教書送付
		ジャクソン、フリーメイソンリーの階位を得る
1801	1.20	J. アダムズ、ジョン・マーシャルを最高裁長官に指名
	2. 3	上院、米仏協定承認
	2.11	下院、大統領選出の決選投票を開始
	2.13	J. アダムズ、1801年裁判所法に署名
	2.17	大統領決選投票、ジェファソン当選確定
	2.27	マディソン、父と死別
	3. 4	ジェファソン、第3代大統領就任（ワシントンで最初の大統領就任式）
	3. 5	マディソン、国務長官に指名される
	3.19	ジェファソン、ホワイト・ハウスに移る
	5.14	トリポリ、アメリカに宣戦布告
	5.20	ジェファソン、地中海へ艦隊を派遣
	7.10	ジェファソン、ウィリアム・クレイボーンをミシシッピ準州長官に指名
	8. 1	米船エンタープライズ号、トリポリ船と初交戦

年	月日	できごと
	8	ケイン・リッジ伝道野外大集会、第2次大覚醒
	12. 8	ジェファソン、一般教書を文書で送達する前例を作る
		J.Q. アダムズ、帰国しマサチューセッツ州上院議員に選出される
1802	1. 8	ジェイ条約に関する米英の協定が成立、独立戦争に関する英市民の補償が決定される
	2. 6	トリポリに宣戦布告
	3. 8	1801年裁判所法、失効
	3.16	ジェファソン、陸軍士官学校設立法に署名
	4. 6	ウィスキーを代表とする日用品に対する物品税撤廃
	4.14	1798年帰化法、失効
	4.24	ジョージア州議会、ヤズー・ランドを連邦政府に移譲
	4.29	ジェファソン、1802年裁判所法に署名
	4.30	北西部領地の東部住民に憲法制定会議を開催する権限を与える授権法成立
	5. 3	議会、公式にワシントンを市と認定し、大統領に市長を指名する権限を与える
	7. 4	陸軍士官学校開校
	8.11	米資産の損害の補償に関してスペインと協定締結、後に批准されず
	10.16	スペイン、アメリカのニュー・オーリンズ倉庫使用権を停止
	12. 9	モンロー、ヴァージニア州知事退任
		ジャクソン、民兵隊の少将に任命される
1803	1.11	ジェファソン、モンローをフランス特使に任命
	1.18	ジェファソン、議会に特別教書を送付、西方探検を提案
	2.24	最高裁、マーベリー対マディソン事件の判決を下す
	3. 1	オハイオ、州に昇格
	4.12	モンロー、パリに到着
	4.18	モンロー、駐英アメリカ公使に任命される
	4.19	スペイン、ニュー・オーリンズをアメリカ商人に再開放
	4.30	フランスからルイジアナ購入
	5. 2	ルイジアナ割譲条約調印
	5.23	ジェファソン、プレブル提督をトリポリと戦う艦隊の司令官に任命
	7.12	モンロー、ロンドンに到着
	8.31	ルイスとクラークの探検隊、ピッツバーグを出発
	10.17	J.Q. アダムズ、連邦上院議員として登院
	10.20	上院、ルイジアナ割譲条約を承認
	10.31	ベインブリッジ大佐、トリポリ船を拿捕
	11.14	ジェファソン、議会にルイジアナに関する報告を提出
	11	ヴァン・ビューレン、ニュー・ヨークの法曹界に加入
	12. 9	議会、憲法修正第12条を可決
	12.20	フランスがルイジアナを正式に割譲

年	月日	できごと
1804	2. 3	ディケーター大尉、トリポリを海戦で破る
	2.16	ディケーター大尉、トリポリに拿捕されていた米艦フィラデルフィア号に火を放つ
	2.25	ジェファソン、民主共和党から大統領候補に指名される
	3.12	下院、サミュエル・チェイスの弾劾を可決
	3.26	議会、ルイジアナ準州法でルイジアナを南北に分割
	5.14	ルイスとクラークの探検隊、セント・ルイスを出発、太平洋に向かう
	5.18	ナポレオン、皇帝即位
	7.11	ハミルトン、バーと決闘、翌日死去
	7.24	ジャクソン、テネシー州最高裁判事を退任
	9.25	憲法修正 12 条発効
	11.23	ピアース、ニュー・ハンプシャー州ヒルズボロで誕生
	12. 5	大統領選挙、ジェファソン再選
		モンロー、フロリダに関する交渉をスペインと行う
		逃亡奴隷を助ける「地下鉄道」の組織化始まる
1805	1.11	ミシガン準州、設置される
	3. 1	上院、サミュエル・チェイスの弾劾審判で無罪宣告
	3. 4	ジェファソン、第 3 代大統領・第 2 期
	4.26	ルイスとクラークの探検隊、イエローストーン川河口に到達
	4.27	海兵隊とアラブの傭兵隊、トリポリの港町デルナを占領
	6. 4	トリポリと平和友好条約締結
	7.23	イギリス、エセックス号事件で 1756 年の規定に基づいて中立港での米船の拿捕を正当化
	7.23	バーの政府転覆活動の噂が流布する
	8. 9	ゼブロン・パイク、ミシシッピ川源流地域探検に出発
	11.12	ジェファソンのフロリダ購入交渉再開案が閣議で認められる
	11.15	ルイスとクラークの探検隊、太平洋に到達
	12. 6	ジェファソン、議会に両フロリダ購入を示唆する特別教書を送付
1806	1.11	ミシガン準州設置が決定
	2.12	上院、英海軍の米船拿捕と強制徴用に抗議する決議採択
	3.29	議会、カンバーランドからオハイオ川に道路を建設する事業を認可
	4.18	議会、英の強制徴用に対抗して、多くの英製品の輸入を禁止
	5.17	ジェファソン、モンローをイギリス特使に指名
	5.30	ジャクソン、決闘でチャールズ・ディキンソンを殺害
	7.15	ゼブロン・パイク、アメリカ南西部の探検を開始
	8.27	モンロー、ウィリアム・ピンクニーとともに海上での米英の摩擦に関して会談を開始
	11.26	ジェファソン、対メキシコ軍事遠征を企てる者の逮捕を布告
	12.12	ジェファソン、議会に奴隷貿易の禁止を要請

年	月日	できごと
	12.31	イギリスと通商条約締結、上院に提出されず
		ジェファソン、ドル銀貨の鋳造禁止
		マディソン、「イギリス海事政策の検証」を執筆
		ポーク一家、テネシーに移住
		ノア・ウェブスター、『簡明英語辞典』刊行
1807	1.22	ジェファソン、バーの陰謀に関する特別教書送付
	2.10	ジェファソン、小型砲艦に関する特別教書を議会に送付
	2.19	バー、政府に対する陰謀に関与した疑いで逮捕される
	2.21	ヴァン・ビューレン、ハンナ・ホースと結婚
	3. 2	ジェファソン、奴隷輸入禁止法に署名
	3.26	オーリンズ準州設置
	3.30	ジャクソン、バー裁判の証人として召喚される
	3.30	バー裁判、リッチモンドの巡回裁判所で始まる
	6.20	ジェファソン、バー裁判に証言者として出廷することを拒否
	6.22	チェサピーク号事件
	7. 2	ジェファソン、アメリカ領海から全イギリス戦艦の退去を要求
	7. 4	タイラー、ウィリアム・アンド・メアリ大学を卒業
	8.21	ロバート・フルトンの蒸気船クラーモント号、ハドソン川の往復航行に成功
	9. 1	巡回裁判所、バーの反逆罪の疑いに対して無罪宣告
	9.15	巡回裁判所、バーの軽罪についても無罪判決
	9	ブキャナン、ディキンソン・カレッジに入学
	10.17	イギリス、強制徴用の続行を表明
	10.29	モンロー、ロンドンからアメリカに向けて出発
	11.11	イギリス、中立国と同盟国がフランスと自由に交易を行うのを枢密院令で禁止
	12.17	ナポレオン、イギリスとの交易を禁じるミラノ勅令発令
	12.22	ジェファソン、最初の出港禁止法に署名
	12	モンロー、帰国
		ジャクソン、テネシー州上院議員を務める
1808	1. 1	奴隷輸入禁止法発効
	1. 9	ジェファソン、出港禁止法第1次補則に署名
	3.12	出港禁止法第2次補則成立
	3	ヴァン・ビューレン、ニュー・ヨーク州コロンビア郡の遺言検認判事になる
	4. 6	ジョン・ジェイコブ・アスター、アメリカ毛皮会社設立
	4.17	ナポレオン、仏伊ハンザ同盟の諸港に入る米船を拿捕することを認めるバイヨンヌ勅令発令
	4.25	出港禁止法第3次補則成立
	5. 3	テイラー、中尉として合衆国陸軍第7歩兵連隊に配属される
	6. 8	J.Q. アダムズ、連邦上院議員を退任

年	月日	できごと
	11.10	オセージ族と条約締結、領土割譲を受ける
	12. 7	大統領選挙、マディソン当選
	12.29	A. ジョンソン、ノース・カロライナ州ローリーで誕生
1809	1. 9	ジェファソン、出港禁止法第4次補則、ジャイルズ法案に署名
	2. 3	イリノイ準州、設置
	2.12	リンカン、ケンタッキー州ハーディン郡で誕生
	3. 1	出港禁止法撤廃
	3. 1	通商断絶法制定、英仏以外の通商再開
	3. 4	マディソン、第4代大統領就任
	4.19	マディソン、アースキン協定で通商断絶法の終止を宣言
	7. 2	ショーニー族のテカムセ、ネイティヴ・アメリカンの連合運動を開始
	8. 5	J.Q. アダムズ、駐露公使としてサンクト・ペテルブルクへ向けて出港
	8. 9	マディソン、イギリスに対する通商断絶法の更新を宣言
	9.27	ブキャナン、ディキンソン・カレッジを卒業
	9.30	W.H. ハリソン、ネイティヴ・アメリカンと条約を結び、約300万エーカーを購入
		タイラー、ヴァージニアの法曹界に加入
		蒸気船フェニックス号、最初の海上航行に成功
1810	1. 3	マディソン、西フロリダをめぐるスペインとの緊張の高まりに軍備拡張を議会に要請
	3.16	最高裁、フレッチャー対ペック事件で州法に対して違憲判決
	5. 1	マディソン、英仏の武装船舶をアメリカ領海から締め出すメーコン第2法案に署名
	6.21	テイラー、マーガレット・マッコール・スミスと結婚
	6.23	ジョン・ジェイコブ・アスター、太平洋毛皮会社設立
	8. 5	フランス外相カードレ、ベルリン勅令とミラノ勅令を撤廃する条件をアメリカ公使に提示
	8	W.H. ハリソン、テカムセと会談
	10.27	マディソン、西フロリダ西部の領有を宣言
	11. 2	マディソン、メーコン第2法に基づいて米船拿捕を差し止めるという仏の提案を受け入れ
	11.30	テイラー、大尉に昇進
		モンロー、ヴァージニア州下院議員に選出される
		マサチューセッツ州、ゲリマンダー選挙区を設定
1811	1. 9	ニュー・オーリンズ近郊で大規模な奴隷の反乱
	1	モンロー、ヴァージニア州知事就任
	2. 2	マディソン、イギリスとの通商断絶を再開
	2.20	議会、第一合衆国銀行特許更新を否決
	3. 3	第一合衆国銀行閉鎖

年	月日	できごと
	4. 2	マディソン、モンローを国務長官に指名
	4.12	太平洋岸でアストリア交易植民地の建設開始
	5.16	リトル・ベルト号事件、米艦プレジデント号、英船リトル・ベルト号を攻撃
	7. 1	テイラー、ノックス砦の軍を再編成する
	7. 2	ロバート・スミス前国務長官、『合衆国人民への挨拶』を刊行し、マディソン政権を批判
	7. 6	フォスター駐米イギリス公使、ワシントンに到着、米が通商断絶に対して報復すると警告
	7.24	マディソン、イギリスとの戦争に関して議論するために特別会期を招集
	7.27	W.H. ハリソン、テカムセと再び会談
	9.11	蒸気船ニュー・オーリンズ号、ミシシッピ川を初めて航行
	9.26	W.H. ハリソン、900 名の兵士を率いてヴィンセンズを出発
	10.28	W.H. ハリソン、ハリソン砦を築く
	11. 7	W.H. ハリソン、ティペカヌーの戦闘でネイティヴ・アメリカンを破る
	11.25	上院、モンローの国務長官指名を承認
	11.29	下院外交委員会、軍備拡張を認める法案を推奨
	12.16	ミシシッピ川流域のミズーリ地方で大地震発生
		リンカン一家、ノブ・クリークに移転
		タイラー、ヴァージニア州下院議員に当選
		カンバーランド道路の建設開始
1812	1. 4	A. ジョンソン、父と死別
	1.10	議会、第二正規軍を 2 万 5,000 人まで拡大する陸軍法案を可決
	1.27	下院、海軍の拡張を拒否
	2.10	マディソン、ジョン・ヘンリー文書を購入
	3. 9	マディソン、ジョン・ヘンリー文書を議会に提出
	3.21	フォスター駐米イギリス公使、枢密院令の継続を通告
	3.23	仏が米船を撃沈したという報せに仏に対する戦争の声が高まる
	4.2-3	議会、すべての船舶が安全に退避できるように出港禁止を可決
	4.30	ルイジアナ、州に昇格
	5.18	マディソン、民主共和党から大統領候補に指名される
	5.23	マディソン、枢密院令の継続を確認し、戦争教書の起草を始める
	5	ヴァン・ビューレン、ニュー・ヨーク州上院議員に選出される
	6. 1	マディソン、戦争教書を議会に送付
	6. 4	ミズーリ準州、設置
	6. 4	米下院、宣戦布告を可決
	6.16	イギリス、アメリカなどに対する通商制限撤廃を発表
	6.18	米上院、宣戦布告を可決
	6.19	イギリスに宣戦布告、1812 年戦争始まる

年	月日	できごと
	6.22	ディアボーン将軍、ニュー・イングランド各知事に湾岸防衛に必要な民兵の配備を要請
	7.12	アメリカ、アッパー・カナダに侵攻
	7.17	マッキノー砦のアメリカ軍、降伏
	7.26	マディソン、駐英公使に対英交渉を指示
	8. 8	ディアボーン、ローワー・カナダ総督と停戦に調印
	8.16	米軍ハル将軍、英軍に降伏、ミシガン準州、英軍の支配下に置かれる
	8.19	米海軍、ノヴァ・スコシア沖の海戦で英海軍に勝利
	8.22	W.H. ハリソン、ケンタッキー民兵隊の少将に任命される
	8.24	駐英アメリカ公使、イギリスに和平を打診
	8.25	ディアボーン、マディソンの意向で停戦を終わらせる
	9. 2	W.H. ハリソン、合衆国陸軍准将の辞令を受け取る
	9. 4	テイラー、ハリソン砦をネイティヴ・アメリカンの攻撃から守り抜く
	9.21	J.Q. アダムズ、ロシアの和平仲介の申し出を受ける
	10.13	アメリカ軍、ジョージ砦でイギリス軍に破れる
	10.17	米艦ワスプ、英艦フロリックを破る
	10.25	米艦ユナイテッド・ステイツ、英艦マケドニアンを破る
	10.27	マディソン、イギリスの調停案に対し、強制徴用の停止が条件と回答
	10.31	テイラー、名誉進級少佐に
	11.17	ブキャナン、法曹界に加入する
	11.19	ディアボーンの部隊、カナダ侵攻を断念
	11	ジャクソン、志願兵部隊の少将に任命される
	12. 2	大統領選、マディソン再選
	12.26	英海軍、チェサピーク湾とデラウェア湾の封鎖開始
	12.29	米艦コンスティテューション、英艦ジャヴァを破る
1813	1. 6	タイラー、父と死別
	1. 7	ジャクソン、2,000 人の志願兵とともにミシシッピへ向けて進軍
	1.22	レーズン川の戦い、英軍とネイティヴ・アメリカンの連合軍、北西部へ侵攻
	2.23	ボストン工業会社設立許可、近代型機械制一貫生産綿工業開始
	3. 2	W.H. ハリソン、合衆国陸軍少将に昇進
	3. 4	マディソン、第 4 代大統領・第 2 期
	3.29	タイラー、ラティシャ・クリスチャンと結婚
	4.15	アメリカ軍、スペイン領ウェスト・フロリダのモービルを占領
	4.27	アメリカ軍の攻撃によりヨークが焼失
	4	タイラー、民兵隊の隊長に指名される
	5. 9	マディソン、和平仲介を依頼するためにギャラティンとベイヤードをロシアに派遣
	5.20	ブキャナン、ペンシルヴェニア州レバノン郡の検事補に任命される
	5.27	ジョージ砦の戦い

年	月日	できごと
	5.29	サケッツ湾の戦い、英軍の攻撃を撃退
	6. 1	米艦チェサピーク、英艦シャノンに拿捕される
	7.21	平和交渉のためにギャラティンとベイヤード、J.Q. アダムズに合流
	7.27	バーント・コーンの戦いで米軍とクリーク族が衝突、クリーク族が米に敵対
	8.30	ミムズ砦の戦い
	9. 4	ジャクソン、ベントン兄弟との乱闘で銃撃され負傷
	9.10	米海軍、エリー湖で勝利
	10. 5	W.H. ハリソン、テムズ川の戦いでイギリスとネイティヴ・アメリカン連合軍を撃破
	11. 4	イギリス、アメリカと直接和平交渉を希望
	11. 9	ジャクソン、志願兵を率いてタラデガでクリーク族を破る
	11.11	クライスラー農園の戦い、米軍、敗退
	12. 1	モントリオール侵攻作戦失敗
	12. 9	マディソン、議会に特別教書を送付し、敵国との通商禁止を提案
	12.17	マディソン、通商停止法に署名
	12.18	英軍、ナイアガラ砦を陥落させる
	12.29	バッファロー炎上
1814	1.18	上院、マディソンの講和使節指名を承認
	1.18	J.Q. アダムズ、米英和平交渉特使の一員に選ばれる
	1.28	ジェームズ・ジャクソン、国立銀行の樹立を認める憲法改正案を提案
	3. 3	議会、戦費として 2,500 万ドルの借り入れを許可
	3.27	ジャクソン、ホースシュー・ベンドでクリーク族とチェロキー族を破る
	3.31	マディソン、特別教書を送付し、通商停止法と輸入禁止法の廃止を提案
	4.14	マディソン、通商停止法と輸入禁止法を廃止する法案に署名
	5.11	W.H. ハリソン、アームストロング陸軍長官の専権行為に抗議して辞表を提出
	5.15	テイラー、第 26 歩兵隊の少佐に昇進
	6. 7	マディソン、閣僚と協議してカナダ侵攻の続行を決定
	6. 8	ジャクソン、合衆国陸軍准将の辞令を受諾
	6.20	ジャクソン、合衆国陸軍少将の辞令を受諾
	6	フィルモア、梳毛職人と仕立て屋の徒弟に
	7. 1	マディソン、ワシントンとボルティモアを防御するための特別軍管区の設置を提案
	7. 5	アメリカ軍、チパワーの戦いで勝利
	7.22	第 2 次グリーンヴィル条約
	7.25	アメリカ軍、ランディーズ・レインの戦いでイギリス軍を撃退
	8. 8	ベルギーのガンで米英和平交渉始まる
	8. 9	ジャクソン、クリーク族と条約締結交渉、フォート・ジャクソン条約
	8.24	英軍、ワシントンを焼き討ち、マディソン、ヴァージニアに逃れる
	8.27	マディソン、ワシントンに帰還

年	月日	できごと
	8	州法銀行の正貨兌換停止始まる
	9. 9	ジャクソン、フロリダへの軍事作戦を開始
	9.11	米海軍、シャンプレーン湖の戦いで勝利
	9.14	サミュエル・スミス、ボルティモアのマクヘンリー砦で英軍の攻撃を撃退
	9.18	ウィーン会議開始
	9.27	マディソン、モンローを陸軍長官に指名
	10	ブキャナン、ペンシルヴェニア州下院議員に当選
	10.17	アレグザンダー・ダラス財務長官、合衆国銀行の設立と増税を議会に要請
	10.18	マサチューセッツ州議会、ハートフォード会議の開催を呼びかけ
	11. 2	ジャクソン、3,000 人の志願兵を率いてペンサコーラへ向けて進軍
	11. 7	ジャクソン、ペンサコーラを占領
	12. 1	ジャクソン、ニュー・オーリンズに到達
	12. 5	ジャクソン、ニュー・オーリンズに戒厳令を布く
	12. 9	上院、合衆国銀行を設立する法案を可決
	12.15	ハートフォード会議開催、連邦政府の戦争政策と通商政策に反対、憲法修正を提案
	12.24	ガン条約締結、1812 年戦争終結
1815	1. 7	下院、連邦党員と反銀行派の民主共和党員の妥協として合衆国銀行の修正法案可決
	1. 8	ジャクソン、ニュー・オーリンズの戦いで英軍に圧勝
	1.26	米議会、ジェファソンの蔵書の購入を決定
	1.27	マディソン、大統領に 4 万の州兵を招集する権限を認める法案に署名
	1.30	マディソン、合衆国銀行の修正法案に拒否権を行使
	2.11	ガン条約批准の報せが届く
	2.15	米上院、ガン条約批准
	2.17	マディソン、1812 年戦争の終結を宣言
	2.27	ジャクソン、議会で感謝を表され、金メダルを授与される
	2.28	マディソン、モンローを再び国務長官に指名
	2	ヴァン・ビューレン、ニュー・ヨーク州検事総長に任命される
	3. 1	ナポレオン、エルバ島脱出、百日天下
	3. 3	アルジェに対して宣戦布告
	3.31	ジャクソン、法廷侮辱罪で 1,000 ドルの罰金を科される
	5.20	米艦隊、アルジェに向けて出港
	5	蒸気船エンタープライズ号、ミシシッピ川からオハイオ川までの遡行に成功
	6.15	テイラー、軍の縮小に伴い大尉に降格されるが任官を拒否し名誉除隊
	6.19	ウィーン最終議定書調印、神聖同盟形成
	6.19	米艦、アルジェの戦艦を拿捕する
	6.30	アルジェと講和条約締結
	7. 3	イギリスとの通商交渉で西インド諸島との貿易権を獲得

年	月日	できごと
	12. 5	マディソン、第7次一般教書で国家的な道路網と運河網の整備を提案
		アメリカの公債残高が初めて1億ドルを超える
		J.Q. アダムズ、駐英公使に任命される
		タイラー、ヴァージニア知事参事会議員になる
1816	1	ポーク、ノース・カロライナ大学に入学
	3. 4	モンロー、民主共和党の大統領候補に指名される
	3.20	最高裁、マーティン対ハンター借地人事件に判決
	4.10	第二合衆国銀行、フィラデルフィアに設立される
	4.11	アフリカ人メソジスト監督教会設立
	4.27	最初の保護関税法制定
	5.17	テイラー、再び合衆国陸軍少佐に任命される
	7.27	第1次セミノール戦争開始
	10. 8	W.H. ハリソン、連邦下院議員に選出される
	11	タイラー、連邦下院議員に選出される
	12. 4	大統領選挙、モンロー当選
	12.11	インディアナ、州に昇格
	12.28	アメリカ植民協会設立
	12	リンカン一家、インディアナに移転
		ブキャナン、弁護士業を再開
		アメリカ聖書協会設立
1817	1.24	ブキャナン、マスター・メイソン階位を得る
	3. 3	マディソン、アラバマ準州設立法案に署名
	3. 3	マディソン、連邦助成法に拒否権を行使
	3. 4	モンロー、第5代大統領就任
	3. 5	モンロー、J.Q. アダムズを国務長官に指名
	4. 5	ヴァン・ビューレン、父と死別
	4.28-29	ラッシュ=バゴット協定成立、五大湖での米英相互非武装化
	5.31	モンロー、北部と西部の巡行に出発
	6.15	J.Q. アダムズ、アメリカへ向けて出発
	7. 4	エリー運河建設開始
	7.12	『コロンビアン・センティネル紙』に「好感情の時代」の論説掲載
	9.22	J.Q. アダムズ、国務長官に着任
	9	モンロー、ワシントンに帰還
	12. 2	モンロー、一般教書で独立を求める南米植民地とスペインの戦いに中立を表明
	12.10	ミシシッピ、州に昇格
	12.26	ジャクソン、セミノール族攻撃の任を引き受ける
		ジェファソン、ヴァージニア大学設立法案を起草
		ニュー・ヨーク証券取引会所設立

年	月日	できごと
1818	1. 5	大西洋横断定期帆船航路開設
	2.16	ヴァン・ビューレン、母と死別
	3.24	W.H. ハリソン、議会からテムズ川の勝利で金メダルを授与される
	4. 4	モンロー、国旗法に署名
	4. 7	ジャクソン、セント・マークス占領
	4.18	モンロー、西インド諸島から出港した英船に対して閉港令
	4.20	1818 年関税法制定
	5.24	ジャクソン、ペンサコーラを占領、第 1 次セミノール戦争終結
	6. 4	ポーク、ノース・カロライナ大学を卒業
	6.18	モンロー、ジャクソンの軍事行動に対して承認を与えず、ペンサコーラの返還を命令
	10. 5	リンカン、母と死別
	10.19	チカソー族と条約締結
	10.20	1818 年の米英協定締結
	10.28	J. アダムズ、妻と死別、J.Q. アダムズ、母と死別
	12. 3	イリノイ、州に昇格
		フィルモア、教師を務める
		ホワイト・ハウス再建
1819	1	経済恐慌、西部で州法銀行多数倒産
	2. 2	最高裁、ダートマス大学事件に判決
	2. 5	ヴァン・ビューレン、妻と死別
	2.15	ミズーリの連邦加盟が奴隷制をめぐって紛糾
	2.22	J.Q. アダムズ、アダムズ＝オニース条約締結、フロリダ地方を購入
	2.25	モンロー、アダムズ＝オニース条約を承認
	2.27	ミズーリ準州の州昇格法案、南北の対立で不成立
	3. 2	アーカンソー準州、ミズーリ準州から分離
	3. 2	モンロー、最初の移民法に署名
	3. 6	最高裁、マカロック対メリーランド事件で、州が連邦機関に課税する権利を拒否
	4.20	テイラー、中佐に昇進
	6.20	蒸気機関装着の帆船サヴァナ号、大西洋横断に成功
	9.20	ポーク、テネシー州上院の書記官に指名される
	12. 6	W.H. ハリソン、オハイオ州上院議員を務める
	12.14	アラバマ、州に昇格
		ジェファソン、理事としてヴァージニア大学の新設に貢献
		ポーク、テネシー州ナッシュヴィルで法律を学ぶ
		フィルモア、法律を学び始める
		タイラー、連邦下院議員の立候補を健康状態を理由に辞退
1820	3. 3	ミズーリ妥協成立

年	月日	できごと
	3.15	メイン、州に昇格
	4.24	1820年公有地法制定
	5.15	モンロー、奴隷貿易禁止法に署名
	5.15	1820年公職在任法成立
	5.15	奴隷貿易禁止法制定、罰則の厳罰化
	6. 5	ポーク、テネシー州の法曹界に加入
	6. 6	スティーヴン・ハリマン・ロングの探検隊、西部探検に出発
	9. 4	ポーク、マスター・メイソン階位に進む
	10. 4	ピアース、ボードウィン・カレッジに入学
	10	ブキャナン、連邦下院議員に当選
	11	J. アダムズ、マサチューセッツ州憲法修正会議に参加
	12. 6	大統領選挙、モンロー再選
		W.H. ハリソン、オハイオ州の大統領選挙人としてモンローに投票
		アメリカ海外伝道協会、ハワイ伝道開始
1821	1.17	モーゼス・オーティス、スペイン領テキサスの入植権獲得
	2. 6	ヴァン・ビューレン、連邦上院議員に選出される
	3. 2	モンロー、陸軍を削減する軍隊常備編成法案に署名
	3. 2	第2のミズーリ妥協成立
	3. 3	タイラー、連邦下院議員退任
	3. 3	最高裁、コーエンズ対ヴァージニア州事件に判決
	3. 5	モンロー、第5代大統領・第2期
	4. 5	モンロー、ジャクソンをフロリダ準州軍政長官に指名
	6.11	ブキャナン、父と死別
	8.10	ミズーリ、州に昇格
	11.10	ニュー・ヨーク州、選挙権の財産資格撤廃
	11.16	サンタ・フェ街道開通
	11	テイラー、セルデン砦をルイジアナ北西部に構築
		マディソン、『憲法制定会議に関する覚書』の執筆を始める
		ヴァン・ビューレン、ニュー・ヨーク州憲法修正会議に参加
		ポーク、テネシー州上院首席書記官を務める
		スペインの中南米植民地、相次いで独立を宣言
1822	2.18	A. ジョンソン、仕立て屋に徒弟奉公に出る
	3. 8	モンロー、中南米の共和国の承認を特別教書で提議
	3.30	フロリダ準州設置
	4.27	グラント、オハイオ州ポイント・プレザントで誕生
	5. 4	モンロー、カンバーランド道路予算法案に対して拒否権を行使
	5.30	自由黒人デンマーク・ヴィージーの反乱計画失敗
	7.20	ヘイズの父、ヘイズの生前に亡くなる
	7.20	ジャクソン、テネシー州議会に大統領候補に指名される

年	月日	できごと
	10. 4	ヘイズ、オハイオ州デラウェアで誕生
	11. 9	テイラー、ジェサップ砦をルイジアナ西部に構築
	11	W.H. ハリソン、連邦下院議員選挙落選
	12	テイラー、ロバートソン兵営の指揮を任される
	12.13	テイラー、母と死別
		ロッキー山脈毛皮会社設立
1823	1. 5	モンロー、ジャクソンをメキシコ全権公使に指名
	4	タイラー、ヴァージニア州下院議員に選出される
	8.16-20	英、西領アメリカに対するヨーロッパ諸国の介入に反対する共同声明の発表を打診
	10. 1	ジャクソン、連邦上院議員に選出される
	12. 2	第7次一般教書でモンロー・ドクトリン発表
		ポーク、テネシー州下院議員に選出される
		フィルモア、法曹界に入る
1824	1. 1	ポーク、サラ・チャイルドレスと結婚
	1	チェロキー族の首長がワシントンで、強制移住政策に反対、ジョージアでの居住権を主張
	3. 2	最高裁、ギボンズ対オグデン事件で連邦法の通商規制権限の優越を認める
	3.19	最高裁、オズボーン対合衆国銀行事件に判決
	3.30	ヘンリー・クレイ、「アメリカ体制」提唱
	4.30	モンロー、一般測量法案に署名、国内開発事業に対する方針を転換
	5.22	モンロー、保護主義的な1824年関税法案に署名
	8.15	ラファイエット、アメリカに上陸
	8.29	J. アダムズ、ラファイエットと再会
	9. 1	ピアース、ボードウィン・カレッジを卒業
	10	ピアース、法律を学び始める
	11. 4	ジェファソン、ラファイエットとマディソンの表敬訪問を受ける
	11. 9	大統領選挙、過半数を得票した候補がいなかったため下院の裁定に
	12	モンロー、ネイティヴ・アメリカンの西部移住を提案
		W.H. ハリソン、連邦上院議員に選出される
		A. ジョンソン、徒弟奉公から逃げ出し、仕立て屋を開業
		チャールズ・G・フィニーの信仰復興運動
1825	1. 3	ロバート・オーエン、ニュー・ハーモニー共同社会をインディアナ州に設立
	1	モンロー、インディアン問題の解決は、ミシシッピ川以西からの移住が妥当と判断
	2. 9	下院の裁定によりJ.Q. アダムズ当選確定
	2. 9	ジャクソン、下院の裁定に敗れる
	3. 3	モンロー、カンバーランド道路法案に署名
	3. 4	J.Q. アダムズ、第6代大統領就任

年	月日	できごと
	3. 8	J.Q. アダムズ、ジョン・R・ポインセットを初代駐墨アメリカ公使に指名
	3	ヴァージニア大学開校
	7. 7	デイヴィッド・ポーター、プエルト・リコに 200 人の兵士を上陸させた越権行為で軍法裁判
	8	モンロー、J.Q. アダムズ大統領とラファイエットを自宅で歓待
	8	ポーク、連邦下院議員に選出される
	9. 6	J.Q. アダムズ、ホワイト・ハウスでラファイエットを歓待する
	10.14	ジャクソン、連邦上院議員を退任
	10.26	エリー運河開通
	10	ジャクソン、テネシー州議会から大統領候補に指名される
	12. 5	ポーク、連邦下院に登院
	12	タイラー、ヴァージニア州知事に選ばれる
1826	1.24	クリーク族とワシントン条約を締結
	2. 5	フィルモア、アビゲイル・パワーズと結婚
	2.13	アメリカ禁酒促進協会設立
	5	軍組織の刷新を求める陸軍長官の要請に、議会、軍事教練書の作成と配布を決議
	5	A. ジョンソン、ローレーに戻る
	6.22	最初の汎米会議、パナマで開催、アメリカ代表出席できず
	9	A. ジョンソン、テネシーのグリーンヴィルに移転
	7. 4	ジェファソン、死去
	7. 4	J. アダムズ、死去
		マディソン、ヴァージニア大学理事職をジェファソンから引き継ぐ
		リンカン、ジェームズ・テイラーの渡し舟で働く
		モンロー、ヴァージニア大学の評議員に
1827	1.13	タイラー、連邦上院議員に選出される
	5.17	A. ジョンソン、エリザ・マッカードルと結婚
	9. 5	ピアース、法曹界に入る
	11. 5	ポーク、父と死別
1828	5. 1	テイラー、スネリング砦の指揮を任される
	5.19	J. Q. アダムズ、1828 年関税法に署名
	5.19	J. Q. アダムズ、W. H. ハリソンをコロンビア公使に指名
	11.11	W. H. ハリソン、コロンビアへ向けて出港
	11	フィルモア、ニュー・ヨーク州議会議員に選出される
	12. 3	大統領選挙、ジャクソン当選
	12.20	ヴァン・ビューレン、連邦上院議員を退任
	12.22	ジャクソン、妻と死別
		リンカン、平底船を建造し、貨物をニュー・オーリンズまで運送
		A. ジョンソン、グリーンヴィルの市会議員に選ばれる

年	月日	できごと
1829	1. 1	ヴァン・ビューレン、ニュー・ヨーク州知事就任
	1.19	テイラー、父と死別
	2. 5	W. H. ハリソン、コロンビアの首都ボゴダに到着
	2.11	マディソン、母と死別
	3. 4	ジャクソン、第7代大統領就任
	3. 6	ジャクソン、ヴァン・ビューレンを国務長官に指名
	3. 8	ジャクソン、W. H. ハリソンを召還する
	3.12	ヴァン・ビューレン、ニュー・ヨーク州知事を退任
	3.28	ヴァン・ビューレン、国務長官に着任
	5	ピアース、ヒルズボローの治安判事に任命される
	7.18	テイラー、クローフォード砦に転任
	10.17	デラウェア゠チェサピーク運河開通
		マディソン、ヴァージニア州憲法修正会議に参加
		モンロー、ヴァージニア州憲法修正会議議長に選ばれる
		タイラー、ヴァージニア州憲法修正会議の一員に選ばれる
		ピアース、ニュー・ハンプシャー州下院議員に選ばれる
1830	1. 9	W. H. ハリソン、アメリカに向かって出港
	3. 1	リンカン、一家とともにイリノイに移住
	5.24	ボルティモア゠オハイオ鉄道開通
	5.28	ネイティヴ・アメリカン強制移住法制定
	5.31	ジャクソン、カンバーランド道路拡張法案に署名
	9.23	モンロー、妻と死別
	10. 5	第21代大統領アーサー、ヴァーモント州フェアフィールドで誕生
	11. 1	J. Q. アダムズ、連邦下院議員に選出される
		A. ジョンソン、グリーンヴィルの市長に選ばれる
1831	3. 2	ジャクソン、港湾改良法に署名
	4.11	ヴァン・ビューレン国務長官、辞表を提出
	5. 2	フィルモア、母と死別
	6.25	ジャクソン、ヴァン・ビューレンをイギリス公使に指名
	7. 4	モンロー、死去
	8.16	ヴァン・ビューレン、イギリスへ向けて出港
	9	リンカン、ニュー・セイレムに移転し、雑貨店の店員として働く
	11.19	第20代大統領ガーフィールド、オハイオ州カヤホガ郡で誕生
		ジャクソン、ブキャナンをロシア公使に任命
1832	1.25	米上院、ヴァン・ビューレンのイギリス公使指名承認を拒否
	2.15	ジャクソン、ネイティヴ・アメリカンの強制移住を促進する特別教書を送付
	3. 5	ヴァン・ビューレン、ウィリアム4世に謁見
	4. 6	ブラック・ホーク戦争勃発
	4. 8	ブキャナン、ロシアへ向けて出港

年	月日	できごと
	4.21	リンカン、志願兵の隊長としてブラック・ホーク戦争に参加
	4	テイラー、大佐に昇進
	4	ヴァン・ビューレン、欧米各地歴訪の旅に出発
	5.21-23	民主共和党、民主党の呼称採用
	5.21-23	民主党全国大会を開催し、ジャクソンを大統領候補に指名（非公式）
	5.21-23	民主党全国大会を開催し、ヴァン・ビューレンを副大統領候補に指名
	6	ブキャナン、サンクト・ペテルブルクに到着
	7. 5	ヴァン・ビューレン、ニュー・ヨークに帰着
	7.10	リンカン、軍務が終わり、ニュー・セイレムに帰る
	7.10	ジャクソン、第二合衆国銀行特許更新に対して拒否権を発動
	8. 2	バッド・アックスの戦い、ブラック・ホーク戦争終結
	8. 5	テイラー、クロフォード砦の指揮を任される
	8. 6	リンカン、州議会選挙で落選
	11.24	サウス・カロライナ州、連邦法無効宣言
	11	フィルモア、連邦下院議員に当選
	12. 5	大統領選挙、ジャクソン再選
	12. 5	ヴァン・ビューレン、副大統領に選出される
	12.10	ジャクソン、連邦法無効宣言を非難する声明を発表
	12.18	ブキャナン、ロシアと通商条約を締結
		J. Q. アダムズ、詩集を出版
		ピアース、ニュー・ハンプシャー州下院議長を務める
1833	1.16	ジャクソン、連邦法を強制執行する権限を求める特別教書を送付
	2.15	タイラー、連邦上院議員に再選される
	2.20	タイラー、強制徴収法に反対票を投じる
	3. 2	ジャクソン、妥協関税法に署名
	3. 2	ジャクソン、強制徴収法に署名
	3. 4	ジャクソン、第7代大統領・第2期目
	3. 4	ヴァン・ビューレン、副大統領就任
	5. 7	リンカン、ニュー・セイレムの郵便局長に任命される
	5. 8	ガーフィールド、父と死別
	5.14	ブキャナン、母と死別
	6	ジャクソン、西部諸州巡行に出発
	7. 3	ジャクソン、ワシントンに帰還
	8. 8	ブキャナン、アメリカへ向けてロシアを出発
	8.20	第23代大統領 B. ハリソン、オハイオ州ノース・ベンドで誕生
	12. 2	ピアース、連邦下院議員として登院
		ジャクソン、合衆国銀行から政府供託金を引き上げ
		ポーク、連邦下院歳入委員会議長に選ばれる
		フィルモア、ホイッグ党に入党

年	月日	できごと
		リンカン、測量技師の仕事を始める
1834	3.28	米上院、政府供託金引き上げに関して問責決議を行う
	4.14	国民共和党、正式党名をホイッグ党に
	8. 4	リンカン、イリノイ州下院議員に当選
	11.19	ピアース、ジェーン・ミーンズ・アップルトンと結婚
	12. 6	ブキャナン、連邦上院議員に選出される
1835	1. 8	連邦政府、公債を全額返済し終える
	1.29	ジャクソン暗殺未遂事件
	11. 2	第2次セミノール戦争始まる
	12. 7	ジャクソン、第7次一般教書で反奴隷制文書の郵送禁止を提案
	12. 7	ポーク、連邦下院議長に選ばれる
		A. ジョンソン、テネシー州下院議員に当選
1836	2.23	アラモ砦の戦い
	2.29	タイラー、連邦上院議員を退任
	3. 2	テキサス共和国独立宣言
	5.26	J. Q. アダムズ、下院の「緘口令」決議に反対票を投じる
	6.15	アーカンソー、州に昇格
	6.28	マディソン、死去

■著者紹介

西川　秀和（にしかわ　ひでかず）

大阪大学外国語学部非常勤講師
早稲田大学大学院社会科学研究科博士後期課程修了
学術博士

主な著書
『昭和天皇の全国巡幸』（アーカイブス出版）2008 年
『歴史が創られた瞬間のアメリカ大統領の英語』（ベレ出版）2008 年
『冷戦レトリックの形成過程─トルーマン大統領のレトリックを中心に─』
　　（早稲田大学出版部）2009 年
『ジョージ・ワシントン伝記事典』（大学教育出版）2012 年
『ジョン・アダムズ伝記事典』（大学教育出版）2013 年
『トマス・ジェファソン伝記事典』（大学教育出版）2014 年

アメリカ歴代大統領大全
第 1 シリーズ　建国期のアメリカ大統領　第 4 巻

ジェームズ・マディソン伝記事典

2016 年 8 月 20 日　初版第 1 刷発行

■著　　者──西川秀和
■発 行 者──佐藤　守
■発 行 所──株式会社 大学教育出版
　　　　　　〒700-0953　岡山市南区西市855-4
　　　　　　電話(086)244-1268代　FAX(086)246-0294
■印刷製本──モリモト印刷㈱
■Ｄ Ｔ Ｐ──ティーボーンデザイン事務所

ISBN978−4−86429−173−6